U0138740

社會福利與行政

江亮演・洪德旋
林顯宗・孫碧霞　編著

五南圖書出版公司 印行

作者簡介

江亮演

日本立正大學文學研究科社會學博士
曾任國立空中大學社會科學系教授、私立長榮大學社會工作學系教授
玄奘大學社會福利學系講座教授
(第一～五章)

洪德旋

國立台灣大學法學院政治研究所碩士
美國馬里蘭大學法律研究所研究
曾任考試院考試委員、現任監察院監察委員
(第六、九、十一章)

林顯宗

日本九州大學文學博士(社會學)
曾任國立政治大學社會系教授
現任南亞技術學院幼保系教授
(第十二、十三、十五、十七章)

孫碧霞

國立台灣大學社會學研究所碩士
現任行政院勞委會勞動條件處處長
(第七、八、十、十四、十六章)

序

　　「社會福利與行政」，簡稱為「社會福利行政」，也可稱為「社會行政」或「社會工作行政」等，是現代國家公共行政之一重要部門。它是統合行政學、社會工作學、社會福利學為一體的一門科學，也是一個政府根據其立國主義、人民的理念與社會政策而順應社會福利之世界潮流、參照社會現況與需要所推展的各種社會福利措施與活動，以達保障人民生存、工作及財產等權利之功能與完成國家保障人民基本生活應有的責任之一種公共行政。同時也是透過行政程序與社會工作的個案、團體及社區組織的直接工作方法和行政、督導、諮詢、社會行動、社會研究等的間接工作方法，去完成社會福利目標，確保服務功效以及用於社會福利機構的一種行政程序。

　　社會福利行政有狹義與廣義二種的解釋，前者是指其任務為使所有社會福利機構工作人員，均能依照他們的功能擔負其責任與適才適所充分發揮才能，以及運用社會資源以期有效的為民眾提供最佳的服務而言；而後者是指一個國家根據其立國精神與福利政策，順應自己社會需要，配合社會福利的有關資源，參考各國經驗，並以全體國民為對象，運用社會工作專業方法而發揮政府福利工作功能及完成國家福利工作責任，所擬訂社會福利計畫、解決或預防社會問題、滿足國民需求與願望、調整社會關係、革新社會制度、促進社會發展以達安和樂利社會的各種行政措施而言。

　　社會福利行政的範圍，有僅指由政府所辦的社會保險、社會救助及福利服務而已，但亦有認為凡政府辦理有關人民之一般福利設施者皆屬社會行政範圍，如教育、衛生、康樂、住宅、公共救助、就業輔導、傷殘重建、社會保險及其他福利設施。而我國社會福利行政範圍是包括公共救助、社會保險、社會運動、勞工福利、兒童福利、殘障福利、婦女福利、老人福利、合作事業、人民組織、社會發展、國民住宅等。至於其福利行政的功能與程序包括計畫、組織、人員配置、領導、協調、報告、預算等。

　　本課程由筆者擔任召集人負責撰寫緒論部分，並敦請有理論與實務經驗，曾任台灣省政府社會處處長，現兼任空中大學社會科學系的洪教授德旋、國立政治大學社會學系所的林教授顯宗以及曾任高雄市政府社會局科長，現任本校面授老師的孫教授碧霞等三人共同撰寫國內外社會福利行政部分。

　　本書得以完成，除感謝上述三位教授之外，也要感謝方郁琳老師；以及王尤娜小姐、劉宜華小姐與政大社研所劉素秋小姐等的校對之辛勞。

江 亮 演　謹識

民國八十九年六月五日

目 次

箋箋箋箋箋箋箋箋箋箋箋箋箋

第一章

緒　論

詳讀本章內容後，學習者可達
成下列目標：

1. 說明社會福利與行政的意義。
2. 明瞭社會福利與行政的學說。
3. 介紹社會福利與行政的對象及
   主體。
4. 界定社會福利與行政的範圍。
5. 分析社會福利與行政的功能。

■ 摘　　要 ■

　　社會福利與慈善、慈惠、社會事業是有差異的，慈善是具有同情、救濟之意，也是主觀有積善的心理存在；慈惠是含有「仁慈」意義，是上層階級的人對下層階級者的救濟之意；社會事業是講求合理、客觀、科學的救濟事業；而社會福利是含有社會服務性、物質性、精神性的社會救助意義。

　　社會行政是政府推行有關社會福利工作之行政事務，是屬於內政的範圍。

　　一般來說，社會福利與行政的起源除人道主義外是與佛教的「布施」、「福田」、「慈悲」……等與基督教的「博愛」以及其他的宗教如回教、道教等思想或西方古典社會思想有密切關係。同時在其理論、學說方面常見到的有「政策論」、「實質論」、「技術論」等。

　　從社會福利對象來說，慈善、慈惠或早期的社會救濟事業都是以貧困者或不幸者為對象，但近年來，社會福利的對象越來越廣，不僅以貧民或不幸的國民為對象，一般人有需要也可享受社會福利服務。

　　從社會福利的主體來看，通常社會福利的主體可分為政策主體、經營主體、實踐主體等。

　　社會福利與行政的範圍，有人認為凡是政府所辦理的社會福利有關的措施都是其範圍；但也有人認為只有社會保險、社會救助、福利服務等工作才是社會福利行政。其他如聯合國、我國內政部社會司等都有其範圍規定，但是也可以從福利工作的內容去分類；所以社會福利與行政範圍的界定是相當困難的。

　　社會福利與行政的功能或程序通常是包括計畫、組織、人員募集與分工、領導與溝通、督導與訓練、協調、預算與年度會計控制、政策管制、公共關係、報告以及評價與研究等。

＊＊＊＊ 第一節　社會福利與社會行政的概念 ＊＊＊＊

○一 慈善、社會事業和社會福利之區別
＊＊＊＊＊＊＊＊＊＊＊＊＊＊＊＊＊＊＊＊＊＊＊

　　社會福利的確是歷史的產物，它有產生的社會觀、國際觀背景。在資本主義社會以前叫做慈善、慈惠、慈善事業，但到資本主義社會初期時卻稱為「社會事業」，到了現在國家獨占資本主義的時代即稱之為「一般社會福利」或「社會福利事業」。上述三個名詞有其相近之意，要區分它們的確不易，以下就其定義一一說明。

(一)慈善、慈惠、慈善事業

1.慈　善
　　一般是協助、同情而幫助之意，尤其對不幸者（貧困者）給予救濟。即援助他人的困難或貧困之工作，所以隨意而主觀，慈悲為懷，有積善的心理存在。

2.慈　惠
　　社會上身分較高的人對身分較低的人之援助工作。救助是為了政策或含有政治的意義在內，如皇帝的「仁慈」等。

3.慈善事業
　　其慈善行為是已到一定程度的社會性組織，也就是救濟事業已有組織、有制度之意。

(二)社會事業

　　社會事業與慈善、慈惠、慈善事業不同。貧窮是資本主義社會制度有缺失所造成出來的社會問題，所以救濟的行為者（主體者）是社會、國家，受救濟的對象是從政府獲得合乎目的之救濟品，如實物、金錢等，這也是國家的政策與措施，被救助者沒有懶惰、劣等或低賤的情形。因此社

會事業是講求合理、客觀、科學的事業。

在理論方面，大都偏於狹義的社會福利理論與發展，這些理論的特徵是確立社會事業的制度論、政策論的體系，但其對象領域並不包含全體國民，而是有特定的領域限制，所以只是用來作爲補充社會政策或社會性的需要而已。不過自一九二○年美國雷維恩（E. Devine）發表社會事業有關的理論以後，社會事業救濟範圍與救濟程度大有改進。雷氏主張社會事業救濟對象爲社會弱者，包括一般低收入者，也同時主張援助這些社會弱者生活，達到一般國民生活程度的水準。其主張的社會事業領域包括：貧窮救濟、疾病醫療、機能障礙與身心殘障的保護、犯人服務、生活狀態與勞動狀態的改善等。

(三)社會福利、社會福利事業

社會福利在英國稱爲社會服務，是爲確保國民物質性、精神性、社會性的最低生活水準，實現全民幸福的公私立之社會與組織性的活動之總稱。

社會福利事業是社會福利制度、機構、設施的變遷與內容之一切事業。

過去認爲解決貧窮等社會問題，是自己的個人責任，但現在卻相反，認爲不是個人的責任而是政府國家的責任，所以必須調整、擴充外在、社會性國家的社會福利制度，以及重視內在性諮商，來解決個人與家庭的問題與困難。爲因應此需求而有社會個案工作（Social Case Work）、社會團體工作（Social Group Work）、社區組織（Community Organization）等社會工作的直接方法與社會行政、諮商與督導、社會研究、社會行動等社會工作的間接方法之產生與發展。尤其近年來對社會福利的需求愈來愈苛，政府爲因應這些需求，更講求社會福利的專業化，重視社會福利行政，積極進行「社會福利計畫」或「社會福利政策」，建立社會福利制度體系與社會福利功能或行動等體系，以及建立科學性社會化與制度化的目的。這與上述的慈善、慈惠、社會事業比較，社會福利事業是更具積極有

明確目的以及現代化、科學化、民主化、社會化的意義與條件。

二　社會福利的意義
****

(一)廣義的社會福利

社會福利（Social Welfare）是關係歷史性、現實性的社會福利政策與實務活動措施，也就是與國民生活有所關聯的一切政策與措施。所以廣義的社會福利是涵蓋意識型態和實際服務二個層面，前者是指社會福利的觀念，而後者是指社會福利服務內容。社會福利理念是經過決策過程而轉化為社會政策。而社會福利內容，依性質而分，有財稅福利、職業福利、社會性社會福利；依對象而分，即有兒童、青少年、婦女、殘障、老人⋯⋯等的福利；依其服務方式分，有家庭、社區、機構等福利；依其提供的方式，則有項目服務和現金服務等。

廣義概念具體例子如下：

1. 英國社會事業聯盟（一九四七年）：社會福利是對老人、殘障者、犯罪者等要特別給予福利，同時認為社會福利是社會全體成員的福利，所以要達到實現各自發展人格如從小孩一直到老人為止，使他們有生之年都能夠過著充實快樂的生活標準。所以英國社會福利的具體內容，包括：(1)最低生活保障與批評的自由，(2)公民館活動等社會團體福利的增進，(3)老人等的特別援助，(4)自然環境的保護⋯⋯等。

2. 法國對聯合國的答覆（一九五〇年）：社會事業範圍不僅是具有專業資格者社會工作員（Social Worker）所從事之事業，而且還包括公私立團體的活動在內的事業。其具體的內容，包括：(1)醫療保險，(2)國民教育，(3)弱勢不幸國民的援助，(4)住宅或鄉（農）村生活改善事業等。

3. 日本憲法第二十條第二項規定「國家對國民生活的一切，非努力去提昇或增進社會福利、社會安全及公共衛生不可。」其具體內容，

表 1-1　社會福利制度的歷史性類型

類型		慈善、慈惠	救貧事業	社　會　福　利	後社會福利
		古代社會	前近代社會	近代社會	現代社會
社會對策		古代奴隸制度 中世紀封建制度	近代資本主義 社會 （商業、工業 資本主義）	福利國家主義制度 （獨占金融主義）共 產主義制度以及大眾 社會（工業化、都市 化、專業化、官僚 化）	南北問題 第三世界 後工業化社會 資訊化社會
	階級	身分社會	藍領階級、白 領階段	階段結構複雜化 大眾民主主義	
		從上而下	個人責任	社會連帶思想 政治性讓步	社會福利、福利世 界、共同性事實
形態	主要 契機	慈惠 慈愛（宗教）	治安對策 正義	人權 功能	公正 參與
	構成 功能	慈惠 慈善（主觀 性）	公共救助 ┐ 救貧 人道主義 ┘	社會福利政策（保障） 專業社會事業（適應）	社會福利服務 社會福利實踐 （廣義社會福利）
	對象	低社會階層 天災、不幸者	社會弱者、落 伍者 貧困者（社會 性）	一般國民需求	一般國民需要多元 化
	特徵		殘補式福利	制度性福利 (預防計畫 、組織、體系、科學)	制度性福利補助
時代區分	歐美		英國伊莉莎白 女皇的救貧法 （1601）	COS（慈善組織協會 運動 1869）德國社會 保險（1883）蘇聯革 命（1917）美國社會 安全制度（1935）	第一屆聯合國人類 環境會議 (1972)
	日本		恤救規則 （1874）	食米暴動、方面委員 (1918) 新憲法 (1946)	石油打擊

資料來源：須鄉昌德編「社會福祉の基礎知識」，1989 年。

　　包括：(1)經濟保障，(2)社會保險，(3)國民就業，(4)國民教育，(5)社會救助，(6)國民住宅，(7)社會福利服務，(8)公共衛生，(9)環境保護等。

㈡狹義的社會福利

　　社會福利的對象不包括一般國民，只限於特定的社會弱者、落伍者，也就是社會福利照顧服務的對象只限特定事故的弱勢團體或不幸的國民而已，如貧民、殘障者、老人，也就是我們所講「鰥寡孤獨廢疾者」的救助。先進國家對這些弱勢團體或不幸國民是採取國家責任，不但對上述的對象照顧其最低生活，對不景氣而失業者也有救助，並且把社會福利看作是國民的權利，是政府國家的義務。其具體照顧服務對象，包括孤兒、被遺棄兒童、貧困老人或病患、殘障者、盲人、精神病患者、犯罪者、被虐待者、寡婦（或鰥夫）、雛妓……等。具體福利服務內容，包括：生活照顧與輔導、就業與更生輔導、醫療保健服務、住宅或家庭服務、教育服務、社會參與服務、喪葬服務……等。

三　社會行政的意義

　　社會行政（Social Administration）簡單說是一個國家的政府推行有關社會福利工作之行政事務。此項社會行政是屬於內政範圍，其施行須從其國家歷史、文化、傳統，以及其社會結構現狀、社會發展趨勢與當前社會需要去考慮而訂定社會政策，立訂社會法案，作為施政的準則。一般是由中央政府職司推行社會福利行政機關來規劃設計社會福利與推行社會工作過程，輔導監督地方政府社會行政機關之執行。各級政府對推行社會福利、社會工作也須訂定施政計畫、編定經費預算、規劃行政權責。其計畫目標，旨在運用行政力量，增進社會福利調整、社會關係、解決社會問題、匡正社會病態及促進社會進步，故其施政範圍，包括甚廣。

㈠廣義的社會行政

社會行政除從事建立福利社會外，還須致力奠定社會公共秩序、發展人力資源潛能及推行各種社會建設工作，即社會行政的人、事、物等，凡與社會行政有關的一切均包含在內。

㈡狹義的社會行政

社會行政僅指督導公私立機構推行社會福利事務而言。不過一般的國家都是採折衷的社會行政為多，也就是無絕對採用廣義或狹義的社會行政。

關於國家推動社會行政之機構體制及業務範圍，各國並不一致。我國現行社會行政體制，在中央由內政部設置社會司，綜理有關人民團體組織、社會福利、社會救助、社會保險、社區發展與社會運動、合作事業等業務。在省市政府分設社會處、局，在縣市政府分設社會科、局，綜理上述社會行政有關業務（蔡漢賢，民 79）。

◆◆◆◆ 第二節　社會福利與行政之思想學說 ◆◆◆◆

一　社會福利的思想（哲理）
＊＊＊＊＊＊＊＊＊＊＊＊＊＊

㈠佛教的社會福利思想

1.布　施
以財物施於人為本，不過由於立場與環境不同，出家人則以法施，在家人應以財施，認為給人方便，自己終會得到福報。

2.福　田
多行善事於前，將受諸福報於後。福田觀是大乘佛法最具影響力的思想，導致社會福利事業與社會安全制度及濟貧法之實踐。

3. 慈 悲

發大慈悲之願而興救世之心，所以對賑濟、育嬰、養老、醫療等濟世事業，常視為佛教中發大慈悲之心而表現於外之行為。

4. 放 生

為戒殺之表現，認為一切眾生平等，當然不可殺；同時一切眾生均有可能是自己前世祖先或父母兄弟姐妹更不可殺。所以放生之慈悲，可拔苦興樂，故對濟貧扶傾、救災救人視為當然。

5. 報 恩

佛教提倡四恩說，即三寶恩、父母恩、國王恩、眾生恩等四恩，此與中國古代倫理觀念，如老吾老以及人之老……的思想可以交相輝映。

(二)基督教的社會福利思想

基督教的「神愛世人」的宗教思想，發展為「博愛世人」的精神，對於以「助人」與「利他」為專業的社會福利、社會工作影響甚大。如聖經中所說：「當愛你的鄰舍……。」此不但是當今社區組織工作的推動基石，而且也可以推及整個社會發展的共生共榮的真諦。又其教義勸人應當用善以愛眾人，而對於不幸和困苦者，應施以憐憫的愛心，因而強調應有奉獻的愛心與謙卑的態度。

(三)西方古典的社會福利思想

1. 古希臘的幸福論（Eudemonism）

認為幸福是由與他人共享得來的，富者要深覺愉悅，獲得別人的喜歡與讚美，應該提供一些財富予窮人。藉此種觀念，窮人才有機會自富者身上獲得福利。

2. 古羅馬時代的責任觀（Responsibility）

認為富者為窮人解決痛苦是宗教上的一個重要責任；同時，要使受賑者不失其尊嚴，富者並因施賑而益顯受尊重。

3.希伯來人的公正觀念（Justice）

認為人們應該公平享有物質。據湯姆斯亞奎那（St. Thomas Aquinas）對此觀念的解釋，認為公正即是大同與分配。大同是指個人依其貢獻而享有（物質），而分配是指每一個人均公平享有財富，此為社會福利思想中社會公平的基石。

其他，例如中國的古代重視人民地位的民權、民治思想，或重視人民生活的民生、民本思想，以及各先進國家所重視的「人道主義」思想，都是社會福利思想的依據。

◯二　社會福利與行政的理論和學說

* * * * * * * * * * * * * * * * * *

(一)政策論（目的論）

為了提高人民生活水準，滿足社會的需求，所推行的一切政策、制度、活動等之社會福利措施，也就是以社會幸福為目的而所推行的一切措施與管理，稱為「社會福利與行政」、「社會福利行政」或「社會行政」。

(二)實質論

因應人類社會生活各種問題之需要，而推行之政策、制度、活動等對社會有利的措施與管理，也就是把社會福利做為經驗科學對象，而不是把它當作抽象的目的概念之福利行政，稱為「社會福利與行政」或「社會福利行政」。

實質說的社會福利行政可分為廣義和狹義二方面，前者是屬於制度式（institutional）社會福利行政，是一般國民生活條件之保障，如英國的社會服務行政，其內容包括社會保險；國家扶助（公共救助）、國民就業、醫療、公共衛生、住宅、教育等的一般以人民為對象的服務行政。而後者是屬於殘補式（residual），只限於功能的社會福利行政，其內容包括公共救助（生活保護）、社會保險、國民就業等之措施與管理。

㈢技術論

美國主張技術論學者如康恩（A. Kahn）是支持自由社會而以調整個人為中心的人際關係作為目的。若從代表性學說來看，美國的學者佛利德蘭達（W. A. Friedlander）認為社會事業是把個人作為個體或團體的成員，去滿足社會性或人際間的需要，以及獲得人際關係有關的科學性知識與熟練作為職業活動的基礎，是極具專業性技術的事業。斯特洛普（H. Storoup）認為社會事業是以科學的方式援助人們自立，也就是把所有資源應個人、團體及社區的需要作技術性實施供給與援助。

依專業技術之社會個案工作、社會團體工作、社會組織工作（Social Organization Work）、社區發展（Community Development）等的理論，在第二次世界大戰後，當時雖然技術論是社會福利的重要之一部分，但並不是全部，因為社會福利的本質是脫離社會科學領域之故。不過第二次世界大戰到現在，美國專業技術體系，尤其是科學性理論體系之高漲盛行，再加上新的精神分析理論、社會學理論的導入，可以說確立了「固有的知識與理論」，此動向引起大家的注目，而最具代表性人物就是上述的康恩。康氏認為：「從歷史來看社會事業的發展有二個方向，一是滿足人類人際關係的個人適應與發展；一是個人依社會體制自體功能去從事改革。」至於美國新社會福利的角色是：⑴家庭、團體、社區及各種社會福利制度作為其推行社會福利的舞台，也就是以上述環境作為其推行個案或其他治療服務的地方；⑵以社會團體工作、社區組織方法積極參與社會服務、醫療保健、住宅服務等福利之增進對策；⑶為社會服務制度的科學性評價或研究之調查；⑷社會福利計畫；⑸建立或改善社會安全的各種政策。要滿足個人的社會生活之基本需求，社會關係是不能缺少的，那麼作為個別化援助方案對策的社會關係主體的問題，就是社會福利固有焦點，所以社會福利是屬於技術領域，也就是提供治療或援助的過程。因此，社會福利的狹義對象是：⑴社會關係不調和者，⑵社會關係缺乏者，⑶社會制度缺陷等；而廣義對象是：⑴保護事業，⑵社會福利的擴大理論，⑶社

會福利限定理論等的探討。

◆◆◆◆ 第三節　社會福利的對象與主體 ◆◆◆◆

❶　社會福利的對象

上述政策論與技術論的論爭，對社會福利的對象有很大的影響。日本社會學者大河內一男認為社會政策的對象是勞工，社會事業的對象是貧民，而社會福利的對象是社會性障害者，這種主張並不是很正確，主要是因為勞工的涵義不僅是低收入的勞工，還包括國民大眾。因此在政策論來說，不管是社會政策或社會事業，社會福利所照顧對象是貧窮者，也就是經濟上有困難的國民，即生活有問題或社會生活有障礙者為主體的生活被照顧者，也就是以各種生活困難者為對象，此即依認識論、科學方法論在英國所形成的社會保護制度、政策，但是這些若以心理學、社會學、精神分析論說明情境、態度、肉體性或精神性條件而作為技術論的理論根據是不甚恰當。因為無法以科學方法論來構成政策論。從政策論的立場來看，社會福利是有一定的政策，因此，社會福利的對象就是政策的對象，換句話說，光有關人類的生存或人類生產的問題，不一定是社會福利對象，若人類生存有關的問題變成為一定的政策對象時，即社會福利對象也是政策的對象。國民貧窮問題成為一定的社會問題者，支配者為了維持其支配權與社會秩序，以妥協來作為其政策主體的基準。以貧窮的理由也有許多不同的救濟規則基準，如英國的伊莉莎白救貧法或日本的救恤規則都有一定的救濟對象。但後來因貧窮的社會問題化或社會運動的發展才承認單一（一元化）對象。一元化使貧窮從個人責任發展到為國家責任之社會福利。社會福利對象的一元化即貧窮線的一元化，是以勞動有無為前提，因此一般有工作能力之殘障者或老人都無法獲得必要之援助，所以必須以社會保險，最低工資制度來保障社會安全，因此確立了「社會福利政策」，但為處理社會問題之具體內容，所以有必要以個案來處理。

⊜ 三 社會福利的主體
* * * * * * * * * * *

社會福利的對象有明確的規定以後，就必須有明確的社會福利政策的制定和實施內容。通常社會福利主體可以分為下列三種：政策主體、經營主體、實踐主體。

(一)政策主體

社會福利出現作為國家的政策，其政策主體不單單一般的國家有此現象，連資本主義的國家也有此現象。在政策論，以政策的主體作為資本論是資本主義國家自己所謀求。而注重政策，把政策列為第一的國家，卻是十九世紀以後的事。雷維恩（E. Devine）曾經提出消除「三D」，即貧窮（Destitution）、疾病（Disease）、偏差行為（Delinquency）；而貝佛里奇（W. H. Beveridge）也提出消滅「五巨人」，即貧窮、疾病、無知、不潔、懶惰等的建議。為消滅上述三D及五巨人，資本主義的國家非把它作為政策主體不可，只要把慈善事業的原理與社會福利的原理作比對就可瞭解。在十九世紀以前英國曾對上述三D、五巨人的對象推行懲罰性及陶冶性的工作，當時認為三D、五巨人是起因於對象本身的懶惰應由其個人自己負責，認為政府的社會事業之援助經費是「冗費」。但後來發展到把這些社會事業之援助經費認為是「必要經費」的時候，卻是與承認政策主體是國家的時候，幾乎同一時期。而修正自由放任的社會原理，認為貧窮是資本主義制度的結構性缺陷所引起的，是不可避免之必然現象，也是獨占資本主義以後所發生的社會問題。換句話說，為解決社會不安所引起的勞工運動、社會運動，也為了維持社會秩序所作的讓步，因此國家不得不把政策主體放在自己身上。社會政策的主體是所謂「總資本家」的國家，但是社會福利的主體除了國家之外，還包括了地方政府和民間的團體或個人，這與政策主體只有國家有點差別。作為政策主體的國家，也是執行社會政策的機關。在工業資本主義時代，執行機關或民間私人團體也大多被看做是主體，但是要處理社會不安，維持秩序，在獨占資本主義之下

是不可能做到，因此國家不得不為政策主體，不過現在只是把這些有關的財政或責任轉給地方政府而已。

(二)經營主體

依社會福利事業推行之主體，可分為公家（政府）與私立（民間）的社會福利事業。

1.公家社會福利事業

在十九世紀以後，尤其在第一次世界大戰以後，有國際性大規模的實施，依法律之規定，又可分為由國家中央政府自行實施與由地方政府實施二類。其財源，若由中央自己來推行者，當然其所需經費由國庫負擔；若由地方政府自行實施者，即由租稅來支付。不管是中央或地方，其經營服務對象都是以全國國民為對象。

2.私立（民間）社會福利事業

可分為自動自主、任意或創造性的自行推展的福利事業，以及由中央或地方政府所委託受政府機關監督所推行的社會福利事業二類。公家的社會福利當然國家是政策的主體，這也是世界的潮流。但是私立（民間）的社會福利是以社會福利法人作為民間活動團體，依行政確立最低生活基準，同時行政無法做到的，也應負起獨自創造或宗教性、道德性感化的功能。

公私立社會福利機構之間應相互尊重其獨立性，負起經濟性最低生活保障之當然福利責任，提供基本生活水準以上的服務，這也是政府喜歡民間私立社會福利機構去推行的福利工作之原因，但是作為公家責任的政策主體之國家，必須負責補助私立民間社會福利事業不足的經濟與設備，尤其是在對壓低服務費所損失的成本。

(三)實踐主體

在技術論把執行者當作是實踐主體，與美國技術論具有同樣專業性的社會工作或志願服務（義工），那些從業人員是擔任推行社會福利者，其

實踐主體之任務就是觀察考察社會工作的專業性或創造性的方法與技術。從美國傳入的實踐主體，即社會福利的主體，就是專業社會工作者。把專業性知識作爲技術體系，如英、美二國的慈善組織化協會（COS）運動，不論國家或民間都具有培育專業人員的歷史。其實社會工作者是實踐主體也有疑問，因爲由居民參加的社會福利活動在先進國家是相當活躍，民間團體或以地方居民（社區居民）爲實踐主體而參與老人、殘障、兒童等的服務者不少，或自身也是老人、殘障者的社區居民爲實踐主體而活動者也很多，所以這些人是否可作爲實踐主體值得研究，不過這些服務對象也是實踐主體而能參與社會福利政策決定或計畫方案，這種情形今後將漸漸被重視而更形重要。

◆◆◆◆ 第四節　社會福利與行政的範圍 ◆◆◆◆

社會福利行政，在類別來說，它是政府公共行政的一部門；而在性質來說，它是社會工作的一部分。所以在其範圍，由於各國政治、經濟、社會、文化背景及其發展趨勢不同，而其社會福利內容及其形式也有異。因此，社會福利與行政在不同的國家其實施範圍也就有所不同；有關專家學者對社會福利與行政的實施範圍之看法如下：

㈠有人認爲舉凡政府辦理有關人民一般福利措施者皆可屬於社會行政範圍，如教育、衛生、康樂、住宅、公共救助、就業輔導、傷殘重建、社會保險以及其他各種福利設施等。

㈡有人認爲社會行政僅由政府所舉辦的社會保險、社會救助及福利服務等工作。

㈢聯合國在一九五九年出版的《社會發展計畫之國際調查》一書中，則將社會行政的範圍分爲：國民健康計畫、營養及家政計畫、國宅計畫、勞工福利計畫、教育計畫、社會安全及有關收入保障計畫、社會發展特殊計畫（包括保護及重建計畫）、鄉村發展計畫、鄉村社區發展、都市發展計畫等。

㈣我國社會行政範圍包括：綜合規劃及婦女福利、身心障礙者福利、老人福利、社會救助、社會保險、社會團體、職業團體、勞工福利、兒童青少年福利、合作事業、農民團體、社會發展等等（內政部社會福利概況，民88）。

㈤從福利工作的內容分類，社會行政範圍包括：

1.一般社會行政工作

如中央內政部社會司、台北市及高雄市的社會局、縣市政府的社會科（局）、課等。

2.一般人民團體工作

如中華民國社區發展協會、中國社會福利事業協進會、中國老人福利協會等。

3.兒童福利工作

如兒童福利諮詢中心、台灣省基督教兒童基金會等。

4.青少年服務工作

如熊大姐電話、勵友中心、青少年招待所、張老師電話等。

5.家庭服務工作

如家庭協談中心、社會互談中心等。

6.醫療社會工作

如台大醫院、榮總、馬偕、仁愛等醫院裡的社會服務部門等。

7.學校社會工作

如各級學校之指導活動室、學生輔導中心、心理衛生中心或懇談中心，中小學之啓智班、益智班等。

8.犯罪矯治工作

如少年觀護所、少年輔育院等。

9.勞工福利行政

如中央勞委會、省市勞工處、局等。

10.工廠社會工作

如在工廠設社會工作專業人員，負責推動輔導員工生活及爲員工謀福

利的各種工作等。

11.老年福利工作

如公私立安老院所、榮民之家及政府老年福利部門等。

12.休閒娛樂服務

如男、女青年會等。

13.就業服務工作

如省市政府國民就業輔導處、室、中心、工作站以及行政院青輔會與行政院退除役官兵輔導委員會等。

14.國民住宅服務

如內政部營建司之國宅科、經建會之國宅及都市發展處，原台灣省國民住宅興建委員會、台北市政府國宅處，以及縣市政府國宅科、課等。

15.公共救助工作

如省市政府的小康、安康計畫，以及其他有關貧民救助等。

16.社會保險

如台閩地區勞工保險局的勞工保險（勞保）及由考試院銓敘部主辦的公教人員保險（公保），以及由國防部所管理軍人保險（軍保）等。

17.家庭計畫

如台北市家庭計畫推廣中心及原台灣省家庭計畫研究所等。

18.傷殘重建

如振興復健醫學中心、榮總復健部等。

19.社區發展

如各級政府社區發展委員會、各級政府社區發展科或主辦單位、中華民國社區發展研究訓練中心及社區理事會等。

20.社區心理衛生工作

如北、中、南區的社區心理衛生中心等。

21.精神病理社會工作

如台北市立療養院及市立高雄（凱旋）、台北療養院等。

22.婦女社會工作

如「保護你」、「關心你」、「未婚媽媽之家」、「婦女職業訓練所」等。

23.其他福利設施

如民眾服務社、青年救國團以及生命線等（江亮演，民 88）。

♦♦♦♦ 第五節 社會福利與社會行政的功能 ♦♦♦♦

社會福利行政的功能與程序，依據崔克爾所著（H. B. Trecker）《社會工作行政之原則與實施》一書中指出，社會行政的功能與程序可分為：(1)目的與目標的決定；(2)提供有組織的工作環境；(3)便利機構內的溝通；(4)計畫與協調；(5)瞭解並便利變遷；(6)動態的領導角色等六項。

一般來說，社會福利與行政的功能或程序，包括：計畫、組織、人員募集與分工、領導與溝通、督導與訓練、協調、預算與年度會計控制、政策管制、公共關係、報告以及評價與研究等十一項。

◯ 計 畫（Planning）
* * * * * * * * * * * * *

一個國家或社會福利之目標和政策，必須作綜合性、持續性研究與安排，並作好有效規劃與資源規劃等。但不論在何種階層的社會福利行政計畫，在其行政計畫的範圍及內容上必須考慮下列幾點：

㈠事先決定行動的主題。

㈡根據目標與政策訂定方案與服務設施和項目。

㈢分層計畫，包括機構整體、各部門、各個工作人員等各層次的分別
　計畫。上述三者必須連貫。

㈣計畫期限，分為近程、中程及遠程等三計畫。

㈤預算的編訂與分配。

㈥對行政計畫執行，須考慮特殊（意外）事故的發生。

㊁ 組 織（Organization）
✳✳✳✳✳✳✳✳✳✳✳✳✳✳✳✳✳✳

建立權威的正式機構，並由此機構安排工作，及界定與協調以完成機構的目標與目的。所以社會福利有關機構之組織，應有其社會福利、社會工作的哲理觀念之溝通、專業方法之運用、各層工作人員職責與專業功能的確立、以及自動自發之負責精神等。所以必須做到下列原則與實務：(1)適當的工作單位；(2)明確工作指派；(3)清楚責任職權；(4)有效溝通；(5)責任分配；(6)工作單位和工作人員的協調；(7)控制幅度；(8)標準化實務；(9)容許例外規定；(10)正確的記錄等。

㊂ 人員募集與分工（Staffing）
✳✳✳✳✳✳✳✳✳✳✳✳✳✳✳✳✳✳

一個社會福利機關或機構要達成其目標和功能，必須要靠著專業的社會福利工作人員。所以人員募集與分工以及訓練是一件重要的事務，此包括整個人事功能及對於工作人員之任用與訓練等的課題。

㈠人事功能

(1)人員的進用及解雇；(2)職員的訓練（含在職與職前）；(3)維持有利的工作環境；(4)訂定健全升遷與考核制度；(5)其他。

㈡工作人員之任用與訓練

(1)人事制度與專業倫理；(2)工作說明與職業分類；(3)人員的任用、甄選、訓練；(4)專業督導與行政督導；(5)合理作好人員的考績與升遷；(6)薪金給付與資助辦法；(7)專業與非專業人員管理；(8)人員之間的分工合作；(9)志願工作人員的參與；(10)工作人員之參與專業人員協會組織；(11)充實培養專業人才與專業倫理精神之環境；(12)充分使用資源作好人員之任用與訓練。

四 領導與溝通（Directing & Communication）
＊＊＊＊＊＊＊＊＊＊＊＊＊＊＊＊＊＊＊＊＊＊＊＊＊＊＊

(一)領 導

有卓越領導才能有效指導（指揮），因此領導時須注意下列事項：(1)考慮所有的有關事實後，作合理的決定。(2)顯示積極的興趣、奉獻於機關機構的目標之履行。(3)使其貢獻獲得屬下的肯定與信任，以提高他們在機關機構中的地位。(4)有效授予責任與權威，包括如何、何時以及應對誰授權。若授予責任而沒有給予履行責任所需的權威，這就是行政官不負責任的一種表現。(5)培養個別與集體的創造力。(6)有效的授權與可否授權判斷。(7)其他，如以民主式或啓發式的領導、合乎人道服務或專業倫理與專業方法、尊重工作人員人格與創造力等等。

(二)溝 通

溝通是雙向（Two-way）而不是單向提供訊息（Informing）。溝通要有效，必須講者與聽者皆能聽、瞭解、記錄及反饋訊息。貝羅茲（Roger Bellows）認為溝通適合機構，而「溝通是一種朝向所有職員及董事會董事的雙向孔道。它傳達所有有關達成機構任務、目的與目標等的觀念、計畫、指揮（領導）、報告及建議。因而溝通是一種重要的連鎖，它連接行政者、董事會董事、職員及機構或計畫的案主，並建立一機構、政府代表及有關社區人員間的聯絡。」（Bellows, 1960）

1.溝通三要素
(1)訊息來源或傳送者（Source or Sender）。
(2)訊息（Message）。
(3)訊息收受者（Receiver）。
2.溝通的障礙
(1)雜音：外來雜音，如打鐘聲、街上吵雜聲及其他阻礙溝通之聲音。
(2)過濾：過濾會導致歪曲事實，因有偏見、判斷不正確之弊。

(3)干擾與扭曲：干擾可能竄改訊息，藉此製造有關傳送者所欲傳達的混亂訊息。

3. 改善溝通途徑

(1)改善傳送者的溝通方法：瞭解溝通目的，計畫如何溝通。

(2)有效的傳送訊息：正確送達書面訊息，溝通日期與傳送機構名稱、溝通理由說明、考慮對方能力經驗、發現有疑惑時應提出反應。

(3)改善收受者的溝通方法：找出誰與你溝通，瞭解或克服偏見，找出溝通理由，確定需要及採取行動等（林顯宗、陳明男，民 74）。

五　督導與訓練（Supervision & Training）

督導訓練是爲了社會福利、社會工作專業中的行政與教育職責的達成，機構爲了要實現其功能和確保對受助者服務的品質，最有效的方法是運用持續性的督導訓練方法。

(一)督　導

督導是一種技術性的傳播、合作、教育的過程；督導工作可以團體和個別的方式進行。

(二)訓　練

訓練乃是一種具有技術性，一再灌輸同一動作技術使其達到一定的標準而言。

六　協調與控制（Coordination & Control）

(一)協　調

協調的意義是使一機構工作的各部分能相互連結，以發揮一整體功能的重要責任。瓦爾頓（Walton）將協調明確定義爲：「協調是指一種活動，它是分配與指導各類的人員、功能、專長與空間而建立他們的互惠關

係。藉此對於組織目的的完成，他們可作出最大的奉獻。」協調與溝通有密切關係，溝通是在求思想上的共同瞭解，而協調是在謀行動上的一致，二者是互為表裡的密切關係。

1. 協調種類

(1)工作的協調與人員的努力協調：瓦爾頓認為協調有工作與人員的努力協調，人員協調為有效完成目的所需，它經常以工作協調為先決條件。但是姆尼（Mooney）認為「先有工作然後才有工作上的人員與工作的健全協調」。

(2)目標的協調：協調主要有垂直協調（Perpendicular or Vertical Coordination）及水平協調（Horizontal Coordination）二種形式，前者如權威與指揮監督的梯形連鎖，而後者如訊息的雙向流動。

協調可透過各種不同的途徑而達成，如經由政策與目標獲得協調；經由層級節制體系獲得協調；經由報導制度獲致協調；經由行政計畫獲致協調等。故機構事業協調最佳方法是經由一徹底瞭解管理系統的部分，即我們所知的目標管理。

2. 協調的步驟與方法

(1)職員努力的協調：如訂定職員間直接面對面接觸的規定、確定將行動計畫及可執行的時間、創造彼此自由反應氣氛、提供工作關係的持續性、避免職務調動過度頻繁等。

(2)協調的步驟與方法：蒐集體系有關的事實和訊息意見，並由那些知道事實者提出，清楚界定誰負責所有特有的操作責任，保證那些負責指派工作的人，瞭解所需負的責任，而扮演負責任並同意去執行所指派的工作，提供績效的審查與經常的評估、發揮研究者集體責任與積極創造計畫之統一（林顯宗、陳明男，民 74）。

(二)控 制

控制乃是使執行的事物，能在內外在的壓力之下達到平衡或達到預期效果，這樣的管制稱為控制。

七 預算與年度會計（Budgeting & Financial）
****

預算是機關（機構）財務的計畫與控制，健全的財務行政（預算）必須具備健全的組織計畫、財務計畫、財務運作的控制等三要素。

(一)財務行政

1.預　算

是政府財政收支之計畫，也是政府施政計畫的總表現。預算必須經立法機關正式通過後才由各機關據以執行之。

2.會　計

政府對其財政收支之數目、性質、用途及關係等，作完全而準確的記錄、研究、分析，也是對預算執行的經過作忠實的記錄，以作為考核過去、檢討現在及計畫未來之依據。

3.決　算

即會計年度的結算報告。行政機關在預算執行完畢後，將收支情形編造為結算報告，送請立法機關或監察機關查核，以檢查其有無錯誤或違失，進而解除其責任。

4.審　計

即審查與核計。是行政系統以外的專設機構，以獨立的地位與職權，對政府各機關會計紀錄、報告及憑證進行審計。也是財政收支事實經過及效果作有系統計算並客觀審核或檢查，查其是否合法，有否不忠實或錯誤或弊偽之處。

(二)預算準備應考慮事項

1.預算要求的協調

(1)協調須經由參與而使人們能一起工作；(2)協調各部門或科室的預算之要求。

2.預算可否向立法機關或基金來源機構提出

⑴目的與目標是否已獲堅定的贊同；⑵行政官吏需要去探知職員間是否存在著任何否定性人際關係，以及是否有任何造成氣憤不平、挫敗或敵對的不利影響因素；⑶一些有關預算問題之提出。

㈢預算資料之準備

行政官吏手上必須有隨時可利用的資料，即通常稱爲「事實與數字」的硬體資料（林顯宗、陳明男，民74）。

㈣預算和年度會計的控制必須考慮之事項

1.與機關（機構）的目標和功能密切配合。
2.兼顧方案或服務活動的數量與品質。
3.預算應分整個機關（機構）、各部門和各種方案的分別預算。
4.預算的程序是從各種方案到各部門再到整體機關（機構）的預算。
5.預算的解釋宜從金錢在社會福利、社會工作專業服務中的意義來看，不是謀求利潤，而是提供並促進人們生活適應的功能（江亮演，民76）。

㈧　政策管制（Policy Control）

社會福利是有一定的政策，因此，社會福利的對象就是政策的對象。但政策管制是著重在政策的管理與控制，不過政策管制是應以人民和社會的需要爲前提，爲國民達到社會服務與社會利益境界之政策。

㈨　公共關係（Public Relations）

社會福利機關（機構）想要增加一般民眾對其更深的認識，就必須作好公共關係，以獲得民眾的物質與精神上的支持。公共關係對社會福利的貢獻，是能獲取社會大眾對社會福利的關切與瞭解，對社會服務項目的支持和運用，對機關（機構）立場和措施的良好印象，以及對一個社會福利

政策和理想的積極貢獻。因此，社會福利機關首長、各級主管以及工作人員均應注意機關（機構）的良好公共關係之建立。而成功的公共關係是研究（Research）、行動（Action）、溝通（Communication）和評鑑（Evaluation）。

⊕ 報 告（Reporting）
****

報告是社會福利機關（機構）依據有系統的記錄、說明、統計及研究，並藉著大眾傳播工具向大眾報導，使人瞭解機關（機構）的價值。所以報告也可以說是闡釋機關（機構）工作及作好公共關係的最有效辦法。

(一)報告種類

1.以時間分

各種定期性或非定期性的行政報告。

(1)工作人員個別定期工作報告。

(2)各部門的單位工作報告。

(3)各種方案的進展報告或總報告。

(4)各種工作評價報告。

(5)會計報告。

(6)專業服務報告。

2.依業務分

財務、人事、計畫、研究等等之報告。

3.依臨時或固定分

臨時與中間報告，如備忘錄、信函等報告。

4.其 他

如向行政主管報告、向董事會或立法機關報告、向外在組織收受的機構報告等。

㈡機關（機構）報告的要素

1.報告所涵蓋的日期。

2.準備報告者個人姓名。

3.所報告活動的目的與目標之說明。

4.報告本體。

（圭）評價（評鑑）與研究（Evaluation & Study）

評價的功能是評鑑或估量機關（機構）人員、計畫以及所有有關活動目的的執行結果，以發現其阻礙或困難所在，並探求下一階段應改善和努力的方向，此乃行政程序中的評價工作。

研究，一般而言，機關或機構應從事研究以幫助評價之瞭解：

1.機關（機構）的服務推展得良否？

2.目前的服務是否需要？

3.是否需要新的服務？

4.更有效傳達服務的方法。

5.其他。

除了上述之外，另有以「POSDCORBE」幾個英文字母來代表社會福利行政的功能或其過程，即：

P　　字代表「設計、計畫」（Planning）。

O　　字代表「組織」（Organizing）。

S　　字代表「人事的佈置」（Staffing）。

D　　字代表「指導、指揮」（Directing）。

CO　字代表「協調」（Coordinating）。

R　　字代表「報告」（Reporting）。

B　　字代表「預算」（Budgeting）。

E　　字代表「評鑑」（Evaluating）（江亮演，民 76）。

■ 關鍵詞彙 ■

慈善、慈惠	社會福利政策	伊莉莎白救貧法
慈善事業	布施與福田	三 D
社會事業	慈悲與放生	五巨人
社會福利	報恩	COS
社會個案工作	責任觀	督導與訓練
社會團體工作	公正觀念	公共關係
社區組織	幸福論	評鑑與研究
社會工作	政策論	公共福利
社會行政	實質論	
社會行動	技術論	

■ 自我評量題目 ■

一、試述社會福利與社會行政的意義。

二、試說明社會福利與慈善、慈惠、社會事業之區別。

三、試述佛教與基督教的社會福利思想。

四、試述西方古典的社會福利思想。

五、試列舉社會福利與行政的理論、學說。

六、試闡述社會福利與行政的對象與主體。

七、試描述社會福利與行政的範圍。

八、試說明社會福利與行政的功能。

■ 參考文獻 ■

【中文部分】

劉脩如編著（民64）社會福利行政（上冊），台北：國立編譯館出版、正中書
　　局。

內政部編印（民64）社會福利概況，台北：內政部社會司。

林顯宗、陳明男編著（民74）社會福利與行政，台北：五南圖書出版公司。

李增祿主編（民75）社會工作概論，台北：五南圖書出版公司。

江亮演（民75）社會安全制度，台北：五南圖書出版公司。

江亮演（民76）社會工作概要，台北：五南圖書出版公司。

蔡漢賢主編（民79）社會工作辭典，台北：中華民國社區發展研究訓練中心。

【日文部分】

山下裦裳男（1997）三友雅夫編著，社會福祉論，日本東京：川島書店。

山根常男等編テキストブック（1997）社會學(7)福祉，日本東京：有斐閣ブック
　　ス。

朝倉陸夫等編（1979）社會福祉の方法，日本東京：東京書籍。

真田是編（1984）現代日本の社會福祉，日本東京：法律文化社。

京極高宜（1984）市民參加の福祉計畫，日本東京：中央法規。

須鄉昌德編（1989）社會福祉の基礎知識，日本東京：法律文化社。

【英文部分】

John C. Kidneigh (1950) Social Work Administration. An Area of Social Work
　　Practice. *Social Work Journal.*

Victor A. Thompson (1961) *Modern Organization.* New York: Knopf.

John E. Marston (1963) *The Nature of Public Relations.* New York: McGraw-Hill.

Harleigh Trecker (1971）*Social Work Administration, Principles and Practices.* New York: Association.

David Novick, ed. (1973) *Current Practice in Program Budgeting (PPBS).* New York: Crane, Russak.

John W. Sutherland (1977) *Managing Social Service Systems.* New York: P.B.I.

第二章

社會福利與行政的演進

詳讀本章內容後，學習者可達成下列目標：

1. 瞭解英國的社會福利與行政的起源及發展。

2. 瞭解德國的社會福利與行政的起源及發展。

3. 瞭解美國的社會福利與行政的起源及發展。

4. 陳述日本的社會福利與行政的起源及發展。

5. 說明我國的社會福利與行政的起源及發展。

■ 摘　　要 ■

　　在古代，不管中外，其政府的社會福利較偏重於救災，而民間的團體或私人的救濟即較偏重於救貧。這可能是災民人數眾多，不是一般民間的力量所能救濟得了，政府恐怕災民無法維生，所以不得不由政府來救濟。而貧困者因人數較少，且有鄰居、親戚、朋友援助，所以政府很少自動來救濟，大都由民間來救貧。到了西元八〇〇年時日耳曼帝國才有「禁止行乞」的規定，一直到十六世紀時德國各地方政府才有救貧工作，同時瑞士也才有「公益金庫」的救貧工作。英國也在一三四九年時頒行「愛德華勞工法」，後來也有規定徵收救濟品救濟貧民，及主辦公共救濟計畫，規定徵收「救貧稅」，以及一六〇一年伊莉莎白女皇的「濟貧法」，此時政府才真正介入社會救貧、社會救助行列。從此以後，除了上述福利措施外，還有居住權法、院外救濟、局部救濟……等的社會福利措施出來，尤其第二次世界大戰以後，英國採取貝佛里奇的建議使其成為世界上最早達到「福利國家」的先進國家。在德國方面，除了上述的社會福利之外，在工業革命後，推行了「漢堡制度」、「愛爾伯福制度」以及「新漢堡制度」，使德國社會邁向新的境界，尤其創辦社會保險制度，更是開世界各國實行社會保險之先鋒。美國方面，早期也都依據英國的社會福利制度去推行，一直到一九三五年才頒行「社會安全制度法案」，開世界社會安全制度之端。

　　日本方面，在明治維新以前，其社會福利制度都是來自於中國，明治時代以後才有西洋的社會救助、社會福利進來，因此才成為中西混合的社會福利制度。到了一九四六年時才制定「生活保護法」，後因經濟復甦快速而修正生活保護法為「新生活保護法」，展開真正社會福利而邁向「福利國家」之途。

　　我國在民國以前的社會福利均以歷代的福利措施等為主，如周代清代

的保息荒政、歷代的倉儲制度……等措施。民國以後推行習藝、社會救
助、慈善組織團體管理……等。中央政府遷台以後除社會救助外，以社區
發展、社會教育、國民住宅……等為主，尤其民國六十九年前後老人福
利、兒童福利、殘障福利等法陸續頒行，到民國八十四年實行全民健保，
使我國社會福利邁入另一新的階段。

◆◆◆◆ 第一節　歐美社會福利行政的起源與發展 ◆◆◆◆

　　從工業革命以前的救濟行政來看，政府與民間的救濟方向，古代政府機關較偏重於救災工作，而貧民救濟方面大都由民間來推行，尤其宗教團體，以救濟孤兒寡婦殘廢貧病等的不幸人民為對象，這可從基督教、猶太教、印度教等的宗教教義，與巴比倫、埃及等的法典，以及古希臘、古羅馬的習慣法來瞭解。到了中世紀以後，教會指定專人掌管慈善事務，以及設立收養機構收容上述不幸者，同時募集救濟品轉贈給貧民。但當時歐洲因托缽行乞之風甚盛，因此德國在西元八○○年日耳曼帝國時代頒行「禁止行乞」法律，規定違者處以笞刑或監禁，給乞丐施捨者罰款。到了十六世紀，德國各地方救貧工作，漸由地方政府掌管，財團則分配財物，救貧行政人員皆由政府任命。當時因宗教改革運動興起，馬丁路德指責教會腐敗，救濟管理不善而發起組設「公益金庫」接受捐款或救濟品以救濟貧民。一五二五年瑞士亦有如此「公益金庫」的倡議。英國方面，一三一五年到一三二一年之間發生饑荒，一三四七年發生鼠疫及黑死病，人民死亡很多，致農工供需失衡，故在一三四九年頒行最高工資的「愛德華勞工法」，禁止人民隨意離開所屬教區及行乞。一五三一年規定徵收救濟品，由地方當局分發給貧民。並從一五三六年起政府主辦「公共救濟計畫」；一五六二年頒行「規定工資工時及學徒制律令」；一五六三年規定每戶應依收入按週繳納「救貧捐款」（救貧稅）（poor tax）；一五七二年設置救貧管理員（the overseer of the poor）；一五九七年設置「貧民監督」，並規定父母子女互負贍養之責。

○一 英 國
* * * * * *

(一)工業革命以前的社會福利行政

1.濟貧法

一六○一年英國伊莉莎白女王（Elizabeth）頒行「濟貧法」（Poor Law），並有親屬責任及家屬責任的規定。欲受救濟者若可自親屬、丈夫或妻子、父母、子女等獲得贍養者，則不予救濟。但合乎社會救濟條件者，仍須在最近於該地區居住滿三年以上或在該地區出生者。該法與其他救貧法不同之處是貧困之祖父母應像父母同樣接受贍養。

該濟貧法將貧民區分為下列三大類：

(1)體力健全之貧民（the Able-bodied Poor）須強迫入「輔育院」或「習藝所」工作，並嚴禁市民對他們布施。

(2)不能工作之貧民（the Impotent Poor），諸如老年人、病患、精神病患者、盲、啞、聾、跛者及須撫育幼小子女的母親們，令其入「救濟院」或施以「院外救濟」（不收容在救濟院而給予生活輔助）。

(3)失依兒童（Depentent Children），包括孤兒、棄嬰或因父母貧困無力撫養之兒童等，設法推行領養或寄養措施。

2.居住權法

一六六二年英國查理二世（Charles II）頒行「居住權法」，規定獲得居住權的條件與資格，救貧時是按其居住權的情形而定，此措施影響到今日的救濟行政之產生。

3.新 法

一六六八年英國詹姆士二世（James II）頒行「新法」，規定新遷（進）入者要在四十天內取得居住權，否則視同放棄權利。

一六九一年威廉三世（William III）頒訂「新法」，依「新法」規定，新進者其遷入之書面報告，必須在星期日禮拜儀式完畢後經教會公告

才有效。同時於一七五八年頒行「國民兵法」，規定從事志願服務者（義工）可代替兵役。

4.救濟院與院外救濟

一六九六年成立「習藝所法案」，若干城市由習藝所教導被收容者從事紡織、編結、織麻、製網……等生產工作，但效果不彰。一七二二年政府與廠商訂約，建立廠商設立之貧民習藝所，此舉雖可節省救貧稅，但廠商只圖營利，設備衛生不良造成工人的死亡率奇高，因而失敗。一七八二年廢除習藝所之承包制度，改以院外安置，即院外救濟（Outdoor Relief），來替代院內救濟。

5.局部救濟（Partial Relief）

一七九五年英國通過「斯賓漢蘭法案」，規定貧民在家所領的救濟金須憑其家屬人口之多寡爲標準，救濟金或用作生活費或用以補助其低微之工資，對老病殘廢者也廣泛引用而作爲院外救濟之依據。

6.濟貧法（救貧法）改革方案

一八三二年設立「濟貧法業務及行政檢討皇家委員會」，由名經濟學家考得維克（Edwin Chadwick）等所領導，並於一八三四年提出下列建議：(1)取消斯賓漢蘭法案所產生之「局部救濟」；(2)仍將體力健壯的救濟申請者安置於習藝所工作；(3)院外救濟僅於病患、老年人、撫育幼小子女之寡婦；(4)配合幾個教區之救濟行政，成立一個「濟貧法之貧民院」；(5)依據「次於合格標準」之原則，使受救濟者生活低於社會上收入最低者之生活，迫使貧民放棄接受救濟而樂於受僱工作；(6)建議英皇設置一個中央主管機關。以上建議於一八三四年制定爲法律，數百年來，在英國被稱爲「新濟貧法」。

7.考得維克的公共衛生法案

考得維克調查貧民窟，發現貧民生活條件欠佳、營養不良、飲水不潔、居室不合衛生、街道沒有陰溝，而提出改善飲水、修建下水道方案。所以英國才於一八四〇年設立免費注射預防針及接種，以預防霍亂、天花傳染病制度。同時於同年通過「公共衛生法案」，樹立公共衛生標準等等。

㈡工業革命以後至第二次世界大戰為止的社會福利行政

　　一七六九年英人瓦特（James Watt）發明蒸氣機，從此以後機器生產逐漸替代了手工生產，大工廠替代了家庭工業，勞資關係替代了師徒關係，經濟結構與社會結構隨動力的革命而產生了鉅大變化。十八世紀到十九世紀之初，英國的社會政策是重地主、廠方、商人的利益而壓制勞工。所以工業革命初年，勞工的悲慘命運是隨機器的發展而加遽，尤其是童工、女工，在每天工作長達 16-18 小時惡劣的工作環境中，睡眠不足、營養不良、陽光不足、空氣不好等，使許多童工、女工病亡。此種慘景經人道主義者歐文（Owen）、皮爾（Sir Robert Pell）等人所揭發，英政府因而才於一八〇二年頒行「健康與道德法案」（Act of the Health and Morals of Apprentices），是英國保護童工、女工的第一步。一八三三年制定「工廠法」，一八四七年修正工廠法，規定婦女及十八歲以下兒童，最高工時每日不得超過 10 小時。一八四八年馬克斯（Karl Marx）和恩格斯（Engels）發表「共產黨宣言」。一八六四年在倫敦舉行「共產黨第一次國際」會議。一八六七至一八八四年間，鄧森（Edward Denison）、巴爾內（Barnett）夫婦及湯恩比（Toynbee）等，在倫敦近郊貧民區親身投入貧民窟，與貧民打成一片，從中教導貧民改善生活環境。

　　1. 慈善組織

　　由於工業革命的影響及濟貧法未盡妥善，各種慈善組織紛紛成立，徵募捐款，救濟貧民，缺點是各組織之間，缺乏聯繫協調而導致衝突，並有重複浪費等現象。索理牧師（Reverend Henry Solly）目睹此情形，乃於一八六八年建立一個理事會（board），以協調政府與民間慈善組織團體。一八六九年在倫敦成立「組織慈善救濟暨抑止行乞協會」（Society for Organizing Charitable Relief and Repressing Mendicity），後改名為「慈善組織協會」（Society for Organizing Charitable），簡稱「C.O.S.」。又賈爾梅牧師（Thomas Chalmers）鑑於濟貧法有其不足之處，乃在格拉斯哥（Glasgow）開始建立濟貧制度的方法論以補救其缺點，並著《論慈善》

（On Charity）一書以弘其說。慈善組織協會接受賈爾梅的理論，特設諮詢部，以供人蒐集有關申請救濟者之資料，使眞正需要救濟者獲得救濟機會。在執行上引用德國愛爾伯福制度（Elberfeld System）而加以修正，並將倫敦分爲若干區，每區有志願委員會（Volunteer Commission），主持救濟分配，他們反對擴大公共貧窮救濟，特別強調道德的影響來改變貧民生活方式，同時期望獎勵私人慈善協會之發展。慈善組織協會對社會工作專業化的建立有極大貢獻，其一方面派「親善訪問員」（Friendly Visitor）訪問救濟申請者，以瞭解其社會背景及確定應採取何種措施，並強調依調查結果，按其個別情況之不同而給予不同之個別處理。這種強調「個別化」的原則是促使社會個案工作的產生。另一方面促進各救濟機構、慈善組織解決社區問題，以及採取協調合作的步驟去發展社區，這種努力也是奠定社區組織發展的基礎，使社會工作邁進現代化與專業化之途。

　　2.睦鄰組織運動

　　此運動是起源於英國維多利亞女皇時代（Victorian England）的社會科學研究者與社會工作者爲進行社會問題之實地研究和社會問題實際解決而發起的「睦鄰組織運動」（The Settlement Movement）；同時也是目睹工業革命及法國革命之結果，都市化（Urbanization）與工業化（Industrialization）所帶來的貧富懸殊的社會現象，如何去補救此缺失以及解決貧窮的社會問題所產生的睦鄰組織運動。當時在倫敦東部猶太教區的牧師巴納特（Samuel A. Barnlte）邀請大專青年在倫敦東區展開工作，爲了紀念其忠實同志湯恩比（Toynbee），乃於一八八四年將他們工作場所定名爲「湯恩比館」（Toynbee Hall）。該館特點：⑴設於貧民區，備有宿舍，所有工作人員與貧民共同生活，其口號爲「工作者與工作對象相親相愛」；⑵沒有既定工作計畫，視居民實際需要而工作；⑶儘量發動當地人力，培養其自動自發、互助合作之精神，以爲地方服務；⑷使各地的睦鄰中心成爲當地的服務中心外，儘量設法將本國及外國文化向當地居民介紹，使之亦成爲當地的文化中心。

3.其 他

如勞工與監獄、福利等有關的法律；從一八四七年以後勞工或犯罪者的立法相繼頒行，如一八四七年的少年犯罪法案，限制十四歲以下兒童免受刑事迫害，十六歲以下少年犯須受特別裁判；一八七一年的工會法，開始准許勞工組織工會；一八七七年的監獄法案，改革英國監獄腐敗殘酷恐怖的現象；一八七八年合併工廠法，增加工廠監督檢查與安全衛生等條款；一八九七年及一九〇六年的工人災害賠償法，對工人因工作受傷或死亡者給予賠償；一八七五年的勞資關係法及一九〇六年工會法、一九二七年的職業爭議法等，進一步規定勞資糾紛的處理，明確承認工會的和平糾察權；一九〇六年的餐飲供應法案，普遍供應小學生免費午餐；一九〇五年失業工人法案，規定失業工人應予救濟並為其介紹職業；一九〇八年的老年年金法，使七十歲以上老人可領得養老年金；一九〇九年的勞工交換法案，規定各地分設勞工交換所輔助勞工就業；一九〇九年、一九一八年的職業局法，規定各行業工人最低工資；一九〇九年的住宅及都市計畫法案，規定掃除貧民窟等等；一九二〇年的盲人法案，規定五十歲失業盲人可領養老年金（後修正為四十歲）；一九二九年的地方政府法，將救貧法全部行政由公共救助委員會（Public Assistance Committee），負責使救濟事業成為地方行政工作的一部分；一九三〇年以後由於備戰及二次世界大戰關係，社會福利幾乎停在半休止的狀態中。

㈢第二次世界大戰以後的社會福利行政

第二次世界大戰以後，由於各國為謀經濟復興，乃盡力推展社會安全制度，以保障國民的生活；又因福利國家的思潮，許多政治、社會、經濟學者均主張推展「福利國家」（Welfare State）的理論與實踐。他們認為國家的功能應從事於全體人民福利的增進，社會連帶責任的範圍，也應由家、鄰里或地方政府，日漸擴大為國家的連帶責任，此為「福利國家」或「福利之邦」之思潮。於是，二十世紀現代化的國家，均以建立「福利國家」為最高目標。

　　英國貝佛里奇（W. H. Beveridge）建議由國家統籌辦理一項包括各種有關人民生活與社會福利設施之社會安全計畫，使每一個國民自出生至死亡，不論平時或遭遇到意外時皆能獲得生活之保障。此建議一直到一九四八年下列之五種法令在英國開始生效時才逐一的實現，英國也因此成為一個實施現代最完善的全國性社會安全制度的「福利國家」。這五種法令是：⑴工業災害保險法，⑵國民保險法，⑶國民健康服務法，⑷兒童家庭補助法，⑸國民扶助法等（江亮演，民 76）。

　　其他，如一九六九年由八個團體合併而成的「不列顛社會工作人員協會」（The British Association of Social Workers）；一九六八年的西伯罕報告（Seebohm Report）建議強化組織、合併訓練機構；一九七七年頒行「兒童家庭津貼」（Family Allowance）……等，使英國成為世界上最早建立社會福利制度的國家。一九七八年頒行「齊一均等費率年金」（Flat-rate Pension）及「附加年金」（Additional Pension）；一九八〇年頒行「兒童保護法案」，而一九八二年頒行「兒童家庭法案」，至一九八七年修訂該「兒童家庭法案」；一九八六年國會通過「社會安全法案」（Social Security Act），至一九八八年全面實施。

二　德　國

德國先後實施了下列社會福利制度：

㈠漢堡制度

　　一七八八年德國北部的漢堡市，聚集很多貧民乞丐，成為漢堡市最嚴重的社會問題。迫於實際的需要，在市議員兼社會救濟委員布芝教授（Prof. Busch）的設計下採行：⑴漢堡市設一中央委員會，由五位議員及十位榮譽市民組成之，訂定計畫，頒布規章，領導全市救濟事務；⑵劃分全市為六十個區域，每區設區委員會，由三位榮譽市民組成，無薪給為該區貧民服務，負責接見貧民，查訪每一貧戶之經濟收入、健康道德情形，以決定每一貧戶之個別需要；⑶救濟原則，是教導貧民以自助方法促其自

力謀生，禁止貧民街頭行乞，兒童少年予以基本教育，老弱者送入救濟院收容，對病患增設醫院給予醫療。這制度首先採用個案工作原理，著重積極性扶助受救濟人自立的一個新的救濟制度。上述這種制度稱為「漢堡制度」（Hamburg System）。

(二)愛爾伯福制度

一八五二年德國另一小市鎮愛爾伯福（Elberfeld），仿漢堡制度而加以修正改良，實行結果成效頗著。該制度是把愛爾伯福全市分為五百六十四段，每段約有居民三百人，其間貧民不得超過四人。每段設賑濟員一人，綜理全段救濟工作。賑濟員須負責審核求助者資格，受補助者每兩週前往調查一次。另外為了幫助受助者達到自立自助之途，該制度設有一些規定，並辦理段內有關貧窮之預防工作，如介紹職業、職業訓練與管理遊民等（白秀雄，民 65）。同時把全市每十四段合為一區，每區設監察員一人，以領導賑濟員，每兩週開會一次，報告工作概況。並設有中央委員會，為全市之總賑濟機關，支配管理院內（收容機構）、院外之各種救濟事項，每週開會一次，這種制度稱為「愛爾伯福制度」（Elberfeld System）。綜觀該制度之優點有如下幾項：

1. 行政權集中、督導嚴，頗能提高行政效率。
2. 賑濟員由地方人士義務充任且可連任，不但可節省經費，而且也可鼓舞志願服務精神，以及可收經驗豐富、駕輕就熟之效。
3. 賑濟員所管區域不大，較能對貧民周詳照顧。
4. 積極的救助與協助不但可促使其自立，而且亦是重視預防工作之一。
5. 家庭訪視是一種個案工作方法；而劃段、區，由地方人士志願服務，此極符合社區工作之精神與作法。

(三)新漢堡制度

因人口增加，漢堡制度與愛爾伯福制度漸不能適用，遂於一八九二年

產生「新漢堡制度」（New Hamburg System）。此制度是把漢堡制度及愛爾伯福制度合併並加以改良而成，其特點：

1. 中央委員會之下，專設一事務管理部，作為委員會辦理的實體機構。
2. 每區自行選擇管理員主持救濟事務，管理員具有充分權限，決定救濟款物的用途，另有合格專業人員協助處理個案。
3. 對受救濟者按其性質而加以分類，個別處理，以適應滿足其需要，獲得實效。受救助期間不得超過一個月為原則，但老年人及病患者可延長至六個月。
4. 各區管理員合組一巡查團，以中央委員會的委員為主席，定期分赴各區巡查救濟實況，相互參考改進。
5. 巡查團之下設一申訴局，處理各區有關救濟不公平的控訴案件。此新漢堡制度又比以前的漢堡或愛爾伯福等兩制度更進一步，不但有專業工作人員，而且有定期巡查和接受救濟者控訴申訴的機關，這些創例都影響到後來世界各國的救濟工作之新觀念。

㈣其　他

德國自一八七一年至一八九○年的二十年間，由俾斯麥（Otto Von. Bismarck）首相執政，他一方面為了對付馬克斯等的社會民主黨，於一八七八年頒行「社會黨鎮壓法」；另一方面接受社會政策學會的主張訂定「社會保險法」，故於一八八三年頒行「勞工疾病保險法」、一八八四年頒行「勞工災害保險法」、一八八九年頒行「勞工養老殘廢保險法」等，首開近代社會保險之端。自此之後，於一九一一年另訂「孤兒寡婦保險法」。合併上述各種保險法成為世界著名的社會保險法典，也是歐洲各國社會保險之創制，因此世界各國相繼仿訂社會保險法案，如一八九一年瑞典的疾病保險法、一八九一年的丹麥老年遺族保險法、一八九七年的英國工人災害賠償法、一九○八年英國的老年年金保險法、一九二○及一九三五年的英國失業保險法、一九二六年的英國寡婦孤兒殘障年金保險法、一

九三六年的英國國民健康保險法、一九〇三年的比利時工人賠償法、一九〇八年的美國工人賠償法、一九二二年日本健康保險法等（劉脩如，民63）。

　　德國在一九四五年戰敗，為保護國民的生活，而有各種社會救助方案出來，尤其對國民就業訓練與輔導更為積極。到了一九七七年起實施職務讓位制度（Job Release Scheme），一九七八年歐洲共同體（EC）頒布社會安全平等待遇指令，容許加盟國政府保留社會安全受益年齡的權利，一九九一年起調整年金金額百分之十五，但取消補助金，一九九二年起實施年金改革。

 三　美　國
＊　＊　＊　＊　＊　＊

(一)歐洲根源

　　美國在憲法導言中曾寫「增進全體的福利」字句，並且從甘迺迪總統以後，每位總統都曾向國會遞送咨文，建議並闡釋許多社會福利計畫，從這些行為中我們可瞭解人格的價值及個人適應與福祉的重要性，這是美國生活方式中最有意義的層面；也由於他們對民主的重視，才有往後社會福利事業的蓬勃發展。美國社會福利根源是來自歐洲，尤其是英國的伊莉莎白女皇的濟貧法。工業革命後所產生的都市化、貧民窟及隱匿埋沒的人生等，帶來許多問題。於是乞討、救濟、慈善事業、工賑所、孤兒院、瘋人院和監獄等便成為那時代文化的一部分，於是當時城鎮及地方社區，便是擔負起協助不幸者及不利者的責任單位。

　1.慈善組織

　　一八六九年英國成立「倫敦組織慈善救濟及消弭行乞協會」，一般稱之為「倫敦慈善組織協會」（London Charity Organization Society）。該協會的名稱表示出其目的──慈善組織，而不是它的創新或擴展。在美國也受到這個組織的影響，於是在一八七三年南北戰爭以後，為了解決許多社會嚴重問題，而開始有類似英國慈善組織的運動，並以歐洲的革新為藍

本，經過數十年運動，爲促使社區領導者重視，制定有關計畫而加以實現，使其圓滿達成。因此，於一八七七年在水牛城成立美國第一個慈善組織協會；同時也於一九〇九年在匹茲堡及密爾瓦基成立美國第一所的社區福利委員會，簡稱爲「社會機構委員會」。

2.濟　貧

城市及地方政府所提供的服務，多少與英國的規定有相同之處。起初是在貧民家中給予院外救助，失依兒童及不幸的成人被安置於機構或寄養於他人的家中。特殊寄養處置的例子包括「公開拍賣」，將孩兒、棄嬰和殘障者轉讓於願意供給他們能維持當地最低生活費用的人。

3.睦　鄰

與慈善組織有密切關係，是社區熱衷於爲貧民及需要者提供服務的目標，並在一六四四年成立了「波士頓拉丁學院」，該校部分土地由波士頓城贈與，是美國免費學校或稱慈善學校的起源，也是支持十年後才發展之公眾義務教育的基礎。

㈡社會安全制度

一九二九年紐約股票交換所破產所引起的經濟大恐慌之後，美國失業人數一直有增無減，政府救濟費用的負擔日益沈重，當時胡佛總統（President Hoover）仍固守他的信條，認爲私人救濟事業應繼續爲失業者解決問題。其後，羅斯福總統（President Roosevelt）就任，見失業問題的嚴重，因此，逐步建立聯邦救助的各項措施，也就是所謂的「新政」（New Deal），其各項設施加強了美國民眾認爲需要一個「全國性」的計畫之觀念，此觀念的改變，爲美國社會安全制度的發展鋪了一條新路；聯邦政府遂採取各項緊急措施，大規模救濟失業者及其家屬，先後成立緊急救濟行政機關，計有：聯邦緊急救濟總署、工程設計署、公共工程署、全國青年署等，此舉改變了美國救濟事業應爲政府的社會行政職責的看法，即應以全國人民爲對象而政府負責辦理普及全國的社會福利行政。後來到一九三五年成立社會安全法案（Social Security Act），於是美國社會

安全才有永久性的立法與制度，其法案內容包括下列三方面：

1. 社會保險方案（Program of Social Insurance），包括老年年金保險、失業補償制度。

2. 公共分類救助方案（Program of Public Categorical Assistance），包括以老年、貧窮盲人、失依兒童為救助對象。於一九五○年增加永久或完全殘廢者之救助。

3. 衛生及福利服務方案（Program of Health and Welfare Services），包括婦幼衛生服務、殘廢兒童服務、兒童福利服務、職業重建，以及公共衛生服務等。

其主要業務之管理與監督權，則另設社會安全理事會（Social Security Board）負責執行。

(三)其　他

美國在南北戰爭以前的社會福利行政與英國大致相近，但自此戰役以後即重視軍人及退伍軍人的照顧、南部鄉村社會福利、都市問題、慈善組織、婦女社會救助、社區安置等等問題與福利措施。到了一九○○年以後即轉為重視工作條件的改善、收入的保障、黑人問題、家庭問題、社會安全制度等的問題。第二次世界大戰以後由於貧窮與失業問題，杜魯門總統繼羅斯福總統的新政之後提出「善政」，接著艾森豪總統提出「新景象」、甘迺迪總統提出「新境界」等，主要是加強對失學、失業者教育與訓練，使其重新適應社會。到了一九六四年詹森總統為了消除貧窮而提出減稅措施以緩和經濟衰退與貧民問題；同時也提出「大社會」（Great Society）計畫，呼籲社會全面參與「貧窮作戰」（War on Poverty）行列。不過此貧窮作戰不但未使受公共救助人數減少，卻因所付出的成本代價太大而失敗，因此於一九六七年結束此項社會福利措施，並以其他方案來替代。

美國從一九七○年以後漸漸對經濟發展這個萬靈丹起了懷疑，同時環境保護意識日熾，導致生產下降，加上要求加薪者日增，尤其反對政府以

「加稅」來充實社會福利經費的問題，以及水門事件後人民對聯邦政府失去信心，使社會福利面臨了空前的考驗。此外，七、八〇年代以後美國離婚率不斷高升、婦女就業率達到空前水準、出生率下降到零成長、家庭解組等的社會問題，特別是未婚媽媽與單親家庭、老人與人口老化等問題，使福利社會的理想瀕於破滅，所以一九九〇年以後，大部分的社會福利政策與行政都是針對上述這些問題而作的一種對策。不過美國花在社會福利事業方面的經費相當大，但並無獲得預期效果，反而造成龐大的財政赤字，爲了解決此財政赤字的問題，曾制定「租稅平衡財政責任法案」（Taxation Equilibrium and Financial Responsibility Act），但至一九九一年的會計年度期間尚未達成財政收支平衡的目標。

◆◆◆◆ 第二節　日本社會福利行政的起源與發展 ◆◆◆◆

　　日本社會福利政策有幾個轉變時期，如在一八六七年，也就是明治維新以前，其社會福利政策是受中國漢唐時代的影響，大都仿效中國古代的社會福利制度，而偏重於慈善事業，故此時期爲「慈善事業時期」。一八六七年以後至一九〇八年，也就是明治四十一年以前，其社會福利政策即轉變爲感化救濟事業方面，因此，此時期又稱爲「感化救濟事業時期」。一九〇八年以後至一九一八年，也就是至大正中期爲止，其社會福利政策又轉變爲社會事業，故稱此時期爲「社會事業」時期。一九一八年至一九三〇年，也就是至昭和初年，其社會福利政策又轉向厚生事業，所以稱此時期爲「厚生事業時期」。一九三〇年至一九四五年，也就是至第二次世界大戰結束爲止，其社會福利政策被侵略他國的軍國主義政策所取代而被犧牲，故稱此時期爲「社會福利停滯時期」。一九四五年以後，也就是第二次世界大戰結束以後，其社會福利政策才眞正邁入福利核心，故稱此時期爲「社會福利時期」。因此日本的社會福利可分爲：

第一階段：

是近代以前的社會福利制度，大多以西元七〇一年所訂的「大寶律

令」為基礎，此律令是模仿中國漢唐時代的救濟法令而制定，內容是救助六十歲以上無妻者、五十歲以上無夫者、六十歲以上無子者、十五歲以下無父（母）者、無財產者、殘障者、六十五歲以上者等的不幸人民。同時在收容方面，在聖德太子時於四天王寺設置敬田、施藥、悲田及療院等以收容孤、老、貧、病等不幸者。

第二階段：

是明治時期到第二次世界大戰戰敗為止的社會福利制度。明治四年實施棄嬰養育給付措施；明治六年實行生育三個子女以上之貧戶從第三個子女起免費給付養育米糧，及規定棄嬰可領取養育米糧之年齡限制措施；明治七年頒行「恤救規則」，對殘障之極貧者，每年救濟白米一石八斗；昭和四年，制定「救護法」，而於昭和七年全面實施，主要以失業而貧困者為對象，救濟有等級差別，同時有各種資格、條件的限制。

第三階段：

是第二次世界大戰日本戰敗以後的社會福利制度。一九四五年（昭和二十年），從國外撤回的軍人、軍眷、僑民等急增，原有的救護制度無法對應，所以在同年十二月十五日實行臨時措施，對生活有困難者免費提供住、食、醫、衣、寢具及其他生活必需品，並制定生活窮困者緊急生活援護綱要，而於一九四六年四月起實施，實施不久於同年九月制定「生活保護法」，隔一個月，即同年十月起全面實施。到了一九五〇年時，由於日本經濟恢復迅速，其生活保護法已不適用於其社會，為達其保護人民生活與保障人民權利的生活保護制度目的，經過十二次修正該生活保護法而成為「新生活保護法」，共分十一章八十六條，其新生活保護制度的基本原理為無差別平等原理，一視同仁，不分性別、年齡、地域……，及符合救助條件者就可接受救助；其次為最低生活原理，保護國民都能過著健康而文化的生活水準；再其次為補足原理，補充到每個國民都能達到最低生活，即最低基本生活水準，也就是缺多少補多少的補足原則（江亮演，民79）。日本在一九六一年頒行「全民健康保險」及「國民年金保險」、「兒童扶養津貼法」；一九六三年頒行「老人福祉法」；一九六四年頒行

「母子福祉法」；到一九七三年實施免費老人醫療，該年也稱爲「福利元年」；一九七四年頒行「僱用保險」；一九七六年頒行「殘障僱用比例制」。其他，如一九八三年「廢除老人免費醫療費」、「實施老人保健制度」；一九八五年修正國民年金法；一九八六年公布「長壽社會對策大綱」；一九八九年公布「高齡者保健福祉推進十年戰略計畫」；一九九〇年公布「零臥病對策」等。其他如一九九三年發布「年金保險財務計算方案」。

◆◆◆◆ 第三節　我國社會福利行政的起源與發展 ◆◆◆◆

○ 民國以前的社會福利與行政

我國在民國以前所推行的社會福利制度均以歷代社會福利思想或措施爲依據，如黃帝時期的通典，「塞爭端」、「通貨財」、「存亡更守」、「疾病相救」等措施。堯帝時期的堯典，「克明俊德，以親九族，九族既睦，平章百姓，百姓昭明，協和萬邦，黎民於變時雍」。舜帝時期的舜典，「五倫禮樂教化」。大禹時期的禹典，「正德、利用、厚生」。商湯以〈洪範〉爲天地之大法，立人道之經緯，在其第九章所載的「五福六極」（五福：一曰壽、二曰富、三曰康寧、四曰修好德、五曰考終命；六極：一曰凶短折、二曰疾、三曰憂、四曰貧、五曰惡、六曰弱）。周朝的《禮記》之「季春之月，天下布德行惠，乃命有司發倉廩，賜貧窮，賑乏絕。」史書之「天子對老者時有賜肉、賜帛、賜米、賜絲絮之詔命。」《周禮・司徒篇》的「以保息六養萬民：一曰慈幼、二曰養老、三曰賑窮、四曰恤貧、五曰寬疾、六曰安富。」《禮記・禮運大同篇》的「大道之行也，天下爲公……人不獨親其親，不獨子其子，使老有所終，壯有所用，幼有所長，鰥寡孤獨廢疾者皆有所養……。」《周禮・大司徒篇》之「荒政十二聚萬民，一曰散財以給糧、二曰薄征以減租稅、三曰緩刑以省刑罰、四曰弛力以息徭役、五曰舍禁以釋山林之禁、六曰去幾以去關防之

磯、七日眚（省）禮以減殺吉禮、八日殺哀以殺凶禮、九日蓄樂即藏樂器
而不作、十日多昏即不備禮而昏（婚）娶者多、十一日索鬼神以祈民癘
（五穀）、十二日除盜賊以遏民害」；《管子·入國篇》之「入國四旬
五，行九惠之教，一日老老、二日慈幼、三日恤孤、四日養疾、五日合
獨、六日問疾、七日通窮、八日賑困、九日接絕。」周秦時代的「準
平」、西漢時代的「常平倉」及「義倉」、後周及北宋時代的「常平倉」
及「廣惠倉」、南宋時代的「平糶倉」，以及各朝代各地方的「社倉」
（鄉倉）等的倉儲制度。北宋時代的「鄉約」制度及「安濟坊」、「居養
院」的安置鰥寡孤獨廢疾者以及養老恤貧之措施；宋明清之「義田」、
「學田」，以及清代的「保息十，一日賜復、二日免科、三日除役、四日
振窮獨、五日養幼孤、六日收羈窮、七日安節孝、八日恤薄宦、九日矜罪
囚、十日撫難夷」，與「荒政十二，一日救濟、二日拯饑、三日平糶、四
日貸粟、五日蠲賦、六日緩征、七日通商、八日勸輸、九日嚴奏報之期、
十日辦災傷之等、十一日興土功使民就傭、十二日及流亡使民生聚」等。

以上是我國民國以前的社會福利與行政的情形。

㊁ 民國以後在大陸時期的社會福利與行政

從民國四年以後，我國的社會福利制度，不但在消極方面對生活遭遇
困難者予以適當的救助，以維持其最低標準之生活，而且在積極方面，更
進一步協助其恢復工作潛能，參加生產，服務社會。

㈠遊民習藝

民國四年中央政府頒行「遊民習藝所章程」，是我國最早有關社會救
助的法令。

㈡社會救助措施

政府曾先後頒布了下列各項有關社會救助法規：
1.各地方救濟院規則，民國十七年六月，內政部公布。

2.管理各地方私立慈善機構規則，民國十七年六月，內政部公布。

3.勘報災歉條例，民國十七年，內政部公布。

4.監督慈善團體法，民國十八年六月十二日，國民政府公布。

5.監督慈善團體法施行細則，民國十九年七月，內政部公布。

6.救災準備金，民國十九年十月十八日，國民政府公布。

7.實施救災準備金暫行辦法，民國二十四年六月六日，國民政府公布。

8.救災準備金保管委員會組織規程，民國二十四年六月，國民政府公布。

9.各地方建倉積穀辦法大綱，民國二十五年十一月十九日，內政部公布。

10.各省建倉積穀實施方案，民國二十五年十二月一日，行政院公布。

11.全國建倉積穀查驗實施辦法，民國二十六年四月十二日，內政部公布。

12.抗戰建國時期難童教養實施方案，民國二十七年十月二十日，行政院核准實施。

13.修正非常時期難民救濟辦法大綱，民國三十一年八月十九日，行政院公布施行。

㈢社會福利行政機關

我國主管社會福利行政之機關為內務部（後改為隸屬社會部，後又改為隸屬內政部）。民國二十九年十一月十六日，行政院為適應社會需要，配合時代潮流，將原隸屬於中國國民黨中央執行委員會的社會部，改隸行政院，成為全國最高之社會行政主管機關的社會部。民國三十年會同專家學者進行研訂「社會救濟法」，並於民國三十二年九月二十九日經國民政府命令公布施行。同時又以舊有社會救助事業有關法規內容已不合實際，乃又先後公布許多法規如：

　　1.各省市縣市地方救濟事業基金管理辦法，民國三十二年五月十四

日，社會部公布。

2. 社會救濟法施行細則，民國三十三年九月十二日，行政院核准施行。

3. 社會部獎助社會福利事業暫行辦法，民國三十三年五月二日，行政院修正公布。

4. 救濟院規程，民國三十三年九月五日，行政院公布。

5. 管理私立救濟設施規則，民國三十三年九月五日，行政院公布，民國三十四年四月三十日修正。

6. 救濟院基金委員會組織規程，民國三十四年一月八日，社會部公布。

7. 私立救濟設施減免賦稅考核辦法，民國三十四年二月二十二日，行政院核准施行。

8. 勘報災歉條例，民國三十四年十月十五日，國民政府公布。

9. 各地方推行義診辦法，民國三十五年三月九日，社會部衛生署會同公布。

10. 各省市縣市社會救濟事業協會組織規則，民國三十五年七月，社會部修正公布。

11. 賑災查放辦法，民國三十六年五月八日，行政院頒行。

12. 省市縣市受災難清冊，民國三十七年四月十七日，社會部頒行。

㊂ 政府遷台以後的社會福利與行政
＊＊＊＊＊＊＊＊＊＊＊＊＊＊＊＊＊＊＊

民國三十八年，大陸淪陷，政府遷台改組，原社會部於是年四月三十日裁併，其職掌劃歸內政部，並陸續公布有關法規。迄今前後訂頒有關社會福利之法規七十餘種，其中較為重要者如：

㈠社會救助法

以扶助其自立為主，於民國六十九年公布施行，而以低收入者、緊急患難者及遭受非常災害者為救助對象，於民國七十年頒行「社會救助法施

行細則」，並頒布「社會救助設施設立及管理辦法」，至民國七十九年修正該法。與社會救助有關的法規有「救濟物資進口免稅規則」、「全民健康保險法」等。

㈡兒童福利法

以照顧及保護為主，而以未滿十二歲之兒童為適用對象，於民國六十二年公布施行，民國七十二年頒布「兒童寄養辦法」，民國八十二年修正公布，全文五十四條，民國八十三年修正兒童福利施行細則。

㈢少年福利法

以輔導及發展為主，而以十二歲以上十八歲以下少年為適用對象，於民國七十八年頒行「少年福利法」，並於民國七十九年頒布「少年福利法施行細則」及「少年福利機構設置標準」。

㈣老人福利法

以安定其生活為主，適用對象原則為七十歲以上之老人，於民國六十九年公布施行，民國七十年頒布「老人福利法施行細則」及頒布「老人福利機構設立標準」。民國八十六年修正「老人福利法」，把適用對象從七十歲改為六十五歲以上。

㈤殘障福利法

以協助其自力更生為主，於民國六十九年公布施行，民國七十九年修正。民國八十年修正公布「殘障福利法施行細則」，頒布「殘障福利機構設立及獎勵辦法」、「殘障福利機構設施標準」、「殘障者職能評估辦法」、「殘障者醫療復健重建養護及教育費用補助辦法」、「殘障福利金專戶設置管理及運用辦法」、「按摩業管理規則」。

(六)農民健康保險

以維護農民健康為主,而以農會會員與年滿十五歲以上從事農業工作之農民為適用對象,於民國七十八年公布施行。民國七十九年公布「農民健康保險條例施行細則」、「農民健康保險監理委員會組織規程」、「農民健康保險爭議事項審議辦法」、「農民健康保險基金管理及運用辦法」、「低收入戶健康保險暫行辦法」等。相關法規有「從事農業工作農民認定標準及資格審查辦法」。

(七)社區發展工作綱要

協助社區居民自組團體推動社區建設,而於民國八十年公布「社區發展工作綱要」。

(八)全民健康保險法

以全民的投保來保障少數特定事故,如疾病發生時維護全體國民的健康,其適用對象為全體國民。該法於民國八十四年三月全面實施。

■ 關鍵詞彙 ■

公益金庫	親善訪問	貝佛里奇報告
保息荒政	濟貧法	社會個案工作
漢堡制度	社倉義倉	居住權法
睦鄰組織	愛爾伯福制度	常平倉
院外救濟	湯恩比館	新漢堡制度
義田、學田	局部救濟	社會安全制度
詹森總統的大社會	社會部	慈善組織
福利國家	大寶律令	全民健康保險

■ 自我評量題目 ■

一、試述英國工業革命以前的社會福利與行政。

二、試述英國工業革命以後及二次世界大戰的社會福利與行政。

三、何謂「漢堡制度」？何謂「愛爾伯福制度」？何謂「新漢堡制度」？

四、試說明美國的慈善組織與社會安全制度。

五、試列出日本社會福利制度發展的三個階段。

六、試述我國在民國以前的社會福利與行政。

七、試分析我國在民國以後的大陸時期之社會福利與行政。

八、試詳述我國遷台以後的社會福利與行政。

■ 參考文獻 ■

【中文部分】

劉脩如（民 74）社會福利行政（上、下冊），台北：國立編譯館、正中書局。

白秀雄（民 65）社會工作，台北：三民書局。

徐震、林萬億（民 72）當代社會工作，台北：五南圖書出版公司。

林顯宗、陳明男（民 74）社會福利與行政，台北：五南圖書出版公司。

李鍾元（民 75）社會工作概論講義，台北：國立中興大學夜間部。

江亮演（民 80）社會工作概要，台北：五南圖書出版公司。

江亮演（民 79）社會救助的理論與實務，台北：桂冠圖書公司。

【日文部分】

佐口卓（1984）社會保障概説，東京：光生館。

小倉襄二（1981）公的扶助，東京：ミネルグア書房。

安藤順一、星野政明（1981）社會福祉學概論，東京：中央法規出版株式會社。

【英文部分】

Clarke. C. E. (1950) *Social Insurance in Britain.* Cambridge University Press.

Titmuss R. M. (1958) *Essay on the Welfare State.* London.

Weisman, A. (1970) *On Dying and Denying.* New York: Behavioral Publications.

第三章

社會福利與行政的制度、組織、設施體系

詳讀本章內容後,學習者可達成下列目標:

1. 說明社會福利制度之意義、特徵與功能。
2. 列出社會福利法制的意義、體系與分類。
3. 瞭解社會福利行政實務機構。
4. 明白我國社會福利之行政組織。
5. 瞭解各國社會福利行政機關的類型與發展新趨勢。
6. 敘述社會福利設施之營運機構、營運過程以及營運條件、設備。
7. 區別社會福利設施體系。

■ 摘　要 ■

社會福利制度是確保國民物質、精神性最低生活水準的一種綜合性活動模式，它具有象徵性、記憶性、心理性、結構性及實際性的特徵。其功能是規範行為模式與統合維持社會秩序的一種體系。

社會福利法制是具有理念與生存權的法律性性格。不但具有組織與財政的法規，而且還具有社會福利給付有關法律等的體系。同時也可依對象、所得的有無以及功能來分類。

社會福利行政組織、機關以及其職掌可從其實務機構，如我國社會福利之行政組織，以及各國社會福利行政機關的類型與發展的新趨勢等來分析與認識。

社會福利行政的實務可從其設施的營運機制如理事的角色、管理者的角色、員工的角色等，營運過程如計畫的決定、業務實施、評估結果等，營運的條件、設備如人事管理、建築物、設備之管理、事務管理、財務管理等等來瞭解。

社會福利設施可分為兒童、殘障、老人，以及婦女、貧民、青少年、農漁鹽民、少數民族、榮民⋯⋯等福利有關設施體系。

◆◆◆◆ 第一節　社會福利與行政的制度、法制 ◆◆◆◆

一　社會福利的制度
＊＊＊＊＊＊＊＊＊＊

　　社會福利制度（Social Welfare Institution）是指確保國民或社區居民物質性、精神性、文化性的最低生活水準，實現全民幸福的公私立之社會性、組織性活動，且有拘束、強制思考行為以及習慣性規則性之綜合活動模式。所以，社會福利制度是具有象徵性、記憶性、心理性、結構性以及實際性的特徵。它的定位是界定在個人與社會之間的媒介，其有相互關係與角色期待的特性，也就是價值基準的提高與統合維持社會秩序之一種體系。

二　社會福利的法制
＊＊＊＊＊＊＊＊＊＊＊＊

(一)社會福利法制的意義

　1.社會福利法制的理念

　　社會福利法制是與社會福利有關的法律性評價之總稱。從歷史的角度來看，社會福利法制是從慈善事業到社會事業，再由社會事業到社會福利事業的發展之事實體系，這些體系的法律性評價總稱為社會福利法制，而其所推行的法律形式就是社會福利的法源。雖然社會福利法是社會福利法制的法源之一，但是涵蓋指導社會福利全體的「社會福利法」之法律卻沒有。主要是社會福利事業其制度並不是基於有一貫性的理念、法理、組織的體系，而是被現代的社會、政治、經濟的狀況所左右，很多是依新的需求或社會運動等複雜因素，而無原則、無系統的去推行。指導社會福利的社會福利法，若無存在，也有很多社會福利有關的法律存在，此稱為社會福利法制，也就是社會福利有關法律之綜合名詞。社會福利法制之指導原理就是生存權保障，其中最重要的就是憲法。憲法規定全體國民有過著健

康而文化的最低限度的生活權利（All people shall have the right to maintain the minimum standards of wholesome and cultured living.）。同時規定國家對全部的生活層面非努力提升或增進社會福利、社會安全及公共衛生不可。

最高法規的憲法，最初有生存權規定的是一九一九年的德國威馬憲法。生存權作為基本權在十九世紀所認定的自由權基本權，是包括思想、信仰、通信、居住遷移、職業選擇、求學、婚姻等自由。自由權與基本權所不同的是，前者為國家對國民生活負有不干涉不操作而達到國民的自由之義務；後者為國家對國民生活積極性介入而實現個人有價值的生存。

2.生存權的法律性性格

生存權是權利的話，則必須考慮到下列幾點法律：

(1)權利的主體、責任的主體與權利的內容：生存權的權利主體是國民，其責任主體是國家，其權利內容是保障過著健康而文化的最低生活水準。

(2)生存權論：憲法規定國家有確保國民生存權的具體措施之義務，國民有要求生存的權利。

(3)法律權利說：在憲法中，規定國家有義務具體達成國民生存目標，若國家沒有作到該法律的義務，國民有權利要求國家盡其保障國民的義務，此為以社會權、生存權為中心的一種學說。

(4)程序或政綱說：維持全體國民過著健康而文化的最低限度生活是國家的責任，國家非努力去達成此目標不可。所以不能減少國民生活的救助費用，否則違憲。此學說其產生的背景是以資本主義社會的經濟性限界為理由，一切委由立法機關的自由裁量，對實現生存權而作選擇性的具體立法措施。除了有明顯的不合理裁量或濫用職權，否則是不適合於法院的司法審判（須鄉昌德，1989）。

㈡社會福利的法制體系

1.社會福利的組織和財政有關的法規

社會福利的法制體系是基於生存權理念形成，依制定的法律來規範社會福利的具體保障內容。推行社會福利有關的法規總稱爲社會福利的法源。社會福利有關的法規之法源是包含憲法所規定的生活權、幸福追求權、生存權等，與其他所謂社會福利關係法等。社會福利關係法的法源，若從其法律的形式來分，即可分爲下列三類法制：⑴社會福利組織有關的法制；⑵社會福利給付有關的法制；⑶社會福利財政有關的法制等。

法源是推行法律的形式，因此，法律以外的爲推行法律所必要的政令、施行命令、各部會命令的告示也是社會福利法的法源。社會福利有關的地方政府所制定的條例、規則等也包括在內，而有關的判例也認爲是法律規範而成爲判例法，這也是法源之一。社會福利的組織與財政有關的法律是屬於立法的，在我國是包括社會福利事業法、內政部社會司設置法、地方自治法等。

2.社會福利給付有關的法律

社會福利給付有關的法律，可分爲保護法制與援助法制兩種。

⑴保護法制：是規定社會福利給付有關的權利保障，要保護者有何非保護不可的原因，主要是以公共資金作爲要保護者的權利，單方面給予生活保障的給付，同時也推行回復要（被）保護者以前的生活能力。依保護的目的或要保護者陷於貧困之原因而可分爲下列四種法制：

①扶助法制：對因各種原因而陷於生活困窮的國民，提供公共資金作爲其過著健康而文化的最低生活水準之權利，而回復其原來生活能力狀態的費用，此爲公共扶助有關法律，包括生活保護法、兒童津貼法、兒童扶養津貼法等。

②救助法制：對災害罹災者或旅行中的病患等迅速給予應急的保護，其角色或功能是維持社會秩序與達成保護之目的。代表性的法律，

包括災害救助法、旅行中病人如路倒病患或死亡者之處理法等等。

③育成法制：對未成年者、老人或殘障者等因有身體上、社會上或心智上有缺陷或缺失者，以促進其家庭、社會或職業復歸之自立爲目的所提供的社會福利服務。其代表性法律包括兒童福利法、老人福利法、心智或肢體殘障福利法等。

④更生法制：少年、少女、女性或成年人因犯罪或偏差行爲而受司法處分完畢者，促使其回歸社會過著正常的生活爲目的之法律，如少年法、犯罪預防更生法、更生緊急保護法、觀護法、妓女防止法等。此法是福利法，不是刑事法。

⑵援助法制：因各種原因有可能陷於窮困，主要是給予必要之資金貸款，所推行的援助方法，目的是防其陷入貧困。有關法律包括公益當舖法和單親家庭福利法等。上述的社會福利之法制體系，可參考圖 3-1：

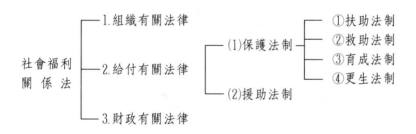

圖 3-1　社會福利之法制、體系

(三)社會福利法制的分類

1.依對象分

⑴生活貧（窮）困者保護（生活保護法）。

⑵低收入者對策：醫療費用減免、低收入戶貸款、國民住宅、授產事業、諮商等服務。

⑶兒童福利：婦幼保健、兒童保護、早產兒對策、家庭計畫、保育事

業、兒童諮商等服務。

⑷單親家庭福利：單親家庭年金或福利年金、職業輔導、獎助學金制
　度、諮商等服務。

⑸老人福利：老年年金、退休年金、老人福利年金、敬老年金、老人
　保護、老人俱樂部、老人福利中心、老人家庭訪問等服務。

⑹肢體殘障者及心智殘障者福利：殘障年金、殘障福利年金、更生諮
　商、更生事業設施、肢體殘障者手冊、更生醫療、補裝器具補助、
　商店販賣之優先權、搭乘各種交通工具優待、殘障者僱用促進法、
　精神病院入院措施、智障者更生諮商等福利服務。

⑺妓女防止對策：婦女諮商事業、婦女保護設施、婦女保護基金、更
　生諮商室、婦女輔導院所、婦女少年問題工作員或協助員制度等服
　務。

⑻災害救助：依災害救助法所推行的緊急援助與保護、紅十字會的救
　助事業等。

⑼社區活動：社會福利協（議）會、共同募捐運動、保健福利社區組
　織活動等。

2.從所得與非所得分

⑴所得保障有關的法律：最低工資法、納（繳）費制度（含被僱者為
　對象之健康保險法、退休年金法、失業保險法及以社區居民為對象
　之國民健康保險法、國民年金法等），及免費制度（含公共扶助之
　生活保護法、社會扶助之兒童津貼法、兒童扶養津貼法、特殊兒童
　扶養津貼法等）。

⑵非所得服務給付有關的法律：包括育成法、援助法、救助法、更生
　法、勞工福利法等。

⑶社會福利營運有關的法律：包括社會福利事業法、社會工作人員法
　等。

3.以功能分

依聯合國報告書「社會福利行政的方法」之分類即：

(1)保健有關之社會福利（Health-connected Social Welfare Activities）：
包括婦幼諮商、醫療社會事業、精神科社會工作、職業療法、訪問
保健事業、保育事業、機能回復訓練等。

(2)教育有關之社會福利：包括學校出席率（全勤）獎勵制度、青少年
團體休閒活動、成人教育、休閒村（Vacation Colony）、幼稚園、
殘障兒童特殊設施（Special Provision for Handicapped Children）。

(3)營養有關之社會福利：包括婦幼營養諮商及嬰兒營養品配給、學校
供食、營養教育、公共餐廳、工廠供食、牛乳配給、貧困者食物配
給等。

(4)僱用有關之社會福利：包括職業輔導（Vocational Guidance）、勞
工移民、人事管理、勞工組織事業、勞工社會福利活動等。

(5)社會安全制度有關之社會福利：包括生活保護、非金錢給付的服務
（Non-Cash Services）、家庭訪問、諮商、兒童或老人或殘障者的
收容設施等。

(6)住宅建設及都市計畫有關之社會福利：為適應新住宅環境所提供的
社會館（Social Centres）之營運等。

(7)司法制度有關之社會福利：包括法院社會工作、公營社會福利設
施、民間福利團體、親族扶養義務之援助、免費法律顧問及免費律
師制度、防止犯罪教育、保護管束、假釋制度等（須鄉昌德，1989）。

(8)其他的社會事業。

◆◆◆◆　第二節　社會福利行政的組織、機關　◆◆◆◆

社會福利的行政組織、機關以及其職掌大致上可分為：

⚫ 一　社會福利行政實務機構

社會福利行政實務機構可分為全國性、地方性、單一性等三大類機
構。

㈠全國性機構

意指負責全國社會福利事業之立法、政策擬定、全盤規劃、監督與考核最高決策行政的機構。

在政策制定上,史佩齊(Harry Specht, 1968)所界定的階段模式為:⑴界定問題;⑵分析問題;⑶公諸大眾;⑷發展政策目標(含其他,如衛生、教育、司法機關);⑸建立大眾支持;⑹立法;⑺執行與行政;⑻評估與評鑑。

以我國的社會福利行政為例,其組織體系可分為四級:中央為行政院內政部社會司、省(市)為社會處(局),但已精省,所以社會處業務人員併入社會司、縣(市)為社會科(局)課、鄉鎮(市、區)為公所社會課或民政課。我國全國性社會行政機關就是行政院內政部社會司,利用行政的方法,執行其福利事業的規劃、指導、監督事項,及社會福利基金之指導、聯繫、檢查報告,以及社會福利法令之研擬、修訂與解釋等。

㈡地方性機構

主要機能為上承主管社會行政的全國性機關之指示,擬定地方性計畫(Local Plan),推展地方各種社會福利事務。其與全國性機構不同之處,除所管轄的事務範圍較小,只地方性福利行政事務外,另一不同之處是主要職責在於執行上級主管單位的交辦事項,與人民有直接接觸,在行政與業務上仍會應用到領導、溝通、協調、督導、諮詢等技術,對外也應注重公共關係,但所編預算較全國性詳細,即屬預算細目。

㈢單一機構

意指公、私立社會行政機構,只從事某項專業性的服務活動,如就業服務、福利等之特殊專業服務。其與地方性機構不同之處,除針對某項目標的專業服務之外,乃與受助者有更直接的接觸。機構除了行政事務外,並有直接性服務;其職責是行政人員除應注重行政上的領導、協調、溝

通、督導、諮商、公共關係之間接服務技術外，還須有第一線的社會工作，配合社會個案、社會團體、社區工作等直接服務的技能，才能確實達到機構的目標。以我國為例，單一性公立社會機構如台閩地區勞工保險局、行政院青年輔導委員會，各以社會保險、就業輔導為專業性服務項目；而單一性私立社會機構如各私立育幼院、基督教男、女青年會等（江亮演，民 76）。

⊜　我國社會福利之行政組織
＊＊＊＊＊＊＊＊＊＊＊＊＊＊＊＊＊

㈠內政部社會司

內政部社會司是我國中央主要社會福利行政主管單位，是依內政部組織法第四條所設立。社會司在民國八十八年六月三十日以前下設人民團體、社會福利、社會保險、殘障福利、社會救助、農民團體、合作事業等七科執行法定工作。各科掌理事項為：

1.人民團體科

各種人民團體之許可立案登記、各種人民團體的各種會議之指導監督、改選之監選備案、各種人民團體會務及業務活動之指導監督、各種人民團體幹部與工作人員之訓練、各種人民團體工作計畫、工作報告及預算、決算之審查、各種人民團體相互關係之協調、其他等事項。

2.社會福利科

婦女、兒童、青少年、老人等之福利及一般福利服務之規劃、推行、指導監督等事項。關於婦女地位之促進及各種福利救助事項；關於社會服務之監督及平價住宅之分配、管理事項；關於社會福利政策之實施及社會福利基金會之立案登記指導、聯繫、檢查報告等事項；關於社會工作有關之國際技術協助受領人選事項；社會工作有關之國際活動事項；關於社區發展之規劃、推行、指導、監督事項；關於社區發展計畫研究與人員訓練事項；關於社區發展資料之蒐集、編撰及國際往來資料交換事項；關於統一募捐之許可及監督……等事項。

3.社會救助科

關於社會救助及低收入者經常救助之規劃、督導及大陸各種難胞、國際難民之救助、監督指導，以及公私立救助設施、慈善基金會之立案登記、考核等之事項；關於緊急災害之救助、低收入民眾醫療服務、社會福利事業獎勵、國際救濟物資審核、進口免稅之核轉等事項；關於社會救助之國際聯繫、配合，以及社會工作員之遴選、訓練、督導等事項。

4.社會保險科

社會保險之規劃擴展，業務之指導監督、社會保險機構之監督管理、各類社會保險之聯繫配合、中央各機關學校、工友、技工及約聘僱人員參加勞工保險之審核與負擔保險費、社會保險之國際聯繫與配合等事項。

5.殘障福利科

肢體、心智等殘障者福利，及教養服務之規劃、推行、指導、監督事項；促進殘障者就業更生及福利救助事項、各種殘障團體輔導、協助與聯繫、國際殘障福利團體聯繫與交流，以及其他有關殘障福利事項等。

6.農民團體科

關於農、漁民的團體改選之統籌策劃督導、團體人事及財務制度的研審或改進、團體幹部訓練協助輔導、辦理農漁民福利服務、農漁民團體會務及業務活動之指導監督，各級農漁民團體間之協調合作及聯繫、國際農漁民團體聯繫及技術交流等事項。

7.合作事業科

關於合作事業之規劃指導監督、合作事業組織之登記審查考核、合作事業之調查分析研究、合作事業人員登記考核、合作金融事業之籌劃指導及監督、合作事業教育之規劃與推展、合作社物品供銷業務之輔導、合作機構團體之聯繫、國際合作運動及技術協助之聯繫等事項。

但自民國八十八年七月一日起實施精省，原有社會處業務人員併入內政部社會司。而社會司並分為北部辦公室及中部辦公室。北部辦公室內設綜合規劃及婦女福利科、身心障礙者福利科、老人福利科、社會救助科、社會保險科、社會團體科、農民團體科等七科。而中部辦公室內設職業團

體科、社會發展科、兒童少年福利科、老人福利機構輔導科、身心障礙福利機構輔導科、合作事業輔導科、合作行政管理科等七科。

㈡台灣省政府社會處之組織

　　因民國八十七年十一月起精省，而自八十八年七月一日起，其掌管業務及所屬機關歸中央而改為內政部社會司中部辦公室。

㊂台北市政府社會局組織

表 3-1　台北市政府社會局組織體系

局長、副局長 — 主任秘書

第一科：掌理人民團體組訓，各項慶典社會活動、合作行政等事項。

第二科：掌理低收入戶生活扶助、醫療補助、急難救助、災害救助、低收入戶健康保險、平價物品供應、平價住宅管理及居民就業輔導等事項。

第三科：掌理公私立身心障礙者福利機構之輔導與監督、殘障之調查、補助、休閒與職業重建服務、按摩業輔導管理、推動改善公共設施便利殘障者行動及專業人員之訓練等殘障福利事項。

第四科：掌理公私立老人福利機構輔導與監督、老人之安養、療養、休閒服務與人力資源運用及專業人員之訓練等老人福利事項。

第五科：掌理公私立兒童福利、婦女福利機構之輔導與監督、兒童之保護寄養救助、棄嬰之安置領養、不幸婦女之保護、救助、安置與寄養、婦女之成長及專業人員之訓練等兒童、婦女福利事項。

第六科：掌理公私立少年福利機構之輔導與監督、青少年進修職業訓練與就業輔導青少年保護安置、生活扶助與醫療補助及專業人員訓練等事項。

第七科：掌理社區發展及殯葬服務之推動及辦理社會福利調查等事項。

社會工作室：掌理社會工作專業服務之推動及辦理社會福利調查等事項。

老人自費安養中心：掌理老人安養、提供實質生活、精神活動、文康、娛樂、健康指導等事項。

秘書室：辦理綜合業務、事務、出版、檔案管理，並辦理研究發展、施政計畫及公文時效管理，以及不屬其他科室、中心等事務處理事項。

資料來源：台北市政府社會局，民 84。

㈣高雄市政府社會局組織

表 3-2 高雄市政府社會局組織體系

第一科：掌理人民團體組訓、社會運動、各項慶典、公墓管理及
殯葬服務督導等事項。

第二科：掌理社會救助、低收入戶及清寒市民醫療補助、社會福
利基金管理、慈善事業財團法人管理等事項。

第三科：掌理老人福利服務措施等事項。

第四科：掌理身心障礙者福利等事項。

第五科：掌理兒童、少年福利、婦女福利及推行社區發展、合作
行政及平價住宅興建維護等事項。

社會工作室：掌理社會調整統計、分析、社會工作事項之推進與
實務之處理，並提供各科有關社會工作之專業技術
等事項。

秘書室：掌理採購、庶務、出納、財產管理、文書、印信、檔案、
研考、公共關係、新聞聯繫、社會福利設施、土地取
得、工程發包督導辦理及不屬於其他科室業務處理等事
項。

局長、副局長

主任秘書

資料來源：高雄市政府社會局，民 88。

三 各國社會福利行政機關的類型與其發展的新趨勢

㈠各國社會福利行政機關的類型

目前各國社會福利行政體制，可歸納為下列六種類型：

1. 完整獨立的社會福利行政主管單位者，如希臘、法國、澳大利亞、
挪威等的社會事業部。

2. 社會福利與衛生合併的行政主管單位者，如加拿大、韓國等的衛生
福利部（內設社會福利局）；英國的衛生與社會安全部（內分社會
服務、社會安全及衛生部門）；日本的厚生省（衛生與福利部）。

3.社會福利（或社會事務）與勞工行政合併的行政主管單位者，如敘
　利亞、約旦、沙烏地阿拉伯、西德等的勞工及社會事務部；義大
　利、智利、墨西哥等的勞工及社會福利部。

4.社會福利（或社會事務）與勞工行政以及其他公共行政混合於內政
　部者，如泰國內政部之下設公共福利司；以前我國內政部之下設社
　會司、勞工司。

5.社會福利併在內政部之下，如我國目前內政部之下設社會司。

6.特殊複合體制者，如美國的衛生教育福利部。

(二)各國社會福利行政發展之新趨勢

1.由消極的福利措施轉變爲積極的福利措施。

2.從事後的補救作法發展爲事先的預防。

3.從隨意施捨發展到側重事實的探究與問題的分析。

4.從少數人的服務發展爲對全體大眾的服務。

5.從少數人的參與服務發展爲大眾參與的服務。

6.從地方的發展爲全國性的或國際性的計畫與組織。

7.從非專業的發展爲應用專業方法服務（江亮演，民 76）。

◆◆◆◆ 第三節　社會福利行政的實務 ◆◆◆◆

推行社會福利活動必須考慮到下列三方面即：社會福利設施之營運機
構、社會福利設施的營運過程、社會福利設施營運之設備等。

○一　社會福利設施之營運機構

不論公私立設施，均須具有公共性存在，因此營運時有必要確立公共
性的組織，而此組織包括理事、管理者、員工等，並且此三者之間須保持
相互調整與協力關係。

(一)理事的角色

理事會是依法組成，為社會福利設施之意思決定單位，負責設施業務。其具體的角色是：(1)訂定營運目標，決定預算及業務計畫；(2)制定或修正、廢除各種規定、法規；(3)業務報告、承認決算；(4)任免管理者；(5)受理各種報告；(6)調整各種必要資源；(7)促進社區關係。

(二)管理者的角色

從事設施管理，調整機構功能的管理者是介在理事與員工之間，一方面要對理事會負責，瞭解自己的角色與各種任務，自動地推行各種工作，充分提供資訊與工作條件、設備，以提高設施功能以及提出能夠應付當前的各種事態之體制；另一方面，對員工要促使員工各人徹底遵照設施營運方針，深深瞭解自己所擔任的案件、業務，提高工作效率，所以要指導或協助員工推行各種活動或提供良好的工作條件及工作環境。

(三)員工的角色

透過自己所擔任的職務之活動而把握社會福利的需要，同時向著設施的目標努力去達成。員工必須瞭解自己所分擔的職務之內容，同事之間相互合作去促進其工作的靈活有效。

三　設施的營運過程

(一)計畫之決定

(1)策定本計畫（方針）；(2)創造必要社會資源（含財政）；(3)立各部門及年次別等的實施計畫。

(二)促進業務實施

首先把設施的總目標放進個別的目標中，明定各員工要達成的目標與

角色扮演動機。同時要促進員工向著目標展開活動，因此應有組織或製造訊息，促使全體人員參加工作或實習。並依員工的地位（職位）推行授權、委讓責任、業務檢查或調整。以設施內之圓滿人際關係爲基礎，動員義工或其他社會資源，以促進計畫之實行。

(三)評估結果

一定的活動過程終結之後，評估其活動過程，反省檢討，發現新的課題，必要時應修正其日後工作方針與活動次序等。

三　設施營運的條件、設備

(一)人事管理

員工的良否與服務品質有密切關係，而管理掌握任免、考核、員工福利、升遷等業務均爲人事管理。

　1.工作條件

待遇的提高與工作條件之優良成正比，所以必須考慮到工作時間的長短、勞動強度緩和與否等問題。

　2.民主性的員工團體

要提高待遇效果，促進全體員工同心協力，發揮最好的力量，有必要組成民主性員工團體，這種團體是包括所有的勞方（員工）及設施的管理者（主管或副主管），而每個人都必須努力以赴，非有使命感與視團體如同一家不可。員工有他們自己的團體，要把設施目標明確化，可在正式場所，如參與員工會議等活動使其瞭解各種業務；也可利用非正式場所，如慶生娛樂等活動融合人際關係凝聚團體向心力。

　3.提高員工資質（資歷、素質）

給員工瞭解其所擔任的職務與有關設施之全部活動，而提高其參與工作的動機與自覺，不但理解其職務不單單是防止疲勞或圓滿完成職務而已，而且是促進提高職務的積極性原動力。所以對員工，尤其是新進的員

工，要給予參加例行的研討會、各種研修會的機會，尤其是可實習的機構更是需要有上述的機會。

(二)建築物、設備之管理（財產管理）

1.建地條件

以建地的取得順利方便為優先考慮，其次才考慮到設施的利用圈及適當的分布，設施之間的功能調整等問題。

2.建築物、設備條件

以能作為受助者之生活場所及人格發展的所在。設施營運主體是受助者而非員工，所以要考慮到受助者的隱私權、生活或人格發展的場所，及人類生活最低水準以上的設備，同時要參照設施的目標，規劃出理想實用的建築物與設備。

(三)事務管理

1.文書的撰寫

各種紀錄文書，應儘量簡化，內容簡潔周延，撰寫者應有高水準的事務能力等，同時也要減少文書的數量。

2.文書的流程

不但要撰寫與作成文書，而且還要能夠活用，同時從作成文書到裁決，發送的所需時間也必須儘量縮短。

3.文書的保管

文書很容易成為死藏，有關文書類的文件之保存或再活用，必須有容易保管、容易分類與索引之檔案體系。文書管理範圍，雖然常常被認為只是事務管理員的管轄領域而已，但是在設施營運之中，也包含著直接服務的員工之紀錄。員工適當管理文書，對受助者之服務是一項重要工作。

(四)財務管理

良好的設施營運，不但很關心自己的員工，而且也重視其財務管理。

現在的設施均採複式簿記的記帳方法，對預算、決算較易把握，因此，有關事務計畫和其實施結果較容易從財務方面去評價。為了作為設施之活動計畫，其預算應編成目的類別，活動的經費預算也可清楚地依每一個人所需的費用算出，如此設施營運之效果評估也較容易限定。這些事務，在財務管理的工作過程，員工也有參與其中檢討、分析的機會，使員工瞭解設施營運狀況，促使財源有效利用，以及改善活動，促進發展的動機（江亮演，民 76）。

◆◆◆◆ 第四節　社會福利的設施體系 ◆◆◆◆

一　兒童福利設施

(一)兒童福利設施的種類與對象

1. 助產設施

以經濟因素而保健上有需要之無能力到醫院的妊產婦為對象而給予助產服務。

2. 育嬰院所設施

以不適合在家裡養育或認為有被不適當的監護，有必要收容養育之嬰兒為對象，但可延長到二歲幼兒之設施。

3. 親子之家設施

以收容喪偶或未婚媽媽的父子或母子為主之設施。

4. 育幼院所

以收容因父母的工作或生病之原因，無法在家養育而缺之養育之幼兒或嬰兒為主，而給予保育的設施。

5. 兒童厚生設施

以促進一般兒童健康與情操為目的之設施，如兒童館、兒童樂園、托兒所等。

6.養護設施

以無保護者的兒童或被虐待的兒童為對象（不包括嬰兒），給予養護，原則上可以延長到二十歲。學齡兒童平時居住在設施內，上學則到附近的學校就讀。

7.心智障礙兒童設施

原則上以收容心智障礙兒童為主，但有必要可延長到二十歲。

8.心智障礙兒童日間設施

以心智障礙兒童為主，白天給予保護養育，晚上回家之設施。

9.盲聾啞兒童設施

以視力、聽力、言語機能障礙的兒童為主，給予必要之教育與技能訓練或養護。

10.虛弱兒童設施

以身體虛弱的兒童為對象，給予適當的體能等訓練。

11.肢體殘障兒童設施

原則上以收容肢體殘障機能障礙的兒童為主，給予教育訓練與養護，但需要時可延長至二十歲的肢殘青年之設施。

12.重度心身殘障（包括雙重或多重殘障）的設施

原則上以收容重度或雙重（或多重）的心智障礙或肢體不自由的兒童為主，給予養護，但需要時可延長到十八歲的重度心身殘障者。

13.情緒障礙兒童短期治療設施

以收容十二歲以下，輕度情緒障礙兒童，給予短期矯治或保護教育之設施。

14.輔育院

原則上以收容感化十八歲以下，不良行為或有偏差行為少年為主，但亦可延長至二十歲之犯罪青年。

15.其　他

㈡身心障礙（殘障）者福利設施

1.肢體殘障者（十八歲以上殘障）福利設施

⑴肢體殘障者更生設施：收容肢體殘障者而給予必要的訓練之設施。通常按殘障的部位與程度可分為：①肢體殘障者更生設施；②視力（覺）殘障者更生設施；③聽力、言語障礙者更生設施；④內臟殘障者更生設施；⑤重度肢體殘障者更生設施等。訓練的科目依各設施之不同而異，通常有服裝科、打字印刷科、事務處理科、洗染科、資訊管理科、木工科、手工藝科等等的學科。

⑵肢體殘障者療養設施：以收容須介護的肢體殘障者為主，給予必要之治療與養護之設施。

⑶肢體殘障者授產設施：以收容被僱用有困難又生活貧困之肢體殘障者為主，給予必要之訓練以及工作，使其自力更生的設施。依殘障程度或營運型態，其設施種類可分為肢體殘障者、重度肢體殘障者、肢體殘障者日間設施等之授產設施，以及肢體殘障者庇護福利工廠等種類。授產設施內的工作以洗染、印刷、裁縫、機械器具組合、電子產品組合、木工等學科為多。

⑷肢體殘障者福利中心：給予肢體殘障者機能訓練、提升品德、促進社會交流，及提供廉價或免費的休閒娛樂等之綜合性福利設施。

⑸補裝器具設施：提供免費或低費補裝或修理器具（包括義肢，如義手、義足）之設施。

⑹其他：如為視力障礙者使用之點字圖書館、點字出版設施等。

2.心智障礙（十八歲以上智障）者設施

⑴心智障礙者更生設施：以收容十八歲以上的心智障礙者為主，給予保護以及更生所必要之指導與訓練為目的之設施。主要是要提高心智障礙者基本生活能力或社會生活的適應能力，以達到自立更生的理想境界。

⑵心智障礙者授產設施：以收容被僱用有困難之心智障礙者為主，給

予必要之日常生活訓練以及提供就業機會爲目的設施。其設施型態
可分爲機構收容授產設施與通勤授產設施二種。授產學科有農產、
裁縫、木工、各種機械組合、水泥加工、陶藝、瓷器製造……等
科。其他與肢體殘障同樣亦有心智障礙者的庇護工廠，也有心智與
肢體殘障共用的庇護工廠（須鄉昌德，1989）。

(3)其他的社會福利設施：①心智障礙者通勤宿舍；②心智障礙者福利
　之家等。

3.殘障者社會復歸

(1)機構設施：可分爲殘障者生活訓練設施與授產設施，主要是增加其
　日常生活技能，適應社會環境或增加其就業謀生機會等，以促進其
　社會復歸爲目的之機構。

(2)在宅福利對策：追求福利、醫療、保健之綜合性措施與對策。因此
　對策必須多元化，尤其是設施營運方面多元化更爲重要。

(三)老人福利設施

老人福利設施的種類如下：

1.老人療養院

以收容臥病癱瘓或心身嚴重缺陷老人而給予保護治療服務的設施。

2.老人安養機構（仁愛之家）

以收容心身以及環境上、經濟上理由，在家生活有困難之無依無靠貧
困的六十歲以上老人爲對象，給予免費日常生活照顧之設施。

3.低費老人設施（低費老人之家）

入院係依使用者與設施機構之契約，但使用者必須年滿六十歲以上，
若夫婦一起進住，其中一方須滿六十歲。使用情況又分爲二種，一種全部
由院方提供飲食及日常生活上之必需品；另一種使用者具有自炊能力，院
方只提供廚房、廚具，不提供飲食。前者院民（老人）生活費、機構設備
以及人事等費用，按老人或其家庭經濟狀況斟酌收費，但費用很低；後者
除設備利用費、人事費外，其日常生活費原則上是自己負擔，不過費用不

高。

4.自費老人設施（自費老人之家）

可分為公立公營、公立私營、私立私營及私立公營等四類設施。自費老人之家所收容的對象以年滿六十歲以上老人，但其配偶須滿五十五歲為主，提供老人日常生活所必要之食物及健康衛生管理等服務。自炊者除飲食自理外，其他如健康衛生管理是由院方提供。使用費用及一切費用會低於老人實際所花的金額。私立私營或公立私營機構即按契約收費，但不得超過政府所定的最高費用標準。

5.老人復健或休息設施（之家）

在風景區或溫泉地區設置老人短期保健或休息場所，以供老人住宿或提供老人健康上必要之知識及復健服務，或作為老人俱樂部活動的場所。收費低，一般老人都能負擔。

6.老人福利中心

對社區內老人提供各種諮商，增進老人健康、提高老人教育以及方便老人復健等的綜合性服務之設施。原則上是免費，並且還提供巡迴老人圖書車或洗澡車為老人服務。

7.老人靜養之家

在風景區、溫泉區設置老人短期保健及靜養之場所，低費提供老人住宿。

8.老人休閒（文康）中心

免費提供老人娛樂休閒健康之必要知識以及活動的地方，尤其文康、復健為其特色，通常是社區老人俱樂部活動的基地。

9.老人工作場所

如老人工廠、老人工作中心等，使老人的經驗、知識有再利用機會，是提供適合老人能力及希望工作的工作場所。工作內容為家具、玩具、加工、木工、雕刻、土木、紙箱製造、電子材料組合、自行車及機車、汽車零件之製造、印刷、裝訂書籍、皮革加工、設計製圖等。老人工作按月、日、時或按件計酬，待遇從優。

10.老人旅社（含飯店）

各都市或觀光地區設立老人旅社（飯店）或特約旅社（飯店），低費提供老人旅遊住宿之用（江亮演，民 77）。

11.其　他

如老人臨時收容所，以收容迷路流落外地或因一時外出而又無金錢致無法住宿或生活之老人的機構或老人醫院、老人精神病醫院、癡呆老人照顧機構、老人日夜間托寄之托老院所等設施以及社區養堂等。

(四)其他福利設施

其他福利設施包括婦女、貧民、青少年、農民、漁民、鹽民、少數民族、榮民等的福利有關的設施。

■ 關鍵詞彙 ■

社會福利制度	兒童福利法制	老人福利法制
虛弱兒童設施	社會福利法制	生存權論
財產管理	輔育院	殘障者更生設施
殘障福利法制	事務管理	財務管理
法律權利說	全國性機構	地方性機構
殘障者授產設施	程序或政綱說	保護法制
助產設施	庇護工廠	老人工廠
單一機構	親子之家	兒童厚生設施
援助法制	管理者角色	
低費安老設施	人事管理	

■ 自我評量題目 ■

一、何謂「社會福利制度」？其有何特徵、功能？

二、何謂「社會福利法制」？其有何體系？

三、試述社會福利法制的分類。

四、試列出社會福利行政的實務機構。

五、試詳述我國社會福利的行政組織。

六、試闡明各國社會福利行政機關的類型與其發展的新趨勢。

七、試說明社會福利設施之營運機構、營運過程以及營運的條件與設備。

八、試列舉兒童福利有關設施。

九、試述殘障者福利有關設施。

十、試述老人福利有關設施。

十一、試述其他社會福利和婦女、青少年福利的有關設施。

■ 參考文獻 ■

【中文部分】

岑士麟（民72）社會政策與社會立法，台北：永大書局。

劉脩如編（民75）社會福利行政（上、下冊），台北：國立編譯館、正中書
　　局。

江亮演（民75）社會安全制度，台北：五南圖書出版公司。

詹火生、張苙雲、林瑞穗編者（民76）社會學，台北：國立空中大學。

江亮演（民76）社會工作概要，台北：五南圖書出版公司。

江亮演（民77）台灣老人生活意識之研究，台北：蘭亭書店。

江亮演（民77）老人福利與服務，台北：五南圖書出版公司。

內政部社會司編（民88）中華民國社會福利服務現況，台北：內政部。

江亮演（民83）社會學，台北：中華電視股份有限公司。

【日文部分】

山根常男、森岡清美、本間康平、竹內郁郎、高橋勇悅、天野郁夫（1977）社會
　　學(7)福祉，東京。

山下裟裟男、三支雅夫（1979）社會福祉論，東京。

真田是（1982）現代日本の社會福祉，東京。

京極高宣（1984）市民參加の福祉計畫，東京。

須鄉昌德（1989）社會福祉の基礎知識。

【英文部分】

Danish National Service for the Mentally Retarded (1969) Copenhagen.

Donnison, D. V. (1965) *Social Policy and Administration Rivisited George.*

Allen & Unwin.

Eyden J. (ed) (1971) *The Welfare Society.* Bedford Square Press.

Hamilton, Peter (1983) *Talcott Parsons.* Chichester: Ellis Hoorwood.

Rubington, Earl and Weinberg, Martin S. (eds) (1991) *The Study of Social Problems.* N. Y.: Oxford University Press.

Thompson, George F.(1969) *The Professional Approach to Community Work.* London: Sands & Co. Ltd.

---第四章---

社會福利的領域

⬭學習目標⬭

詳讀本章內容後,學習者可達
成下列目標:

1. 明瞭社會保險起源、範圍、基
   本因素、條件、事故與功能。

2. 瞭解社會救助意義與貧窮產生
   的背景、救貧的起源,以及社
   會救助的基本原理、原則、功
   能、方式、種類、設施等。

3. 說明國民就業市場、組織、服
   務立法與特色,以及國民就業
   安全體系。

4. 認識國民住宅業務的起源、先
   進國家的居室工業,以及我國
   國民住宅服務應努力的方向。

5. 瞭解兒童、少年、婦女、老
   人、身心障礙者(殘障)、勞
   工、農民、鹽漁民等福利之意
   義、服務內容以及志願服務範
   圍。

■ 摘　要 ■

　　社會福利領域相當廣泛，本章是從主要領域，即從社會保險、社會救助、國民就業、國民住宅、福利服務、社區組織與發展、社會組織等七個領域去陳述。社會保險主要是保障國民經濟生活安定與身心健康為目的之社會安全制定。社會保險是陳述其起源與範圍，並從分類、基本結構、保險目的說明其範圍，同時也提到保險之對象、社會保險基本因素與條件，及社會保險事故、功能、保險費與給付等。

　　社會救助即陳述公共救助與社會救助之差別，貧窮產生因素與救貧的起源、社會救助原理原則、功能、方式、種類以及社會救助設施等。

　　國民就業說明就業市場的意義、組織、功能及先進國家就業服務的立法與特色；就業服務（輔導）、職業教育與訓練、失業保險、私營職業介紹所管理監督等的就業安全體系。

　　國民住宅說明國民住宅業務起源、提出先進國家的居室工業發展情形，以及我國國民住宅服務應努力的方向。

　　福利服務為兒童、少年、婦女、老人、身心障礙者（殘障）、勞工、農民、鹽漁民等的福利，並就各種福利說明其目的與服務的主要內容（措施）等。同時也提出志願服務（義工）的意義、重要性以及其服務範圍。

◆◆◆◆ 第一節　社會保險 ◆◆◆◆

社會保險（Social Insurance）是國家所實行的一種有目的、計畫及具體辦法的社會政策。由於多數人的投保而來幫助、照顧、分擔少數人所發生的危險事故，也就是採取損失分擔原則來照顧被保險者，以生活安定與身心健康爲目的之一種強迫性、非營利性、由政府主辦、保險費不一定完全由被保險人負擔的保障國民生活之社會安全制度。

◯一 社會保險的起源與範圍
****

㈠社會保險的起源

1. 德　國

由於受到工業革命的影響，尤其因資本主義發展導致貧富差距拉大以及勞資糾紛等問題之嚴重，所以當時的鐵血宰相俾斯麥（Otto Von Bismarck）感到不安，認爲非解決勞資糾紛與失業二大社會問題不可，於是於一八八一年請威爾皇帝宣布詔勅，表明政府有意實施勞工健康保險、勞工災害保險及老年及殘廢年金保險等制度。到了一八八三年德國首創強制性的勞工疾病保險，一八八四年又創勞工災害保險，一八八九年又創辦殘障・老年死亡保險，是世界上社會保險制度之發端。一九一一年德國制訂（合併）包括各種社會保險於一體的社會保險法。一九二七年德國亦頒布失業保險制度，一九三八年頒布自營手工藝業者年金保險制度，一九五七年頒布農民年金保險制度等等，使德國勞工不受因勞資糾紛而失業及經濟問題之威脅，亦使德國社會保險制度更爲完整。

2. 英　國

工業革命後英國變爲一資本主義先進國家，資本集中少數人手中，大部分國民都是勞工，勞資糾紛、失業、疾病……等勞工問題不亞於當時的德國，爲迎頭趕上德國，於一八九三年模仿德國推行老年年金保險和國民

保險制度，同時模仿德國准許勞工組織互助會。一九〇六年又制訂勞動爭
議法，確認罷工權，一九〇八年頒訂老年年金法，一九一一年制訂失業保
險及健康保險之國民保險法，並於一九一三年修正工會法，一九二五年國
會通過「老年人補助年金法案」。到一九三〇年代經濟蕭條、失業者眾
多，於是採取緊急救濟，以工代賑，積極參與並確認社會救助福利，展開
社會福利行政的序幕。一九四二年貝佛里奇（W. H. Beveridge）的報
告，使後來的英國成為「福利國家」。一九四五年二次世界大戰後為使經
濟生活安定，而制訂家庭津貼法，一九四六年制訂國民年金保險及國民業
務災害保險法以及國民保健服務法實施公醫制度。一九四七年制訂國民扶
助法，到一九六六年才全面把所有的現金給付從平等制改為報酬比例制。
一九六六年老年年金及失業保險以及傷病津貼等現金給付也採用比例制。
一九七三年頒行職業年金制度以彌補一九四六年國民年金保險制度之不
足。一九七五年頒行社會安全年金法。一九七八年頒行法定所得相關年金
制度（State Earning-relected Pension Scheme）。一九八五年提出社會安全
制度改革綠皮書及白皮書，並實行私人年金（Personal Pensions）制度。
一九八六年頒行社會安全法（Social Security Act）等。

　　3. 美　國

　　一九三五年美國制訂社會安全法案，其內容包括由聯邦政府推行老年
年金保險、由各州政府推行失業保險，以及由國庫補助各州實行公共救助
及社會保險等等事業。直到一九五〇年後其老年年金保險才逐漸擴大到適
用於農業勞動者及其家族，至一九五四年以後擴及到自營業者、農民以及
律師、醫師……等等之自由業者。至一九五六年才頒行殘障者年金。一九
六五年頒行老年醫療保險法，並於一九七四年修訂社會安全法案。一九八
四年聯邦政府所僱用人員以及大多數工作者均可加入保險。一九九三年規
定退休保險基金來源為僱主與被僱者共同分擔。

　　4. 日　本

　　一九二二年日本首建社會保險制度而訂頒「健康保險法」，其後陸續
訂頒的有一九三六年的「退休金法」、一九二八年的「舊國民健康保險

法」、一九三九年的「船員保險法」與「職員健康保險法」、一九四一年
的「勞工年金保險法」、一九四四年的「舊厚生年金保險法」、一九五三
年的「日雇勞工健康保險法」與「私立學校教職員共濟組合法」、一九五
四年的「厚生年金保險法」、一九五六年的「共同企業體職員等共濟組合
法」、一九五八年的「國家公務員共濟組合法（中央公務員保險法）」、
「農林漁業體職員共濟組合法」、「國民健康保險法」、一九五九年的
「國民年金法」、一九六二年的「地方公務員等共濟組合法」、一九七〇
年的「農業者年金基金法」等社會保險有關的立法。一九七三年修正厚生
年金保險法，並大規模改善被保險人福利之融資，如被保險人住宅貸款、
社區休閒中心的建造……等。一九七四年修正公務員年金與國民年金法。
一九七六年改善厚生年金給付水準與修正在職老年年金制度，以及改革國
民年金政府負擔方式。一九八三年提出國民年金、厚生年金及船員保險之
修正案綱要。一九八五年修正國民年金法，並於一九八六年起實施。一九
九一年四月起實施國民年金基金制度。一九九五年起調整國民年金給付年
齡爲六十歲。

(二)社會保險的範圍（種類）與對象

1.社會保險的範圍

(1)型態上分類：

①以保險事故分：包括一般與特殊事故保險，而一般事故保險可分爲
　疾病保險（健康、醫療）、失業保險（僱用保險）、身心障礙者
　（殘障）年金保險（殘障保險、廢疾保險）、老年年金保險（老年
　保險）、遺族年金保險（遺族保險）等。特殊事故之職業災害保
　險，是因業務上關係而遭遇到災害的一種保障勞動者的職業災害賠
　償保險。

②以參加對象分：

a. 勞工保險：是對勞動者、受僱者的一種保險，包括失業、健康、災
　害……等的保險。

b. 國民保險：對不管是否受雇者的一般國民之保險；通常是指無業者為多。

c. 職域保險：對適用強制加入的受僱者或以職業場所所作的一種保險，也就是針對自僱者的保險。

d. 地域保險：是住民居住在必須加入保險的地區內所作的一種保險，所以也叫做居民（住民）保險。

③以給付期間分：

a. 短期保險（一次給付）：如疾病、生產、失業……等保險。

b. 長期保險（延長給付）：如殘廢、老年、死亡遺族等保險，通常亦稱為年金保險（江亮演，民 75）。

④其他的分類：包括加入條件及保險費負擔情形分，前者又可分為強制保險（即非個人意願而必須加入之保險）與任意保險（即依個人的意願而自由加入之保險）。而後者即以保險費負擔之有無分為免費制年金（即不須繳納保險費，財源全部由國家負擔的保險）與繳費制年金（即必須繳納保險費的一種年金保險）。

⑵社會保險的基本結構：

①一般：社會保險包括保障傷病、生育的疾病保險、保障失業的失業保險以及保障老年、身心障礙者（殘障）、死亡（遺族）的年金保險。

②特殊（其他）：因傷病、生育、死亡時須給付之生產費、津貼或喪葬費等的保險。

⑶社會保險的目的：社會保險是分散危險，共同分擔危險以謀經濟生活安定的制度，因此原則上社會保險目的是由社會上的勞動者（勞心、勞力）平時所得收入中，依收入之多寡，按一定的保險費率預為繳納保險費成為被保險人，一旦遭遇到發生生育、疾病、身心障礙者（殘障）、失業、老年、死亡或災害時，由保險人以免費接生、醫療……，使其仍獲收入以維持最低生活以及保全或促進其身心的健康。所以原則上是須繳納保險費，但也有例外，為保護無法

繳納保險費之老人、身心障礙（殘障）者而有免繳保險費的國民保
險。

2.社會保險之對象

⑴主要對象：獲得收入而有能力繳納保險費者。

⑵特殊對象：因老弱殘疾等無收入或不符合參加繳費的社會保險者。

㊂ 社會保險的基本因素與條件

****

㈠三基本要素

1.國家管理

即政府主辦，其監督考核及負責機關可分為：

⑴中央政府直接辦理或地方政府分別辦理。

⑵中央政府監督地方政府負責辦理。

⑶業主與工人組織合會辦理。

但一般大都是由中央政府辦理，所以社會保險的經營主體原則上是國
家，因此社會保險的管理含有國家管理意義。

2.國庫負擔

社會保險是由國家管理，其營運所需費用也就是社會保險的事務費等
等應用由國庫負擔。至於地方政府或特殊團體為經營主體之事務費，原則
上也非國庫負擔或補助不可。

3.強制加入

社會保險在形式上的特徵是必須具有一定資格（條件），如以特定職
業之受僱者、一般薪資受僱者、一般就業人口、一般國民等為其範圍而強
迫他（她）們投保。

㈡三基本條件

1.危險率的測定

經營社會保險之前必須先瞭解該危險之危險率，才不致產生弊病或經

營困難之情況。可由過去曾發生過經驗數字來推測其發生危險的比率。

　　2.共同準備財產的形成

　　多數被保險人所繳納的保費是作共同準備財產，一旦有被保險人發生危險事故時由此財產提出一定給付，所以被保險人提出金錢作為共同準備財產或保險基金，這是社會保險制度的基本條件之一。

　　3.收支平衡（均等）的原則

　　社會保險其收入的財產或基金與所需支出的費用之間，必須保持無過多或不足的狀態，所以若危險率測定正確，即其收支一定相等或相近，自然就會達到收支平衡的原則。

三　社會保險事故與功能
＊＊＊＊＊＊＊＊＊＊＊＊＊＊

(一)社會保險事故

　　社會保險事故是日常生活以外可能發生的事故，也就是破壞目前生活的危險或損害之偶發事件以及會影響到日常生活的事故。所以可以把它分為：

　　1.暫時性（一時）事故

　　如生育、疾病、失業、職業災害等，發生時需要意外開支或減少收入而影響其生活安全。

　　2.永久性事故

　　如殘廢老衰或死亡或半永久性勞動不能，如傷害、子女多而無力養育等。

　　社會保險就是保障上述被保險人或其家族的生活安全。

(二)社會保險功能

　　1.國民危險的分擔

　　社會保險採危檢分擔方式，集多數投保人及政府的經濟力量，以補償少數人因遭遇生育、疾病、傷害、身心障礙（殘廢）、老年、失業、死亡

……等意外危險事故所引起的損失，維持或恢復其正常生活。

2.國民勞動的保持

被保險者遭遇到失業、疾病、傷害……時，均可獲得經濟上補償或免費醫療，使生活或身體恢復正常而繼續勞動，參與生產行列。

3.國民財富再分配

大多數的保險費是由雇主或政府以及被保險人負擔。家庭補助之財源有的由政府支付，有些由業主負擔；而職業災害保險其保險費大部分的國家是全由業主負擔。被保險人只要危險事故發生就可獲得給付，此為幸者助不幸者，富者補助貧者或補助經濟能力中下者的一種辦法，具有國民財富再分配的功能。

4.培養國民儲蓄能力

社會保險具有儲蓄功能，平時工作繳納小額保險費，連同雇主代繳或政府補助部分，到老年退休，不但可領到退休金，而且也可按月或按週領取年金以度天年，不必依賴人而過得有尊嚴的老年生活。若在保險期間內死亡除喪葬費外，還可由其遺族領取遺族年金，以維護生活。

5.職業災害賠償

若因職務原因致使傷病、身心障礙者（殘廢）、乃致於死亡者，即可獲得免費醫治；若殘廢（障）者即可領取身心障礙(殘障)者年金；若死亡者即可由其遺族領取遺族年金。

6.國民身體損害保障

被保險人無論傷病致使身體殘廢或死亡，其本人或其遺族都可獲得賠償度其餘年或維持其遺族生活。

7.保障子女生活

家庭補助有二種性質，一是具有社會保險功能的家庭補助，其給付財源是由業主（雇主）全額負擔；一是具有公共救助功能的家庭補助，其給付財源是由政府支付（江亮演，民75）。

四　社會保險之保險費與給付

※※※※※※※※※※※※※※※※

(一)保險關係

社會保險權利之勞動收益者或一般國民均稱為被保險人，而擔任社會保險責任者為保險人。保險人與被保險人之關係為保險關係。保險關係成立後被保險人或代被保險人有向保險人繳納保險費的義務，不過一旦發生事故時有請求保險人支付保險給付的權利。

(二)保險費與給付

保險費應繳之數額，係依薪資收入之多寡按保險費率計算之。保險費率之大小，係依保險種類區分所需給付額（收支平衡原則）計算之。

社會保險給付，通常健康保險，其住院或門診均屬短期給付或一次給付（Lump Sum Payment）。年金保險則為長期給付或延期給付（Deferred Payment）。失業保險給付有一定期限也屬於短期給付，通常期限為六個月（但有些國家為一年），若逾期未獲就業而又不能領取失業保險給付時，則另以失業救助方式補充之。至於我國社會保險支出情形如下頁表 4-1。

♦♦♦♦ **第二節　社會救助** ♦♦♦♦

一　公共救助與社會救助

※※※※※※※※※※※※※※※※

公共救助（Public Assistance）的意義，簡單說是對需要救助者由國家給予救濟或援助的意思，如果再加上社會大眾的民間救助就稱為「社會救助」（Social Assistance）。因此社會救助的範圍較公共救助大。通常救濟是消極性的救貧濟窮的措施，而救助是積極性救貧助危的措施。因此公共救助是指國家有責任解決國民的貧困，而依法，以公費給予經濟性保護，

表 4-1　社會保險支出的部門預算

單位：新台幣千元

部　　會		82年度預　算	81年度預　算	80年度預　算	82年度與81年度比較
銓敘部					
	保險業務	13,746	13,078	10,424	668
	公務人員及眷屬保險補助	2,525,654	20,1059,200	1,523,578	466,454
	退休公務人員及配偶疾病保險補助	253,584	228,304	160,611	25,280
內政部	社會保險業務	16,903,353	13,832,762	5,751,361	3,070,591
國防部	保險	4,930,330	4,567,940	4,658,892	362,390
財政部	公務人員保險現金給付補助	5,103,963	5,583,173	5,168,502	−479,210
經濟部	台銀退休人員保險給付	3,948	4,300	3,116	−352
勞委會	勞工保險業務	698,733	645,479	443,464	53,254
台灣省政府	社會保險補助	2,031,295	2,080,000	— —	−48,705
行政院	調整軍公教待遇準備	551,869	500,482	928,959	51,387
合　　計		33,016,475	29,514,718	18,648,862	3,501,577

資料來源：82年度中央政府總預算。

使其過得健康而文化的最低生活水準，是社會安全制度的一環；而社會救助是指對於生活困窮者，以國家及社會力量共同保護其經濟上的生活，含有共同救貧的意義之一種制度。

⊜⼆ 貧窮產生的背景與救貧的起源
＊＊＊＊＊＊＊＊＊＊＊＊＊＊＊＊＊＊＊

㈠貧窮產生的背景

1.自然因素
如缺乏資源、氣候不宜、土壤不良、天災地變等。

2.遺傳因素
如父母不良遺傳等。

3.社會因素
如不合理社會制度、分配不公平而致收入有限，不能維生、疾病、家庭變故、戰爭、政治制度不良、經濟恐慌、不良社會風氣等。

4.個人因素
奢侈浪費、懶惰、身心障礙（殘障）、精神疾病等。

㈡救助的起源

1.我　國
我國政治哲學以「仁」為本，認為救災濟貧是仁道互助主義之實踐，孟子說：「無惻隱之心者非人也」，所謂惻隱之心即為同情心，也就是「仁」之發揮。

我國的救濟事業由黃帝的〈通典〉開始，繼堯舜，如：「唐堯為君也，存心於天下，加志于窮民，一民饑日：我饑之也，一民寒日：我寒之也，一民有罪日：我陷之也。」舜帝重視五倫禮樂之教化；大禹重視正德、利用、厚生；商湯以〈洪範〉為天地之大法，其「五福六極」為現代社會福利制度之典範。周代，如《禮記》：「……布德行惠，命有司發倉廩，賜貧窮，賑乏絕。」《周禮・司徒篇》所記之保息、荒政；〈禮運大同篇〉所載：「……人不獨親其親，不獨子其子，使老有所終、壯有所用、幼有所長，鰥寡孤獨廢疾者皆有所養。」管子之〈入國篇〉：「……行九惠之教，一日老老、二日慈幼、三日恤孤、四日養疾、五日合

獨、六曰問疾、七曰通窮、八曰振困、九曰接絕。」周秦時代已有倉儲制度，物賤收買，物貴售賣是謂「準平」；西漢時代有「常平倉」。漢唐以後歷代各地有「社倉」之設置（鄉倉），另外還有因應荒年或青黃不接時之需而有「義倉」的制度。後周及宋有廣惠倉及南宋時代的「平糶」制度之建立。同時宋朝時代又有安濟坊、居養院之收容鰥寡孤獨廢疾者之機構。宋明清三代尚有「義田」、「學田」之設置，清代亦有如周代的保息、荒政制度。

民國以後受到外來文化的影響以及國內社會需求，而有消除貧、愚、私、弱等四種毛病的教育與救貧措施。到了民國二十七年從賑濟委員會開始，由執政黨中央委員會設立社會組織部，民國二十九年該部改隸行政院改稱為社會部，民國三十八年中央政府遷台後改組，把社會部併入內政部改為社會司，至民國三十九年將合作司歸併社會司，主管社會運動、合作事業、勞工保險、社會救助、社會保險、社會團體、職業團體等，而勞工司則主管勞資關係、勞動條件、福利教育、安全衛生及檢查、勞工團體等。勞工委員會成立後，勞工司劃歸勞工委員會，而社會司目前計有北部辦公室及中部辦公室，北、中部辦公室各設七科，如表 6-1。從上述國民政府設立社會部的早期目的也是從社會救助開始，因此可知救貧的重要。

2.英　國

英國在一三四九年，愛德華三世（Edward III）頒布「勞工法令」，規定最高工資、強制健康貧民勞動、禁止農工遷移、任何人都不能離開所屬的教區，並禁止救濟有工作能力的乞丐等，這是一項阻止流浪及行乞的法令。英國最初的救濟事業是由私人的施捨開始，繼而與宗教團體發生關係，後來才為政府所關注重視。因此在一五三一年以前可說是施捨救貧時期，不過當時除了私人施捨外，各行各業、醫院、教會也有參與，政府只是處於消極地位。到了一五三六年，亨利八世（Henry VIII）制訂「貧窮法」辦理救貧事業，尤其一六〇一年伊莉莎白女王頒布舉世聞名的「濟貧法」，政府才積極負責辦理救貧工作。到了一八八六年，社會改良者浦士（Charles Booth）調查倫敦東區工人生活，提出「貧窮界限」理論。一八

九九年，郎曲里教授（B. Seebohm Rowntree）調查約克城貧民狀況，提出「貧窮文化」理論，認為救貧工作應由政府負責，郎氏認為貧窮原因不在於個人或家庭而在社會，所以辦理救濟工作是國家責任，尤其一九四五年二次世界大戰後採取貝佛里奇的建議而使英國成為「福利國家」。

三　社會救助的基本原理、原則與功能
＊＊＊＊＊＊＊＊＊＊＊＊＊＊＊＊＊＊＊＊＊

(一)社會救助的基本原理

1.國家責任的原理

貧窮不完全是由個人或家庭原因所引起，社會也應負一部分責任。同時我國憲法第十五條規定，人民之生存權、工作權及財產權，應予保障。又第一五五條規定，人民之老弱殘廢、無力生活及受非常災害者，國家應予適當的扶助與救助。所以社會救助是國家的責任。

2.無差別平等的原理

在憲法之下人人平等，只要合乎社會救助條件資格之國民，不分人種、年齡、性別、地區、社會身分、宗教信仰而一律平等無差別的給予必要之救助。

3.最低生活的原理

在生活保護有關的法規所規定，政府有義務保障國民過著最低生活水準，也就是過著文化而健康不影響到其身體健康之生活水準。

4.生活補足的原理

補充到每個國民都能達到最低生活，即達到最基本的生活標準，也就是缺多少補多少，至補足為止。

(二)社會救助的原則

1.申請保護的原則

為維護被救助者的尊嚴人格，所以必須由其本人或扶養義務人或其親戚等申請要求救助才給予必要救助。但被保護者急迫狀況時即例外，可先

行救助再以申請，或政府有關單位代爲申請。

2.基準及程度的原則

按年齡、性別、家庭結構、地區等等訂定「救助基準」，即經貧戶調查而訂定救助基準，而以金錢或物品補足被救助者最低生活需要爲限度。

3.必要立即救助的原則

爲爭取時效以及適切的救助，按其實際需要而立即給予適當而有效的救助。

4.以家戶爲單位的原則

現實生活大都以家戶爲單位，只要保障家戶的生活，個人沒有問題，所以救助是以家戶爲單位。

(三)社會救助的功能

1.直接功能

(1)國民生活的保護（濟貧、救急）。

(2)促進社會、經濟發展。

(3)安定社會秩序。

(4)補充社會保險制度之不足。

2.間接功能

(1)民主國家的表徵。

(2)縮短貧富差距。

(3)提高國民生活素質等。

（四） 社會救助的方式與種類
＊＊＊＊＊＊＊＊＊＊＊＊＊＊＊＊

(一)社會救助方式

1.院內（機構）救助（Indoor Assistance）

把需要救助者收容在救助機構內安養，也就是對於無法自力謀生的國民予以生活上的照顧，如育幼、安老、身心障礙（殘障）者等有關的院所

（Workhouse）予以收容，使被收容者物質及精神生活無缺，所以也稱爲「院內服務」（Indoor Service）或「院內救濟」（Indoor Relief）或「院內收容」、「機構內救助」。

2.院外救助（Outdoor Assistance）

運用個案工作，依個人情況加以個別輔導，解決困難，使對方正常生活，也可視實際需要而作家庭補助，維持一家生活或作家庭生活輔導，不必收容於機構內，故稱爲「院外服務」（Outdoor Service）或「院外收容」、「院外救濟」（Outdoor Relief）、「機構外救助」等。

(二)社會救助的種類

1.按生活需要分

(1)一般生活救助（基本、最低生活）：包括衣、食、住、行所需費用。

(2)特殊生活情況救助：包括教育、勞動、失業、預防性健康（保健）、疾病、孕產婦、身心障礙（殘障）者重建、盲聾啞者、肺病病患、看護、老人、災民、旅費等等之救助。

2.按救助方式分

(1)院內救助（機構內救助）：如老人、孤兒、身心障礙（殘障）者、不幸婦女、遊民、盲聾啞者等之收容。

(2)院外救助（機構外救助）：如家庭、個人、老年、兒童、寡婦、生育、房租、旅費等等之補助。

3.按救助時機分

(1)急難救助：災害、意外等的救助。

(2)臨時救助：車禍、救生、山難等的救助。

(3)平時救助：低收入者生活的補助等。

4.按救助需要分

(1)必須救助：生活、教育、疾病、就業等之救助。

(2)得予救助：失業、保健、生育、重建、看護等之救助。

⑶可以救助：特殊生活情況下之救助，如災害、老年、盲聾啞者、旅費等之救助（江亮演，民 75）。

🔵(五)　社會救助的設施
* * * * * * * * * * * *

(一)救助設施

以身心障礙或無依無靠無謀生能力非收容不可者（無法生活者）為對象，給予日常生活之照顧的機構。

(二)更生設施

以身心障礙者為對象予以收容養護與輔導，並促進被收容者自立更生的機構。

(三)醫療救助設施

對需要醫療的被救助者給予必要醫療的機構。

(四)授產設施

給因身心健康的理由或因家境不好而就業能力又有限的國民給予職業訓練或獲得就業機會的機構。

至於我國社會救助經費支出情形如下頁表 4-2。

◆◆◆◆ 第三節　國民就業 ◆◆◆◆

國民就業旨在促成國民充分就業，發展人力資源促進生產，並藉勞動獲得收入而保障經濟生活之積極有效的根本途徑。此項推動國民就業工作或簡稱為「就業輔導」或稱為「就業服務」（Employment Service）、「職業輔導」（Vocation Guidance），也稱為「就業安全」（Professional Security）等。

表 4-2　社會救助支出的部門預算

單位：新台幣千元

部　　會		82 年度預　算	81 年度預　算	80 年度預　算	82 年度與81 年度比較
銓敘部	公務人員殮葬補助	27,000	27,000	24,586	0
內政部	社會救助業務	1,544,946	819,563	638,271	725,383
退輔會	退除役官兵服務救助與照顧	486,190	446,938	403,493	39,252
農委會	農產品受進口損害救助	200,000	200,000	1,600,000	0
	漁民漁船海難救助	108,000	113,000	13,000	-5,000
行政院	公教人員眷屬重病住院醫療補助	116,000	116,000	55,297	0
台灣省政府	台灣省社會救助補助	0	4,300,000	1,500,000	4,300,000
行政院	調整軍公教待遇準備	13,958	10,769	15,717	3,189
合　　計		2,496,094	6,033,270	4,250,364	3,537,176

資料來源：82 年度中央政府總預算。

一　就業市場與組織

(一)就業市場的意義

就業市場（Empolyment Market）原稱為「勞動市場」（Labour Market），凡是具有工作能力而有意提供勞務獲取報酬的工作者（求職者）與願意提供報酬換取勞務的求才者，雙方各所願而達到雇傭關係的場所，稱為就業市場。

(二)就業市場的組織

就業市場的組織在於運用各種制度與方法，使勞動的供給與需求能相互適應而接近平衡，也就是經社會保險立法及勞工立法而使就業市場組織化，但就業市場的組織是不與一般經濟發展問題分開。不論其人口過剩或不足，勞動力的利用必須配合生產技術與投資以及天然資源，所以就業市場組織的特殊問題，必須在經濟結構的整體架構之下予以構想或處理（邱創煥，民64）。

(三)就業市場的功能

1. 使勞動者與就業機會迅速結合，使「摩擦性失業」（Frictional Unemployment），也就是「移動性失業」（由原有之職業或工作移轉到另一職業或工作之過渡時期的失業現象），可減至最低限度。

2. 使更適當的人擔任更適合的職業，以及勞動者對其所選擇的工作都能勝任愉快，使生產力在一定範圍內增至最大限度。

三 先進國家就業服務的立法與特色
＊＊＊＊＊＊＊＊＊＊＊＊＊＊＊＊＊＊＊＊＊＊

(一)立　法

1. 第二次世界大戰以前

第一個職業介紹所在一六三七年設置於英國倫敦，從此以後有大小的公私立職業介紹所的產生。到了一八八五年，美國各州也模仿英國設立職業介紹所，並訂定法律規定私立職業介紹所有關事宜。一八九三年英國利物浦（Liverpool）等市政府設立勞工交換所（Labor Exchanges Office），並於一九〇九年正式公布「勞工交換法」（Labor Exchanges Act），為世界第一個就業服務法案。德國一九二七年立法規定，在一定期限內廢止所有收費的職業介紹所，而其他國家也相繼仿效。一九三三年國際勞工大會

通過「廢止收費職業介紹機關公約」，一九四八年又通過「免費職業介紹機關公約」，一九四九年又通過「修正廢止收費職業介紹機關公約」等。

　2.第二次世界大戰以後（含前後）

(1)一般立法：對全體國民的就業服務作一般性規定之立法，如英國一九四八年的「就業與訓練法」（Employment and Training Act）；美國一九四六年的「聯邦就業法」（Employment Act），一九六二年的「人力發展訓練法」（Manpower Development and Training Act）；西德一九五二年的「就業服務法」（Employment Service Act）；日本一九六三年的「職業安定法」等。

(2)特殊立法：對國民當中之一部分的特殊對象之就業服務，也就是對殘障者、退伍軍人、青少年、婦女、老人等，作特殊性規定的立法，如英國一九四四年的「殘障者就業法」（The Disabled Person Employment Act）、「退伍軍人恢復平民就業法」（The Reinstatement in Civil Employment Act），一九六四年的「工業訓練法」（Industry Training Act）；美國一九四四年的「退伍軍人安置法」（Servicement's Readjusment Act）；日本一九五八年的「職業訓練法」等。

㈡特　色

　1.英　國

　一九〇九年實施勞工交換法以後，於一九一六年成立勞工部，一九三九年勞工部改爲「勞工及國民服務部」但仍稱「勞工部」是指導監督就業機構，內設就業政策、軍役徵募、訓練、青年就業及殘障人員等五司。此外將全國分爲十一個區，每區設一區事務所，管轄區內的就業交換所，爲實際辦理就業服務機構。一九五四年因就業服務工作增加而另設專業服務所。一九六四年訂頒「工業訓練法」，同年實施訓練捐法。一九六八年勞工部又改爲就業部，但至一九七三年修正「就業及訓練法」後，有很多改革，設立人力服務署、人力研究處、公立訓練中心、失業保險處等。

2.美　國

就業服務工作原由各州辦理，至一九〇七年才有聯邦移民諮詢所，一九一三年成立「勞工部」，一九一八年起設置就業服務機構，一九三三年國會通過「華格納—皮塞法」（Wagner-Peyser Act），就業服務機構才正式成為全國系統的政府機構。其就業法服務組織與管理為：

(1)聯邦政府勞工部下設就業安全局，內分退役軍人就業與一般就業、農業介紹等組。

(2)總局之下設十三個管理局，分布十三個大都市。

(3)各州設置管理所（The State Administration Office）。

(4)各地分設地方就業服務所（Local Employment Office）。

此外，一九四六年國會通過「聯邦就業法案」，一九六一年甘迺迪總統簽署「偏僻地區再開發法案」（Area Redevelopment Act），以及一九六二年甘迺迪總統簽署的「人力發展訓練法案」。從此以後美國的就業服務體系更為健全，並儘量利用現有的聯邦及各州或地方機構與勞資合作，實施各項訓練計畫。

3.日　本

日本戰敗後發生不少勞工問題，尤其失業問題，為謀求失業對策，制定「職業介紹法」，普設免費公營職業介紹所，並對私立職業介紹所加強監督。到一九四七年才公布「職業安定法」，建立就業安全服務制度。該法經九次修正，於一九六三年修正公布，共五章六十七條。其主要內容：第一部分為立法目的及其業務，第二部分為職業安定機關，第三部分為職業介紹程序，第四部分為私營職業介紹事業。日本現行的職業安定法是屬於勞動省主管，是就業安定服務最高機關，下設職業安定所及職業訓練處二部門，另設中央職業安定審議會。各地由都、道、府、縣會同中央職業安定所及其分所辦理國民就業實務，並設地方職業安定審議會。

三　就業安全體系
****

(一)就業服務

就業輔導服務項目如：(1)職業介紹；(2)選擇職業指導；(3)就業市場調查、分析與報導；(4)就業訓練；(5)協助社區發展等。

(二)職業教育與訓練

職業教育與訓練的措施有：(1)創設職業訓練中心；(2)分區舉辦職業訓練；(3)配合職業、教育，舉辦短期訓練；(4)建立學徒制度；(5)傷殘職業重建等。

(三)失業保險

1.作　用
在於防止勞動者在失業時免受生活缺乏之威脅，使其待業中可領到失業給付，在一定期間內可維持最低生活，而從容去找新就業機會。

2.原　則
是由在職勞動者每月繳納保險費，雇主也負擔一部分，等到失業時，即向承保機關領取「失業給付」。

3.目　的
使勞動者一旦失業，一方面可領取失業給付維持生活，另一方面就業輔導機構即為其安排新工作，等到再就業時，失業給付即停止發給。

(四)私營職業介紹所之管理監督

私營職業介紹所，國家必須注意監督管理，不但在立案之前要嚴格審核，而且開業每月均應將營業情況報請上級主管機關備查，若有違法，主管機關即應予以處罰或勒令其停業，以維護勞雇雙方合法權益。

至於我國國民就業支出情形如表 4-3：

表 4-3　國民就業支出的部門預算

單位：新台幣千元

部　會		82 年度 預　算	81 年度 預　算	80 年度 預　算	82 年度與 81 年度比較
青輔會	一般行政	45,150	47,804	42,841	2,654
	青年輔導工作	386,202	274,671	215,540	111,531
	青年職業訓練中心	63,969	54,001	46,716	9,968
	第一預備金	1,340	1,340	0	0
	一般建築及設備	9,697	168,484	18,292	158,787
農委會	漁業職業訓練	23,682	62,454	40,703	11,228
職訓局	一般行政	92,599	82,364	53,410	10,235
	職業訓練業務	426,948	331,894	327,714	95,054
	技能競賽	235,131	85,395	40,825	149,736
	職訓中心管理	456,204	432,893	349,181	23,311
	第一預備金	3,560	3,560	0	0
	一般建築及設備	237,550	150,730	795,075	86,847
行政院	調整軍公教待遇準備	37,222	31,672	48,964	5,550
合　計		2,069,254	1,727,235	1,977,261	342,019

資料來源：82 年度中央政府總預算。

•••• 第四節　國民住宅 ••••

一　國民住宅業務的起源
＊＊＊＊＊＊＊＊＊＊＊＊＊＊

　　以往政府是不管人民的住宅，但工業革命以後，都市發展人口集中都市，市地昂貴，居住成了嚴重問題。於是在一八四〇年英國的都市衛生改進委員會，為貧民居住問題向政府提出改善的建議。一八四二年在倫敦成立「首都改進勞動者住所協會」，而在考得維克（Edwin Chadwick）與西爾女士（Octavia Hill）的呼籲下，許多城市把貧民窟改造成合乎衛生的平民住宅。一八五一年英國頒布「公共衛生法」，規劃建屋標準，督飭地方政府貸款收購貧民窟住宅拆除重建，此為世界上政府照顧民居之開端。一九〇二年英國霍華德（Ebenezer Howard）發表「明日之花園市」，首創「花園城市」構想，而促使一九〇三年第一個花園城市、一九二〇年第二個花園城市的產生，這對全世界後來的都市計畫和住宅行政有鉅大的影響。一九四三年英國中央政府改住宅部為「住宅及都市計畫部」，一九四四年公布「都市計畫法」。一九四六年國會通過「新市鎮法」，到了一九六六年英國境內已有二十一個新市鎮的建立。

　　美國在一八四二年紐約市改善貧民生活協會主張改善貧民住宅。一八六〇年後美國各州陸續制訂住宅法案，一九三二年聯邦政府頒布「聯邦住宅法」，並實行住宅貸款辦法。一九三七年制訂「永久性房屋法案」，規定地方政府負責平民住宅之興建與管理。一九四九年國會通過「聯邦都市更新計畫」，一九五七年設立聯邦住宅局（Housing and Home Finance Agency），一九六八年國會通過新住宅法案，並擴大住宅局為「住宅及都市發展部」（Department of Housing and Urban Development）等。

　　繼英、美之後，德國於一九〇一年開始由地方政府建築住宅租與低收入者居住。法國於一九一二年開始飭由地方政府建造國民住宅。北歐的瑞典、挪威、芬蘭、丹麥、瑞士、荷蘭等國也先後於二十世紀初期實施住宅

政策。

第二次世界大戰後，各國受戰爭的破壞，房荒成爲嚴重問題，爲解決需要，各國皆紛紛把住宅行政列入福利行政內，亞洲如日本、菲律賓、韓國、香港、馬來西亞、新加坡和中華民國都於戰後開始興建國民住宅。

⃝二 世界先進國家的居住工業

所謂「住宅工業化」、「工業化的住宅建築」、「系統建築」、「預鑄房屋」，名稱雖不同，而實質則一，即先在工廠內造好房屋，再送到基地上去組合裝配的建築方式，近幾十年來歐美先進國家曾用這種方式建造了很多的住宅。

日本於一九五九年大和住宅公司首創用「矮小房屋」（Midget House）的商品名稱，發售鋼骨製造裝配建築的住宅，一九六〇年代急遽增加。其住宅建築工業化可分三階段，第一階段是使用工業化建材的住宅；第二階段是使用規格化、標準化組件的住宅；第三階段是在工廠生產整幢住宅。

一九六八年聯合國住宅建築及計畫中心、亞洲及遠東經濟委員會、技術合作總署與丹麥住宅部（Ministry of Housing Denmark）共同主辦「亞洲及遠東住宅工業化研討會」，該研討會檢討結論內容如下：

㈠聯合國亞洲及遠東經濟委員會研究結果，在開發國家中，每年必須達到每一千人建造十戶住宅之標準才能滿足及改善居住水準。

㈡多數亞洲國家政府，以爲住宅投資非生產事業，往往不予以優先考慮。

㈢一般亞洲國家中，營造工業多爲分散獨立單元，規模既小，組織又不健全。

㈣亞洲開發中國家營造技工缺乏技術新知，工作方法陳舊，建築設備貧乏，一般效率甚低，影響到住宅品質、造價及構造速度。

㈤建築師、工程師、營建工業及建築材料工業間，缺乏協調，一般均局限於自身利益之謀求，而無從事於全盤性改革之遠見，以致阻滯

大量生產方法之採用。

㈥亞洲國家多缺乏長期住宅計畫。

㈦亞洲國家中其建築法規多已陳舊。

㈧亞洲國家中，如香港、新加坡，其初期住宅造價往往不能低於傳統方式所營建的住宅。

㈨亞洲國家中，除日本外，對住宅工業化及預鑄房屋之設計施工，尚少有訓練與研究（劉脩如，民 64 ）。

三　我國國民住宅服務應努力方向

㈠政策的確立：有正確的政策才能有理想的立法與行政措施。

㈡長期住宅計畫：由中央住宅機關或有關單位負責制訂。

㈢財務的資助：應採由政府貸款、補助或投資於住宅建築。

㈣區域計畫與土地政策的配合：都市等住宅計畫、區域發展等相配合，並應限制土地投機以保持住宅所需土地。

㈤法規的修訂：建築技術發展甚速，技術法規須不斷修正才能提高效率。

㈥建築標準化及模距制度：藉尺寸之配合與尺寸配合的基本方法來達到建造理想的住宅。

㈦建立試驗機構：新型設計與建築器材之生產，必須經過試驗證明才能獲得一般人的信任與應用。

㈧工業化技術的選擇：對預鑄方式之選擇，不能完全依其生產成本而定，必須將生產速度、品質及經濟收益，一併從長計算在內。

㈨預鑄工廠之規模：最適宜之工廠規模，不僅須瞭解每一部材料之最低平價成本，且須包括運輸成本在內。

㈩舉辦國內及國際的檢討會及技術性之研討會：互相交換意見或相互模仿，促進國民住宅服務之發展。

我國國民住宅及社區發展支出情形如表 4-4：

表 4-4　國民住宅及社區發展支出的部門預算

單位：新台幣千元

部 會		82年度 預 算	81年度 預 算	80年度 預 算	82年度與 81年度比較
內政部	社區發展研究訓練業務	8,134	8,008	6,882	126
	中央國民住宅基金	2,300,000	500,000	235,418	1,800,000
人事行政局	中央公務人員購置住宅貸款基金	1,750,000	2,045,000	350,000	-295,000
國防部	國軍守兵購置住宅貸款基金	4,000,000	3,919,897	3,170,559	80,103
高雄市政府	高雄市國民住宅及社區發展補助	0	299,119	250,000	-299,119
台灣省政府	台灣省國民住宅及社區發展補助	205,000	205,000	395,960	0
行政院	調整軍公教人員待遇準備	776	633	353	143
合　　計		8,263,910	6,977,657	4,409,172	1,286,253

資料來源：82年度中央政府總預算。

◆◆◆◆◆ **第五節　福利服務** ◆◆◆◆

◯一　兒童福利、單親家庭福利

　　兒童權利宣言、兒童憲章是提倡兒童基本權利的理念，重視兒童福利規範的政策及其政策的實踐。但是兒童權利的內容，由於兒童本身無法去爭取，必須由第三者來實現，所以很容易把「兒童對策」變成為人口政策的一種手段，而影響到兒童的權利，必須加以注意。

　　兒童福利行政的基本結構，可分為二大部分，一是兒童全體，即所謂「健全育成」有關的巨視性、預防性措施與對策；一是個別問題有關的障礙兒童等的具體性保護或療育所必要的保護照顧措施與對策。

　　兒童的適當環境與養育有關之母親的位置，在政策上也有父子、母子的二種情形，即親子是無法分離的措施與對策之原則，也就是「父子或母子一體」的原則，此為行政責任問題，也是兒童福利較為進步前瞻性原則。有的兒童福利法也有把不正常的家庭（特殊家庭），如父子、母子的單親家庭，為了「父子或母子一體」原則另立母子福利法或單親家庭福利法，以照顧這些父子或母子的家庭。單親家庭有關的法律並不是一般法，是補強單親家庭經濟自立的資金融資之法，以及婦幼保健或各種津貼、年金制度的法律，是在單親家庭（父子或母子）之中保障兒童的基本權利，制度上，就是以兒童為中心，兒童本身或其家庭環境的照顧之綜合性的立法。因此兒童福利、單親家庭福利是以兒童為對象，其行政機關（機構）是非考慮到衛生、社會福利，以及教育、司法、勞工、法務各方面的機關不可，因兒童福利不是社會福利一個領域就能全部包括在內。所以，兒童福利法的宗旨，不僅僅是保護特殊或特定兒童，而是積極增進全體兒童的福利。因此，此法具所有與兒童有關之一般法的性格，不但要有兒童福利法自體的目的，而且應有與兒童有關之法令作為其輔導的基本原理，故兒童福利法也就是為保障兒童的福利之原理。

　　1.兒童福利目的與功能

　(1)目的：①照顧貧苦失依兒童的物質與精神的生活；②促進兒童德、智、體、群、美等五育之均衡發展；③保障兒童心身健康與其權益；④改善兒童生活環境；⑤增進兒童幸福快樂。

　(2)功能：①促進社會安全進步；②民主社會之基礎；③提高國民生活水準；④啟發人道、博愛精神。

　　2.兒童福利措施

　(1)一般兒童：①醫療衛生保健，包括婦幼衛生與疾病防治；②兒童營養，包括營養午餐、牛奶供應、營養示範教學；③兒童教育，包括

一般托兒所、村里托兒所、幼稚園教育、國民義務教育、大眾傳播教育、休閒活動等。

(2)不幸兒童：①院內救助或稱機構照顧（Institutional Care）；②家庭補助（Financial Aid to Family）；③家庭寄養（Foster Home Care）；④未婚所生之兒童照顧、收養（Adoption）等。

(3)特殊兒童：①特殊教育分類，包括視力、聽力、四肢機能，以及其他身體的殘障之兒童；智能不足、天資優越、偏才（天才）等智能上的特殊兒童；以及行為性格上特殊的兒童等。②盲童的福利措施。③聾啞童的福利措施。④肢體殘障兒童福利措施。⑤智能不足與多重殘障之兒童福利措施。⑥資優兒童之福利措施（江亮演，民76）。

二　少年福利
＊＊＊＊＊＊＊＊＊

兒童成長為少年，少年再成長為青年，少年是介於兒童與青年之間，並無明顯界限。各國對少年的年齡規定不一，有僅規定最高年齡而不規定最低年齡者，也有僅規定最低年齡而不規定最高的年齡者。英國初訂少年法時，以七歲以上十四歲未滿者為對象；至一九三三年修訂少年法時，改為八歲以上十七歲未滿者為少年。德、法二國，以十八歲為最高年齡。美國多數的州，以十八歲為最高年齡；其他的州也有以十六歲或二十一歲為少年最高的年齡，但不規定最低年齡。日本最高年齡為二十歲，也未規定最低年齡。我國以最低年齡為十二歲，最高年齡為十八歲。

少年期是活力最旺盛、發育最快的時期，同時也是思想尚未成熟的時期，向好的方面走最容易接受學習，向壞的方面走也最是容易犯罪的時期。我國少年犯愈來愈多，不但犯罪率愈來愈高，而且犯罪者學歷也提高，尤其犯罪年齡的降低，更是國人最感不安的事。茲為合理培育少年，應分積極的少年福利服務與消極的少年犯罪處理二方面去研究，實際上積極的少年福利服務與消極的少年犯罪處理是有相關，需要相互呼應，因此，把少年福利服務與少年犯罪處理統稱為少年防護。

　　我國近幾十年來由於工商業發展，人口集中都市，少年犯與日俱增，於是於民國五十一年完成「少年事件處理法」立法程序，但未立即實施。主要原因是實施「少年事件處理法」，要以少年法庭的籌設為前提，觀護制度的建立為基礎，恤刑重教，立意頗高，有關輔助法規，雖可次第完成，但徒法不能自行，所需推行之必要人員與設施，必須周詳安排，才能行之有效。

　　少年事件處理法的新任務，主要是靠少年法庭和少年觀護所的設施以及少年輔育院的設施。就少年法庭與觀護所來說，人事方面，最重要的須有相當數量的推事和觀護人；設備方面，最重要的須有少年觀護所之建立。至於少年輔育院，乃經少年法庭裁定施以感化教育之少年犯，移送執行感化教育的場所，就像醫院門診部門送來需住院治療患者的醫院，所以各項專業人員與設備都不可缺少。

　　到了民國六十年五月修正公布少年事件處理法，將原來重教不重罰的立法精神，改為寬嚴並濟、教罰並重，以適應社會實際情形的需要。同時司法行政部先後成立台北、台中、高雄三地區的少年法庭，同樣在上述三地區成立少年觀護所。至於少年輔育院，原係社會行政機關設置，台灣省政府也於民國四十五年建立桃園、彰化、高雄三所少年輔育院，台北市政府也於民國五十八年在小琉球建立了少年輔育院。上述這些輔育院於民國七十年其管轄權劃歸法務部。同時前項觀護人員除司法方面之公職觀護人外，也有榮譽觀護人之設置，由法院就宗教領袖、教育者、心理學家、社會工作者、民意代表中遴聘之。此外各服務性社團乃至大學有關科系之在校學生，也在延請協助工作之列（劉脩如，民 64）。

　　除上述少年事件處理、觀護人輔導、少年法庭、少年輔育院外，還有少年監獄、濫用藥物少年之勒戒，及屬於社會福利的不幸少女教養輔導與少年輔導等等有關設施。

　　一般少年福利其目的，是啓發少年天分與才能，及促進少年自律與責任感的人格發展，以預防或除去人格發展及社會化的障礙等。其福利事業可分為一般性家庭的少年獎勵事業與對個別少年養育的援助二大類。其內

容可分爲：

1.一般獎勵事業

可分爲以家庭爲對象的親職教育與家庭諮商爲主的事業，以及以少年爲對象的活動，如青少年校外教育、休閒援助、青少年運動或就職援助、社會化援助、少年保護事業、青少年團體等等。

2.個別養育事業

可分爲：(1)家庭扶助（含諮詢、輔導）。(2)家庭外養育援助，如寄養家庭、青少年之家等。(3)公共養育，如對有嚴重養育、發育障礙的少年之養育由公家機關代勞。(4)監護服務協助，無法在親權保護下或雙親因故不能監護的未成年者，由監護法院決定監護人或保護者。青少年法庭可視需要推薦適當的人監督之。(5)青少年法（庭）制度及訴訟、保護監察援助：此與一般刑事訴訟制度有別，設立之青少年法庭制度，追問刑事責任，處理青少年案件。(6)青少年法律保護，如寄養保護、機構保護、公共場所青少年保護（限制對青少年有不良影響之營業與集會、書刊發行，以法律保護之）。

我國少年福利法於民國七十八年公布以後，分由社政、教育、衛生、警政、司法等單位結合民間機構共同積極推展少年福利、少年心身發展……等工作。

（三） 婦女福利、母子福利

婦女福利（Women Welfare）是爲促進健全家庭組織、發揮家庭教育功能，增進社會安全和諧，貢獻社會，而給婦女各種必要之照顧與福利而言。而母子福利（Mother-Child Welfare）是指沒有配偶的婦女與未成年未婚的子女所構成的母子家庭所給予必要之照顧或服務之意。

通常婦女福利常常與婦幼即母子的福利合而爲一，因母子福利與婦女福利是很難分開，也常與兒童福利混在一起，不過母子福利是以母親與未成年未婚的子女爲對象，而婦女福利是以婦女爲對象，而兒童福利通常是以一般的兒童而非以特殊兒童爲對象。

(一)婦女福利主要措施

1. 職業婦女福利

⑴僱用保障：就業平等、職業選擇自由、職業介紹與輔導、男女工資同工同酬、任公職機會均等、尊重與保護女性、婦女合理公平等遇等。

⑵保育工作：重視保育設施的各種安全及有關設備，保育人員素質與服務態度，幼兒、兒童心身健全以及夜間托兒托嬰等設施。

⑶加強親職或家庭教育。

⑷家庭生活輔導中心。

⑸休假勞動之禁止。

⑹孕婦之保護。

⑺勞動時間或待遇的合理。

2. 家庭主婦福利

⑴家庭主婦打工僱用制度：介紹主婦打工、打工職前指導與講習、建立雇主能接納的體制、主婦權益的保護。

⑵保育制度的健全。

⑶家庭諮商與輔導。

⑷婦女教育之普及。

3. 不幸婦女福利

⑴婦女問題諮商：生活、婚姻、職業……等諮商。

⑵不幸婦女收容：收容而給予習藝、職業介紹、生活照顧……等服務。

⑶不幸婦女教育。

4. 老年婦女福利

⑴住宅服務：在宅服務、房租補助……等。

⑵臥病老年婦女短期保護：照顧老人生活者，因病、因事短期間無人照顧老人，給予老人短期收容保護。

(3)婦女生涯學習：給予老人教育、社會參與等機會。

(4)其他：如調整人際關係，作好經濟、醫療保健的保障制度，改善老人住宅設備等（江亮演，民75）。

(二)母子福利措施

1.婦幼醫療保健的保障

產前產後保健（檢查）與醫療。

2.母子福利貸款

促進其經濟性自立。

3.生活諮商服務

日常問題之諮商。

4.母子福利中心

母子生產、就業的指導。

5.母子年金、福利年金、兒童扶養津貼等

給予生活上必要之保護。

6.母子住宅

提供母子住居服務。

7.租稅上之優待

例如減免租稅等。

8.在宅服務

母親一時生病、因事無法處理家務時，派人作在宅服務或保護（介護）。

9.職業訓練、講習等

增加其謀生機會。

10.未婚媽媽救助

對未婚生子者給予必要之救助。

11.其　他

如預防母子家庭之產生、落實保障母子家庭之所得、社會福利服務之

加強等。

四　老人福利
****

　　老人福利是爲確保老人物質性、精神性、社會性的最基本的生活水準，實現老人幸福的公私立之社會性、組織性活動的總稱。其廣義的範圍包括老人的理念、生活安全與醫療保健衛生等的政策與措施；狹義的範圍只指老人政策或服務之領域。一般爲了提高老人福利績效，必須推行老人服務，而老人服務工作，必須講究方法與技術，包括人、事、物的配合，因此，才有老人社會工作或稱爲老人社會事業或老人服務的產生。

　　老人福利與服務是與我國社會政策之老人福利目的及對策相通。爲使老人福利措施與社會政策相互配合，採取改善老人生活環境，提高老人教育水準轉變一般人民之態度，主動參與老人福利工作，結合社會、家庭力量以及利用老人經驗知識，輔導老人就業措施。並且加強院內（機構）或院外（機構外）老人生活照顧，對院內老人福利，加強人際關係，使其精神生活得到滿足，並加強醫療服務等工作；對院外老人生活照顧，則加強獨居或臥病老人家庭或醫療上之照顧，以及保健方面之服務；而對一般正常的老人，則加強就業輔導或各種俱樂部，以及其他有益老人心身健康之各種措施。

　　科技醫療愈來愈發展的工業社會，國民的平均壽命愈來愈長，高齡化社會的來臨帶來許多的老人問題，尤其孤獨寂寞、經濟生活、精神生活等的問題更爲嚴重，因此除老人個人應作好生涯規劃外，家庭、社會、國家都應相互配合，共同關心老人，促使老人過著快樂的晚年。所以我們應努力的老人社會福利工作可分爲下列幾項措施：

㈠服務內容

　1.對殘障或臥病老人可做下列服務

　⑴推行家庭服務員派遣制度（在宅服務）；⑵身心障礙（殘障）者或臥病老人日間照顧服務；⑶老人日常生活用具免費供應（借或贈）服務；

(4)身心障礙（殘障）者或臥病老人入浴服務；(5)身心障礙（殘障）者或臥病老人短期保護；(6)身心障礙（殘障）者或臥病老人津貼。

 2.對獨居老人可施行

(1)老人看護人員的派遣；(2)老人家庭服務（在宅服務）；(3)老人電話服務；(4)老人供食服務。

㈡老人生趣對策

 1.院外（一般老人）老人生趣對策

(1)老人就業：①老人職業訓練；②老人免費職業介紹；③老人人力銀行；④其他如老人工廠等等。

(2)老人創業：①共同創業，包括老人餐廳、老人咖啡廳、老人球場、老人公司等；②個人創業，包括陶藝、園藝、木工、養豬、養魚、養鴨、養鹿等。

(3)老人俱樂部：①學習性，如手工藝、繪畫等；②趣味性，如舞蹈、音樂、老人趣味教室等；③健康性，如體操、打拳、登山等；④社會福利性，如義工、社會調查等；⑤宗教性，如各種宗教活動等。

(4)老人生活情趣服務，如發揮老人能力、提高老人生趣、尊重老人、敬愛老人、重視家庭倫理道德等。

 2.院內老人生趣對策

(1)老人職業教育與訓練。

(2)老人工作室或老人工廠。

(3)老人就業服務。

(4)老人公共造產。

(5)其他。

㈢福利設施

 1.老人福利中心

提供諮商、健康、教育……等綜合性服務。

2.老人靜養之家

老人短期保健、靜養場所。

3.老人休閒中心

免費提供老人娛樂健康知識與活動。

4.老人工作場所

提供適合老人工作之地點。

5.老人旅社

低費提供老人旅遊住宿之用。

6.老人療養院所

提供有身心嚴重缺陷或臥病老人之療養地方。

7.安老機構

收容身心或經濟上理由在家生活有困難老人之地方。

8.低費安老機構（低費老人之家）

依契約低費提供老人安養之地方。

9.自費安老機構

除人事費、設備費、醫療保健費外，其他費用均由老人負擔。

10.老人復健或休息之家

提供老人短期保健、住宿之地方。

㈣老人年金制度

除職業年金外，為保障老人物質生活，應有自費或免費的國民年金或老人年金制度，以保障老人晚年生活費用來源。

㈤老人醫療保健

1.院外（機構外）一般老人醫療保健

⑴老人保健：包括老人保健講座、心理生理健康服務、居家老人護理訪問、老人健康諮商、老人健康衛生訪問。

⑵老人醫療：包括免費老人精神院或養護所、傳染病醫院或療養院、

　　慢性病及急性病救治措施、老人醫療巡迴車、老人醫療費補助等。

⑶老人健康檢查。

⑷老人白內障手術及其費用之補助。

⑸老人機能回復訓練。

⑹老人保健醫療綜合對策之開發。

　2.院內（機構內）老人醫療保健

⑴健康檢查。

⑵飲食營養衛生。

⑶衛生管理與生活指導。

⑷老人健康、娛樂、教育。

⑸老人醫療管理。

⑹老人心理健康管理。

㈥老人住宅政策

　1.公營老人住宅與老人社區。

　2.老人寢室設備費用之貸款。

　3.低收入臥病殘障老人住宅改建貸款。

　4.老人購屋優惠貸款。

㈦老人租稅優待措施

　1.老年者扣除與身心障礙（殘障）臥病老人之扣除。

　2.老人扶養扣除與老年者年金扣除。

㈧老人家庭生活協助及補助

　1.老人家庭個案工作。

　2.重整孝德、重視家庭倫理。

　3.以民法規定扶養義務者之義務或扶養義務次序（順序）。

　4.提供病弱或殘障、臥病老人之生活必需工具。

5.訪問獨居生活老人。

6.訂定低收入老人認定標準，以確實照顧低收入老人生活。

7.辦理低收入老人創業貸款，促使其自力更生。

8.結合民間力量，加強照顧老人生活。

㈨老人教育

1.訂定老人教育有關的法規。

2.改變一般人對老人教育的不正確觀念。

3.老人教育類型可分為：

⑴退休人員大學或職業學校。

⑵大學式的養老院所。

⑶定期講座或補習方式之老人教育。

⑷老人空中教學。

⑸老人大學與老人學校。

⑹老人圖書館（含老人圖書巡迴車）。

⑺老人教室與老人學習性俱樂部。

⑻老人教育研究會與老人退休前的教育。

㈩其　他

如老人福利經費來源的規定與老人福利工作人員的培養與訓練等。

㈤　身心障礙（殘障）者福利

＊＊＊＊＊＊＊＊＊＊＊＊＊＊＊＊

身心障礙（殘障）乃泛指先天遺傳或後天傷病造成的身心殘缺者，例如盲、聾、啞、肢體缺陷者、痲瘋病者、癲癇患者、智能不足的低能者、精神病患者等皆是。這些人乃社會上之不幸者，他們失去全部或一部分的生產能力，缺乏與正常人公平競爭的機會。往昔，世界上盛行個人主義與優勝劣敗適者生存的觀念，除了宗教者與慈善家給予施捨性救濟外，政府和社會都不予以積極性照顧。到了二十世紀，社會連帶責任觀念興起，人

道主義集體主義思想逐漸取代了個人主義思想，認爲經濟上弱者是社會制度產生的，不是個人或家庭的過失，理應由社會全體負責而予以扶助，再加上第一、二次世界大戰所產生的傷殘軍民爲數甚多，政府有責任加以照顧。同時科技醫學發展，傷殘者重建之可能性提高，各國政府爲了要藉醫療恢復身心障礙（殘障）者某一部分的體能，藉訓練重建殘障者一部分的生產能力，乃基於經濟觀點與人道觀點的雙重需要，而有殘障者重建服務（Handicaped　Rehabilitation　Service）與職業重建服務（Vocational Rehabilitation Service）之興起（劉脩如，民 64）。

　　身心障礙（殘障）者福利通常分肢體殘障與智能不足，或稱智能障礙。前者所指視障、聽障或平衡機能障害、聲音或語言機能障礙、肢體不自由、心臟、腎臟、呼吸器官機能障礙等。若其障礙超過一定程度者爲肢體殘障，通常按障礙程度分爲第一、二級爲重度殘障，三、四級爲中度殘障，五、六級爲輕度殘障。肢體殘障福利法是依其殘障程度等級差別而給予不同日常生活或社會生活之照顧，使其生活過得愉快。其福利服務內容，可分爲：

　　1. 施　策

　　(1)爲減輕其殘障程度的施策，如：①更生醫療之給付；②補裝器具（含修理）等。

　　(2)爲促進健康的施策，如：①診斷、更生諮商；②在宅重度肢體殘障者之訪問診斷或更生諮商。

　　(3)以自立與社會參與爲目的施策，如：①創造肢體殘障者良好住居；②促進肢體殘障者社會參與事業；③在宅肢體殘障者日間服務事業。

　　(4)日常生活援助施策，如：①特別肢體殘障者津貼；②日常生活用具供給；③在宅服務；④在宅重度肢體殘障者短期保護事業。

　　(5)肢體殘障者個別之福利事業，如：點字圖書、聲音的圖書、手語教學等。

　　(6)其他的制度，如：減免租稅、交通工具使用的優待……等。

2.福利對策

(1)更生設施，如：肢體不自由、視障、聽障、語言障礙、重度肢殘者……等之更生或援護設施。

(2)生活設施，如：①肢體殘障者療養設施；②肢體殘障者福利之家。

(3)工作設施，如：①肢體殘障者授產設施；②重度肢體殘障者授產設施；③肢體殘障者通勤授產設施；④肢體殘障者福利工廠（庇護工廠）。

(4)社區利用設施，如：①肢體殘障者福利中心；②肢體殘障者更生中心；③補裝器具製作設施；④點字圖書館；⑤點字出版社；⑥盲人之家。

(5)其他，如：進行性筋骨萎縮症者之援助；十八歲以下者之諮商、輔導教育、保育、寄養、領養、矯治訓練學校等事業。

後者的智能障礙者也有心理的、臨床的病因之分類，但為照顧方便，通常以心理性分類為多，即按智力年齡及智商分為接近、輕度、中度、重度、極重度等五種。

其福利內容可分為：

1.施策，分為在宅與設施之施策

(1)諮商、輔導與判定（認定）。

(2)行政施策：以預防智障兒之產生與早期發現早期療育為對策。

(3)智障兒童教育措施：以專門教育與訓練之教養學校或特殊教育班為主。

(4)重度雙重智障殘障兒童巡迴訪問教育。

(5)智障者保育所、幼稚園。

2.福利對策

(1)更生諮商。

(2)十八歲以上之智障者的醫學性、心理學性及職能性判定（認定）而給予不同的需要服務。

(3)援護設施，如更生或授產設施（機構收容為主）。

⑷在宅福利工廠（庇護工廠）。

⑸其他，如再就業、結婚之輔導……等（須鄉昌德，1989）。

（六） 勞工福利
****

十九世紀末葉，美國工業界面臨許多勞工問題，對管理部門是一嚴重的挑戰，企業型態科層化官僚化、女工童工問題、勞工疾病、怠工、勞工的不滿等現象層出不窮，於是產生了「福利運動」（Welfare Movement）。資方（廠方）爲解決勞工問題，乃提出不同的方案，如教育與訓練方案、福利餐廳與百貨部門、員工宿舍與公寓、疾病與意外服務、醫療部門與訪問護士之設置、有益勞工心身休閒娛樂活動方案、實物補助等。根據美國勞工統計局（Bureau of Labor Statistics）一九二六年的資料顯示，一千五百家大工廠中，百分之八十提供部分或綜合性福利方案，也有些工廠設置福利秘書，以社會工作方法來協助解決資方與勞方的糾紛，以及促進勞工福利。

除了上述美國的勞工福利發展之外，國際勞工組織（The International Labour Organization）對各國的勞工福利也逐漸重視，於是於一九二八年在法國巴黎召開第一次國際社會服務會議，討論「社會服務與工業」問題。從此以後各國的勞工福利，尤其先進國家的勞工福利就大大發展起來。

勞工福利服務主要內容可分爲：

1.勞工問題的諮商服務。

2.工會組織與服務。

3.員工協助方案。

4.企業社會責任方案與工業社會工作。

5.員工福利。

6.勞工教育。

7.勞工休閒育樂活動。

8.勞工住宅服務。

9.勞工保險。

10.其他，如安全衛生保障、工時工資合理保障、童工女工合理規定、勞工福利設施（福利中心）、福利貸款、職業訓練等。

（七）　農民福利

農民是工業之母，其對經濟發展、安定人民生活、繁榮社會，以及促進工商業發展均有極大貢獻。如今因工商業的發展及農業機械化，致使農村經濟與人口結構改變，農村人口外流，農村經濟無法與都市相比。民以食為天，有些農耕事務人力尚難控制，如天災、病蟲害等，常使農民血本無歸，因此，我國應從早期的以農養農變為以農養工，再轉變為以工養工政策的時期，轉變以工養農政策，由工商業回饋報答農民的時期，來保障農民收入使其樂於耕作，以保民食。其福利服務之主要內容分為：

1.農事推廣教育與加強農業試驗研究。

2.四健會或家政推廣工作。

3.供銷業務輔導，協助農民直銷制度。

4.金融業務與農業優惠貸款。

5.農民保險，除健康、失業、殘障、意外、老年、死亡遺族、喪葬等保險外，應增列農作物天然災害、病蟲害損失賠償保險。

6.輔導農民轉業。

7.發展農村教育。

8.加強農村公共投資。

9.加速農業生產專業化、觀光化。

10.提高農耕技術。

11.獎勵農產加工廠設置。

12.其他。

(八) 鹽、漁民福利
* * * * * * * * * *

近年來由於工業發展，水源被含重金屬、化學要素等的廢水所污染，同時濫墾，尤其濫挖地下水，致使沿海受到破壞與地層下陷，威脅到淡水漁業、沿海漁業以及鹽業，除了應防治上述公害之外，必須積極保護鹽、漁民生活。其福利服務之主要內容可分爲下列幾項：

1. 鹽、漁民醫療保健。
2. 鹽、漁村保育工作，如托兒所、幼稚園等。
3. 鹽、漁民理髮服務。
4. 鹽、漁民廁浴室改善服務。
5. 鹽、漁民淡水供應服務。
6. 鹽、漁民日用品供銷、糧食供應服務。
7. 鹽、漁民用物資供應服務。
8. 鹽、漁民電訊代辦、生產工具修理修補服務。
9. 鹽、漁民住宅服務。
10. 鹽、漁民保險。
11. 鹽、漁民生產合作貸款。
12. 鹽、漁民產品或漁獲物共同運銷輔導。
13. 提高鹽、漁民工具作業技術。
14. 輔導鹽、漁民家庭副業或轉業輔導。
15. 分配海埔新生地供鹽、漁民生產或養殖之用。
16. 其他，如發展鹽、漁村教育，加強鹽、漁村公共設施，提高鹽、漁民社會地位等。

(九) 志願服務
* * * * * * * * * *

志願服務（Volunteer）亦稱爲義工，依聯合國專家們的解釋，即凡有組織、有目的、有方法地調整個人對環境的適應之工作的，稱爲社會服務；參與者個人因志趣所好而不計酬勞收入者，稱爲志願工作人員。

現代世界各國的社會福利服務，大抵上可區分爲兩種性質，即政府從事法定工作，民間從事法定以外的工作。前者是法律賦與的責任，運用國庫的公款，由政府任命支薪的公務人員爲之，不能任意對人有所偏好；後者是志願自發的努力，用自己的錢，出自己的力，憑同情心與責任感，不計酬勞，行其所好。政府人力、財力有限，不能充分滿足社會個別不同的需求，必須仰賴社會力量所形成的志願服務組織補足之。十九世紀德國的愛爾伯福的救貧制度（Elberfeld System, 1832），英國湯恩比館（Toynbee Hall, 1844），美國的胡爾館（Hall House, 1889），與志願工作協會（Volunteers of America, 1896）、國際紅十字會（Red Cross, 1859）、扶輪社（Rotary Club, 1905）、獅子會（Lions Club, 1917）、青年商會（J. C. I., 1915）等等都是屬於志願服務的團體（劉脩如，民64）。

(一)志願服務人員應具備的條件

1.動力是起於內心意願（自願）。
2.組織是由於自由結合。
3.貢獻不論勞力、智慧、金錢、物資。
4.時間是部分的貢獻而非專職。
5.服務不計報酬。

(二)志願服務主要範圍

1.兒童、身心障礙（殘障）者、青少年、婦女、老人、農鹽漁民等社會福利有關的福利設施（機構）與業務。
2.學校學生心理、學業等輔導。
3.醫療保健機構。
4.監獄、少年感化機構。
5.工業（工廠）機構。
6.社區。

7.心理衛生中心。

8.其他。

⊕ 其 他
****

其他還有很多社會福利事業（工作），如住宅福利、教育福利、司法福利、退除役官兵福利（榮民福利）、消費者福利、工業福利、國際社會福利等，以及社區組織與發展、社會組織等等。

我國社會福利服務支出情形如表 4-5：

表 4-5　服利服務支出的部門預算

單位：新台幣千元

部　　會		82年度預　算	81年度預　算	80年度預　算	82年度與81年度比較
銓敘部	早期退休公教人員生活困難濟助金	86,512	86,512	61,100	0
內政部	社會行政業務	113,829	114,477	97,909	-648
	社會福利服務業務	6,080,334	5,624,183	3,965,622	456,151
國庫署	勞工退休基金收益差額補助	0	0	58,394	0
經濟部	裁撤單位早期退休人員	20,652	26,172	13,560	5,520
	生活困難濟助金				
退輔會	退除役官兵輔導業務	114,955	96,531	89,580	18,424
	退除役官兵就醫	9,449,051	9,090,000	7,756,914	359,051
	退除役官兵就學	45,754	42,704	42,999	3,050
	退除役官兵就養	13,151,420	12,019,721	9,847,559	1,131,699

	退除役官兵訓練與安置	635,779	848,323	761,185	-212,544
	反共義士安置與輔導	192,185	220,385	287,843	-28,200
	大陸榮胞安置	37,234	35,640	30,464	1,594
	第一預備金	81,418	81,418	0	0
	國軍退除役官兵安置基金	2,100,000	909,829	0	1,190,171
	一般建築及設備	1,794,801	2,480,306	1,519,371	-685,505
農委會	收購稻穀差價補貼	4,000,000	4,000,000	7,000,000	0
	漁業用油用鹽補貼	2,309,300	2,509,300	9,300	20,000
勞委會	勞資關係業務	71,145	56,920	51,739	14,225
	勞動條件業務	32,979	31,263	28,282	1,716
	勞工福利業務	1,033,112	717,452	438,648	315,660
	勞工安全衛生業務	107,155	97,791	54,929	9,364
	勞工檢查業務	85,805	72,823	44,221	12,982
	綜合規劃業務	50,527	48,889	49,086	1,638
	勞工資訊業務	61,606	73,262	60,151	-11,656
	第一預備金	4,880	4,880	0	0
	一般建築及設備	2,001	19,299	16,349	-17,298
台灣省政府	台灣省福利服務補助	510,000	400,000	368,500	110,000
金馬戰地委員會	金馬地區福利服務補助	1,250	0	0	1,250
行政院	調整軍公教人員待遇準備	453,646	390,837	805,625	62,809
合　　計		42,627,330	40,098,917	33,459,330	2,528,413

資料來源：82年度中央政府總預算。

■ 關鍵詞彙 ■

危險事故	勞動市場	老人福利
免費制年金	失業保險	須救助老人
國民財富再分配	系統建築	殘障福利
保險關係	兒童憲章	勞工福利
院外救助	特殊兒童	農民福利
更生設施	婦女福利	鹽漁民福利
授產設施	母子福利	志願服務
就業安全	老年婦女福利	

■ 自我評量題目 ■

一、試說明社會保險的起源與範圍。

二、試列舉社會保險的基本因素與條件。

三、試敘述社會保險事故與功能。

四、試說明產生貧窮的背景與救貧的起源。

五、試列舉社會救助的基本原理、原則與功能。

六、試列舉社會救助的方式與種類。

七、試說明國民就業安全體系。

八、試說明國民住宅業務的起源與先進國家的居室工業。

九、試說明我國國民住宅服務應努力的方向。

十、試敘述兒童福利、單親家庭福利、少年福利、婦女福利、母子福利的意義與
　　措施。

十一、試說明老人福利的意義與措施。

十二、試說明殘障福利的意義與肢體殘障、智能不足福利服務內容。

十三、試概述勞工福利的意義與其福利服務內容。

十四、試概述農民福利的意義與其福利服務內容。

十五、試概述鹽漁民福利的意義與其福利服務內容。

十六、試說明志願服務的意義與其服務範圍。

■ 參考文獻 ■

【中文部分】

劉脩如（民 64）社會福利行政（上、下冊），台北：國立編譯館、正中書局。

徐震、林萬億（民 72）當代社會工作，台北：五南圖書出版公司。

中華民國社區教育學會（民 73）社區老人教育，高雄：復文圖書出版社。

林顯宗、陳明男（民 73）社會福利與行政，台北：五南圖書出版公司。

林振裕（民 74）社會政策與社政法規，台北：金玉出版社。

江亮演（民 80）社會安全制度，台北：五南圖書出版公司。

江亮演（民 77）社會工作概要，台北：五南圖書出版公司。

江亮演（民 79）老人福利與服務，台北：五南圖書出版公司。

蔡漢賢（民 80）社會工作辭典（二次增修版），台北：中華民國社區發展研究
　　訓練中心。

台灣省政府社會處（民 82）社政年報，南投：台灣省政府社會處。

邱天助（民 82）教育老年學，台北：心理出版社有限公司。

張承漢譯（民 83）社會學，台北：巨流圖書公司。

江亮演（民 83）社會學，台北：華視文化事業股份有限公司。

【日文部分】

三浦文夫監譯（1937）社會福祉と社會保障，東京：東京大學出版會。

山根常男、林岡清美、木間康平、竹內郁郎、高橋勇悦、天野郁夫（1977）社會
　　學(7)福祉，東京：有斐閣。

山下袈裟男、三友雅夫（1979）社會福祉論，東京：川島書店。

朝倉陸夫、阿部志郎、瓜巢憲三、及川一美、小關康之、田代不二男、筑前甚
　　七、藤本編（1979）社會福祉の方法，東京：東京書籍株式會社。

京極高宣（1984）市民參加の福祉計畫，東京：中央法規出版社。

須鄉昌德（1989）社會福祉の基礎知識，東京：法律文化社。

【英文部分】

Birrell, W. D. et. al. (ed) (1973) *Social Administration-readings in Applied Social Science.* Penguin Books.

Compton B. R. & B. Galaway (1979) *Social Work Process Illinois.* The Dorsey Press Home Wood.

Durkheim. Emile (1933) *The Divison of Labor in Society.* New York: Macmillan.

Homans, George C. (1950) *The Human Group.* New York: Harcourt, Brace and World.

Kingsley Davis (1948) *Human Society.* New York: Macmillan.

Pincus A. & A. Minahan (1973) *Social Work Practice: Model and Method, Illionis.* F. E. Peacock Publishers. Itasca.

Romanyshyn, J. M. (1971) *Social Welfare: Charity to Justice.* New York: Rondom House.

Seeman Melvin (1972) *The Meaning of Social Change.* New York: Russell Sage.

Siporin M. (1975) *Introduction to Social Work Practice.* New York: Macmillan Publishing Co. Inc.

Tonnies, Ferdinand. (1963) *Community and Society.* New York: Harper and Row.

第五章

社會行政主要領域

學習目標

詳讀本章內容後,學習者可達成下列目標:

1. 瞭解行政管理、領導原則、人事、材物、事務、文書等管理及行政組織體系。

2. 知道社會行政財務有關的情形與制度。

3. 認識社會行政人員類別與專業有關之教育、組織與條件。

4. 瞭解社會行政的研究與設計情行。

5. 說明社會行政的福利設施與監督方法。

■ 摘　　要 ■

　　社會行政是一國政府推行有關其社會福利工作之行政事務，其主要領域包括行政管理、材物、人員、研究與設計、設施與監督等範圍。而社會行政管理就是負責上述事務的處置之意。所以，要作好社會行政管理就必須考慮到科學管理方法、行政管理原則、講究領導要訣，以及人事、材物、事務、文書……等的社會行政管理。

　　社會行政財務必須有能預知數額的可靠財源，以便量入為出，順利地推行其工作。一般正常的財源為：(1)公共稅收；(2)保險費收入；(3)志願捐贈等。同時除非有特殊原因，不然用於社會福利服務經費最好出自中央政府的國庫支出，免得各區域分配不均。

　　社會行政人員，通常包括行政、業務、事務、研究等四類人員。為提高工作人員素質，必須講究工作的專業化。

　　社會行政的研究與設計和對社會福利服務品質是成正比，所以，我們必須重視社會行政有關的設計政策、方案與實施辦法，並多方蒐集參考資料、分析判斷利弊得失，以尋找出社會病根所在。

　　社會行政的福利設施與監督方面，首先我們必須認識社會福利設施的各種型態，以及每一型態設施之優劣點，而儘量選擇利多於弊的設施，去推行社會福利工作。同時也應重視社會福利設施的財源，儘量提高其預算，並且儘量獎助私立福利設施，達到公私立社會福利設施財務分配的合理化。不過為避免不法之徒藉社會福利設施圖謀私利，破壞社會福利制度，因此，政府應運用監督權。

◆◆◆◆ 第一節 社會行政的管理 ◆◆◆◆

社會行政是一國政府推行其有關社會福利工作之行政事務,而社會行政管理就是負責上述事務之處置的意思。我們要作好社會行政管理,就必須考慮到用什麼方法與原則以及要訣較有效果,因此就有科學管理、行政管理的原則、領導要訣,以及人事、材物、事務、文書等等的社會行政管理出來。

○ 科學管理

科學管理的由來是源於美國工業管理的鼻祖泰勒(F. W. Taylor),以科學方法應用於管理工作上,使其有計畫、有條理,而達成減少消耗、縮短時間、增進效能的方法。科學管理最初是用在工廠管理,後來又稱為「合理化」。合理化(Rationalization)的定義是:「精力與材料的最低限度之消耗而設的技術與組織之方法」。

工業(工廠或企業)的科學管理逐漸影響到政府的行政管理,其經過是在一九一○年美國聯邦政府設置「經濟效率委員會」,內分以增進行政效率為目的之研究組織、人事、辦事方法、會計、預算五大類。一九一二年聯邦政府向國會提出「公務處理的經濟效率」咨文;一九一三年聯邦政府成立「效率局」,後改為「經濟效率局」;一九二一年參眾兩院聯合組織「政府機構改組委員會」;一九三六年羅斯福總統成立「行政改革的研究機構」;一九三七年羅斯福總統向國會提出改組聯邦政府機構的報告。二次世界大戰後,國會於一九四七年設立「胡佛委員會」,一九五三年又設立「第二期胡佛委員會」,一九四九年提出二七五項建議,第二次胡佛委員會提出三一四項建議,大部分被美國政府所採納實行。從此以後,世界各國的行政管理,也逐漸地或多或少採用科學管理方法,尤其社會行政管理方面。

三　行政管理的原則
＊＊＊＊＊＊＊＊＊＊＊＊＊

行政管理原則是指處置行政事項可適用的一般法則而言。管理不但是一種科學、一種技巧、一種藝術，而且也是一種方法。參考過去的經驗，適應現實環境，體察未來的趨勢，而適度的活用，所以管理有三變律：一是經驗律，累積寶貴經驗，以因應時、空、人、事、物不同的變化。二是環境律，行政要受自然、文化、社會等因素的影響，不能不求活用，尤其須針對時、空、人、事、物等的因素而活用。三是**趨勢律**，行政管理不但要著眼於未來**趨勢**，而且要從新實驗中去追求進步發展，不可拘泥固守一成不變。

我國歷代有關行政管理可分為「人治」與「法治」二說，前者如孔子說：「文武之政，布在方策，其人存，則其政舉，其人亡，則其政息。人道敏政，地道敏樹，夫政者，蒲蘆也，故為政在人。」又說：「其身正，不令而行，其身不正，雖令不行。」又說：「為政以德，譬如北辰其所，而眾星拱之。」後者如管子說：「法者，天下之程式也，萬事之儀表也。」又說：「尺寸也，繩墨也，規矩也，衡石也，斗斛也，角量也，謂之法。」又說：「夫法者，所以興功懼暴也；律者，所以定分止爭也；令者，所以令人知事也。」又說：「以法治國，則舉措而已，是故有法度之制者，不可巧以詐為；有權衡之稱者，不可欺以輕重；有尋丈之數者，不可差以短長。」人治與法治，其實是治事之一體兩面，缺一不可，無法則眾人不知所守，雖有良法，無賢能之人執行，其效不章，正如孟子所說的：「徒善不足以為政，徒法不能以自行。」因此，行政管理應以法為經，以人為緯，也就是以法為體，以人為用才行。

美國學者古立克（Luther Gulick）提倡管理七要素：⑴計畫（Planning）；⑵組織（Organizaing）；⑶人事（Staffing）；⑷指揮（Commanding）；⑸協調（Coordinating）；⑹預算（Budgeting）；⑺報告（Reporting）等。但也有人以十二個都含有 M 字的名詞來代替，即：⑴行政目的（Aim）；⑵程式（計畫表 Program）；⑶人（Man）；⑷錢（Money）；

(5)物（Material）；(6)機構（Machinery）；(7)場所（Room）；(8)方法（Method）；(9)指揮（Commanding）；(10)時間（Time）；(11)民主激勵，引起動機（Motivation）；(12)研究發展，改進（Improvement）等。上述雖有十二要素，實際上不外時、地、人、物、事等五者之演變。

國父孫中山先生提倡「權能區分」或現代行政管理上所強調的「分級授權」、「分層負責」及我國行政機關所重視的「新、速、實、簡」，以及外國所謂的設計三性，即適應性、可行性、可受性。同時處事方法要注意六 W，即 Why？What？Who？Where？When？How？及所謂三 S，即：標準化（Standardization）、簡單化（Simiplification）、專門化（Sipecialization）。此外，現代行政常強調的民主管理、多數參與、公共關係、通力合作、民主激勵、上情下達、下情上陳等等都是要達到行政有效率之科學管理。因此，各先進國家或正在開發中的國家都把行政管理朝向與資訊科技結合，也就是朝行政管理電腦化去發展。

三 領導要訣
****

任何一個機關主管，其主要職責是如何運用組織力以團結群力，共同努力去有效達成組織的目標。所以其精神、意志、態度、眼光和胸襟各方面都必須符合下列幾個條件，即：

(一)公正無私

一位行政主管必須公私分明，不可在處理公務上夾有私念，否則會被人看不起。

(二)把握原則

主管在處事時要有一貫原則且擇善固執，令部屬有所依循。不可因人因勢而異，否則內外困擾會更多。

(三)知人善任

人各有所長、各有所短，主管者應看清其長處、短處，而用其所長、避其所短，並忌憑感情好惡或利害關係用人。

(四)激勵情緒

人非草木，皆是有情感意志，所以主管必須運用各種方式，精神性、榮譽性去激勵部屬，提高士氣。

(五)敏於決策

主管必須遇事明快果斷決策，忌猶豫不決或朝令夕改。並應言必有信，行必有果。

(六)勇於擔當

主管是一機關代表，成敗利害應一身當之。只要沒有違法舞弊，慨然一身承擔，外來的壓力和自己的利害不必顧忌。

(七)不露權威

主管不露權威才能令人敬服，同時多聽人家意見，忌露自己才華而令人失色。

(八)維持紀律

主管應明斷是非，區分功過，除暴安良，賞必使人知所奮發，罰必使人有所畏懼，應秉公平原則，維持機關紀律。

(九)解決問題

一切施政以解決問題之信念為目標，不可只以辦公文算為了事，更不可做假統計報告來欺騙上級或他人，要以解決問題才算了事，如此主管才

能化及部屬，蔚成風氣，尤其社會福利主管更應以此爲志。

(十)調和關係

行政機關，尤其是社會行政機關，必須其他機關單位協助或配合才能達到效果，如與民意機關、財政機關、警察機關、教育機關、衛生機關、司法機關、新聞界，以及工商、政黨、各種社團等有密切聯絡與關係，所以主管如何作好公關，增加助力，減少阻力，此爲其職責（劉脩如，民64）。

四 人事管理
＊＊＊＊＊＊＊＊＊

各國政府的人事制度以英、美兩國建立制度爲最早，所以此兩國的人事管理制度就比較健全理想。

英國在一七○○年、一七○八年先後立法，規定官吏分爲政務官與事務官。一八五○年廢止私人推薦事務官之傳統，建立文官考試制度。一八八五年創立文官委員會（The Civil Service Commission），掌司公務員考試授與資格證書，居超然地位，不屬任何部會，也不得與任何政黨發生關係，同時文官考試以非黨員爲限。除考選工作外，職掌各機關的人員編制、任免升遷考績、俸給、退休、撫卹等，概由以財政大臣爲中心之財政委員會（The Treasury Board）掌理之。

美國以一八八三年所創立的聯邦文官委員會（The United States Civil Services Commission）爲中央人事行政主管機關，掌理考選、分發、考績、升遷、俸給、退休、撫卹等事務。另外分擔一部分人事權之預算局（Bureau of Budget），掌理聯邦各機關的編制和預算，並負責調查各機關的人事和庶務，頗類似英國財政委員會。此外，尚有二個有關人事之獨立機構，一是一九六一年設立的聯邦公務員撫卹委員會（The United States Employers Compensation Commission），一是一九二四年設立的外交人員考選委員會（Foreign Service Personnel Board）。聯邦文官委員會舉行文官考試後，開具合格人員名單送由各機關首長選用，試用一年成績合格

者，正式任用，其升等（職）考試，分由各機關辦理。

　　我國人事行政原採集中制，屬考試院職權。考試院掌理考試、銓敘、考績、級俸、升遷、保障、褒獎、撫卹、退休、養老等事務，由下設之考選、銓敘二部分掌之。民國五十六年援用動員戡亂時期臨時條款第五款「得調整中央政府之行政機構及人事機構」之規定，而於同年成立行政院人事行政局，雖該局組織規程規定：「人事行政局有關人事考銓業務，並受考試院之監督指揮」。但事實上，考銓以外之人事管理，從此劃入行政院人事行政局。該局下設四處，第一處主管：人事政策、制度、法規以及職位分類等；第二處主管：中央與地方簡任以上人員、公營事業機關首長、理監事、董事、監察人派免遷調之研議審核等；第三處主管：各級行政機關公務人員之調查、考核、統計、分析、考績、獎懲、訓練、講習、進修、頒勳、榮典以及工作效率之增進等；第四處主管：員工待遇、獎金、福利、退休退職、保險、撫卹、人事資料之蒐集、人事業務之研發等。故我國現行人事制度是分為考選（高、普、特、升等等考試）、任用、俸給、考績、政務官之規定、職位分類（大分類為職門、中分類為職組、小分類為職系）……等。雖然有上述的制度及近年來修法改進，但我國的人事制度仍然有不少缺點存在。

（五）　材物管理

　　材物管理之目的是求工作上的材物供應靈活方便，以及減少不必要的浪費與損失。但要達到這樣的確不是一件容易的事，尤其公家機關。

　　英國對材物是採集中管理辦法，法國則採分散管理辦法，美國原採折衷辦法，後改採集中管理辦法。我國行政院行政改革委員會曾建議行政院設事務局，對五種材物統一管理，即：⑴辦公物品之供應；⑵公用房屋之管理；⑶公務車輛之管理；⑷重要檔案之管理；⑸實物配給之管理，但未實施。實際上，除上述第⑸項當然應統一辦理，第⑷項應分別管理外，餘者可採集中採購，分別管理方式辦理。

　　各機關之採購不外有四種方式：⑴招標；⑵議價；⑶比價；⑷零購

等，都依金額數量多寡而定。不過常有圍標或回扣的問題產生（劉脩如，民 64）。

各機關材物保管，通常有下列三要件：⑴編號；⑵登記；⑶保養。但常有廢物、殘物、舊物、剩物等等處理之困擾。

（六） 事務管理
****

機關的事務瑣碎繁複，必須相關單位配合才能圓滿達成任務，所以事務管理必須包括下列幾項：

㈠出納管理

出納管理係指現金票據及有價證券之收入、支付、保管及帳表登記、編製等事項。所以必須求安全與合法。

㈡辦公處所（室）管理

不論機關大小，辦公處所務求維持其莊嚴整潔，進而以樹木花草，美化環境。所以必須：⑴注重建物之修繕保養；⑵全盤清潔衛生；⑶籌辦物美價廉之員工午餐食堂；⑷注意禮堂、會議室、會客室、交誼室之佈置；⑸注意廚房廁所之清潔衛生；⑹注意防火、防震、防盜等安全；⑺注意工友勤務調配與禮貌訓練。

㈢宿舍管理

宿舍管理應有原則與標準，尤其應力求公平，同時對單身員工也應統籌供應住宅。在購屋貸款方面也應合理等。

㈣車輛管理

車輛管理各機關應納入正軌。除依預算確定機關車輛限額外，應訂定何種職位配撥專用車輛、公務車應依公務需要統籌調派、重視車輛保養修護及油料專責人員監管、司機態度操守安全應嚴加管訓。

㈤員工福利管理

　　員工福利社一律依法改組爲員工消費合作社，並除防治有關人員圖利把持之弊外，一切營業收支應由社員大會民主方式決定。但因其無力僱用專人等缺點，所以必須由機關單位派員協助。

⑺　文書管理
※※※※※※※※

　　要達行政目的，非賴文書爲先驅，或爲結局不可。我國公文程式條例經屢次的修訂，使公文類別簡化不少，其類別如：

㈠令：公布法令任免官員及上級對下級機關所交辦或指示時用。

㈡呈：下對上級機關所呈請或報告時用。

㈢咨：總統與立法、監察機關等公文往復時用。

㈣函：同級或不相隸屬機關有所洽辦，或人民與機關間申請與答復時用。

㈤公告：對公眾宣布事實或勸誡時用。

㈥其他公文。

　　實際上不一定按上述種類處理公文、習慣上得視需要採用：⑴手令；⑵通告或報告；⑶電報、代電、通話、通報；⑷便函或箋函；⑸通知或開會通知；⑹聘書；⑺簽或提案；⑻會議紀錄；⑼建議或意見書；⑽移文單；⑾申請函；⑿備忘錄等等（劉脩如，民 64）。

　　通常各機關文書處理流程分爲收文處理、文書核擬、發文處理三部分，如圖 5-1：

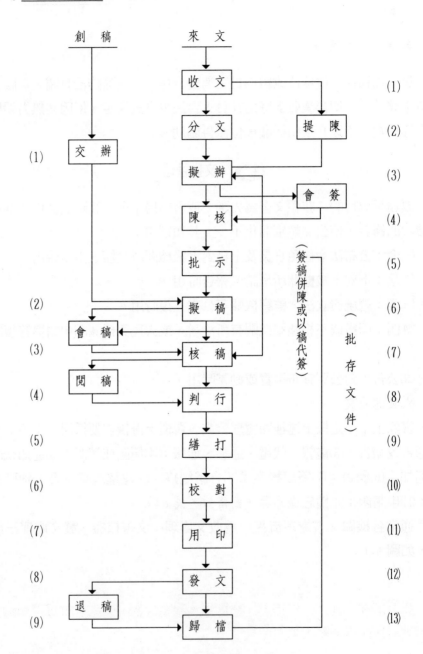

圖 5-1　各機關文書處理流程

資料來源：黃俊郎，國文㈡華視教學部（民 82 年）。

⑧　行政組織的體制
＊＊＊＊＊＊＊＊＊＊＊＊＊

行政管理與該機關之組織體制關係至大，在我國可歸納為三類：

（一）首長制

又稱獨任制，即派任一位全權負責之首長主持，可收指揮靈活之效，且責權分明，功過明顯可見，但常因背景及其個人因素，而變成獨裁霸道，機關鬧得雞犬不寧。

（二）委員制

又稱合議制，旨在集思廣益，多數人共同負責，雖可防止首長制之弊，但亦有其指揮缺靈活，權責不明，功過難辨之弊。

（三）董事制

以公司或銀行以及財團法人為多，這些機關團體，設董事會，置董事長主持之，有些以設理事會或監理會來代替。都是決策負法律責任的機關，同時把實務執行工作交所設的總經理或總幹事等人員負責，形成權能區分，資方勞方分開，不但可收委員制之利，亦可收首長制之利，但亦有不依法改組董事會、理事會、理監事會，使少數人把持大權，或常因總經理與董事會或理事會、理監事會不和而影響業務的推展。

◆◆◆◆ **第二節　社會行政的財務** ◆◆◆◆

聯合國在一九六二年提出「社會福利服務機構，必須有可以預知數額的可靠財源，以便量入為出順利地推行其工作計畫」的報告，而指出正常的財源為：⑴公共稅入；⑵保險費收入；⑶志願捐贈等。同時補充提出：「……用於社會福利服務經費最好出自中央政府的國庫支出，免得各個區域分配不均，除非事實上有特殊困難。」並提出下列六點原則為：

1. 財源來自稅收者，中央比地方政府更豐富而有彈性，所以，中央政府應負擔較多的財務責任。

2. 提供社會福利服務需要是國家政策，但各地方的看法未必一致，因此，中央補助，可以收到發動與改進的雙重效果。中央也可以運用財政權去平衡地方稅收的差距。

3. 所有補助，應基於每年度可靠的統計資料，按正規方式與程序監督之、稽核之。

4. 若採不同費率，去補助各個不同的服務計畫，則對每一計畫給予標準，應以能誘發地方政府竭盡其最大之負擔能力為原則。

5. 地方福利服務行政事務費，應儘可能由地方政府負擔；但包含中央與地方合作的全部行政費開支，中央政府仍宜負擔一部分。

6. 參加一個計畫的財務分擔時，上級政府仍應負責監督實施，並評估其成果，以維持合理滿意的水準。

○ 英德法美日與我國社會安全費用支出占其國民生產毛額
＊＊＊＊＊＊＊＊＊＊＊＊＊＊＊＊＊＊＊＊＊＊＊＊＊＊＊＊

(一)英　國

一九六三年，其社會安全費用支出占其國民生產毛額之百分比為一一‧八；至一九七二年時上升到了一六‧七，一九七七年時則為一九‧八，一九八〇年為二一‧五，一九八六年為二三‧一。

(二)德　國

一九六三年，其社會安全費用支出占其國民生產毛額之百分比為一六‧一；至一九七二年時上升到了二二‧七，一九七七年時則為二八‧〇，一九八〇年為二九‧二。

(三)法　國

一九六三年，其社會安全費用支出占其國民生產毛額之百分比為一

五‧四；至一九七二年上升到一九‧四，一九七七年時為二六‧〇，一九八〇年為二八‧八。

㈣美　國

一九六三年，其社會安全費用支出占其國民生產毛額之百分比為六‧五，一九七七年時上升到一四‧八，至一九八〇年時為一六‧七〇。

㈤日　本

一九六三年，其社會安全費用支出占其國民生產毛額之百分比為五‧六，一九七七年上升到一二‧五，一九八〇年時為一二‧七，一九八七年時為一三‧九。

㈥我　國

一九六三年，我國社會安全費用支出占國民生產毛額之百分比為一‧三，一九八〇年時上升到四‧四，至一九九〇年時達到五‧五。

從上述來看，各國支出經費都是逐年增加，可見社會福利服務的重要是與日俱增。

㈡　我國社會福利的資金來源

1. 公庫預算

由政府稅收項下列入預算撥款，包括各級政府的預算。

2. 基　金

社會福利基金，包括省市、縣市政府社會福利專用基金。

3. 保險費

包括各種社會保險費及其運用所生的孳息。

4. 福利金

包括各類福利金，如教職員互助福利金、公務人員互助福利金等。

5.捐　　贈

包括國內外各種團體、機構或基金會或個人所捐贈財物等。

三　我國財務行政制度
****

我國現行財務行政制度，規定由財政單位、稽徵單位、會計單位、公庫單位、審計單位等配合辦理，以求互相發揮制衡作用，而達防弊之效。其可分下列五個系統：

㈠行政系統

中央政府為財政部，省市為財政廳（局）、縣市為財政局（科）。其主要業務為：租稅徵收、公庫管理、公債發行、經費簽發等。

㈡稽徵系統

包括海關、國稅局、各縣市稅捐稽徵處等。

㈢主計系統

中央、省市政府為主計處、縣市政府為主計室。其主管預算、決算、會計、統計等。並在中央及地方每一機關設置主計單位，包括學校、公營事業。

㈣出納系統

中央為財政部管理之國庫、省市為財政廳（局）管理之省（市）庫、縣市為縣市政府管理之縣（市）庫。其業務主管款項、票據、證券之出納、保管、移轉及財產契據保管。

㈤審計系統

中央為監察院之審計部、審計部在省市設審計處、中央及地方業務重要之機關派駐審計人員，其業務主管事前審計、事後審計及臨時稽察。派

駐機關之審計人員，可以辦理就地審計工作。

除上述之制度外，尚有會計年度、預算制度、支付制度、審計制度等等的制度。

◆◆◆◆ 第三節　社會行政人員 ◆◆◆◆

一　社會福利工作人員的類別
* * * * * * * * * * * * * * * * *

社會福利工作人員不僅是指從事醫療保健、所得保障等有關社會福利人員，而且還包括社會保險及社會福利機構、公共環境衛生等工作人員。但劉脩如教授卻從社會福利行政觀點，把社會福利工作人員分為下列四類：

1. 行政人員

即指揮督導者，如社會福利機關首長及其所屬社會工作公務員等。

2. 業務人員

即直接服務人員，凡公私立福利機構之個案、團體、社區組織等工作人員，及社會保險、社會救助、福利服務、國民就業等社會安全制度工作人員。

3. 事務人員

即支援工作人員，如各級社政機關與各類公私立福利機構的事務工作人員，除人事、會計兩部門外，其他如秘書、事務、文書等人員。

4. 研究人員

包括研究設計與從事教育工作人員。

二　社會福利工作專業化
* * * * * * * * * * * * *

所謂專業人員，係指工程師、會計師、律師、醫師、牧師、藝術家、社會工作人員等等而言。該等人員須經高等專業教育與訓練（實習）而具有特殊專長。專業乃社會上一些較專門的職業。任何一門專業都必須具備

下列各特性：⑴擁有一套系統的理論與方法；⑵要受過一定的教育與訓練；⑶通過一些特定的考試合格；⑷有一套專業道德守則以供每個工作者遵守；⑸服務性質以公眾福利爲依歸；⑹有專業組織等。

白秀雄教授在其所寫的「專業的基本特性及其對社會工作的意義」一文中提出專業理論體系、專業權威、社會認可、共同守則、專業文化等。

(一)理論體系

專業人員不但要有實際經驗，還須有「一套理論體系」（A Body of Theory）做基礎。任何一業，通曉原理遠較精通作業手續爲難，所以每一項專業過程中，都會出現理論研究人員，擔任理論系統化角色。理論知識，通常來自學校教育，因此，專業化前提必須興辦專業教育。

(二)專業權威

社會個案工作人員要協助案主（Client），瞭解何者對案主有利、何者對案主不利，此爲專業人員所具備專業知識，而不具備專業知識的案主，非一切聽從不可；又患者非聽從醫師不可，此爲專業權威。

(三)社會認可

專業化社會須建立一種證照制度（Licensee System）。證照之取得須經資深人員所組成審查委員會，先審其學校授予的專業教育畢業資格，再以考試鑑定其具有專業工作應有的知識技能，然後由政府頒發證照，憑以執業，所以專業證照須經社會承認，然後再向社會顯示其與非專業人員之不同所在。

(四)共同守則

共同守則是專業人員所共同信守的工作道德守則，作爲約束其成員的行爲規範。

㈤專業文化

專業文化（A Professional Culture）包括：價值觀、思想、觀念、行爲規範、某些符號，以及事業心等。專業人員整個人生獻身專業工作的意義，其目的（不是手段）是著眼如何把工作做好，獲得自己心理上的滿足，他的工作就是他的生命，這些東西成爲有順序的一套，深入社會工作人員的習慣中，是爲專業化。

三 專業教育

社會工作專業教育是經過各社會工作教育有關的大學學院或學系（科）或相關學系之正規專業教育，以及政府或學校所認可的社會工作教育機構之專業教育。專業教育在美國不管怎樣，其必須符合下列幾項條件：

㈠開設至少二年以上專業社工課程，並頒碩士以上學位。

㈡學生入學標準須合乎教育宗旨。

㈢課程內容須合乎有關單位所頒定的標準。

㈣教育政策須確信闡揚社會福利知識與價值爲專業教育之基礎。

㈤輔導學生瞭解自我角色，並在變動社會中能研擬適應人類需要的計畫。

㈥管理上不得有種族、膚色、信仰、職業、年齡、性別的歧視。

㈦負責人員必須具合格專業資格，且爲專職的人員。

㈧學校必須爲一具有組織規程、隸屬系統、教員任聘、經費預算、教學配合等制度之完整單位。

四 專業組織

一九二一年美國成立社會工作協會（AASW），一九五五年融合美國社工協會（AASW）、美國醫療社工協會（AAMSW）、美國心理社工協會（AAPSW）、美國學校社工協會（AASSW）、社工研究社（SWRG）、社

會組織協會（ASOC）等的專業組織，而統一組成社會工作專業組織之美國社會工作人員協會（NASW）。其會章規定必須經認可的社工學院畢業，獲得碩士學位者才可申請入會。凡獲得碩士學位之會員，工作於公私立社會福利機構二年以上實際經驗者，可獲得特許社會工作者學院名銜之頒授，用以別於未取得碩士學位之老會員。該會除出版各種有關專著外，一九五七年起，每年出版社會工作年鑑（Year Book of Social Work）等。其他，還有「全國社會工作職業委員會」（National Commission for Social Work Careers），主要是介紹全國社會工作實況，以助有志此業者獲得正確認識。

　　一九六五年，英國也與美國一樣，將兒童扶育人員協會、家庭個案工作人員協會、道德福利工作人員協會、心理分析社會工作人員協會、觀護工作人員協會、精神福利工作人員協會、醫療社會工作人員研究所、社會工作人員協會等八個專業團體統一合組成「社會工作團體常務委員會」（Standing Conference of Organization of Social Workers），其主旨為：

　　1.促進一個全國社工人員之統一組織。

　　2.改進社會工作實務，並建立社工人員標準。

　　3.為各機構內部運轉與對外活動作媒介。

　　4.樹立政策以影響社工實務與社工人員。

　　5.代表社工同仁參與政府建議社會政策。

　　6.結合各專業團體展開社會服務。

　　到了一九七〇年又成立英國社會工作人員協會（The British Association of Social Workers），該會宗旨為：

　　1.提高社會工作有關知識與技術，作為教育與訓練；建立社會工作專業制度。

　　2.為社工人員提供專業組織，藉此樹立信念、釐定標準、增進教育、擴展內容，以應推展工作之需要。

　　3.以此章程，致力貫徹各有關組成團體之責任與功能。

　　4.提供社工專業人員團結一致之處所，運用社工效能，向增進個人與

社區福利的途徑邁進。

5.代表全體社工人員意見，參與社會政策研擬及實際工作的改進。

6.透過全國各地分支組織，分別採用會議、演講、討論、研究、出版、報告方式，增進全國會員專業技能與知識。

7.聯絡其他個人與團體，採用一切方法，招募社工專業人員，維護訓練標準。

8.強調社工人員證書之頒發，應由社工協會為之。

9.與其他機構配合，爭取社工人員福利，建立註冊登記制度。

10.與其他機構合作，致力促進社區中個人健康與福利。

11.建立與世界社工團體資料及研究心得之交換管道。

12.採用不同步驟，以各種方式提供協會經費與基金。

13.對人員之僱用、房舍租賃、財產之處理、基金之投資均須公私分明，勿忘係在求貫徹協會之目的。

英國在一九五四年的社工協會曾討論有關證照制度，強調社工註冊制度（Register Social Workers）的必要，後來由醫療社工與觀護社工開始，陸續實行「社會工作人員證照制度」以提高專業地位。到目前有好多先進國家都已有此社工人員證照制度。

㈤　專業條件
＊＊＊＊＊＊＊＊

專業條件是包括專業資格、專業證照、人事制度和專業守則。

㈠專業資格

雖各國專業教育基礎不同，所以其社會工作專業資格之限制有異。但一個國家要辦好社會福利工作，就必先提高其工作人員素質，而要提高素質就必須專業化，要專業化就必須訂定專業資格標準。否則漫無標準，什麼人都可以從事社會工作，那社會工作如何作好？

(二)專業證照

一九六五年，美國紐約州正式頒布第一五四號社工法規；一九六八年，紐約州「除非依一五四號社工法規申請並經認可及註冊爲合格社工人員者外，任何人不得自稱爲社工人員」。申請資格：「凡有下列條件之一，經考試合格，宣誓完畢並繳交申請費者，州教育主管得授予認可社工人員證書：⑴年在二十一歲以上；⑵行爲良好無犯罪之紀錄者；⑶有居留權或現受僱於紐約州內之公私立社會福利機構者；⑷曾獲碩士學位或在認可社工學院修畢二年社工課程者。」

法國於一九三二年頒布證書規則，規定凡持有社會工作執業資格證書者，始具社會工作人員資格。不過除上述社會工作執業資格證書得憑以從事一般性社會工作外，若有志從事特殊社會工作者，得接受專業進修，獲得各該專業證書，如農村社會工作專業證書、工廠社會工作專業證書，以及海外屬地社會工作專業證書等。

(三)人事制度

社會工作專業化後的人事制度，各國自有其傳統，我國於一般公務員人事制度之下，進一步建立社會工作人員的專業人事制度，因此，必須參考各國先例，好好去建立理想的社會工作人員制度。

(四)社工專業人員的角色

1. 資訊的提供

提供接受福利行政援助保護或有利的訊息、資源。

2. 諮商、輔導服務

透過諮商、指導、輔導而加強求助者之自我適應能力。

3. 組　織

組織擔任福利服務業務的企劃、營運、實施工作者。

4.綜合性服務

謀求有效福利活動而作聯絡、調整等綜合性服務。

㈤專業守則

　　美國全國社會工作人員協會（NASW）於一九六〇年通過「工作道德守則」（Code of Ethics）十四條：

1. 認真致力於改進個人或團體的福利，及謀求社會狀況的改善為第一要務。
2. 專業責任重於個人利益。
3. 對所從事工作的特質範圍皆須負責。
4. 尊重案主的祕密。
5. 本負責的態度去處理在專業關係上所獲得的資料。
6. 對同事研究的結果觀點與行動予以尊重，並用適當方式給予評價。
7. 在專業的知識及能力範圍致力社會工作。
8. 承認專業的責任是在加強社會工作理論與實際的瞭解。
9. 確認有責任協助社區防止個人或機構在從事社會福利工作時所引起的非道德行為。
10. 當社會有緊急狀況時願適時地提供專業服務。
11. 公開聲明，個人態度與措施，是以個人身分代表一個機構。
12. 支持「專業工作需要專業教育」的原則。
13. 在機構內願致力於環境的創造與維持，俾使社工人員能遵行本守則的規定。
14. 對人類的福利，願貢獻一己的知識與技能。

◆◆◆◆ 第四節　社會行政的研究與設計 ◆◆◆◆

　　社會福利機關的研究工作是在設計政策、方案與實施辦法，因此，必須重視蒐集參考資料，分析判斷利弊得失，尋找社會病根所在，所以，研

究範圍涉及到：

一 研究的對象

****

㈠國內外過去史例

國內外過去史例須從中外社會思想史、政治制度史、經濟思想史、文化史各部門去研究，尋找可供實用的史例，如我國古訓「以古爲鑑，可知興替」者是也。雖然如此，但不可囫圇吞棗，食古不化，這是研究過程中必須注意。

㈡國際間的新經驗與新趨勢

近代社會福利思想與制度，發源於歐美先進國家，所以他們的制度、方法、思想觀念，很多足爲我國借鏡。尤其聯合國及其所屬各類專門機構，和許多有關社會福利與社會安全國際志願團體所出的書刊、有關的國際學術會議，皆具有傳播新經驗與新趨勢的重大影響，必須研究與參加。

㈢管轄區域內的社會實況

對症才能下藥，所以先瞭解全國的社會現象與社會病態及其相關因素，以資設計社會政策與草擬社會立法。地方政府也須先瞭解所轄區域內之社會現象與社會病態及相關統計資料，供中央政府彙總，作爲擬訂地方社會福利政策、措施之設計參考。

二 研究方法

****

㈠歸納法

⑴資料蒐集：訪問、調查、觀察、蒐集可靠資料；⑵資料分類：分別資料使之系統化；⑶資料處理：透過統計、邏輯、分析等方式處理所蒐集資料；⑷結論：把處理過之資料，報告結果，獲得結論，以供參考。

(二)觀察法

是運用視覺去考察、探察所研究的現象，而將所得的結果記錄下來，以便瞭解其實情的一種方法。

(三)調查法

是運用科學態度、方法與合作步驟，對某些社會情況或問題，在確定範圍內作有計畫的實地考察，並設法獲得大量資料，以明瞭及改進或解決問題為目的之方法。

(四)統計法

是一種蒐集、製表、呈現和分析定量資料的方法。

(五)個案法

以事物、人類、社會現象為研究單位或對象，作詳盡追根究底的研究，也是把人或事、社會現象，如犯罪等作為個案的案主，而去探究其問題因果關係，並提出治療或處理方法等的一種研究方法。

(六)實驗法

是一種在控制條件之下研究其因果關係的一種操作實驗變項（自變項、依變項）的技術，也就是經多次觀察或驗證、證實或推翻暫定結論，是一有計畫及應用工具的一種觀察控制實驗方法。

(七)測量法

是用多種工作方式，覓取具有代表性意見和具有代表性的態度，歸納於普遍的標準，由此可瞭解社會實況與社會發展趨勢，如民意調查（測驗）。

(八)歷史法

以檢討過去的紀錄,來決定事實眞相,發現其因果關係的方法,其目的是在瞭解過去與現在,由歷史發生的性質,以瞭解其原理原則。

(九)區位學方法

是研究社會環境與有機體的一種方法,這種方法的具體表現是社會基圖,即研究社會現象在空間上的分布與動向的情況,是標明地理、人物現象的研究。

(十)次級分析法

是研究資料不是新的、而是前人所研究過的重要資料作爲其研究資料來源,而將這些資料進行提煉和再組合的一種方法,如日記、信件、公文爲資料來源。

(十一)內容分析法

以客觀、有系統和用量化來描述或分析書寫的、口頭的或圖書的傳播物,如描述分析公開演講、電影等的一種研究方法。

(十二)比較法

是二個或二個以上的社會體制或社會現象之間作比較研究的方法,如國與國之間、社會與社會、或同一社會體制中的不同時期、或外國的犯罪現象與本國的犯罪現象作比較分析的一種研究方法。

三　設計方法
＊＊＊＊＊＊＊

(一)抓住病根

社會政策是處方,社會問題是病象,病象必有病根,處方者必先尋出

社會問題的病根，然後才能對症下藥，所以，把握病根以設計處方，是第一步驟。

(二)重視整體觀念

社會政策的設計其前提是要重視整體觀念，如醫師爲醫病，必須顧及病者整體，即整個生命的健康與安全。所以社會政策範圍必須考慮到經濟、衛生、教育、文化、農工商、治安、風紀等整體社會現況，而作統合發展的設計。

(三)顧及相關因素

社會現象的因果關係，交互循環，決非單純，而是極爲錯綜複雜。所以，設計者設計一項方案，除了顧及中心因素外，還要詳細分析其周圍的許多相關因素而顧及之。

(四)尋求多目標

社會福利行政機關解決社會問題設計工作方案時，最好選擇具有多元目標者爲優先，因爲：(1)可省錢又可收多倍效果；(2)可獲得多方面協力，事半功倍；(3)可帶動其他相關事業之發展。

(五)運用引力

社會現象有引力，也有壓力，共產主義社會著重於運用壓力迫使人民就範於組織之下；而自由世界的經濟活動，是著重於運用引力，誘導個人爲追求利潤與幸福而努力，間接促進經濟繁榮，社會進步。我們設計社會政策是要善於運用此引力，把握人類的同情心與榮譽感，平衡於權利與義務之間，吸引人們向福利社會方向走。

(六)匯合助力

要推動社會福利方案，除主動力之外，還要助力，助力多多益善，助

力之來源，或基於利害，或出於同情，需要用方法以招致之。方法或用公共關係，或假大眾傳播，其道不一，設計者應該顧及。

(七)預測阻力

任何一件事，在進行過程中可能會遇到若干阻力，這些阻力有些是意想不到的偶發事件，有些是可能預測到。後者大多是存有利害衝突的方面，設計時應該詳予估計，並設想到克服的方法或避開的途徑。特別在制訂一項政策時，要多方顧及於此。若能轉化阻力為助力，即更為上策。

(八)經費估計

經費估計（Cost Estimation）是設計任何計畫不可少的手續，如何估計準確，原是一件難事。必要時可分別找專門人員估價，特別需要懂得「成本利益分析」的人幫助，力求翔實，不可籠統。

(九)進度估計

社會計畫必須排列進度，進度估計，要仿照工程計畫的技術，翔實準確。估計進度的單位，有以月計者，有以半年計者，也有以一年計者，要視計畫性質而定，最好能以三個月為一段。

(十)成果預計

大小計畫方案，均須於設計時預計成果，以便事後據以評估考核。過去一般人視社會福利和社會建設為消費性，認為不易以數字計算其成效，但現在專家們都認為社會福利也是一種投資，應以科學方法來計算社會發展投資的成本和成果（劉脩如，民 64）。

◆◆◆◆ 第五節　社會行政的福利設施與監督 ◆◆◆◆

一　社會福利設施的各種型態

凡社會福利或社會服務之直達於人民者稱爲社會福利事業，因其需要設立的機構爲社會福利設施（Social Welfare Agency），其型態可分：

㈠依設立者分

依設立者而分，即社會福利設施又可分爲：⑴中央政府設立；⑵各級地方政府設立；⑶社團法人設立；⑷財團法人設立；⑸宗教團體設立等之設施。

㈡依經營主體分

依經營主體分，即社會福利設施又可分爲：⑴公立公營；⑵私立（民辦）公營；⑶公立（公辦）民（私）營；⑷私立（民辦）民（私）營；⑸公私合辦合營等設施。

㈢依收費情況分

依收費情況分，即社會福利設施又可分爲：⑴公（免）費；⑵低（半公）費；⑶自費等的設施。

㈣依機構性質分

依機構性質分，即社會福利設施又可分爲：⑴兒童福利；⑵青少年福利；⑶身心障礙（殘障）者福利；⑷婦女福利；⑸老人福利；⑹勞工福利……等的福利設施。

㈡ 公私社會福利設施的財源
＊＊＊＊＊＊＊＊＊＊＊＊＊＊＊＊＊＊

　　大多數的國家，其社會福利設施大都起源於私立，而後政府才逐漸承擔，到了二十世紀以後才發展至由中央政府有計畫地策劃舉辦社會福利設施。雖然政府漸次以社會福利為己任，但仍然沒有一個國家不獎勵扶植私立福利設施。財政充裕或先進工業國家其政府用於各項社會福利的預算支出，占各部會預算的首位，有些國家已占國家總支出百分之三十以上。

　　我國也是一樣，政府分配到社會福利方面的經費預算，雖然尚未如英、美等先進國家把社會福利預算為各部會預算的首位，但也占我國國家總支出的百分之三十以上，且年年增加，尤其最近國民對社會福利的重視而促使社會福利預算大幅度增加，如下表 5-1、表 5-2：

表 5-1　各項社會安全支出的分配

單位：新台幣千元

名　　　稱	經 常 門	資 本 門	合　　計	占中央政府總預算 %	占社會安全支出 %
社會保險支出	33,016,475	－	33,016,457	3.0	27.8
社會救助支出	2,218,094	278,000	2,496,094	0.2	2.1
福利服務支出	35,748,678	6,878,652	42,627,330	3.9	35.8
國民就業支出	1,684,573	383,681	2,069,254	0.2	1.7
國民住宅及社區發 展 支 出	8,910	8,255,000	8,263,910	0.8	7.0
醫療保健支出	4,997,402	6,559,736	11,557,138	1.1	9.7
環境保護支出	4,386,091	14,585,288	18,971,379	1.8	15.9
社會安全總支出	82,061,223	36,940,357	119,001,580	11.0	100

資料來源：82 年度中央政府總預算。

表 5-2　中央政府各項社會安全支出金額與百分比

單位：新台幣千元

項目 77～82年度 支出金額 占社福預算%(不含環保) 占社福預算%(包含環保)	77年度 決算	78年度 決算	79年度 決算	80年度 決算	81年度 法定預算	82年度 預決算
一、社會保險	7,356,758 21.08 19.45	8,007,267 21.85 19.24	14,010,578 28.24 26.34	18,648,862 26.24 23.71	29,514,718 30.75 27.29	33,016,475 33.03 27.74
二、社會救助	1,129,113 3.24 2.99	1,270,928 3.47 3.05	1,998,731 4.03 3.78	4,250,364 5.98 5.40	6,033,270 6.28 5.58	2,496,094 2.50 2.10
三、福利服務	13,636,051 39.08 36.05	17,972,228 49.05 43.19	27,205,883 54.83 51.14	33,459,330 47.08 42.53	40,098,917 41.78 37.08	42,627,330 42.61 35.82
四、國民就業	1,139,763 3.27 3.01	1,210,913 3.30 2.91	1,075,222 2.17 2.02	1,979,262 2.78 2.52	1,727,235 1.79 1.59	2,069,254 2.07 1.74
五、國民住宅與社區發展	2,324,368 6.66 6.15	2,460,287 6.71 5.91	2,014,725 4.06 3.79	4,409,172 6.20 5.60	6,977,657 7.27 6.45	8,263,910 8.26 6.94
六、醫療保健	9,309,014 26.68 24.611	5,721,228 15.61 13.75	3,311,403 6.67 6.23	8,328,708 11.72 10.59	11,624,236 12.1 10.75	11,557,138 11.56 9.71
七、環境保護	2,926,854 7.74	4,967,663 11.94	3,578,064 6.73	7,591,724 9.65	12,153,757 11.23	18,971,379 15.94
一～六項總計	34,895,065	36,642,848	49,616,540	71,075,697	95,976,033	100,030,201
一～七項總計	37,821,919	41,610,511	53,194,604	78,667,421	108,129,790	119,001,580
中央政府總預算	470,255,444	549,199,999	673,201,386	804,558,136	971,219,108	1,086,004,944
一～六總計／中央總預算	7.42%	6.67%	7.37%	8.83%	9.78%	9.21%
一～七總計／中央總預算	8.04%	7.58%	7.90%	9.78%	11.02%	10.96%

資料來源：82年度中央政府總預算。

（三）　公私立社會福利設施的財務分配

社會福利設施及社會福利服務、公辦與私辦，或公辦民營、私（民）辦公營，分析起來，利弊參差互見。公辦公營的優點是經費來源固定可靠，基於政策，不計得失；但其缺點是工作人員往往視作例行公事，大多缺少專業精神，同時常因工作人員須具公務人員資格，用人缺乏彈性，尤其必須由民意機關審查預算，所以經費無法靈活運用。私（民）辦私營的優點，是基於志願，具有熱忱事業精神與高度的榮譽感；缺點往往爲節省經費因陋就簡，或假慈善以遂私圖者。公辦民營，優點經費固定，有熱忱者可參與經營，去公辦公營和私辦私營之缺點，但其缺點若契約不善、或經營不善，會使院民受害。私（民）辦公營，優點可結合民間資源，使有財力而有心公益者有投資福利設施機會，但其缺點是經營者是政府會有公辦公營工作人員表現與用人不能靈活之缺點。所以社會行政主管應瞭解各型態的設施利弊酌予考慮，擇利多於弊的設施型態爲宜。

（四）　監督私立社會福利設施方式

社會福利行政主管機關，對公私立社會福利服務設施，負有策劃、獎助、管理、監督之權責，如何善於運用此權力以盡其職責？主管當局應運用監督權與訂立標準方式，來協助私立社會福利設施。通常一般國家所採取的方式爲：⑴控制其籌集資金；⑵給予補助贈與或減免稅捐；⑶規定其服務標準。其實政府原則上應儘量以社會福利經費補助那些辦理有成效著有信譽之私人福利機構，但須著重下列監督輔導三要件：⑴訂立各種救助福利機構之設置標準、服務標準與補助標準，據以監督與補助，尤須派專人經常查察是否合乎服務標準。⑵切實派員查帳，遇有營私舞弊者，重懲而公布之。⑶行政主管機構須結合公私福利服務機構組設協會，藉以配合分工，互相策勵，交換經驗，提高服務水準。

■ 關鍵詞彙 ■

科學管理	專業權威	證照制度
公辦民營	三 S	領導要訣
歸納法	民辦公營	公私合辦
專業文化	測量法	歷史法
人事管理	專業教育	專業組織
福利設施	材物管理	事務管理
區位學方法	監督設施方式	低費設施
專業條件	內容分析法	比較法
文書管理	專業證照	專業人員角色
自費設施	行政組織體制	專業守則
設計方法	專業人員	
匯合助力	行政研究	

■ 自我評量題目 ■

一、何謂社會行政？行政管理有何原則？

二、領導有那些要訣？

三、試列舉人事、材物、事務、文書等的管理內容或類別。

四、試敘述行政組織的體制。

五、試列出社會行政的財源與其財務管理原則。

六、試說明我國社會福利資金來源與我國財務行政制度。

七、試述社會福利工作人員的類別與社會福利工作專業化。

八、試說明專業教育、專業組織與專業條件。

九、試述社會行政研究對象及其研究方法。

十、試說明社會行政設計方法。

十一、試述社會福利設施形態、公私福利設施的財源與財務分配。

十二、試闡述監督私立社會福利設施方式。

■ 參考文獻 ■

【中文部分】

劉脩如（民 64）社會福利行政上冊，台北：國立編譯館、正中書局。

林顯宗、陳明男（民 74）社會福利與行政，台北：五南圖書出版公司。

江亮演（民 75）社會安全制度，台北：五南圖書出版公司。

李增祿主編（民 75）社會工作概論，台北：巨流圖書公司。

江亮演（民 80）社會工作概要，台北：五南圖書出版公司。

蔡漢賢主編（民 79）社會工作辭典（二次增修版），台北：中華民國社區發展
　　研究訓練中心。

江亮演（民 83）社會學，台北：華視文化事業股份有限公司。

【日文部分】

山根常男、森岡清美、本間康平、竹內郁郎、高橋勇悦、天野郁夫（1977）社會
　　學(7)福祉，東京：有斐閣。

山下袈裟男、三友雅夫（1979）社會福祉論，東京：川島書店。

須鄉昌德（1989）社會福祉の基礎知識，東京：法律文化法。

【英文部分】

Birell, W. D. et. al. (ed) (1973) *Social Administration readings in Applied Social Science.* Penguin Books.

Romanyshyn, J. M.(1971) *Social Welfare: Charity to Justice.* New York: Rondom House.

第六章

我國社會福利行政體系

學習目標

詳讀本章內容後，學習者可達成下列目標：

1. 瞭解我國社會福利行政組織之演進與架構。

2. 認識我國社會福利組織與社會立法。

3. 陳述我國社會福利經費之概況與成長。

4. 說明我國社會福利專業人員制度之概況。

■ 摘　要 ■

　　社會福利必須透過行政組織之運作、政策與立法的制度、經費籌措及專業人力之運用，才能執行各項社會福利措施。

　　我國現行社會福利行政組織分爲中央、直轄市、縣市、鄉鎮市四個層級。民國二十九年國民政府成立社會部，政府遷台後併入內政部，幾經調整、改隸，有關社會福利業務之部會，除內政部社會司外，包括行政院勞委會（勞工福利）、國防部（軍人保險）、銓敘部（公教人員保險）、行政院衛生署（全民健康保險）、行政院退除役官兵輔導委員會（榮民福利）、行政院青年輔導委員會（青年輔導）等。台灣省政府、台北市政府及高雄市政府分別設社會處及社會局，縣市政府設社會科或局。鄉、鎮公所或縣轄市設民政課負責社會救助及福利服務相關業務。八十八年七月一日起，由於精省作業，省虛級化，台灣省政府社會福利業務及人員移撥內政部。

　　在社會福利政策制定方面，民國五十三年訂頒「民生主義現階段社會政策──加強社會福利措施，增進人民生活實施方針」，民國五十八年通過「現階段社會建設綱領」，民國八十三年通過「社會福利政策綱領」。有關社會立法方面，自民國四十二年起陸續訂定陸海空軍人保險條例、勞工保險條例、公務人員保險法，民國六十年以後，陸續公布兒童福利法、老人福利法、殘障福利法、社會救助法、職業訓練法、勞動基準法、就業服務法、農民健康保險條例及少年福利法等，近年來則完成兒童福利法、身心障礙者保護法及老人福利法、社會救助法之修正，及公布全民健康保險法、兒童及少年性交易防制條例、社會工作師法、性侵害犯罪防治法及家庭暴力防治法等。

　　至於推動社會福利所使用之經費，由於社會福利基金並無固定財源，地方社會福利經費係來自稅收及中央補助。近年來，則依「內政部推展社

會福利服務補助作業要點」申請補助。社會福利支出以社會保險支出爲最多，其次爲福利服務、社會救助、醫療保健及國民就業等。

　　有關社會福利專業人員制度之發展，台灣省政府社會處六十二年開始設置社會工作員，自六十七年起在各縣市普遍設置，由於社會福利業務激增，省市政府陸續聘僱社會工作員達五一九人。鑑於社會工作員制度成效良好，爲解決其編制問題，自民國七十九年經行政院核定，將所需社會工作員之員額納入編制。八十六年公布施行「社會工作師法」，舉辦了社會工作師專技高考、檢覈及特考，已有五百多人取得社會工作師證照，並成立公會，爲社會工作專業化奠定基礎。

◆◆◆◆ 第一節　概論 ◆◆◆◆

　　「福利國家」、「社會福利」、甚或福利行政雖是近代發展出的新名詞，就其思想與內容而言，我國〈禮運大同篇〉所表現的大同意境，即係近代福利國家福利行政之濫觴，而先賢所標示的「天視自我民視，天聽自我民聽」及歷代聖王所努力實現的「民之所欲與之，所惡去之」的「仁政」，實乃現今追求最大數最大幸福的福利行政之發皇。

　　〈禮運大同篇〉揭櫫的理想，諸如「人不獨親其親，不獨子其子」，以及「老有所終，壯有所用，幼有所長，鰥寡孤獨廢疾者皆有所養」，甚至「男有分，女有歸」等，在憲法中也有原則性之規定，如一五六條：「國家為奠定民族生存發展之基礎，應保護母性，並實施婦女兒童福利政策」；一四二條：「國民經濟應以民生主義為基本原則，……以謀國計民生之均足」；一五五條：「國家為謀社會福利，應實施社會保險制度，人民老弱殘廢及受非常災害者，應予以適當之救助與救濟」；一五七條：「國家為增進民族健康，應普遍推行衛生保健事業及公醫制度」；一五三條：「國家為改良勞工及農民生活……應制訂保障勞工及農民法律，實施保護勞工及農民之政策」；十五條：「人民之生存權、工作權……，應予保障」；一五〇條：「國家應普設平民金融機構以救濟失業」；一五二條：「人民具有工作能力者，國家應予以適當之工作機會」；一五三條後段：「婦女兒童從事勞動者，應按其年齡及身體狀況，予以特別之保護」；及一五六條之國家應保護女性等，大致已涵括現代先進福利國家福利行政的主要項目，即兒童、少年福利、婦女保障與福利、衛生保健、就業輔導、社會救助與社會保險、勞工及農民之福利等，均被視為政府保障國民生活，促進社會福利應有的作為內容。

　　惟福利政策與福利行政畢竟是歷史的產物，仍需配合社會的脈動，如國民的道德倫理、價值取向、文化風尚乃至國際潮流之推移而作適當的因應與充實。我國早期之社會福利行政，其實是源自儒家之「民本」思想，

在「民爲邦本，本固邦寧」、「民貴君輕」的政治理想下，兩千年來，一直是寄望於聖王之施行「仁政」。民國成立後，參政院於民國元年所通過的中華民國臨時約法雖也對人民權益設有專章，但在行政上並無具體的福利措施，北伐後至抗日戰爭時代，雖也參考先進國家成規，著手立法，惟多止於勞動立法（劉脩如，民 66），民國二十九年十一月國民政府行政院新設社會部，並陸續設置二十八個省社會處與七個特別市社會局，論者視之爲我國現代社會福利行政之肇始（劉脩如，民 66），惟究實而言，其工作方向，似仍不離社會運動與組訓動員之範疇，且縱有福利構思，以戰後大陸局勢瞬變，兵荒馬亂，亦無從實現，聊備一格而已。一直到政府遷台，始有正式的組織架構和具體的施政內容，惟絕大部分施政均係出自政府的籌謀與設計，理念上似未完全擺脫傳統「作好事」的想法，社會與輿論似乎也還相對滿足於政府及相關慈善團體，隨著民主政治的發展，在「作好事」上所作之努力。解嚴後，在政黨競爭下，社會福利政策與福利行政成爲選舉訴求的重點，政府的社福政策與福利措施，一夕間頓成社會各界，特別是傳播媒體關切與探討的熱門話題，福利國家的理想似乎已成全國人民思想的主幹，短短數年間，儼然匯成一股澎然不可抗拒的社會潮流。

◆◆◆◆ 第二節　行政組織 ◆◆◆◆

　　行政組織是推行社會福利行政的要件之一。社會福利是政府對人民提供生活保障的服務設計，必須透過行政組織的運作，才能有效且持續地執行政府的職責。任何國家或地區，因歷史、政治、經濟、社會及文化背景不同，故行政組織有所差異，但協調與統整仍是行政組織設置的主要目的。

　　我國社會福利行政組織原分爲中央、省市、縣市、鄉鎮四個層級，民國八十八年七月一日起，由於精省作業，省虛級化，省政府社會處業務及人員移撥內政部，而成爲中央、直轄市、縣市、鄉鎮四個新的行政層級。

○　中央層級
****

　　民國元年，我國主管社會福利之行政機關為內務部，其職掌為賑恤、救濟、慈善、感化與衛生等五項，但實際上仍無作業。民國二十九年十月十一日國民政府公布社會部組織法，同年十一月社會部依法改組成立，隸屬行政院，為我國政府設立社會福利最高行政主管機關之始。其職掌大致有社會救濟、社會福利、社會組織（人民團體組訓）、社會運動、社會服務（包括職業介紹）、勞工行政及合作行政等（白秀雄，民 78）。

　　台灣光復以後，社政業務由行政長官公署民政處第二科接辦。三十六年長官公署撤銷，成立省政府，六月一日設社會處。政府遷台之後，三十八年三月十一日行政院修正組織法，緊縮機構，改設八部二會一處，社會、地政、衛生三部併入內政部。內政部於三十九年三月設民政、戶政、警政、社會、勞工、合作、衛生、地政、總務等司（蔡漢賢，民 77）。此後因單位之調整、分合、擴充與改隸，內政部組織法亦歷經多次修正，至七十六年勞工司改制為行政院勞工委員會，內政部維持民政、戶政、役政、社會、地政及總務司六司。社會司在民國三十九年時設職業團體、社會團體、社會救濟、社會福利、社會運動及合作事業六科（周建卿，民 81），歷年來因應社會福利業務擴充，調整為社會福利、身心障礙者福利、老人福利、社會保險、人民團體、農民團體及合作事業等科。而勞工保險由行政院勞委會負責，軍人保險由國防部負責，公教人員保險由銓敘部負責，全民健康保險由行政院衛生署負責。此外，行政院退除役官兵輔導委員會掌理榮民福利，行政院青年輔導委員會掌理青年輔導事宜（內政部社會司，民 84）。

　　由於台灣省政府自八十八年七月一日起實施精省，而原有社會處業務及人員移撥內政部，因而內政部社會司可分設北部辦公室及中部辦公室。有關業務分工如表 6-1：

表 6-1　社會司北部、中部辦公室業務分工表

北　部　辦　公　室	中　部　辦　公　室
一、綜合規劃及婦女福利科	一、職業團體科
二、身心障礙者福利科	二、社會發展科
三、老人福利科	三、兒童少年福利科
四、社會救助科	四、老人福利機構輔導科
五、社會保險科	五、身心障礙福利機構輔導科
六、社會團體科	六、合作事業輔導科
七、農民團體科	七、合作行政管理科

另依據兒童福利法規定，內政部需成立兒童局，因此八十八年元月通過「內政部兒童局組織條例」，在八十八年十一月成立內政部兒童局，據以統籌辦理兒童福利法規、政策研議及業務規劃及督導事宜。

㊁　省、直轄市層級

民國三十一年九月五日行政院公布省社會處組織大綱，在省政府之下設社會處，未設社會處者在民政廳內設社會科，至民國三十七年，各省先後成立社會處者有二十九省。台灣省政府於民國三十六年六月一日設立社會處，省合作事業管理會改隸社會處，改為合作事業管理處。因業務需要陸續成立高雄、台中、花蓮救濟院、省立習藝所、婦女教養、國民就業輔導中心、少年感化院及增加社區發展、福利基金、國民住宅及社會工作員制度等業務。民國七十七年勞工業務劃出成立勞工處，另因應老人、身心障礙者、兒童福利業務日漸繁重，社會處各科職掌亦重新調整。由於八十六年七月二十一日公布之憲法增修條文第九條規定第一屆台灣省省長之任期至八十七年十二月二十日止，改置省府主席，同時省政府改依「台灣省政府功能業務與組織調整暫行條例」，進入精省作業，自八十八年七月一日起省政府改為行政院派設機關，受行政院指揮監督，置委員九人，組成省政府委員會議，其中一人為主席，綜合省政業務，下設民政、文教、經

建、財務、社會及衛生、公共事務管理、資料、秘書等組，依「台灣省政府暫行組織規程」，自八十八年七月一日起施行至八十九年十二月三十一日。省府原有廳處業務及人員移撥中央，社會處業務與人員亦移撥內政部。

台北市於民國五十六年改制為直轄市，下設社會局分為五科一室，近年來陸續也因勞工業務劃出，各項社會福利業務成長迅速而重新調整職掌為七科一室。第一科掌理人民團體組訓、慶典、社會運動及合作行政；第二科掌理社會救助與平價住宅管理；第三科掌理身心障礙者福利業務；第四科掌理老人福利；第五科掌理兒童福利及婦女福利；第六科掌理少年福利；第七科掌理社區發展及殯葬業務督導；社會工作室掌理社會工作事業服務及辦理社會福利調查。

高雄市於民國六十八年改制為直轄市，其下社會局提升為二級單位，分設四科一室，七十六年勞工行政、勞工福利、國民就業輔導業務移出成立勞工局，專司勞工業務後，社會局科室業務調整，擴大社會救助及福利服務業務。歷年來因應業務需要而調整，現有五科一室。第一科掌理人民團體組訓、合作行政、社會運動；第二科掌理社會救助、平價住宅；第三科掌理老人福利；第四科掌理身心障礙者福利；第五科掌理兒童、少年福利、婦女福利及社區發展；社會工作室負責社會工作專業服務。

三　縣市層級
****

原台灣省各縣市政府組織規程準則規定，縣市政府中人口在一百五十萬以上者，設社會局、勞工局；人口在五十萬以上未滿一百五十萬者，設社會科　勞工科；人口未滿五十萬者，於民政局下設社會課。但依八十八年一月公布施行之「地方制度法」規定，內政部在八十八年八月訂定「地方行政機關組織準則」，直轄市、縣（市）政府及鄉鎮市公所依上述準則擬訂組織自治條例及所屬機關組織規程，因此，縣市政府之社會行政單位據以改稱為社會局。

（四） 鄉鎮市層級
＊＊＊＊＊＊＊＊＊

鄉、鎮公所或縣轄市之區公所設民政課，除掌理一般行政、調解服務、自治、地政、禮俗宗教、公共造產、教育文化、環境衛生外，掌理一般社政、社區發展、醫療補助、災害救助、急難救助、低收入戶家庭補助、老弱無後民眾收容安置、原住民生活改進及協辦民防等事項。院轄市之區公所則設社會課掌理社會救助、社會福利等相關事項。

＊＊＊＊ 第三節　社會福利政策與法規 ＊＊＊＊

我國推動社會福利政策係依據憲法、執政黨或政府訂定的綱領來制定相關的福利法規及推動福利措施。

憲法為國家根本大法，明定社會安全為基本國策，除了前述在第十三章第四節，第一百五十二條至一百五十七條，規定了國民就業、社會保險、公共救助、醫療服務等項外，為因應時代變遷、社會權觀念的興起，在八十六年第四次憲法增修條文中特別增列了第十條，除了對全民健康保險賦與法源外，對於婦女、身心障礙者、原住民權益保障更是明文宣示。其內容如下：第十條：「……國家應推行全民健康保險，並促進現代和傳統醫藥之研究發展。國家應維護婦女人格尊嚴、保障婦女之人身安全，消除性別歧視促進兩性地位之實質平等。國家對於身心障礙者之保險與就醫、無障礙環境之建構、教育訓練與就業輔導及生活維護與救助，應予保障，並扶助其自立與發展。國家肯定多元文化，並積極維護發展原住民語言及文化。國家應依民族意願，保障原住民族之地位及政治參與，並對教育文化、交通水利、衛生醫療、經濟土地及社會福利事業予以保障扶助並促其發展，其辦法另以法律定之。對於金門、馬祖地區人民亦同。」另八十八年九月針對第十條增修：「國家應重視社會救助、福利服務、國民就業、社會保險及醫療保健等社會福利工作；對於社會救助和國民就業等救濟性支出應優先編列。國家應尊重軍人對社會之貢獻，並對其退役後之就

學、就業、就醫、就養予以保障。」

　　在綱領方面，民國三十四年，國民黨為因應抗戰勝利後的新局勢，召開第六次全國代表大會，會中通過「中國國民黨政綱」及「四大社會政策綱領」，即民族保育政策綱領、勞工政策綱領、農民政策綱領，以及戰後社會安全初步實施綱領。民國五十三年，中國國民黨九屆二中全會通過了「民生主義現階段社會政策——加強社會福利措施，增進人民生活實施方針」，並於民國五十四年四月八日由行政院頒布實施，此一政策為我國早年社會福利工作之主要依據，規定社會福利措施包括社會保險、國民就業、社會救助、國民住宅、福利服務、社會教育及社區發展等七大項外，並規定以社區發展方式，促進民生建設；設立社會福利基金、獎勵人民捐資興辦福利事業；儘量任用各大學社會工作學系之畢業生。民國五十八年通過「現階段社會建設綱領」，民國六十年代陸續頒布「加強國民就業輔導綱領」、「貫徹復興基地民生主義社會經濟建設方案」等。至八十三年，內政部研訂「社會福利政策綱領」，以公元二千年的社會福利為規劃指標，經行政院核定。

　　「社會福利政策綱領」是我國目前推動社會福利工作最重要的指導策略，為因應當前政治、經濟、社會的變遷、民眾的需求，以未來十年為規劃期程，並配合邁向公元二千年的社會福利發展需要而訂定。該綱領首揭：「依據憲法促進經濟與社會均衡發展之原則，衡酌國家總體資源及政府財力，期以就業安全達成自助，社會保險邁向互助，福利服務提升生活品質，國民住宅安定生活，醫療保健增進健康，逐步建立社會安全制度，發揮政策功能。」在綱領中提出九項基本原則，重點包括著重社會與經濟之均衡發展、倡導政府與民眾社會福利的權利責任均等、健全社會福利行政體系及法制規定、建構以家庭為中心的社會福利取向、統整相關福利業務及權責、運用專業人力及方法、倡導勞資合作、建立完整社會保險體系、福利以民眾為先、均衡城鄉發展、建立政府、學術與民間共同合作模式、推動國民住宅、解決低收入家庭居住問題及推動衛生政策、強化醫療保健體系等。

　　此外，針對就業安全、社會安全、福利服務、國民住宅、醫療保健分別訂定實施要項，共三十二條。

　　在社會福利立法方面，首先在民國四十二年、四十七年訂定陸海空軍人保險條例、勞工保險條例、公務人員保險法。民國六十二年我國退出聯合國，同年制定「兒童福利法」，六十九年通過「老人福利法」、「殘障福利法」、「社會救助法」，此時台灣社會進入經濟起飛階段，面臨政治上反對勢力興起、中美斷交等影響。民國七十三年通過「勞動基準法」，加強對勞工權益之保障。民國七十八年公布「少年福利法」，民國八十二年修正「兒童福利法」，反映了台灣社會家庭結構變遷，少年及兒童保護問題嚴重，需由政府積極干預處理。民國八十三年公布「全民健康保險法」（八十四年實施），使得全民醫療照顧得到保障。

　　法規必須與時俱進，尤其保護的法規一向不足，因此在八十四年制定了「兒童與少年性交易防制條例」，是屬於特別法，在八十六年修正了「身心障礙者保護法」（原為殘障福利法）、「老人福利法」，公布了「性侵害犯罪防治法」、「社會工作師法」及修正「社會救助法」，八十七年公布了「家庭暴力防治法」，八十八年完成「公教人員保險法」三讀，又修正了「兒童福利法」、「兒童及少年性交易防制條例」、「社會工作師法」及「全民健康保險法」等，至此，我國的社會福利立法可稱稍具規模，進一步是等待國民年金法規的通過，以及婦女權益保障法規的制訂了。

　　有關政府遷台後重要社會立法如下頁表 6-2（詹火生，民 84）。

◆◆◆◆ 第四節　經費 ◆◆◆◆

㊀　社會福利基金

　　民國五十四年行政院訂頒「民生主義現階段社會政策」規定：「政府對社會福利事業，應寬列預算，並以實施平均地權所徵收之地價稅，設立

表 6-2　台灣地區社會福利立法發展

社會福利立法及修法年代（民國）

年代（民國）	社會福利立法及修法
32年	社會救濟法、統一捐募運動辦法
39年	台灣省勞工保險辦法及其施行細則
42年	軍人保險辦法
47年	修正統一捐募運動辦法
53年	公務人員保險法
59年	勞工保險條例
62年	退休人員保險辦法
63年	軍人保險條例
64年	兒童福利法
68年	修正公務人員保險法
69年	台灣省學生團體保險辦法、修正勞工保險條例、私立學校教職員保險條例、老人福利法、殘障福利法、社會福利法
71年	職業訓練法
72年	勞動基準法
73年	公務人員眷屬疾病保險條例
74年	退休公務人員疾病保險辦法、退休公務人員配偶疾病保險辦法、試辦農民健康保險、修正勞工保險條例、農民健康保險條例、少年福利法
77年	台灣省各級地方民意代表、村里長及鄰長健康保險暫行要點
78年	私校教職員眷屬疾病保險辦法
79年	修正殘障福利法、低收入戶健康保險暫行辦法
80年	修訂台灣省學生團體保險辦法、修正退休公務人員配偶疾病保險辦法、修正退休公務人員疾病保險辦法、殘障者健康保險法
81年	社區發展工作綱要、就業服務法
82年	修正兒童福利法、修正低收入戶健康保險暫行辦法
84年	全民健康保險法
85年	兒童及少年性交易防制條例、老年農民福利津貼暫行條例、修正人民團體法
86年	內政部中低收入老人生活津貼、性侵害犯罪防治法、修正勞動基準法、社會工作師法、身心障礙者保護法、修正老人福利法、修正少年事件處理法、修正就業服務法、修正社會救助法、家庭暴力防治法
87年	修正兒童福利法、修正兒童及少年性交易防制條例、修正公教人員保險法、修正社會工作師法、修正全民健康保險法
88年	修正全民健康保險法、修正就業服務法、修正老人福利法
89年	特殊境遇婦女家庭扶助條例、志願服務法
**	青年輔導法（未立法，青輔會為主管機關）
**	（未立法，已完成草案）

資料來源：詹火生，邁向現代化社會福利制度——台灣五十年來的社會福利發展（台灣省政府新聞處編印，民84），頁6。（增加新修正法規）

社會福利基金。」故社會福利基金須專款專用。然而，由於觀念未能溝
通，各地方政府之社會福利基金常有被用於街道、公園、建築等行政費
用。民國五十七年起，因實施九年國民義務教育，而將社會福利基金每年
收入限於五十六年度的金額，將超收之地價稅及土地增值稅撥充九年國教
之用，社會福利基金因無固定財源，已呈現名存實亡之現象，加上貧瘠縣
市財力短絀，更需依賴中央補助。

（二） 內政部社會福利補助
＊＊＊＊＊＊＊＊＊＊＊＊＊

內政部為加強推展各項社會福利工作，編列補助款獎助各地方政府及
立案之社會福利團體機構，擴大辦理社會福利服務或重點福利工作，為有
效運用經費，訂定補助作業要點，以補助、督導、追蹤經費之使用。

「內政部推展社會福利服務補助作業要點」（內政部，民 87）及
「內政部推展社會福利服務補助經費申請補助項目及基準」，係針對兒
童、少年、婦女、老人、身心障礙福利、社區發展、志願服務、性侵害防
治工作，協助各級政府及民間團體機構推展，補助項目包括建築、修繕、
設施設備、安置、輔導、訓練、宣導、生活、專案管理及服務等費用，每
年並選定政策性補助項目，鼓勵各級政府及民間推動辦理。以八十八年度
為例，補助預算達八十二億，其中身心障礙者福利達四十一億為最多，其
次為老人福利為十七億元（內政部，民 87）。

（三） 政府支出與社會福利
＊＊＊＊＊＊＊＊＊＊＊＊＊

依據行政院主計處編印中央政府總預算書顯示，中央政府社會福利支
出近五年來均占總支出百分之九至百分之十四，以八十五年度及八十六年
度為例，分別占總預算百分之十三‧六八及十三‧二一，其中以社會保險
及福利服務支出為最多，分別各占福利支出百分之四十左右，兩者合計占
了百分之八十以上（見表 6-3）。

再以內政部主管社會福利預算而言，以八十六年度為例，社會保險支
出為最多（見表 6-3）（內政部，民 86）。如以福利服務經費分析，在七

三‧五三億中，身心障礙福利占三八‧四四億，老人福利占一六‧三五億
為最多。自八十年度至八十四年度兩項福利之經費成長最多，八十四年度
時身心障礙與老人福利二項經費占百分之七十六‧四，八十五年度二項合
計達五十六億，占百分之七十四‧七七，八十六年度達五十五億，占百分
之七十四‧五一（見表 6-4）（內政部，民 86）。這是因為民國八十年殘
障福利法修法後，擴大殘障福利措施，另自八十二年度起，發放中低收入
老人生活津貼，故兩項福利經費分別在八十一年度及八十二年度開始增
加。

　　我國的社會福利經費水準，依據鄭文輝教授（民 78），以七十七年
度為例，以社會保險、社會救助、福利服務（含社區發展）、就業服務、
衛生保健、國民住宅、環境保護等七大項統計結果，約占當年國內生產毛
額（GDP）的百分之四‧二，國民所得（NI）的百分之四‧三五。依鄭教
授的國際比較，我國社會福利經費水準顯然偏低。蔡宏昭教授（民 83）
分析中、英、美、日社會福利經費結構，顯示我國的社會保險、社會救助
經費偏低，而醫療衛生和福利服務則明顯偏高，主要是因我國社會保險制
度尚未充實，社會救助制度的分類少，補助標準太低，大型公立醫療機構
的補助過高（硬體建設和行政費用偏高），以及福利服務制度過度重視硬
體建設所致。

◆◆◆◆ 第五節　社會工作員制度 ◆◆◆◆

　　民國五十四年行政院訂頒「民生主義現階段社會政策」，明定應聘僱
曾受專業訓練之社會工作員負責推動各項工作。台灣省政府社會處於六十
三年起擇定基隆、台中、台南、高雄實驗設置社會工作員十人。民國六十
七年行政院函頒「加強青年就業輔導方案」，規定省市政府自六十九年度
至七十三年度止應運用相關經費增加社區工作員，每年僱用四十至一百
人。六十九年之「老人福利法」、「殘障福利法」、「社會救助法」及七
十八年之「少年福利法」，八十二年修正之「兒童福利法」，均規定遴用

表6-3 中央政府八十五、六年度社會福利歲出比較分析表

單位：新台幣千元

年度　項目　經費	八　十　五　年　度			八　十　六　年　度		
	金　額	占總預算比	占社會福利比例	金　額	占總預算比	占社會福利比例
一、總預算	1,134,829,084			1,194,260,587		
二、社會福利支出	155,322,240	13.68		157,765,370	13.21	
(一)社會保險支出	68,967,716	6.08	44.40	69,556,233	5.82	44.09
(二)社會救助支出	17,952,568	1.58	11.56	14,603,970	1.22	9.26
(三)福利服務支出	58,282,121	5.14	37.52	64,361,221	5.39	40.80
(四)國民就業支出	3,317,329	0.29	2.14	3,370,443	0.28	2.14
(五)醫療保健支出	6,802,506	0.60	4.38	5,873,503	0.49	3.72
三、社會福利支出（內政部社會司）	36,727,745	3.23	23.65	37,041,955	3.10	23.48
(一)社會保險支出	21,801,224	1.92	14.04	15,743,131	1.32	9.98
(二)社會救助支出	7,344,792	0.65	4.73	9,811,173	0.82	6.22
(三)福利服務支出	7,581,729	0.67	4.88	11,487,651	0.96	7.28

資料來源：中央政府總預算書，行政院主計處印。

附　註：內政部社會司福利服務支出包括社會行政支出。

表6-4　內政部八十～八十六年度各項社會福利服務總經費成長統計表

單位：新台幣千元

年度	總計	兒童福利	少年福利	婦女福利	老人福利	身心障礙福利	社區發展	志願服務	社會工作	家庭服務	宣導研究	綜合性業務
80	4,701,051	1,016,100	268,842	35,050	1,263,620	1,280,310	50,070	10,000	11,500	8,500	13,720	743,339
81	5,624,183	728,230	361,280	77,440	1,061,620	3,257,627	80,000	12,000	11,500	8,500	13,720	11,049
82	6,279,312	478,776	397,202	104,622	1,630,956	3,477,225	129,990	14,000	11,000	9,500	14,632	11,409
83	7,337,942	828,000	430,000	137,200	1,964,600	3,763,849	150,000	14,937	11,000	9,500	14,695	13,514
84	7,908,754	995,663	461,202	155,118	2,055,759	3,958,209	190,000	14,924	42,234	15,947	7,415	12,283
85	7,444,850	894,713	486,202	192,818	1,816,759	3,750,097	190,000	14,924	42,144	15,447	20,695	21,051
86	7,353,785	829,202	473,583	184,299	1,635,039	3,844,154	186,600	50,398	42,144	13,962	73,561	20,843

資料來源：社會福利輯要——內政部社會司掌管部分，頁43。

專業人員辦理各項福利業務（內政部，民 84）。加以省市政府試辦社會工作員專業制度多年來績效良好，社會工作員制度雖是初創，自有須加改進之處，但已是將社會行政工作從靜態改為動態，開拓了主動為民眾服務的新境域（蔡漢賢，民 77）。唯當時公務機關之社工員仍屬聘僱未納入編制，社會工作專業證照制度仍未建立，內政部乃於七十二年研訂「建立社會工作員專業制度實施方案」草案，報請行政院審核，嗣經於七十九年奉行政院核定，由省市政府循修正組織規程及編制表之程序，將所需社會工作員之員額納入，目前台北市及高雄市政府社會局已將社會工作員員額納入組織編制。

　　為因應社會發展需要，並建立社會工作專業證照制度，「社會工作師法」於八十六年四月二日公布施行，在八十六年十二月考試院舉辦第一次社會工作師專門技術人員考試，八十七年陸續舉辦檢覈、特考及高考，目前已有五百多位通過考試，並據以申領社會工作師證照，八十八年四月二日在社工日慶祝大會上，台北市社會工作師公會同時宣布成立，為我國社會工作專業推動進入重要的里程碑，且對社會工作專業實務、社會工作者權益保障及服務水準提升必有所助益。

■　關鍵詞彙　■

民生主義現階段社會政策　　　內政部社會司　　　社會工作師

社會福利政策綱領　　　　　　社會福利基金

社會部　　　　　　　　　　　社會福利補助

■ 自我評量題目 ■

一、試說明我國近代社會福利行政組織之演進與現況。

二、現行社會福利政策與重要福利法規有那些？

三、目前中央對於社會福利補助重點為何？

四、我國社會福利支出情形如何？那些福利項目支出經費較多？

五、試說明我國社會工作員專業制度建立情形。

■ 參考文獻 ■

劉脩如（民 66）社會政策與社會立法，台北：國立編譯館。

白秀雄（民 78）社會福利行政，台北：三民書局。

蔡漢賢（民 77）中華民國社會行政的成長與探析，台北：中華民國社區發展研究中心。

周建卿（民 81）中華社會福利法制史，台北：黎明文化事業股份有限公司

內政部社會司（民 86）社會福利輯要──內政部社會司掌管部分，台北：內政部社會司。

詹火生（民 84）邁向現代化社會福利制度──台灣五十年來的社會福利發展，南投：台灣省政府新聞處編印。

內政部（民 87）內政部推展社會福利補助作業要點，台北：內政部社會司編印。

鄭文輝等（民 78）我國社會安全及社會福利支出之計算標準及規劃模式之探討，台北：行政院研考會。

蔡宏昭（民 83）社會福利政策──福利與經濟的整合，台北：桂冠圖書股份有限公司。

第七章

社會保險

詳讀本章內容後，學習者可達
成下列目標：

1. 瞭解我國勞工保險、公教人員
保險及軍人保險之措施內容。

2. 說明全民健康保險和農民保險
之措施內容。

3. 明瞭國民年金制度規劃重點及
整合構想。

■ 摘　　要 ■

　　我國憲法第一百五十五條規定：「國家爲謀社會福利，應實施社會保險制度。」憲法增修條文進一步規定：「國家應推行全民健康保險。」我國社會保險制度之建立係採循序漸進方式，以特定人口爲對象逐步納入保險體系。民國八十四年起將全體國民納入全民健康保險的醫療照顧體系，並且開始規劃國民年金制度，未實施國民年金制度以前，勞保、公保、軍保及農保提供身心障礙、死亡及老年現金給付。

　　勞工保險係依據「勞工保險條例」辦理。被保險人爲年滿十五歲以上，六十歲以下之勞工，以其雇主或所屬團體或機構爲投保單位。保費分爲普通事故與職業災害保險，由雇主及受僱者負擔，無一定雇主之職業工人及漁民由被保險人負擔及政府補助。有一定雇主之被保險人，其職業災害保險費全部由雇主負擔。現行勞工保險給付包括生育、傷病、殘廢、老年、死亡及失業給付。

　　公教人員保險係依據「公教人員保險法」辦理，被保險人爲法定機關編制內有給公務人員、公職人員及私立學校教職員，保險費由被保險人、政府及私立學校負擔。給付包括殘廢、養老、死亡給付及眷屬喪葬津貼。

　　軍人保險照顧對象爲全體軍官兵。保險費按被保險人之保險基數金額計算，士官及士兵之保險費全部由國庫負擔，軍官則自行負擔及國庫補助。保險給付包括死亡、殘廢及退伍給付。

　　農民健康保險自民國七十四年起由台灣省選擇農會試辦，七十八年制定「農民健康保險條例」，全面實施。農民保險之被保險人爲農會法所規定之農民或非農會會員而年滿十五歲以上從事農業工作者。保險費由被保險人及政府共同負擔。目前，農民健康保險的給付項目包括生育、殘廢給付及喪葬津貼。

　　全民健康保險除整合原有公、勞、農保醫療給付外，亦將原未納入保

險體系之人口納入醫療保障範圍，被保險人為中華民國國民，在台閩地區設籍滿四個月，包括本人及其眷屬。保險費率按人口類別及投保金額分級表計算，由被保險人、投保單位及政府共同負擔。全民健康保險採部分負擔制。目前，全民健康保險之給付包括門診、住院、中醫醫院及診所、分娩、復健服務、預防保健服務、居家照護服務及慢性精神病復健等項目。

爲因應老年人口增加，在經濟安全保障上，規劃以國民年金制度以資因應，已成立「國民年金制度規劃工作小組」，在制度規劃方向上採業務分工，內涵整合，現行公、軍、勞保維持現狀，另成立國民年金保險，針對二十五歲至六十四歲未參加公、軍、勞保之國民納入保險，給付包括身心障礙年金、遺屬年金、老年年金，另有輔助措施包括福利津貼、喪葬津貼等。國民年金原預定八十九年開辦。

我國憲法第一百五十五條明定：「國家爲謀社會福利，應實施社會保險制度」，這是社會保險立法的基本依據，八十六年憲法增修條文進一步規定，國家應推行全民健康保險。我國因戰亂之故，社會保險制度延遲至政府遷台之後，在國家極度困難下，於民國三十九年三月開辦勞工保險，以後陸續實施軍人保險、公務人員保險。

民國七十八年先行立法辦理農民健康保險，七十九年開辦低收入戶健康保險，八十年一月公布殘障者健康保險辦法，將殘障者優先納入各類保險，由政府補助其保費。八十四年三月將全體國民納入全民健康保險的醫療照顧。

社會保險的目的係以保障國民的基本經濟安全與醫療照顧爲主，綜觀我國社會保險制度，係選擇特殊對象，逐步納入保險體系。目前醫療照顧方面，已將全體國民納入全民健康保險範圍。在經濟安全保障方面，尚未實施國民年金制度，僅在勞保、公保制度中有殘障、死亡及養老現金給付。因此，針對尚未納入任何所得保障的人口大約四〇〇萬人規劃國民年金保險制度是當前政府施政的重點。

◇◇◇◇ 第一節　勞工保險、公教人員保險、軍人保險 ◇◇◇◇

○一 勞工保險
＊＊＊＊＊＊＊＊

勞工保險自民國三十九年三月起在台灣省創辦，投保對象以產業工人爲主，民國四十年將職業工人納入，民國四十二年增辦漁民保險，民國四十七年中央公布「勞工保險條例」，民國四十九年公布施行。勞工保險爲中央立法（林顯宗、陳明男，民 74），但開始之業務委由台灣省政府設置之台閩地區勞工保險局辦理。民國五十七年、六十二年、六十八年、七十七年、八十年先後修正勞工保險條例，擴大投保範圍，增加給付項目，提高給付標準，放寬給付條件。民國八十三年配合全民健康保險法的實施，勞保普通事故之醫療給付業務劃歸全民健康保險體系，並配合修法。

㈠被保險人

凡年滿十五歲以上，六十歲以下之勞工，均應以其雇主或所屬團體機構為投保單位，其類別包括：

1. 受僱於僱用勞工五人以上之公、民營工廠、礦場、鹽場、農場、牧場、林場、茶場的產業勞工及交通、公營事業之員工。
2. 受僱於僱用五人以上之公司、行號之員工。
3. 受僱於僱用五人以上之新聞、文化、公益及合作事業之員工。
4. 依法不得參加公務人員保險或私立學校教職員保險之政府機關及公、私立學校之員工。
5. 受僱從事漁業生產之勞動者。
6. 在政府登記有案之職業訓練機構接受訓練者。
7. 無一定雇主或自營作業而參加職業工會者。
8. 無一定雇主或自營作業而參加漁會之甲類會員。

前項規定，於經主管機關認定其工作性質及環境無礙身心健康之未滿十五歲勞工亦適用之。前二項勞工，包括在職外國籍員工。上述各業以外之勞工，以及僱用未滿五人者之員工，實際從事勞動之雇主和參加海員總工會或船長公會為會員的外僱船員，自願參加勞工保險者，得比照辦理。被保險人加保滿十五年被裁減資遣者，亦得自願繼續參加保險至符合請領老年給付之日止。

㈡保險人

勞工保險業務的執行機構為台閩地區勞工保險局（以下簡稱勞保局），於八十五年七月起隸行政院勞工委員會，辦理承保、收受保險費及核發保險給付等，另為監督勞工保險業務及審議保險爭議事項，政府、勞資雙方及專家代表組合成「台閩地區勞工保險監理委員會」，以監督勞保業務，保障勞工權益。

㈢保險費

勞工保險分爲普通事故與職業災害保險兩類，採彈性費率制。普通事故保險採綜合保險費率制，其法定費率爲被保險人當月投保薪資百分之六至百分之八，自從民國六十八年十二月起，經行政院核定爲百分之七。其負擔比率爲：有雇主的各類被保險人，自行負擔百分之二十，雇主負擔百分之八十。無一定雇主的職業工人及漁民，由被保險人本人負擔百分之六十，省（市）政府補助百分之四十。外僱船員、被裁減資遣續保者，由被保險人負擔百分之八十，政府補助百分之二十。至於職業災害保險部分，其保險費率依行政院頒布職業災害保險保險費率表規定辦理，最高百分之三，最低百分之〇‧二七，包括職業病預防費用百分之〇‧〇二，每三年調整一次，適用之行業爲四十七種，分別計算收費。在保險費分擔方面，有雇主的各類被保險人，其職業災害保險費全部由雇主負擔，無一定雇主職業工人及漁民、外僱船員等比照普通事故之負擔比率。

㈣保險給付

現行勞工保險給付包括生育、傷病、殘廢、老年、死亡及失業六種，均屬現金給付。至於失業給付，自八十八年元月一日起，依勞保條例授權訂定「勞工保險失業給付實施辦法」，並在八十八年七月三十日放寬失業給付適用對象。各項給付標準如下：

　1. 生育給付

被保險人分娩或早產發給一個月生育給付。

　2. 傷病給付

普通傷害及普通疾病補助費，按被保險人平均月投保薪資的半數發給，最長發給十二個月；職業傷害及職業補償費，按投保薪資百分之七十發給一年，如未痊癒者，再按半數給一年，最長給二年。

　3. 殘廢給付

普通傷病致成殘障者，按殘障程度發給一至四十個月補助費；因職業

傷病致成殘廢者，發給補償費一個半月至六十個月。

4.老年給付

凡參加保險年資滿一年，男性年滿六十歲，或女性年滿五十五歲，或加保年資滿十五年而年滿五十五歲，或在同一投保單位加保年資滿二十五年，退職時得請領老年給付，其給付標準為已投保滿一年至十五年者，每滿一年發給一個月，第十六年起每隔一年發給二個月，滿半年者以一年計，最高四十五個月。被保險人年逾六十歲繼續工作者，其逾六十歲以後的保險年資最多以五年為限，於退職時合併六十歲以前的年資計算，最高以五十個月為限。

5.死亡給付

被保險人死亡時，給予喪葬津貼五個月，因普通傷病死亡者，按投保年資發給十個月至三十個月遺屬津貼；因職業、傷病或職業病死亡者，除一次發給喪葬津貼五個月外，並發給四十個月遺屬津貼；家屬死亡發給一個半月至三個月喪葬津貼。

至八十八年五月底止，參加勞工保險的被保險人計七、五八六、八三○人。

6.失業給付

被保險人因為所屬投保單位關廠、歇業、休業、轉讓、解散、破產、業務緊縮等且非自願離職，參加勞保滿二年，向公立就業服務機構求職登記，十四日內無法接受推介就業或安排職業訓練者，得申領失業給付，按月投保薪資百分之六十發給，每月一次，最高至十六個月。

㈡ 公教人員保險
****

公教人員保險原為公務人員保險，專為公務人員設計之保險制度，其目的在於安定公務人員生活，以保障其基本的經濟生活，除具有一般社會保險之特質外，尚具有人事行政之功能。

「公務人員保險法」係於民國四十七年公布，最初僅限現金給付，四十八年再實施醫療給付部分，民國六十三年再修正，為配合全民健康保險

法實施，將「公務人員保險法」、「公務人員眷屬疾病保險條例」，及「私立學校教職員保險條例」等相關法規合併修正為「公教人員保險法」，於八十八年五月二十九日公布施行。

(一)被保險人

凡法定機關編制內有給專任人員、公職人員、公立學校編制內有給專任教職員以及財團法人私立學校編制內有給專任教職者。

(二)保險人

主管機關為銓敘部，中央信託局為承保機關。另「公教人員保險監理委員會」負責監督本保險業務。

(三)保險費

本保險費率以被保險人每月保險俸給百分之四‧五至百分之九，由考試院會同行政院釐定。保險費之負擔由被保險人自付百分之三十五，政府負擔百分之六十五，但私立學校教職員由政府及學校各補助百分之三十二‧五。被保險人繳付保險費滿三十年後，其保險費及參加全民健保之保險費由各級政府或各私立要保學校負擔。

(四)保險給付

公教人員保險之給付包括殘廢、養老、死亡及眷屬喪葬為現金給付，標準如下：

1.殘廢給付

因執行公務或服兵役成重度殘障以上者，給付三十六個月；中度殘障者給付十八個月；輕度殘障者，給付八個月。因疾病、意外傷害致成重度殘障以上者，給付三十個月；中度殘障者，給付十五個月；輕度殘障者，給付六個月。

2.養老給付

被保險人依法退休、資遣者或繳付保險費滿十五年並年滿五十五歲而離職退保者，予以一次養老給付。依保險年資每滿一年給付一‧二個月，最高以三十六個月為限。在本法修正前的保險年資，仍依原公務人員保險法或私立學校教職員保險條例規定標準計算。

3.死亡給付

被保險人因病故或意外死亡，給付三十個月，但繳付保險費二十年者，給付三十六個月；因公死亡者，給付三十六個月。

4.眷屬喪葬津貼

被保險人之父母及配偶因疾病或意外傷害而致死亡者，給付三個月的喪葬津貼；子女年滿十二歲未滿二十五歲死亡者，給付二個月；未滿十二歲及已為出生登記者，給付一個月。

(五)其他相關保險——退休人員保險

七十四年七月一日前退休未請領養老給付自願參加「退休人員保險」者，保險項目包括殘廢給付、養老給付、死亡給付及眷屬喪葬津貼。本保險開辦於民國五十四年，保險費由被保險人自行負擔。

⊟ 軍人保險
****

軍人保險的目的在於保障官兵及眷屬生活。政府在民國三十九年公布軍人保險法，民國四十二年、四十五年修定，民國五十九年修正改為軍人保險條例。

(一)被保險人

軍人保險之被保險人包括陸海空軍服役軍官、士官、士兵、軍事學校或班隊之學員、學生；軍事情報或游擊部隊人員；接受動員、臨時、教育、勤務、點召、補充兵徵訓、短期服役者；軍事單位內明定聘僱職位之一般聘僱人員及現役軍人支領文職待遇者等。

(二)保險人

國防部為行政主管機關，保險業務委託中央信託局人壽保險處負責。

(三)保險費

保險費以被保險人保險基數金額為計算標準，按月俸額百分之二至百分之八繳納。自八十一年起一律改為百分之七計算。保險費之負擔，軍官自付百分之三十五，百分之六十五由國庫補助，士官及士兵全數由國庫負擔。

(四)保險給付

軍人罹患傷病，可前往軍醫院接受免費醫療，故軍人保險不提供醫療給付。現行保險給付項目計有死亡、殘廢及退伍三項給付，其標準以被保險人事故發生月份的保險基數為計算標準。

1. 死亡給付

作戰死亡者給付四十八個基數；因公死亡者給付四十二個基數；因病或意外死亡者給付三十六個基數；死亡給付如低於其應保之退伍給付時，按退伍給付發給。

2. 殘廢給付

作戰成殘、因公成殘、因病或意外成殘者按一等、二等、三等及重機障等程度分別給予不同之基數。

3. 退伍給付

保險滿五年者，給付五個基數；保險超過五年、十年、十五年者，每超過一年，增加一至二個基數；保險滿二十年者，每超過一年增給一個基數，最高以四十五個基數為限（國防部，民 62）。

（四） 農民健康保險
＊＊＊＊＊＊＊＊＊＊＊＊

政府爲維護農民健康，自民國六十九年起規劃籌辦農民健康保險，由行政院指示台灣省政府於七十四年十月二十五日選擇四十一個鄉鎮市農會所屬會員加入保險，七十六年起北、高及金馬地區比照辦理。台灣省政府於七十七年十月二十五日起全面試辦農民健康保險，同時行政院研擬農民健康保險條例送經立法院審議通過，於七十八年六月二十三日公布，同年七月一日實施，八十一年修正，爲配合全民健康保險之實施，醫療給付業務劃歸全民健保體系，農民健康保險條例配合修法，但尚未獲立法院審議通過。

㈠被保險人

農民保險之主管機關，在中央爲內政部，在省市爲省市政府，在縣市爲各縣市政府。保險業務委由勞工保險局辦理。爲監督農民健康保險業務，由有關機關代表、農民代表及專家各三分之一組成「農民健康保險監理委員會」。

㈡保險人

農民健康保險係以農會法第十二條規定的農會會員爲對象，但非農會會員而年滿十五歲以上從事農業工作的農民，得參加保險。所謂從事農業工作的農民資格包括：⑴年滿十五歲以上者；⑵從事農業工作時間每年合計達九十日以上者；⑶具有自耕農、佃農、雇農或自耕農、佃農的配偶、或農會自耕農、佃農會員的配偶等情形之一者；⑷無農業以外的專任職業者。但已參加勞保或其他社會保險者不在此限。

㈢保險費

保險費率依規定爲被保險人月投保金額百分之六至百分之八擬訂，月投保金額依勞工保險前一年度實際投保薪資的加權平均金額計算，自民國

七十八年起保險費率調爲百分之六‧八，投保金額爲新台幣一〇、二〇〇元。保險費由被保險人自行負擔百分之三十，政府補助百分之七十。八十四年三月全民健康保險實施後，保險費費率先以行政命令調整爲百分之二‧五五，至農保條例修正通過之日爲止。投保金額暫維持現行一〇、二〇〇元。

㈣保險給付

農民健康保險的給付項目分爲生育、醫療、殘廢給付及喪葬津貼，其中醫療給付自八十四年三月全民健康保險開辦後已合併，其餘三種採現金給付。

1. 生育給付

被保險人本人或配偶參加保險年資合於規定，於分娩或早產時發給二個月生育給付，流產者發給一個月，雙生以上者比例增給。

2. 殘廢給付

被保險人因傷害或疾病致成殘廢者，按殘廢程度發給殘廢補助費一至四十個月。

3. 喪葬津貼

被保險人死亡發給喪葬津貼十五個月（內政部，民 79）。

截至民國八十五年十二月底止，參加農民保險的被保險人共計有一、八〇五、三三五人。

◆◆◆◆ 第二節　全民健康保險 ◆◆◆◆

我國的社會保險係採逐步實施的方式辦理。截至民國六十九年，已有十三種與健康保險有關的制度，在民國八十一年底，全國已有百分之五十四‧一的人享有健康保險，但未參加保險者多屬十四歲以下孩童及六十歲以上老人，且各項保險之法源不同，管理機關不同，運作方式不同，形成浪費的現象，整合不易。政府自民國七十五年即開始規劃全民健康保險，

行政院在俞前院長國華任內宣示以民國八十九年爲開辦的目標年,但在輿情反應下,提前至民國八十四年實施。郝前院長柏村任內再宣布提前至八十三年實施(徐立德,民 84)。全民健保之規劃工作於民國七十七年由行政院經建會設立專責規劃小組,自七十九年七月起由衛生署接辦,八十年成立「全民健康保險規劃小組」,羅致各方面專家學者及有關相關代表參與規劃,並分財務、支付、醫療體系、體制法令及教育宣導等五組進行(黃文鴻、陳春山,民 83)。

八十二年行政院將「全民健康保險法草案」及「中央健康保險局組織條例」函送立法院審議,在立法院經過協調折衝,全民健保法在八十三年七月完成立法,九月再修正,另勞農保條例配合修正,將現金給付與醫療給付劃分,全民健保業務終於在八十四年三月一日正式開辦,其特色爲整合原有公、勞、農保醫療給付,爲單一制的健康保險制度。該法八十八年六月再增修三條條文,計費眷口數降爲三口,擴大納保範圍及放寬投保資格等。

(一)被保險人

凡具有中華民國國籍,在台閩地區設有戶籍滿四個月;在台閩地區設有戶籍,並爲有一定雇主的受僱者或軍眷家戶代表,及其無職業的眷屬;在台閩地區辦理戶籍出生登記,並符合被保險人眷屬資格的新生嬰兒者應參加本保險。其次,具有外國國籍,在台閩地區領有外僑居留證,並爲有一定雇主的受僱者或軍眷家戶代表,及其無職業的眷屬,亦應參加本保險。

保險對象分爲被保險人及其眷屬,依所屬團體性質,眷屬隨同被保險人投保,其範圍包括被保險人無職業的配偶、無職業的直系血親尊親屬(父母、祖父母、外祖父母、曾祖父母、外曾祖父母等)、二親等內直系血親卑親屬未滿二十歲且無職業,或年滿二十歲無謀生能力,或仍在學就讀且無職業者,包括子女、孫子女、外孫子女等。

㈡保險人

全民健康保險之主管機關為中央衛生主管機關，即行政院衛生署，承保機關為中央健康保險局，監理機關為「全民健康保險監理委員會」。另外「全民健康保險爭議審議委員會」負責爭議事項之審議。

㈢保險費

全民健康保險之保險費率第一類至第四類為投保金額的百分之四‧二五至百分之六，地區人口的保險費率以定額保費繳納；開辦第一年以百分之四‧二五計算，第二年起重新評估上限為百分之六。眷屬保費由被保險人繳納，五口為上限，八十八年六月修法調降為三口。保險對象、類別及保費負擔比率，如下頁表 7-1（中央健康保險局，民 84）。

除低收入戶外，被保險人如屬七十歲以上中低收入老人者，由政府補助全額保險費。領有身心障礙手冊之重度或極重度之身心障礙者亦全額補助；中度者，補助二分之一；輕度者，補助四分之一。參加公務人員保險，繳納公保保費滿三十年後，其應自付的全民健康保險保險費，由各級政府或其要保機關予以補助。

㈣部分負擔規定

為避免醫療浪費，被保險人在就醫時需自行負擔部分醫療費用，以節制就醫行為。門診及住院之部分負擔規定如下：

　1.門診部分負擔

原則上採定率制，惟為方便施行，改以定額方式收取，依一般門診、急診、牙醫、中醫及醫療機構級別不同，一般門診之部分負擔自五十元至一百元，自八十六年五月起醫學中心改為一百五十元。急診為一百五十元至四百二十元不等，詳如表 7-2。

表 7-1　各類保險對象及保險費負擔比率

保　險　對　象　類　別		負　擔　比　率　(%)		
		被保險人	投保單位	政　　府
第一類	公務人員 公職人員　本人及 眷　屬	40	60	0
	私立學校教職員　本人及 眷　屬	40	30	30
	公民營事業、機構等有一定 雇主的受僱者　本人及 眷　屬	30	60	10
	雇主 自營作業者 專門職業及技術人員自行執 業者 本人及眷屬　本人及 眷　屬	100	0	0
第二類	職業工人外僱船員　本人及 眷　屬	60	0	40
第三類	農民、漁民、農田水利會會 員　本人及 眷　屬	30	0	70
第四類	軍人眷屬　眷　屬	40	60	0
第五類	低收入戶　本人及 眷　屬	0	0	100
第六類	榮民、榮民遺眷　本　人	0	0	100
	眷　屬	30	0	70
	地區人口　本人及 眷　屬	60	0	40

資料來源：中央健康保險局編製，全民健康保險手冊（民 84），頁 20。

表 7-2　門診費用部分負擔金額

醫　療　機　構　級　別	一般門診	牙　　　醫	中　　　醫	急　　　診
基層醫療院所	50	50	50	150
地區醫院	50	50	50	150
區域醫院	100	50	50	210
醫學中心	150	50	50	420

資料來源：中央健康保險局編製，全民健康保險手冊（民 84），頁 37。

2.住院費用部分負擔

　　住院費用以病房別及住院日數計，住院日數愈長，自行負擔比率愈高，開辦第一年對於入住急性病房三十日內、慢性病房一百八十日內出院的人，每次住院的部分負擔上限金額為一七、○○○元，每人全年負擔上限為二九、○○○元。負擔比率如表 7-3：

表 7-3　住院費用部分負擔比率

病　房　別	部　　分　　負　　擔　　比　　率			
	5%	10%	20%	30%
急性病房	5 日內	30 日內	31~60 日	61 日以後
慢性病房	30 日內	31~90 日	91~180 日	181 日以後

資料來源：中央健康保險局編製，全民健康保險手冊（民 84），頁 38。

3.門診藥品費部分負擔

　　自八十八年八月一日起門診藥品、復健（含中醫傷科）及高利用者，另依規定收費，藥品費一○○元以下者，不必負擔，其他負擔自二○元至一○○元不等。但山地離島、持慢性病連續處方箋、牙醫或以論病例計酬者免負擔。

　　對於重大傷病，需長期治療，花費較高的疾病等，依規定可免除部分負擔。

㈤保險給付

全民健康保險之給付分爲門診、住院、中醫醫院及診所、分娩、復健服務、預防保健服務、居家照顧服務及慢性精神病復健等項目。

全民健康保險自八十四年三月一日開始實施，八十八年三月之保險人數爲二、〇八五萬人，占全人口應投保人數百分之九十。

◆◆◆◆ 第三節　國民年金制度 ◆◆◆◆

所謂「年金」是一種定期或長期繼續支付的現金給付，年金如由政府提供者，稱之爲「公共年金」或「國民年金」，以全體國民爲對象，強制參加所辦的年金制度；如由雇主提供，則稱爲「企業年金」或「職業年金」，由雇主依政府法令對員工提供退休金：如由市場購買，則稱爲「商業年金」，是個人向民間保險公司自由購買年金保險。我國規劃中的年金制度是屬於由政府提供的「國民年金制度」。

世界上已有一百多個國家實施國民年金制度，辦理的方式可分爲稅收制、公積金制及社會保險制。我國規劃中的國民年金，將採社會保險制來實施。

台灣地區已進入高齡化社會，由於出生率逐年下降，家庭照顧功能減弱，老年人的所得維持，以制度化的方式提供保障，日益受到重視，目前實施的公務人員保險及勞工保險，對於老年給付均採一次給付，被保險人領取後，若未妥善運用，仍無法保障其老年生活，而未參加保險者更多達四百萬人，則多依賴子女奉養或個人儲蓄。因此，民國八十二年十月縣市長選舉「老人年金」之論戰，引發了民進黨執政的縣市紛紛發放老人福利年金或老人津貼，政府除了開辦「中低收入老人生活津貼」、「老年農民福利津貼」外，更加速了規劃老人年金及國民年金之步伐。於是內政部、勞委會、農委會就其職掌分別規劃國民年金、勞動年金及農民年金，送請行政院審議，經行政院指示由經建會協調處理各類年金。經建會於八十三

年成立「年金制度專案小組」，邀請財政、經濟、保險、社會及法律等專家學者組成「年金制度研究規劃工作小組」，進行規劃研究，就實施國民基礎年金之方式、給付、財務、與現行社會保險之銜接、對經濟面之影響等進行第一階段規劃（張丕繼，民 84），至八十七年六月底已完成規劃工作，並將結果提報行政院，預定在民國八十九年正式實施國民年金制度。但正式實施日期須在國民年金法送立法院完成立法程序後，才能定案實施。

目前規劃中的國民年金保險制度重點如下（國民年金制度規劃工作小組，民 87）：

㈠目　標

建立國民年金制度，提供國民基本經濟安全保障，使我國社會安全體系更趨完備健全。

㈡基本架構

1.政府辦理

以全體國民為對象，強制參加為原則，由政府統籌辦理，提供國民基本的經濟生活保障。

2.社會保險

被保險人依規定繳納保險費，於年老或因故成殘或死亡時，本人或遺屬可領取一定金額的保險給付。

3.年金給付

保險給付是以定期性、長期性、繼續性的年金方式支給。

㈢制度規劃方向：業務分立，內涵整合

現行公、軍、勞保維持現行運作，另成立國民年金保險，保險對象為軍、公、勞保被保險人以外之二十至六十四歲國民。各保險體系財務獨立，各自提供相同給付內涵之基礎年金。

㈣規劃內涵

1. 參加國民年金保險者，在保險期間應定期繳交保險費，六十五歲以上停止繳費，但繼續參加公、軍、勞保者，繼續繳費，可領取延遲給付。

2. 參加國民年金保險可享有的給付包括：

⑴身心障礙年金：因故造成身心障礙，符合國民年金保險身心障礙等級認定標準所訂重度或極重度身心障礙等級者，可以領取身心障礙基礎年金。

⑵遺屬年金：年金受益人或被保險人死亡，在死亡當月前合法繳費年資達應加入期間的三分之二以上，其法定配偶、未滿十八歲或未滿二十歲重度以上身心障礙之子女，具請領資格，給付項目包括配偶年金、母（父）子年金或孤兒年金。

⑶老年年金：依規定繳費，於六十五歲後依繳費年資給付老年年金。

3. 輔助措施：

⑴喪葬津貼：被保險人於加保期間死亡時發給喪葬津貼。

⑵福利津貼：國民年金開辦時，年滿六十五歲以上者依規定發給福利津貼，符合領取現行各種津貼資格者，仍可繼續依規定請領，未曾領取公、軍、勞保老年給付者，由政府編列預算每月給予二千元福利金津貼。曾領取公、軍、勞保老年給付者，就其已領金額，除以二千元所得月數，作為延後發放福利津貼之等待期間。

⑶一次全退費：有特殊情形，如永久離境之外國籍被保險人，或喪失國籍或移民國外者，年齡及投保年資符合規定者，其自繳部分加計利息退費。

4. 投保年資符合規定者，就其自繳部分加計利息退費。年金給付標準，在開辦時，按台灣地區前二年之平均每人每月消費支出百分之六十五訂定，推估八十九年開辦時繳費滿四十年之全額年金標準約八、七〇〇元，月保費為八七〇元，自開辦後次年，參考消費者物

價指數及實質薪資成長率各半調整。但如國民生活水準及其他狀況明顯變動時，則由主管機關參考平均每人每月消費支出，依法定程序調整之。

5.建議在營業稅加徵附加捐一個百分點，作為開辦時政府財務負擔的特定財源。

(五)預期效益

1.採權利與義務對等的社會保險制度。

2.被保險人發生老年、身心障礙、死亡時，為其本人及眷屬提供基礎年金給付，預防貧窮發生。

3.為四○○萬無任何保險者提供老年、遺屬、身心障礙之基本經濟保障。

4.具有所得重分配效果，且整合現行各種老人生活津貼，減少分歧與不公平問題。

■　**關鍵詞彙**　■

社會保險	殘廢給付	老年給付
傷病給付	養老給付	死亡給付
公教人員保險	農民健康保險	全民健康保險
部分負擔制	國民年金制度	
勞工保險	生育給付	

■ 自我評量題目 ■

一、現行勞工保險被保險人涵蓋範圍？保險費分擔規定為何？

二、現行公教人員保險有那些保險給付？

三、全民健康保險之保險對象及保險費負擔比例為何？

四、全民健康保險提供那些保險給付？

五、何謂國民年金保險？目前政府研議中的國民年金保險制度有那些規劃構想？

■ 參考文獻 ■

林顯宗、陳明男（民74）社會福利與行政，台北：五南圖書出版公司。

柯木興（民84）社會保險，台北：中國社會保險學會。

台閩地區勞工保險局編印（民79）勞工保險法規彙編。

中央信託局公務人員保險處編印，公務人員保險及相關保險法規彙編。

國防部（民72）軍人保險業務手冊。

內政部（民79）全民健康保險條例相關法規。

徐立德（民84）全民健保面面觀，台北：行政院新聞局編印。

黃文鴻、陳春山主編（民83）全民健保法入門──保障全民健康權利的憲章。

中央健康保險局（民84）全民健康保險手冊。

張丕繼（民84）國民年金規劃整合之構想與初步規劃結果，八十四年國家建設研究會社會福利分組會議引言報告及論文報告，內政部主辦，一九九五年七月十七日～二十二日。

國民年金制度規劃工作小組（民87），我國社會保險制度現況與規劃目標。

―― 第八章 ――

社會救助

詳讀本章內容後，學習者可達
成下列目標：

1.瞭解我國社會救助立法重點。

2.列舉我國社會救助行政與運
　作。

3.說明我國現行社會救助重要措
　施內容。

4.瞭解我國社會救助業務之問題
　及改進方向。

■　摘　　要　■

　　社會救助是社會福利中最基本的措施，早年起源於慈善團體基於人道或贖罪觀點對貧困者施以救濟，近代已成為政府保障人民最低生活水準的基本措施之一。

　　我國「社會救助法」於民國六十九年公布施行，八十六年修正，其重點包括總則、生活扶助、醫療補助、急難救助、災害救助、社會救助機構、救助經費、罰則及附則等專章。依該法最低生活費標準由省（市）政府視當地最近一年平均每人消費支出百分之六十訂定，同時界定家庭總收入應計算的人口範圍。

　　目前直轄市、縣（市）政府辦理社會救助措施依據「社會救助法」相關規定辦理。台北市將低收入戶分五類，台灣省及高雄市則分為第一、二、三款或第一、二、三類低收入戶。近年來，為擴大社會救助照顧範圍，發給中低收入老人、兒童、少年津貼或補助及身心障礙者居家生活補助。

　　我國社會救助制度一向受限於理念及政府財源不足，未能衡酌生活水準、經濟及所得影響而訂定合理的救助標準。「社會救助法」立法仍有不合時宜之處，其檢討如下：最低生活費用訂定標準應統一並經精算以反映需要照顧族群之經濟需求；社會救助項目及程序，應予整合；社會救助人力不足，有待加強等。

　　社會救助是社會福利最基本的措施，社會福利起源於對於所得不足民眾的救助。早年社會救助多由慈善團體基於人道或贖罪觀點而對貧困者施以物質或金錢的協助，一六〇一年英國訂頒濟貧法（Poor Law）之後，政府開啓介入濟貧工作，目前世界各福利國家莫不以社會救助作爲保障人民最低生活水準及維持最低所得水準基本措施之一。

　　社會救助的理念、規模隨著社會福利觀念的擴張而制度化與積極化。雖然，部分學者認爲社會救助業務因社會保險的開辦而逐漸式微，但事實證明，人民對社會救助的依賴並未因社會保險體系的建立而減少。主要原因在於，保險無法涵蓋所有的勞動階級，其次在強調公平精算原則之下的保險制度，往往只保障了中高收入者，低收入的勞工，只有再一次申請社會救助（萬育維，民 83）。目前，各國社會救助的趨勢已不再是慈善施捨，而是注重最低生活水準的維持，重點包括：承認相對貧窮的存在、界定合理的最低生活標準、經由資產調查輔助社會福利之不足、積極性與多樣性的社會救助給付、以政府爲主、志願機構爲輔的財政支出等（行政院研考會，民 73）。

◆◆◆◆ 第一節　我國社會救助法之內容 ◆◆◆◆

㊀　「社會救助法」立法過程
＊＊＊＊＊＊＊＊＊＊＊＊＊＊

　　我國「社會救助法」係於民國六十九年元月十四日公布施行。大陸時期，中央已訂頒「社會救濟法」、「社會救濟法施行細則」、「救濟院規程」及「私立救助設施管理規則」等法規。政府遷台後，台灣省及台北市依上述法規辦理社會救助業務，因上述法規多已不適用，故省市自行訂定「台灣省社會救濟調查辦法」及「台北市社會救助查定辦法」，據以執行。民國六十一年台灣省政府訂定「小康計畫」，六十二年台北市政府訂頒「安康計畫」，以輔導生產、就業及救助老弱殘障者等方式，期能逐年減少貧戶，但因執行方法及專業人力不足，貧窮的事實與現象仍然存在

（白秀雄，民 78）。民國六十七年底正值中美斷交，政府爲宣示重視社會福利，「社會救助法」、「老人福利法」與「殘障福利法」在六十九年經立法通過，公布施行。

　　近年來，由於生活水準的提升，最低生活費用的訂定有必要重新界定，以符合實際，加上各種津貼發放，涉及全戶人口計算的明定，遊民的收容亦由警政轉爲社政的救助業務，需要有法源依據，因此，「社會救助法」乃在八十六年十一月完成修法公布施行。

㈢　新修正「社會救助法」之重點
* * * * * * * * * * * * * * * * * * *

　　「社會救助法」計有九章四十六條，分爲總則、生活扶助、醫療補助、急難救助、災害救助、社會救助機構、救助設施、救助經費、罰則、附則等專章，立法重點如下：

㈠宗　旨

爲照顧低收入及救助遭受急難或災害者，並協助其自立。

㈡救助項目

社會救助分生活扶助、醫療補助、急難救助及災害救助。

㈢低收入戶、最低生活費標準及家庭總收入之計算人口範圍

1. 低收入戶，係指家庭總收入平均分配全家人口，每人每月在最低生活費標準以下者。
2. 最低生活費標準：由省（市）政府參照中央主計機關所公布當地地區最近一年平均每人消費支出百分之六十訂定，並報中央主管機關備查。
3. 家庭總收入應計算人口範圍包括：直系血親，但子女已入贅或出嫁且無扶養能力可資證明者，得不計算；同一戶籍或共同生活之旁系血親及負扶養義務之親屬；綜合所得稅列入扶養親屬寬減額之納稅

義務人。

(四)救助金之上限

每人每月所領取政府核發之救助金額不得超過當年政府公告之基本工資。

(五)生活扶助

1. 低收入戶成員中有年滿六十五歲，懷胎滿六個月者或領有身心障礙手冊者，得依其原領取現金給付之金額增加百分之二十至四十之補助。
2. 低收入戶中有工作能力者，省（市）、縣（市）主管機構應協助其自立，不願接受訓練或輔導或接受訓練、輔導不願工作者，不予扶助。
3. 對低收入戶提供產婦及嬰兒營養補助、托兒補助、教育補助、租金補助或平價住宅借住、房屋修繕補助、喪葬補助、生育補助或其他必要之救助及服務。
4. 警察機關發現無家可歸之遊民，除其他法律另有規定外，應通知社政機關（單位）共同處理，並查明其身分及協助護送前往社會救助機構收容；其身分經查明者，立即通知其家屬。

(六)醫療補助

1. 低收入戶之傷、病患者；患嚴重傷、病，所需醫療費用非其本人或扶養義務人所能負擔者，得申請醫療補助，但參加全民健康保險可取得醫療給付者，不得再申請醫療補助。
2. 低收入戶參加全民健康保險之保險費，由各級政府編列預算補助。

(七)急難救助

戶內人口死亡無力殮葬、遭受意外傷害致生活陷於困境、流落外地，

缺乏車資返鄉等得申請急難救助。

(八)災害救助

人民遭受水、火、風、雹、旱、地震及其他災害，影響生活者，予以災害救助，方式包括：協助搶救及善後處理，提供受災戶膳食口糧，給予傷、亡或失蹤濟助，輔導修建房舍，設立臨時災害收容場所及其他必要之救助。

(九)社會救助機構

設立私立社會救助機構，應申請當地主管機關許可。經許可設立者，應於三個月內辦理財團法人登記。社會救助機構之規模、面積、設施、人員配置等設立標準，由中央主管機關定之。

(十)罰　　則

社會救助機構未經許可或未辦理財團法人登記或辦理不善，處以罰鍰。

◉三 新修正「社會救助法」之特色

＊＊＊＊＊＊＊＊＊＊＊＊＊＊＊＊＊＊

新修正的社會救助法特色包括：

(一)放寬救助對象：舊法只對生活困難的低收入者協助，新法修改為低收入戶，比舊法較為明確且積極。

(二)提高最低生活標準及明定家庭總收入之計算人口範圍：舊法中最低生活標準是以所得的三分之一計，新法修改為消費支出的百分之六十，較為放寬，亦即擴大照顧對象。舊法未對家庭總收入之計算人口明確訂定，而是由省（市）政府訂於省市和低收入戶調查辦法，其中子女入贅或出嫁是否仍須負扶養義務未明定，經常引起爭論，新法已加以修正。

(三)明訂救助金總額不得超過基本工資；近年來，各項福利津貼發放的結果，形成救助金總額超過基本工資之不公現象，故加以明定救助

金上限。

㈣明定對低收入戶除救助金外，各項相關的扶助項目，如托兒、教育、平價住宅、修繕等，過去已提供上述措施，但在原社會救助法中，並無法源依據，新法已加以明定。

㈤增訂遊民的處理及收容。

㈥增訂對低收入戶參加全民健康保險的保險費補助。

㈦增訂社會救助機構的管理及相關罰則。

◆◆◆◆ 第二節　社會救助行政 ◆◆◆◆

我國社會救助業務由省（市）、縣（市）政府及鄉鎮市（區）公所依據「社會救助法」及其相關法規，辦理各項救助措施。近年來由於社會與政治環境變遷，特別在全民健康保險及國民年金未開辦前，對於弱勢貧病者，例如老人、殘障、兒童、精神病患、洗腎者、血友病患或單親婦女特別訂定生活輔助及醫療補助規定，放寬原「社會救助法」所規定低收入戶或清寒市民補助標準。全民健康保險實施後，對於低收入戶補助參加健保的保險費，及依規定需要自行負擔的醫療費用。對於原清寒市民則改為中低收入戶，補助其醫療費用。上述措施分為現金補助與醫療補助，亦屬社會救助業務範圍。

◯　救助對象
****

「社會救助法」中所稱低收入戶，係以平均每人每月收入低於當地最低生活費用為認定標準。而所謂最低生活費用係由省市政府在最近一年平均每人消費支出百分之六十範圍內訂定。以八十九年度為例，台北市為一一、六二五元，高雄市為九、一五二元，台灣省為七、五九八元，福建省（連江、金門縣）為五、九〇〇元。

低收入戶在高雄市、台灣省、福建省分為三類（款），台北市則細分為第〇類至第四類共五類，有關各類別及標準如下頁表 8-1。

表 8-1　低收入戶的類別及條件一覽表

省市	分		類	
台灣省	第一款 全家人口均無工作能力、無收益及恆產，非靠救助無法生活。	第二款 全家人口中有工作能力者未超過總人口數三分之一，其家庭總收入平均分配全家人口，每人每月未超過最低生活費用三分之二者。	第三款 全家人口中有工作能力者未超過總人口數三分之一，其家庭總收入平均分配全家人口，每人每月未超過最低生活費用者。	
台北市	第〇類 全戶均無收入者（消費性支出之0%）。	第一類 全戶平均每人每月總收入大於0元，小於等於1938元者(消費性支出之0%至10%)。	第二類 全戶平均每人每月總收入大於1938元，小於等於7750元者（消費性支出之10%至40%)。	第三類 全戶平均每人每月總收入大於7750元，小於等於10656元者（消費性支出之40%至55%）。	第四類 全戶平均每人每月總收入大於10656元，小於等於11625元者（消費性支出之55%至60%）。
高雄市	第一類 全家人口均無工作能力、無收益及恆產，非靠救助無法生活者。	第二類 全家人口中有工作能力者未超過總人口數三分之一，其家庭總收入平均分配全家人口，每人每月未超過最低生活費用三分之二者。	第三類 全家人口中有工作能力者未超過總人數三分之一，其家庭總收入平均分配全家人口，每人每月未超過最低生活費用者。	
（金門縣、連江縣）福建省	第一款 全家人口均無工作能力、無收益及恆產，非靠救助無法生活者。	第二款 全家人口中有工作能力者未超過總人口數三分之一，其家庭總收入平均分配全家人口，每人每月未超過最低生活費用三分之二者。	第三款 家庭總收入平均分配全家人口，每人每月未超過最低生活費用者。	

資料來源：台北市政府社會局（民88）。

　　除低收入戶外，社會救助範圍也擴及中低收入戶，所謂中低收入戶是指家庭總收入中，平均每人每月收入在當地最低生活費用二‧五倍以下者。

　　過去由於各地最低生活費用有偏低傾向，超過最低生活費用者仍有因重大疾病、急難事故而使家庭生活陷入困境，尤其未實施全民健康保險前，重大疾病常使小康之家因無法支付龐大醫療費用而須先變賣家產，再申請列冊低收入，又因工作及所得不符，而無法獲得醫療補助，故省市政府均訂定單行法規，辦理清寒市民醫療補助或中低收入老人兒童少年醫療補助。民國八十年起，為加強照顧殘障者生活，依據「殘障福利法」及「殘障者醫療復健重建養護及教育費用補助辦法」規定，針對未超過最低生活費用二‧五倍之殘障者發給殘障居家生活補助（目前改為身心障礙者生活津貼）；民國八十二年起辦理「中低收入老人生活津貼」業務，對於未達最低生活費用一‧五倍者（高雄市為二倍），每位老人每月發給生活津貼，目前標準已放寬至二‧五倍。因此，目前對中低收入戶提供各種津貼或醫療補助，其認定均以未超過最低生活費用二‧五倍計算。

　（二）　調查與審查標準

　　低收入戶、清寒戶或生活津貼補助對象均須經向戶籍所在地鄉鎮市區公所申請，由里（村）幹事或社工員經調查後核定。茲以高雄市為例，審查標準及定義如下：

㈠家庭總收入

　　係指全戶人口之工作收入、動產、不動產等資產收益及其他收入之總額。

㈡全戶人口

　　包括直系血親，但子女已入贅或出嫁且無扶養能力者得不計入；同一戶籍或共同生活之旁系血親及負扶養義務之親屬；綜合所得稅列入扶養親

屬寬減額之納稅義務人。但是，應徵召在營服役者或在學領有公費、入獄服刑、因案羈押或依法拘禁者、失蹤六個月以上者，經提出證明文件不予計入全戶人口之工作收入，亦不核計其最低生活費用。

(三)工作能力

社會救助施行細則規定，低收入戶中有工作能力者是指十六歲以上，未滿六十五歲，無下列情事之一者：大學校院博士班、空中大學及空中專科進修補習學校以外之在學學生、身心障礙致不能工作者、照顧罹患嚴重傷病需三個月以上治療或療養之共同生活或受扶養親屬致不能工作者、獨自扶養十二歲以下之血親卑親屬者、婦女懷胎六個月以上至分娩二個月內者及其他。

上述審查標準為衡量申請人之收入及工作能力是否符合救助標準之依據，唯在調整實務中常遭遇以下的困難：

1. 全戶收入的認定，從申請人所提供國稅局之所得稅或不動產證明中，無法真正瞭解申請人家戶之實際收入，除資料為前一年資料，恐有變動外，許多行業未報稅而無法瞭解所得狀況，故形成所得證明上無收入者實際上仍有高收入之反常現象，造成查證上的困難。

2. 全戶人口計算，係依民法規定直系親屬互負扶養義務之精神訂定，新的社會救助法，雖已明定入贅或出嫁子女無扶養能力者得不計算其人口及收入，但在查核上是否有扶養事實仍發生認定爭端。成年兒子亦有不扶養父母或因家計困難或出國多年而未負擔父母生活之情況存在，但又達不到「遺棄」之標準，認定標準不一且認定困難。

◆◆◆◆ 第三節　社會救助措施 ◆◆◆◆

現行社會救助措施包括經濟、醫療、住宅、就業及收容等層面，分述如下：

㊀ 生活扶助
****

依照「社會救助法」，台灣省、台北市及高雄市每年公告當地最低生活費用，對於低收入戶由政府按月發給生活補助費，低收入戶中的兒童、少年、老人或身心障礙者，可依其特殊情況申請居家生活補助、生活津貼或由政府委託收容照顧。

八十九年度低收入戶每月生活補助費發放標準如表 8-2：

表8-2 八十九年低收入戶每月生活補助費發放標準

低收入戶家庭生活輔助費（含中低收入老人生活津貼、兒童生活補助）
台灣省：

第一款：㈠戶內人口每人每月七千一百元。
         ㈡六十五歲以上老人每人每月領取中低收入老人生活津貼六千元。
         ㈢身心障礙者：每增加一口中重度以上者，增發六千元生活補助費；輕度者則增發三千元生活補助費。
         ㈣懷胎滿六個月婦女每人每月四千元。

第二款：㈠每戶每月四千元。
         ㈡六十五歲以上老人每人每月領取中低收入老人生活津貼六千元。
         ㈢身心障礙者：每增加一口中重度以上者，增發六千元生活補助費；輕度者則增發三千元生活補助費。
         ㈣懷胎滿六個月婦女每人每月四千元。
         ㈤十五歲以下兒童每人每月加發一千八百元。

第三款：㈠六十五歲以上老人每人每月領取中低收入老人生活津貼六千元。
         ㈡身心障礙者：每增加一口中重度以上者，增發六千元生活補助費；輕度者則增發三千元生活補助費。
         ㈢懷胎滿六個月婦女每人每月四千元。
         ㈣十五歲以下兒童每人每月加發一千八百元。

台北市：

第○類：㈠戶內人口每人每月一萬一千四百四十三元，第三口（含）以上領八千七百一十九元（11625×0.75）。
         ㈡六十五歲以上老人每人每月領取中低收入老人生活津貼六千元。
         ㈢身心障礙者：每增加一口中重度以上者，增發六千元生活補助費；輕度者則增發三千元生活補助費。

第一類：㈠戶內人口每人每月八千九百五十元。
　　　　㈡六十五歲以上老人每人每月領取中低收入老人生活津貼六千元。
　　　　㈢身心障礙者：每增加一口中重度以上者，增發六千元生活補助
　　　　　費；輕度者增發三千元生活補助費。
第二類：㈠六十五歲以上老人每人每月領取中低收入老人生活津貼六千元。
　　　　㈡身心障礙者：每增加一口中重度以上者，增發六千元生活補助
　　　　　費；輕度者增發三千元生活補助費。
　　　　㈢十八歲以下兒童或青少年每人每月增發五千八百一十三元。但領
　　　　　有身心障礙者生活補助費，不再加發。
第三類：㈠六十五歲以上老人每人每月領取中低收入老人生活津貼六千元。
　　　　㈡身心障礙者：每增加一口中重度以上者，增發六千元生活補助
　　　　　費；輕度者增發三千元生活補助費。
　　　　㈢十八歲以下兒童或青少年每人每月增發五千二百五十八元。但領
　　　　　有身心障礙者生活補助費，不再加發。
第四類：㈠六十五歲以上老人每人每月領取中低收入老人生活津貼六千元。
　　　　㈡身心障礙者：每增加一口中重度以上者，增發六千元生活補助
　　　　　費；輕度者增發三千元生活補助費。
　　　　㈢十八歲以下兒童或青少年每人每月增發一千元。但領有身心障礙
　　　　　者生活補助費，不再加發。
高雄市：
　第一類：㈠戶內人口每人每月八千八百二十八元。
　　　　　㈡六十五歲以上老人每人每月領取中低收入老人生活津貼六千元。
　　　　　㈢身心障礙者：每增加一口中重度以上者，增發六千元生活補助
　　　　　　費；輕度者增發三千元生活補助費。
　　　　　㈣十五歲以下兒童每人每月加發一千八百元。
　第二類：㈠每戶每月四千元。
　　　　　㈡六十五歲以上老人每人每月領取中低收入老人生活津貼六千元。
　　　　　㈢身心障礙者：每增加一口中重度以上者，增發六千元生活補助
　　　　　　費；輕度者則增發三千元生活補助費。
　第三類：㈠生活補助每人每節（春、端午、中秋）二千元。
　　　　　㈡六十五歲以上老人每人每月領取中低收入老人生活津貼六千元。
　　　　　㈢身心障礙者：每增加一口中重度以上者，增發六千元生活補助
　　　　　　費；輕度者則增發三千元生活補助費。
　　　　　㈣十五歲以下兒童每人每月加發一千八百元。
福建省：
　第一款：㈠戶內人口每人每月五千九百元。
　　　　　㈡六十五歲以上老人每人每月領取中低收入老人生活津貼六千元。
　第二款：㈠每戶每月四千元。
　　　　　㈡六十五歲以上老人每人每月領取中低收入老人生活津貼六千元。

資料來源：台北市政府社會局（民 88）、內政部社會司（88.08）。

ⓔ 教育及就學生活補助
****

　　為協助低收入戶子女就學、增加謀生、競爭技能、提供低收入戶子女在學學生教育補助費，並對二、三款低收入戶就讀高中以上學校之子女每人每月發給就學生活補助費，其標準如表 8-3：

表 8-3　台灣地區低收入戶教育補助及就學生活補助費

地 區 別	就 學 學 雜 費	就 學 生 活 補 助 費
台灣省	全部免費	二、三款低收入戶中就讀高中以上學校之子女，每人每月四、〇〇〇元。
台北市		
高雄市	國小　　　二五〇元 國中一、二〇〇元 高中二、五〇〇元 大專七、〇〇〇元	

資料來源：內政部社會司編印，社會福利輯要——內政部社會
　　　　　司掌管部分（民 86），頁 70。

ⓕ 工作及創業輔導
****

　　為協助低收戶自立自強，除推介工作外，辦理以工代賑，提供低收入戶有工作能力者工作機會，每日工資六〇〇元，每月工作二十五日，另開辦自強創業貸款，鼓勵低收入戶內人口創業自立以改善生活，貸款金額及年限如表 8-4：

表 8-4　自強創業貸款金額及年限

地　區　別	自強（創業）貸款金額	貸款年限	年　　息
台　灣　省	一五〇、〇〇〇元	五　　年	4%
台　北　市	二〇〇、〇〇〇～四〇〇、〇〇〇元	六　　年	無
高　雄　市	一五〇、〇〇〇元	五十個月	無

資料來源：內政部社會司編印，社會福利輯要——內政部社會司掌管部分（民86），頁71。

（四）　醫療補助
＊＊＊＊＊＊＊＊

對於低收入戶及清寒市民無力負擔醫療費用者，由政府負擔及補助全部或部分之醫療費用。低收入戶採健康保險方式，由政府全額負擔其保費。對於非列冊低收入戶無力負擔全民健保自費部分之醫療費用者，補助其醫療費用百分之七十，最高額度每人每年三十萬元。另補助傷病看護費及住院膳食費。標準如表 8-5：

表 8-5　醫療補助標準

補助項目	地區別	補　助　標　準		最　高　額　度	備　註
參加全民健康保險因傷、病需自行負擔之醫療費用	台灣省	列冊低收入戶	百分之百	全額補助	1. 非列冊低收入戶係指家庭總收入中，每人每月平均收入在當地最低生活費用二·五倍以下之中低收入戶。 2. 路倒病人之醫療費用由政府全額負擔。
		非列冊低收入戶	百分之七十	每人每年三十萬元	
	台北市	醫療費用之百分之七十		每人每年三十萬元	
	高雄市	醫療費用之百分之七十		每人每年三十萬元	
傷、病看護費	台灣省	列冊低收入戶每人每日一千元		全額補助	
		非列冊低收入戶每人每日五百元		每人每年九萬元	
	高雄省	列冊低收入戶每人每日一千元		每人每年十八萬元	
		非列冊低收入戶每人每日五百元		每人每年九萬元	
住院膳食費	台灣省台北市高雄市	列冊低收入戶百分之百		全額補助	

資料來源：內政部社會司編印，社會福利輯要——內政部社會司掌管部分（內政部，民86）。

（五） 婦嬰營養品補助

對低收入戶家庭的孕婦，自懷孕第五個月起至生產後六個月止，每月提供全脂奶粉四磅；對三歲以下嬰幼兒，每月提供全脂奶粉五磅；三歲至五歲者，每月提供全脂奶粉四磅，另按醫生處方提供綜合維生素。

（六） 急難救助及急難貸款

負擔家庭主要生計者因為長期臥病，遭遇意外傷亡或其他原因，致家庭生活陷入困境者，可依法向各縣市鄉鎮區公所申請急難救助。急難救助金之標準：台灣省七、五○○~ 一○、○○○元，台北市為二、○○○~二三、○○○元，高雄市為一、○○○~ 一○、○○○元。

此外，台灣省可申請急難貸款六、○○○~ 一○、○○○元，高雄市為五○、○○○元，分三年償還。

（七） 災害救助

民眾遭受天然災害或其他嚴重災害，致損失慘重，足以影響生活者，可依「防救天然災害及善後處理辦法」之規定，申請災害救助。救助標準如表 8-6：

表 8-6　台灣地區災害救助標準

類　別	補　　　　助　　　　標　　　　準	
	台灣省、高雄市	台　　北　　市
災民死亡	每名二○○、○○○元	每名三○○、○○○元
喪葬費用	每名三○、○○○元	每名二三、○○○元
災民失蹤	每名二○○、○○○元	每名三○○、○○○元
災民重傷	每名一○○、○○○元	每名一五○、○○○元
房屋全毀	戶內每口二○、○○○元，以五口為限	戶內每口三○、○○○元，以五口為限
房屋半毀	戶內每口一○、○○○元，以五口為限	戶內每口一五、○○○元，以五口為限
水災火災	戶內每口五、○○○元，以五口為限	另訂標準

資料來源：內政部社會司編印，社會福利輯要——內政部社會司掌管部分（民86），頁 73。

⑧ 遊民收容
****

對於無家可歸且無處居家者提供收容服務，目前全國計有四所遊民收容所（公立三所、私立一所），提供三四〇個床位，收容三〇八人，另設有街頭工作站一處，對於無家可歸，且尚未被收容者提供熱食、清潔等服務。

⑨ 中低收入老人生活津貼
****

為擴大對老人經濟生活之照顧，對於年滿六十五歲，未接受公費安養照顧之老人，其家庭每年總收入除以家庭人數每人每月之收入金額低於最低生活費二‧五倍者，給予生活津貼補助。其發放標準如表 8-7：

表 8-7　老人生活津貼發放標準

發　　放　　對　　象	發　放　標　準
平均家庭收入每人每月最低於最低生活費用一‧五倍之老人	六、〇〇〇元
平均家庭收入每人每月最低於最低生活費用一‧五倍至二‧五倍之老人	三、〇〇〇元

資料來源：內政部社會司編印，社會福利輯要──內政部社會司掌管部分（民 86），頁 71。

本項措施自民國八十二年七月實施，引發國人對老人所得維持之高度關切，由於正值縣市長選舉，民進黨縣市長候選人以對老人一律發放福利金為訴求，一時之間「老人年金」成為最熱門之政治訴求，各地申請老人生活津貼之個案亦大幅增加。

㊉　身心障礙者生活津貼
* * * * * * * * * * * * *

家庭總收入平均未達當年度每人每月最低生活費用二‧五倍，且未獲安置於社會福利機構者，低收入戶之身心障礙者，極重度、重度、中度每月核發六千元；低收入戶輕度及未列低收入戶極重度、重度及中度，每月核發三千元；非低收入戶輕度，每月核發二千元。同時符合申請身心障礙者生活補助及政府所提供津貼者，僅能擇一領取，但低收入戶生活扶助及榮民就養金不在此限。

◆◆◆◆ 第四節　檢討與未來展望 ◆◆◆◆

社會救助經費在社會福利預算中所占比率僅次於社會保險及福利服務，亦爲一個國家所得維持的重要策略。然而，我國社會救助工作，一向以殘補方式訂定救助標準及救助金額，未能整體衡量生活水準、民眾需要及救助對經濟、所得之影響而訂定救助措施，近年來老人年金與老人津貼之爭，使得福利與救助之權利義務更加模糊。「社會救助法」雖然已針對部分實務上需要而修正，但檢討現行社會救助業務仍有待檢視與改進者如下：

㊀　貧窮線之合理訂定
* * * * * * * * * * * * *

最低生活費用的高低影響窮人口的多寡，亦影響對照顧群體的落實程度，目前省市最低生活費用標準之訂定已改以消費爲計算基準，雖較以往放寬。但仍有不符實際，未考慮實際生活水準或地區差異，尤其訂定的依據、計算標準、涵蓋人口對所得之影響、是否真正照顧到需要照顧的族群，均無具體的計算標準可循。因此，最低生活費用的訂定標準是否適當且合理反映事實，及落實照顧，仍須逐年檢討。

㊁ 社會救助項目及內容之檢討
* * * * * * * * * * * * * * * *

現行社會救助法規定之項目大多屬消極式的項目，至於實際提供的項目，雖已擴大範圍、放寬救助標準，但仍嫌不足。例如對兒童、老人、殘障者放寬申請標準，發給生活津貼，但補助項目過於零散，且不連續（萬育維，民 83）。由於低收入戶標準仍屬嚴格，故近年來以津貼發放的救助項目繁多，如「中低收入老人生活津貼」、「老年農民津貼」、「身心障礙者生活補助」等，這些津貼有救助的性質，卻未明訂於社會救助法，而是訂於各種福利法規，造成救助系統之混亂，雖然新修正的社會救助法規定可加成百分之二十至四十，但與現行津貼之發放仍不相符合。究竟，生活扶助與津貼如何整合、可否重複等，亟待解決。

㊂ 社會救助執行人力之加強
* * * * * * * * * * * * * * * *

就社會救助人力而言，由中央至地方欠缺有效督導、指揮，基層救助行政人力業務紛雜（萬育維，民 83）。自開案至結案，其中涉及資源轉介，社會服務之轉介提供，均須專業人員參與，唯現有社會救助項目不斷增加，基層工作人員僅能核定工作，遑論診斷、評估及發揮積極的救助功能。尤其近年來各項生活補助項目新增、條件放寬，申請人遽增，基層工作特別繁重，面對人事精簡，人力增加不易，救助工作涉及法令及金錢發放，基層人力應有合理編制，始能克竟其功（蘇耀燦，民 83）。

㊃ 社會救助區域差異問題
* * * * * * * * * * * * * * * *

省市政府及各縣市政府財力相差頗大，造成區域間社會救助內容之不同，財力不足之縣市對低收入民眾提供之救助相形之下較嚴，手續亦較繁雜，如此恐造成不公平。目前內政部已透過補助政策補助縣市救助經費，但仍應立法明訂中央分擔地方社會救助的責任，使補助款與貧窮人口相對應，才能確保貧窮人口之權益，防止貧窮人口之轉移。

解決貧窮問題是每一個社會及政府面臨的政治議題，貧窮問題不宜以

片面、局部的社會救助措施因應。以台灣而言，貧窮問題雖不嚴重，但貧富差距已日漸擴大，為防患未然，應及早規劃完整性的所得維持制度，建立社會保險及社會救助制度，實施基礎國民年金，推展就業安全，再輔以社會救助措施，才能建立保障所得安全的網路。

■ 關鍵詞彙 ■

社會救助　　　　　急難救助　　　　　遊民收容

災害救助　　　　　貧窮線　　　　　　生活扶助

最低生活費用　　　老人生活津貼

醫療補助　　　　　低收入户

■ 自我評量題目 ■

一、試述我國現行社會救助立法重點。

二、我國目前辦理社會救助措施，有關收入及工作能力之標準為何？

三、我國目前現行社會救助措施有那些？

四、目前我國社會救助業務推展上的困難有那些？應如何改進？

■ 參考文獻 ■

萬育維（民83）社會救助福利需求，社區發展季刊，第六十七期。

行政院研考會（民73）我國殘障福利法與社會救助法執行之規劃成效評估。

蘇耀燦（民83）社會救助工作之實務檢討，社區發展季刊，第六十七期。

內政部社會司編印（民86）社會福利輯要——內政部社會司掌管部分。

白秀雄（民78）社會福利行政，台北：三民書局。

第九章

福利服務

學習目標

詳讀本章內容後，學習者可達
成下列目標：

1. 瞭解我國現行兒童福利立法、
行政措施及檢討。

2. 瞭解我國現行少年福利立法、
行政措施及檢討。

3. 瞭解我國婦女福利需求、相關
法律、現行措施及努力方向。

4. 瞭解我國老人生活狀況、福利
需求、立法、措施及努力方
向。

5. 瞭解我國身心障礙者福利立
法、行政措施及檢討。

■　摘　　要　■

　　我國兒童福利法於民國八十二年修正公布，其重點包括以兒童之最佳利益為優先考慮、宣示政府與父母之職責、規定兒童福利機構及兒童福利服務內涵、規定兒童保護制度、對侵害兒童權益者加重處罰等。現行的兒童福利行政措施包括出生通報、保母制度、托育服務、課後托育、早期療育、兒童保護、困苦失依兒童生活扶助、兒童醫療補助、兒童寄養及兒童福利服務中心等。

　　現行「少年福利法」係民國七十八年制定公布，重要立法內容包括明定少年遭受危害或其他足以影響身心健康之情事，應通知當地主管機關、警察機關或少年福利機構迅即處理及安置；少年之父母離婚，法院得依職權聲請，為少年之利益，酌定適當之監護人，不受民法第一千零九十四條之限制；明定違反少年保護之處理及罰鍰，以示執行之決心等。為防制兒童及少年遭受性剝削，於八十四年公布實施「兒童及少年性交易防制條例」，本條例屬特別法，針對救援、防止中輟學生、設置關懷中心、緊急收容中心、短期收容中心、中途學校及處罰均有規定，本法目的在於遏止及處理少年和兒童從娼問題。現行少年福利措施包括困苦失依少年生活扶助、少年寄養、少年保護、少年輔導、兒童及少年性交易防制及青少年福利服務中心等。

　　婦女福利之內涵消極面在於解決貧苦婦女及遭遇不幸及性別歧視，積極面則在於開創婦女良好的生活環境，使其在社會中扮演合適的角色，實現自我。我國近年來由於婦女教育水準提升，婦女勞動參與率及婦女地位亦大幅提高，然而婦女在生命發展歷程中面臨了工作與家庭兼顧、婚姻調適、性侵犯、不平等的勞動參與條件及老年寡居後適應等問題，需要不同的福利內涵，以資保護與協助。目前，婦女福利未單獨立法，係規定於相關法規中。在民國八十六年及八十七年為保障婦女人身安全，分別制定了

「性侵害犯罪防治法」及「家庭暴力防治法」。前者在於防止及處理性侵害案件，保護及補助被害人；後者在於防治家庭暴力，引進保護令制度，尤其是保障婦女免受婚姻暴力之危害。現行婦女福利措施以照顧貧困、不幸婦女爲主，包括不幸婦女保護措施、婦女技藝訓練及就業服務；婦女福利服務中心的設置則提供地區婦女諮詢輔導、親職教育及庇護轉介等服務。

我國老年人口占總人口比例自八十二年九月起達到百分之七，正式邁入高齡化社會的行列。老年人的福利需求包括健康醫療、經濟安全、教育及休閒、居住安養、心理及社會適應與家庭關係支持等。我國「老人福利法」制定於民國六十八年，於八十六年完成第一次修法，老人定義依該法規定爲六十五歲，明定法定扶養義務人應善盡奉養之責，同時修改老人福利機構類別，強調老人居家服務、老人經濟保障方式，增列老人保護及罰則。目前老人福利措施包括老人安養服務、養護服務、健康維護、經濟安全、社區照顧、教育休閒及人力運用等。

身心障礙者福利之內涵已由消極救濟、收容，提升爲人權保障、公平參與與自立更生。「殘障福利法」自民國六十九年公布實施以來，經七十九年及八十四年、八十六年修正，更名爲「身心障礙者保護法」，立法內容包括擴大身心障礙類別、放寬等級、規定合法權益應予尊重與保障、明訂主管機關及各目的事業主管機關職責、建立通報與個別化專業服務、保障教育權益、就業促進、定額進用、規劃多元化的居家服務、社區服務、生涯轉銜服務、建立無障礙生活空間、機構小型化、社區化及罰則，目前身心障礙福利措施及經費大幅擴張及成長。

◆◆◆◆ 第一節　兒童福利 ◆◆◆◆

〇 兒童福利之意義與需求
****

依五〇年代的聯合國「兒童權利宣言」及一九八九年十一月會員大會通過的「兒童權利國際公約」，舉凡以促進兒童身心健康、發展正常人格與提升生活福祉為目的之一切努力，包括事業之興建與制度之創設等，均屬兒童福利。實際上兒童福利的意義，每依各國經濟文化、政治與社會發展不同而異其內涵。低度開發國家視兒童福利為慈善事業，幾乎與兒童救濟劃上等號；開發中國家一方面視社會福利為慈善救助，也包括感化教育，但強調社會工作專業知識及工作方法，呼籲社會機構與私人團體配合政府，共負改善兒童社會生活之責任，解決或遏止各種因素所導致的兒童問題；已開發國家則視兒童福利為促進兒童身心健全發展之一切活動（林勝義，民 81）。就我國目前政經發展及社會潮流來看，兒童福利應視為謀求兒童幸福的事業，包括有關促進兒童正常發育，維護兒童身心健康及提升兒童生活品質的一切作為或努力。

兒童福利概分為三類（馮燕，民 83）。

(一)一般性兒童福利

對象為全體兒童，措施包括婦幼衛生保健、托育服務、兒童康樂、學前教育、兒童與家庭諮商服務及兒童保護等。

(二)不幸兒童福利

對象為低收入戶子女、棄兒或失依兒童、受虐兒童、未受妥善照顧之單親家庭子女、失蹤兒童等，其措施包括家庭補助、就學津貼、協尋、寄養、收養及教養服務、受虐兒童保護及醫療服務等。

(三)特殊兒童福利

對象為身心障礙、智能異常、資優、行為異常、自閉症兒童、過動兒及事涉少年事件處理法之兒童、易遭意外事故兒童等。其措施包括收養安置、安全教育、醫療保健、保護措施、心理輔導、補救教學、親職教育及追蹤輔導等。

八十三年六月的全國社會福利會議則大致以促進兒童生長於家庭為功能指數，將兒童福利需求概分為支持性、補充性、替代性及保護性福利服務（馮燕，民 83）。

(一)支持性福利服務

包括兒童諮商及心理衛生（輔導）服務網路之建立；鼓勵父母使其幼年子女能成長於家庭；對發展遲緩之特殊兒童建立早期通報系統，並提供早期療育服務；低收入戶及遭受意外事故兒童之救助等。

(二)補充性福利服務

包括中低收入戶家庭子女之生活補助，如就學、就醫、職訓，以及因經濟因素而過早進入就業市場之防止等；單親兒童、未婚媽媽及其子女之輔導服務與救助；托嬰、托兒及托育服務之提供與督導等。

(三)替代性福利服務

包括棄兒、無依兒童及遊童之收容與寄養、受虐兒童之庇護性安置、寄養服務、收養制度、育幼機構及中途之家功能之促進與發揮等。

(四)保護性福利服務

包括積極地促進兒童身心健康發展之措施及消極地防止虐待事件之發生、失蹤兒童之協尋；對兒童不當役使或引誘，以及非法綁票或質押行為之禁止等。

㊁　現行法律之規定
＊＊＊＊＊＊＊＊＊＊＊＊＊

現行兒童福利法是民國六十二年制定，八十二年二月及八十八年三月修正公布，其主要內容概述如下：

㈠明示兒童福利基本理念及推展兒童福利應具之哲理與作法

兒童福利立法目的在於維護兒童身心健康、促進兒童正常發展、保障兒童福利（第一條）；新法並參照聯合國一九八九年兒童福利公約第三、八及十八條規定，明定政府及公私立兒童福利機構處理兒童相關事項時，應以兒童之最佳利益為優先考慮，且有關兒童之保護與救助應優先受理（第四條）；而法院認可兒童收養案件，決定兒童之最佳利益時，應斟酌收養人之人格、經濟能力、家庭狀況及以往照顧或監護其他兒童之紀錄（第二十七條）。

㈡宣示政府與父母應作為之分際

父母、養父母或監護人對其兒童應負主要養育與保護之責任（第三條）；而政府則對維護及保障兒童權益有其法定之義務，應協助兒童父母、養父母或監護人維護兒童身心健康與促進正常發展，必要時亦應提供社會服務與措施（第三條第二項）；兒童福利主管機關應設置承辦兒童福利業務之專責單位，及司法、教育、衛生等相關系統涉及前項業務時，應全力配合之（第六條二、三項）；特別是兒童權益受到不法侵害時，應予適當之協助與保護（第五條）；各級主管機關為協調、研究、審議、諮詢及推動兒童福利，應設兒童福利促進委員會（第十條）；地方政府應自行創辦或獎勵民間辦理兒童福利機構（第二十二條、第二十三條）；中央主管機關則應會同目的事業主管機關擬訂辦法獎勵公民營機構，設置育嬰室、托兒所等各類兒童福利措施及實施優待兒童、孕婦之措施（第二十條）。

(三)提升兒童福利服務之品質

明定兒童福利機構設置標準與規劃兒童保護事項為省（市）政府主管機關掌理事項（第八條）；私人或團體辦理社會福利機構，非經辦理財團法人登記，不得對外接受捐助（第二十五條）；主管機關對兒童福利機構辦理成績優良者，應予獎助，其辦理不善者，令其限期改善（第二十五條第三項）；又政府應培養兒童福利專業人員，並應定期舉行職前及在職訓練（第十一章），以維持服務之品質。

(四)擴展兒童福利工作之內涵

除對婦幼衛生、優生保健等之推行及對棄嬰、無依兒童應予適當之安置外，對於無力撫育未滿十二歲之子女者，予以家庭生活扶助或醫療補助；對於發展遲緩之特殊兒童，建立早期通報系統並提供早期療育服務；對兒童與家庭提供諮詢輔導服務；對於早產兒、重病兒之扶養義務人無力支付全部或部分醫療費用者，給予醫療補助（第十三條）；對於兒童未受適當之養育、照顧、醫療或遭受迫害，致其生命、身體或自由有明顯而立即之危險者，應予緊急保護、安置或為其他必要之處分（第十五條）。

(五)規範兒童保護制度與運作流程

新修正兒福法引進美國受虐兒童處理有關報告人責任制，對較有機會接觸或發現不幸兒童之專業人員課予報告責任，明定醫師、護士、社會工作員、臨床心理工作者、教育人員、保育人員、警察、司法人員及其他相關兒童福利業務人員，知悉兒童有未受適當養育、照顧、受虐待、被誘惑、被迫為不正當行為，有應予保護甚至需為緊急安置或處理之情形；或遭受其他傷害情事需為立即保護者，應於二十四小時內向當地主管機關報告（第十五、第十八及第二十三條），期能透過平時之接觸，於日常生活中對身遭不幸兒童建立起較為完整之保護網，以落實保護工作之推展；另外為加重父母等教養子女責任，也增列父母、養父母、監護人或其他實際

照顧兒童之人，不得使兒童獨處於易發生危險或傷害之環境，對於六歲以下兒童或需為特別看護之兒童，不得使其獨處或由不適當之人代為照顧（第三十四條）。

在處理上，任何人發現有以上各類不幸兒童，均得通知主管或警察機關或兒童福利機構；而各該機關或機構均應於二十四小時內迅即處理，並互為必要之協助，且主管機關之承辦人應於四日內向其所屬單位提出調查報告（第三十五條）。至於對遭受監護人等濫用親權或監護權迫害之兒童，則得由相關人士為其聲請停止該等監護人之監護，並排除民法第一○九四條對兒童監護人選定順序之相關規定，並得指定監護之方法，俾使兒童能獲得較好監護人之照顧，此外並得命其父母或養父母支付選定監護人相當之扶養費用及報酬（第四十條），用明責任之歸屬。至父母離婚者，為兒童之利益計，法院亦得依職權或利害關係人之聲請，酌定或改定適當之監護人及監護方法，不受民法一○五一、一○五五及一○九四條之限制（第四十一條）。

㈥對侵害兒童權益者之加重處罰

明定利用或對兒童犯罪者，除各該罪就被害人係兒童已設有特別處罰外，加重其刑至二分之一；且其對兒童所犯罪刑，縱屬告訴乃論者，主管機關亦得獨立告訴（第四十三條）；而違反保護措施之禁止行為者，並公布其姓名（第四十四、第四十五條）；對於違反兒童保護等方面規定之父母、養父母、監護人，更增列應接受親職教育輔導規定（第四十八條），其意乃在以加深父母對子女正確之教養觀念，以輔導講習寓加重責任之用心。此外，配合各相關保護條文，均訂有處罰規定外，同時亦提高原定罰鍰金額，用示重視並期產生嚇阻之效果。

三 福利行政措施
****

(一)出生通報

　　為保障初生嬰兒之權益，透過出生通報制度的建立，由接生人通報衛生、戶政主管機關核對，對未辦理戶籍登記者，交由兒童福利主管機關處理並協助；並規定法院認可收養事件前，應先命兒童福利主管機關調查並提出報告與建議，以維護兒童最佳利益。

(二)保母制度

　　為建立托兒保母人員專業養成制度，內政部訂定「兒童福利專業人員資格要點」，並協同行政院勞工委員會職業訓練局辦理保母人員技術士技能檢定，建立保母證照制度，提升托嬰品質。

(三)托育服務

　　為因應婦女就業人口增加，並對學齡前的幼童提供良好的照顧，以紓緩核心家庭幼童乏人照料之困境，除積極獎助縣市或鄉鎮市設置示範托兒所與公立托兒所，做為當地托兒服務之教保典範，並協助鄉鎮市於各個社區設置社區托兒所，改善其房舍，加強其公共安全，充實其各項教保設備與教材，並輔導民間依標準設置私立托兒所。

(四)課後托育

　　為保護核心家庭國小學童在放學後父母返家前之空巢時間，避免遭遇意外事件或學習不當行為，促使兒童能在安全的社區環境中健康成長，由政府輔導辦理學童課後照顧服務，提供兒童在家庭、學校、社區互動經驗的連結，以增強兒童生理、智能、情緒及社會化等各方面的發展。

㈤早期療育

為保障兒童在生理上能健康成長，早期發掘發展遲緩的兒童即時給予適當的醫療照護，結合社會福利、衛生及教育主管機關與專業人員以團隊合作方式，依發展遲緩兒童之個別需求，透過早期療育服務通報流程之建立，分工辦理通報、轉介、鑑定及安置服務；並對經療育仍無法改善的兒童，輔導辦理殘障鑑定，提早納入身心障礙輔助系統，以增進其權益。為落實此項創新服務之推展，內政部成立跨部會之定期工作會報，並函頒「發展遲緩兒童早期療育服務實施方案」，據以推動及輔導各縣市政府協調整合療育資源，逐步由點至線而全面制度化提供適切的服務。

㈥兒童保護

為落實兒童福利法限時處理兒童保護案件之規定，省市及各縣市辦理或結合民間團體辦理二十四小時兒童、少年保護熱線中心，處理諮詢、通報、處遇、緊急安置、輔導、轉介……等服務措施，並提供施虐者矯治教育。另針對違反兒童福利法之父母及監護人實施親職教育輔導，並為協調各機關合作事宜，內政部成立「全國兒童少年保護會報」，定期開會研商兒童保護各項事宜。

㈦困苦失依兒童生活扶助

為預防兒童因父母死亡、失蹤、離異、患病、服刑或其他因素致無力撫育而影響生存及發展權利，可由兒童的父母、監護人或其他有關人員向戶籍所在地地方政府申請發給家庭補助費或委託公私立育幼院收容教養。

㈧兒童醫療補助

早產及重症兒童的醫療費用往往非小家庭的經濟能力所能負擔，為避免因家庭經濟困窘，造成兒童健康不保，未能妥善醫治而影響人口素質，是以對全民健保自負醫療費用部分加以補助，對家庭總收入平均家庭人口

每人每月未達當年度省市最低生活費用標準二‧五倍的家庭內兒童感染疾病者，給予醫療費用支出的百分之七十補助，每年最高三十萬元，以確保兒童獲得良好的醫療照顧。

㈨兒童寄養

為保障不適宜居住於家庭，或喪失生存所必要的扶助、養育及保護，或家庭發生不可預期變故的兒童獲得妥善照顧，由直轄市及縣市政府依照省市兒童寄養辦法召募、篩選、訓練適當的委託家庭，由當地政府依照其家庭特質轉介適合的兒童寄養家庭代為教養。接受委託寄養期間，該兒童的生活費用、醫療保健費用及其他與寄養有關的必要費用均由政府負擔，惟政府得視被寄養兒童原生家庭的情況，向該兒童的父母、養父母或監護人酌收應負擔的費用。

㈩兒童福利服務中心

為因應兒童需求及福利服務的地區性及多元化，由地方政府設置綜合性兒童福利服務中心，規劃並推動各項諮詢、諮商服務，設置兒童保護專線，處理保護工作與緊急安置，提供親職教育、寄養、收養轉介、兒童休閒娛樂、課後托育等服務工作；目前全國已設有二十一所是類服務中心，其中台灣省十六所，台北市四所，高雄市一所，對各地區兒童提供全方位的福利服務工作；並以此為服務據點，結合民間與兒童福利相關的團體、基金會、機構等共同建立區域性兒童福利供給網路。

四 未來應有規劃與努力

㈠建立系統性兒童統計資料庫

兒童福利法涵蓋範圍甚廣，以目前相對有限的福利資源，可以預期在短期內，人力與經費尚難大幅度突破的情況下，必須審慎分析並以具體數據歸納出兒童福利需求，審定兒童福利服務順序，配合可資使用之人力與

資源，就法定應以作為之福利措施，逐步規劃實施，以使有限資源能作最有效之使用，避免各自為政相互重疊與過度使用，並使最需要幫助的兒童能及時獲得妥適的協助。而兒童福利政策相關統計資料的充實與精確，實屬當務之急（馮燕，民 83）。

(二)加速人才培育與訓練，建立社工專業制度

兒童福利法引進諸多先進國家之保護措施，如責任報告制等，在在需要專業知識與技巧。近年來，社會工作無論是在學理或實務探討與工作評估上，確已有相當之成就，惟基層工作人力之專業化，仍有待加強。為今之計，似可加速學校培育及在職訓練；而專業檢試在方法上或可理論與實務並重，務使社工或兒保人員的專業知識能夠融入於工作態度之中，使原本被錯認停留在就業上著眼的專業化，能夠真正代之以高品質的積極服務，讓社工人員成為社會公認，縱非不可更易，至少難以替代之專才，營造調整工作人員待遇、提升社工尊嚴的有利環境。

(三)調整人力編制、成立專責機構、建立服務網路

完善的福利制度與措施，亦需審慎的規劃與宣傳，更要落實有效地執行。兒童福利法第六條第二項明定，兒童福利主管機關應設置兒童福利專責單位，在中央為兒童局。設置總體事權機關既係法律明文之要求，也是擬制政策、執行與評估計畫制度之所必需，同時還可發揮整合及有效分配資源之功能，使真正需要服務或協助者，求助有門，提供服務人員，知所遵循，並可建立諮詢及轉介系統網路（孫碧霞，民 83；馮燕，民 83）。

(四)明確訂定兒童保護處理之流程、建立合理的分工與合作

兒童福利工作之推行，必須與衛生、教育、警政、司法、勞工及戶政等機關密切配合，雖然兒童福利法明定，司法、教育、衛生等相關單位應全力配合（第六十三條第三項），惟在分工與配合上發生疑義時，如對發展遲緩之特殊兒童之早期療育，究應由福利機構或衛生機關主辦？兒童緊

急安置個案須警政、衛生、戶政及司法單位那些配合？如何分工與相互配合，始能各依本身主管法令對兒童作最佳利益之考量等（孫碧霞，民 83），均需進一步參酌作業上之實務，作更周延之規範。

㈤界定兒童保護之範圍與介入之分際

兒童福利法確立了社政、教育、醫療及警政單位相關工作人員對身遭不幸兒童的責任報告制，惟所謂於接觸兒童時「知悉」有被虐待或疏忽之情事，如「未受適當之養育或照顧」，「非立即給予緊急保護、安置或其他處分，其生命、身體或自由有明顯而立即之危險者」，其中從「適當養育照顧」到「明顯而立即之危險」之認定，實宜有較明確之定義與指標，以為採取適當保護或干預行為之基礎，蓋所謂「適當」及「明顯而立即之危險」（clear and present danger）不同之環境可有不同之解釋，先進國家法院判例上之紛爭，社會工作或保護人員未必即具該法律上之認識。內政部雖於八十三年三月間委託學者進行相關研究（內政部，民 83），也提出認定之參考指標，惟衡諸我國親職倫理，如何在親權監護及社政保護與干預間設法找出合理之均衡點，以避免不當介入而擴充親子疏離，實宜參酌個案與實例，適時檢討修訂，以求實際與周延。

㈥調整兒童福利政策與立法方向

現行的兒童福利政策與立法，嚴格說來仍以保護不幸兒童為目標，且以受虐兒童及不幸兒童的安置處理為最優先，保護性措施比較具體，預防性及發展性的服務仍嫌不足。從發展的觀點而言，為了兒童的成長與發展之促進，長程而言，應訂定家庭政策，使政府與家庭對照顧兒童的責任明確化，從托育政策、親職教育，到不幸兒童的家庭服務，都能逐步制度化。近程則必須加強兒童福利機構與服務的充實，針對保護規定不周詳或標準不明之處加以修定。

以上六項，不過舉其犖犖大者，餘如增列預算，落實兒童福利措施，更是當前應宜努力的課題；而健全評鑑制度，獎優汰劣，提升兒福機構服

務之品質，亦係應行加強督辦之事項。此外，如何加強宣導，強化關係兒童幸福最根本的家庭功能，使兒童均能生長於溫馨的家庭，培育和發展完整之智能與人格，更是促進兒童福利之關鍵。兒童福利之目的，是在幫助家庭順利完成養育之功能，責任報告制度之設計，甚至不得不爲之緊急保護，亦非所以刻意干預或侵犯父母之親權，即使是在發生兒童虐待或嚴重疏忽之狀況，亦仍以恢復親生家庭功能，使兒童能夠重返家庭爲最佳目標（馮燕，民83），家庭對兒童幸福與發展之重要性，固不可不知也。

◆◆◆◆ 第二節　少年福利 ◆◆◆◆

（一）少年福利之需求
＊＊＊＊＊＊＊＊＊＊＊

　　少年係指十二歲以上，未滿十八歲之人口。民國八十三年的全國社會福利會議，以問題爲取向，將少年福利需求類分成支持性、補充性及替代性服務三大項，併兒童福利組討論。支持性服務多集中於少年諮商及心理輔導服務網絡之建立，保護少年身心健康及防止少年虐待問題之探討；補充性服務則側重於就學、就醫及職訓及家庭補助；替代性服務亦如兒童福利需求，專以寄養、收養等制度，及如何發揮中途之家的功能爲著眼。惟究實而論，少年除三類需求外，可能較兒童更需發展性的服務（周震歐，民81）。

　　少年福利與兒童福利在目的功能上有其共通之處，均係爲謀身心健全成長所提供之家庭與社區服務，惟少年福利本質上是重在「教化」與兒童福利之「保育」，尚非完全相悖。故除需提供救助、保護或安置等，以解決維生問題爲取向的福利服務外，更需重視防患未然的發展性福利服務——即強化家庭功能，提供心理與行爲輔導的預防性服務（孫碧霞，民83）。

　　從國內最近接連發生的少年犯罪事件分析，可以發現這些觸犯刑案的少年，大部分都是來自父母忙於自己工作，疏於子女管教的家庭。類此少

年犯罪雖不能適用先進民主國家所謂「不可抗拒誘惑下無助的自溺」
（helpless self-entrapment in a unconquerable addiction）法理（Lance Lieb-
man, 1976），求其豁免，惟亦絕非「治亂世用重典」所能杜絕。治本之
道，妥宜強化家庭功能。一言以蔽之，發展性服務之提供，固當務之急
也。

二　現行法制之分析
＊＊＊＊＊＊＊＊＊＊＊＊

(一)少年福利法制定之緣由

　　現行少年福利法係民國七十八年制定公布，未制定前，以適用「兒童
福利法」來因應。蓋以少年時期乃人生中生理發展和人格形成之重要階
段，七十年代以來，我國社會發展急遽變遷，少年問題日益嚴重，尤其未
成年少年被迫從娼，以六十二年版的「兒童福利法」幾乎無法防止及處
理。當時政府相關部門雖有「加強學校青年輔導工作實施要點」、「加強
家庭教育促進和諧五年計畫實施方案」，法務部亦有「少年兒童預防犯罪
方案」、勞工委員會也訂定「未升學就業青少年輔導工作要點」等，但均
屬行政命令。爲統合相關工作，且使少年福利能更深遠有效推展，並使各
級政府編列預算有據，實宜提高法規層次，因而制定少年福利法。

(二)立法之原則

　1.賦予家庭及社會應有的責任
　　政府有義務提供一個少年健全成長的優良環境及避免不良環境影響少
年身心發展，並於家庭無力扶助少年健全成長時，予以充分之協助。但家
庭乃少年社會化過程中，藉以獲得價值取向及塑造行爲模式的基本建構，
應負最主要的管、教、養、衛責任，固無可疑；而社會既係所有個人休戚
與共的生命共同體，理應協助各個家庭完成扶助少年健全成長之責任。
　2.啓發重於保育
　　少年福利的本質是「教」，故重點應與兒童福利之重在呵護與照顧者

有別，應以啓發爲主，協助少年發展社會行爲，學習創業與就業能力，並培育其關心社會、參與社會的責任感。

3.預防重於矯治

少年事件處理重在事後的矯治處遇，少年福利則是講求事先的預防與興利，故少年福利措施除教養、醫療、就業、休閒娛樂等必要之協助外，並保護少年身心之免受戕害，任何可能戕害少年身心發展之行爲，均在禁止之列，違者並處罰鍰。

4.結合民間力量共同推動

結合民間力量，運用社會資源，合力推動少年福利工作，亦爲本法推動福利措施之工作重點，又少年福利法特別視福利爲事業，容許付費享受福利方式之存在，使福利脫離救濟之範疇，是亦福利立法之一項創舉。

(三)少年福利法主要之內容

1. 加重父母及監護人及社會對少年之責任感（第一條），明定少年之父母、養父母或監護人應禁止少年出入足以妨害身心健康之場所；前該場所之負責人或從業人員亦應拒絕少年出入（第十九條）。父母、養父母或監護人亦應禁止少年吸食或施打迷幻或麻醉物品，並防止少年觀看或閱讀有關暴力、猥褻之錄影帶或書刊（第二十條）。

2. 規定政府承辦少年福利業務的人員比例，直轄市及縣市政府承辦少年福利業務的人數，按人口數，每五十萬人不得少於三人（第四條）。

3. 明定各級主管機關得設少年福利促進委員會（第五條）；應設少年教養、輔導、服務及育樂機構，對於身遭不幸少年應專設收容教養機構，必要時得聯合設立（第十二條）。

4. 主管機關對於少年年滿十五歲有進修或就業意向者，應視其性向及志向，輔導其進修、接受職業訓練或就業；雇主對少年員工應提供教育進修機會（第八條）。

5. 規定私人或團體設置少年福利機構應辦財團法人登記，以便管理並杜絕流弊，並規定業務應遴用專業人員辦理（第十四條、第十六條），以提升服務之品質。

6. 明定少年保護措施，少年有從事賣淫或營業性猥褻行為者，應先安置及輔導，若為發現少年遭受危害，或有其他足以影響身心健康之情事，應通知當地主管機關、警察機關或少年福利機構（第二十二條），迅即處理，遭遇困難時警察機關應為必要之協助（第二十二條第二項）；至於少年有不當行為而執迷不悟不知悔改者，經其父母或監護人之申請或同意，得予輔導或保護（第二十四條），以配合少年保護規定之實施。

7. 明定違反少年保護之處罰及罰鍰額度，用示執行之決心（第二十五至第三十條）；對於未盡保護或醫療之父母或父母離異者，得為少年之利益計，予以強制醫療或酌定適當之監護人（第二十二條第五項，第九條第四項），並得責其扶養義務人支付相當之費用，以明責任之歸屬。

(四)「兒童及少年性交易防制條例」之主要內容

本法制定於八十四年，八十八年四月、六月分別修正公布，主要內容如下：

1. 宗　旨

為防制、消弭以兒童少年為性交易對象事件。（第一條）

2. 定　義

性交易指有對價之性交或猥褻行為。（第二條）

3. 特別法

本條例為特別法，優先他法適用。（第五條）

4. 救援與責任報告制

(1)法務部與內政部成立檢警之專責任務編組，負責犯罪之偵查；設立或委由民間機構設立全國性救援專線。

⑵醫師、藥師、護理人員、社會工作員、臨床心理工作者、教育人員、保育人員、警察、司法人員及其他執行兒童福利或少年福利業務人員，知悉未滿十八歲之人從事性交易或有從事之虞者或有本條例第四章之犯罪嫌疑者，應即報告。

5.社工人員陪同偵訊以保護兒童及少年

在案件偵查、審判中，於訊問兒童或少年時，主管機關應指派社工人員陪同在場，並得陳述意見。（第六條至第十條）

6.中輟學生的通報

教育部訂定中途輟學學生通報辦法，國民小學及國民中學發現學生有未經請假、不明原因未到校上課達三天以上者，或轉學生未向轉入學校報到者，應立即通知主管機關及教育主管機關，主管機關應立即指派社工人員調查及採取必要措施。（第十一條）

7.設立各類機構預防及輔導從事性交易之兒童及少年

⑴設立或委託民間機構設立關懷中心，為免脫離家庭未滿十八歲兒童或少年淪入色情場所，提供緊急庇護、諮詢、聯繫或其他必要措施。

⑵設置緊急收容中心及短期收容中心，安置從事性交易或有從事之虞之兒童或少年。

⑶設置中途學校，安置從事性交易之兒童或少年。中途學校應聘請社工、心理、特殊教育等專業人員，學校學生之學籍應分散設於普通學校，畢業證書應由該普通學校發給。

8.處理性交易個案之流程

查獲及救援從事性交易或有從事之虞之兒童或少年時，應立即通知主管機關指派專業人員陪同兒童或少年進行加害者之指認及必要之訊問，並於二十四小時內將該兒童或少年移送緊急收容中心。經報告或發現有從事性交易或有從事之虞者，亦暫時安置在緊急收容中心。

緊急收容中心應於安置起七十二小時內，提出報告，聲請法院裁定。法院受理前項報告時，除有不需或不宜之情形外，應裁定將兒童或少年交

付主管機關安置於短期收容中心。

法院審理之結果，除有特殊原因外，法院應裁定將其安置於中途學校，施予二年之特殊教育。未裁定安置於中途學校者，應分別裁定安置於兒童福利機構、少年福利機構、寄養家庭或其他適當醫療或教育機構，或裁定遣送，或交由父母監護，或為其他適當處遇，並通知主管機關續予輔導。

9.本法與其他法律之競合

未滿十八歲之兒童或少年從事性交易或有從事之虞者，如無另犯其他之罪，不適用少年事件處理法及社會秩序維護法之規定。如另犯其他之罪，應依第十六條至第十八條之規定裁定後，再依少年事件處理法移送少年法庭處理。（第十二條至二十一條）

(五)「少年事件處理法」之主要內容

為處理少年觸法問題，「少年事件處理法」制定於民國五十一年，由於社會環境變遷，少年問題日益嚴重，對少年觸法之處理不再以處罰為主，經歷年修正，在八十六年底完成大幅修正，其立法精神採保護優先主義，對非行少年施以治療、矯正、預防措施，因此把帶有懲罰色彩的管制、管訓處分等用語，改為保護、觀護處分等。新增設置少年法院、執行假日生活輔導、勞動服務、親職教育及轉介輔導等，同時把觀護人細分為少年調查官與少年保護官等。本法之用意在於保護及輔導觸法少年，以輔導代替懲罰，擴大虞犯少年適用範圍，增加協尋少年規定，對於情節較不嚴重者改採轉由福利機構保護及輔導等。

三 現行福利措施
＊＊＊＊＊＊＊＊＊＊

(一)困苦失依少年生活扶助

為預防少年在尚無獨立生活能力前，因父母死亡、失蹤、離異、患病、服刑或其他因素致無力撫育而影響生存及發展權利，可由少年的父

母、監護人或其他有關人員向戶籍所在地地方政府申請發給家庭補助費或委託收容教養。

(二)少年寄養

為保障不適宜居住於家庭或喪失生存所必要的扶助、養育及保護，或家庭發生不可預期變故的少年獲得妥善照顧，由直轄市及縣市政府依照省市少年寄養辦法招募、篩選、訓練適當的家庭為寄養家庭；對於合格的寄養家庭由當地地方政府依照其家庭特質轉介適合的少年委託代為教養；接受委託寄養期間，該少年的生活費用、醫療保健費用及其他與寄養有關的必要費用均由政府負擔，惟政府得視被寄養少年原生家庭的情況，向該少年的父母、養父母或監護人酌收應負擔費用。

(三)少年保護

為保護少年免於遭遇不當的侵權行為而造成對生命、身體、財產的危難，或情緒上的困擾，除於直轄市及縣市政府設置保護專線，提供諮商、諮詢服務並受理報案外，由地方政府以委託或自行設置二十四小時「兒童少年保護專線」，隨時處理緊急需要保護之個案，並提供適當轉介的相關服務。

(四)少年輔導

為促使學校、家庭、社會適應不良之少年，能有學習適當社會規範並澄清價值觀念的機會，對有偏差行為而難以管教、或有犯罪傾向而不適宜由家長自行管教的少年，得由父母、養父母或監護人申請、或徵得上開人等同意，由機構收容教養，於收容期間對少年施予就學、就業、生活及心理等輔導服務，目前全國共有四所私立少年輔導機構。

(五)兒童少年性交易防制

為保護兒童少年免受性迫害，各級政府單位均依「兒童及少年性交易

防制條例」辦理各項教育宣導、保護安置及加害者處罰等工作；內政部並成立「兒童及少年性交易防制督導會報」，定期公布防制工作成果。

㈥青少年福利服務中心

為因應少年多元化的需求，由地方政府設置綜合性少年福利服務中心，規劃並推動各項諮詢、諮商服務，設置少年保護專線、處理保護工作與短期安置，提供親職教育、寄養、收養轉介、少年休閒娛樂等服務工作；目前全國已設有四十二所是類服務中心，其中台灣省二十三所，台北市四所，高雄市五所，對各地區少年提供全方位的福利服務工作；並以此為服務據點，結合民間與少年福利相關的團體、基金會、機構等共同建立區域性少年福利供給網路。

四　未來應有之規劃與努力
＊＊＊＊＊＊＊＊＊＊＊＊＊＊＊＊

少年福利之促進，除加強呼籲家庭關心少年，妥善規劃少年保護網路及處理流程（孫碧霞，民 83），寬列預算及增加編制等與加強兒童福利之作為，大體相似外，急待加強者五：

㈠整合「少年福利法」與「兒童福利法」

「少年福利法」僅對不幸少年的保護規定較具體，且消極對不當行為的禁止，缺乏發展性的輔導措施，保護部分也不及「兒童福利法」之具體，因此學者專家時有將「少年福利法」與「兒童福利法」合併修法之議，國外亦有將未成年人之保護合併立法之例，所以二者整合為一法案確有必要。

㈡充實少年福利服務內容

為因應少年的福利需求，少年福利服務內容不只是就學、就業、職訓、醫療、救助，應多樣化，尤其重視少年的生涯發展、休閒服務及生活輔導，才能真正促進少年身心發展，預防少年犯罪。

㈢充實青少年服務中心及相關福利機關軟硬體設施，強化福
　利服務之功能

政府除輔導機構立案，設立財團法人協助收容、寄養及就業轉介外，應續充實休閒育樂設施，拓展青少年正當活動空間（陳宇嘉，民82），並加強少年福利社區化與社區服務組織合作，使少年直接在社區中獲得各項服務，同時鼓勵少年參與社會服務，從彼此的關懷與互助中，培養其對家庭與社會之責任感，期以防止或有效紓解青少年因長期積鬱壓抑而成的反社會意識及可能造成之偏差行為。

㈣充實人力、規劃人才培訓，加強在職訓練

缺乏專業專任工作人員是各服務中心推行工作上的最大障礙（陳宇嘉，民82），因此充實人力，並妥擬輔導人員訓練計畫，強化其專業知識，交流工作經驗，再就個案輔導成果予以評估，提供相關機構參研，提升作業能力，期以提供青少年機構或團體較完整而周延之服務，乃當急要務。

㈤持續宣導少年福利保護規定，呼籲家庭、學校與社會共同
　關切與投入

由於家庭及社會結構的轉變，少年犯罪比率不斷升高，犯罪年齡逐漸降低，嚴重危及社會安定，亟應結合家庭、學校、社會及政府資源，針對不良適應行為之少年實施追蹤輔導，協助改善其適應狀況，建立良好的適應行為（洪德旋，民81）。

◆◆◆◆ 第三節　婦女福利 ◆◆◆◆

○ 婦女福利之意義與需求
＊＊＊＊＊＊＊＊＊＊＊＊＊

婦女福利的內涵每因國情、政治、社會背景及經濟發展之不同而有所差異，已開發國家重在消除性別歧視，確立兩性平等關係及全面參與；開

發中國家則著眼於婦女健康、營養及教育問題之解決（張煜輝，民78）。東吳大學謝秀芬教授將婦女福利界定爲「消除或預防婦女問題，透過制度化或政策的改變來確保婦女福利，對所有婦女應保障其享有的權益，使之不因性別而受到差別待遇。」（社工辭典）實則，婦女福利就其消極面而言，是在解決婦女問題，特別是對於貧苦與遭遇不幸婦女透過政府機關的作爲，使其脫離不良生活環境，或經由再教育的社會化過程，重建人生；積極的目的則是開創婦女良好的生活環境與條件，使其在社會中扮演合適之角色（林振裕，民74），讓婦女得享充分實現自我的機會。

近年來，婦女的角色與地位隨著社會面向與家庭結構的快速變遷，有了相當大的改變。從經濟面而言，女性勞動參與率隨著社會型態的改變與教育水準的提升，呈現了逐年提升之勢，從民國七十年的百分之三十八‧八，提升到八十二年的百分之四十四‧九（行政院主計處，民83），十年來薪水平均調整了兩倍多，增加比率遠大於男性，已婚女性百分之六十擁有房屋的所有權，半數女性工作收入已可完全自主；從社會面而言，由於教育機會均等，女性知識水準逐年提升，就業市場中的婦女勞工，已多屬白領階級，在服務業中擔任行政及主管人員工作者達百分之五十一；根據人事局之統計，政府機關中女性人員比例爲百分之三十五，北、高兩市更高達一半，婦女工作能力普獲肯定，婦女地位大幅提升；然而，由於長久以來男尊女卑的不平等觀念，婦女在家庭、工作、教育及法律地位上仍有不平等的現象，尤其在人身安全、人格權的尊重上卻不因時代進步而有所改變，例如雛妓、性侵害、家庭暴力等問題。因此，婦女福利的促進，必須要從政策面、法治面及措施面加以檢討與改進，從政治面來看，各政黨爲爭取半數人口之認同與支持，紛將婦女保障福利列入政黨黨綱，執政黨政策會並以「婦女地位與兩性平等關係」爲題，廣邀專家學者座談，預爲「完善立法之參考」。滿足婦女福利的需求，儼然已是朝野努力的共識（梁雙蓮，民78）。近來各政黨也提出婦女政策白皮書或各種報告書，同時民法親屬篇、性侵害防治法、家庭暴力防治法也修定或制定，用以保障婦女的權益，但整體福利的促進仍有待積極推動。

一般而言，婦女福利往往隨女性生命發展歷程而異其需求。台灣大學副教授王麗容接受內政部之委託研究，依生命歷程將婦女福利歸納爲十大需求（王麗容，民83），其內容摘要臚列如下：

㈠雛妓保護。

㈡受暴（受虐）婦女的保護。

㈢婚姻調適和離婚婦女之保障。

㈣女性單親和低收入戶婦女之協助。

㈤婦女在家庭中所扮演的照顧角色壓力之疏減。

㈥青少女偏差行爲和未婚懷孕之預防與保護。

㈦少女職業訓練、就業諮詢與輔導。

㈧婦女勞動參與之工作權益，包括兩性平等之工作待遇與升遷等。

㈨老年婦女經濟安全和生活保障。

㈩婦女「全人發展」的需求，即女性生命發展過程中各種不同階段性發展需求的福利規劃。

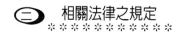

二　相關法律之規定

＊＊＊＊＊＊＊＊＊＊＊

㈠有關兩性平等之規定

1.中華民國人民，無論男女……，在法律上一律平等。（憲法第七條）

2.國家應維護婦女之人格尊嚴，保障婦女之人身安全，消除性別歧視，促進兩性地位之實質平等。（憲法增修條文第十條）

3.男女作同等之工作而其效力相同者，應給同等之工資。（工廠法第二十四條）

4.雇主對勞工不得因性別而有差別待遇。工作相同，效率相同者，給予同等之工資。（勞動基準法第二十四條）

5.兩性享有相同的財產繼承權及收養與終止收養子女之同意權，子女並得約定從母性。（民法第一一三八、一〇七四、一〇七九之二、

一○五八條）

(二)有關婦女勞動條件保護之規定

1.婦女從事勞動者，應依其年齡及身體狀況予以特別保護；國家爲奠
   定民族生存發展之基礎，應保護母性，實施婦女兒童福利。（憲法
   第一五三、一五○條）

2.女工不得從事危險或有害風紀之工作。（工廠法第七條）

3.女工分娩前後應停止工作，給予產假八星期，妊娠三個月以上流產
   者，給產假四星期；女工受僱工作在六個月以上者，停止工作期間
   工資照給；未滿六個月者，減半發給。（勞動基準法第五十條）

4.女工在妊娠期間如有較爲輕易之工作，得申請改調，雇主不得拒
   絕，並不得減少其工資。（勞動基準法第五十一條）

5.子女未滿一歲須女工親自哺乳者，於法定休息時間外，雇主應每日
   另給哺乳時間二次，每次以三十分鐘爲度，哺乳時間視爲工作時
   間。（勞動基準法第五十二條）

(三)有關婦女健康與生命之尊重

　　懷孕婦女經證明有醫學上理由，足以認定懷孕或分娩有招致生命危險
或危害身體或精神健康，或因懷孕或生產將影響其心理健康或家庭生活，
或因被強姦、誘姦或與依法不得結婚者相姦受孕者，均得依其自願，施行
人工流產；而人工流產非經中央主管機關指定之醫師不得爲之。（優生保
健法第九條、第五條）

(四)有關婦女人身安全之保護

　　爲因應台灣地區性暴力問題的日益嚴重，除了行政部門將婦幼安全議
題列爲治安重點工作外，在八十六年一月二十二日公布施行「性侵害犯罪
防治法」，由於性侵害之被害人多爲女性，因此，本法對婦女人身安全保
護，意義極爲重大，該法對於性侵害案件之處理、防治教育課程、建立加

害人資料、被害人保護、補助等均有規定，其重點如下：

1. 宗　旨

為防治性侵害犯罪及保護被害人權益。（第一條）

2. 定　義

性侵害犯罪，係指刑法第二百二十一條至第二百二十條及第二百三十三條之犯罪。（第二條）

3. 性侵害防治委員會及性侵害防治中心

內政部應設立性侵害防治委員會，各直轄市、政府及縣（市）政府設立性侵害防治中心，辦理二十四小時電話專線、被害人之心理治療、輔導、緊急安置與法律扶助、協調教學醫院成立專門處理性侵害之醫療小組、給予被害人二十四小時緊急救援、一般及緊急診療、協助驗傷及取得證據、加害人之追蹤輔導與身心治療、推廣各種教育、訓練與宣傳及其他有關措施。（第二條至第三條）

4. 全國性侵害加害人資料

中央主管機關應建立全國性性侵害加害人之檔案資料。前項檔案資料之內容包含指紋、去氧核醣核酸比對。（第七條）

5. 性侵害防治教育課程

各級中小學每學年應至少有四小時以上之性侵害防治教育課程，包括兩性平等之教育、正確性心理之建立、對他人性自由之尊重、性侵害犯罪之認識、性侵害危機之處理、性侵害防範之技巧及其他有關之教育。（第八條）

6. 驗傷診斷

醫院、診所對於性侵害犯罪之被害人，不得無故拒絕診療及開立驗傷診斷書。（第九條）

7. 媒體報導

宣導品、出版品、廣播電視、網際網路或其他媒體，不得報導或記載性侵害事件被害人之姓名或其他足以識別被害人身分之資訊。但經被害人同意因偵查犯罪之必要者，不在此限。（第十條）

8.犯罪告訴

性侵害犯罪之告訴人得委任代理人到場；被害人之法定代理人、配偶、直系或三親等內旁系血親、家長、家屬或主管機關指派之社工人員得於偵查或審判中，陪同被害人在場，並得陳述意見；被告或其辯護人不得詰問或提出有關被害人與被告以外之性經驗證據；智障被害人或十六歲以下性侵害被害人之訊問或詰問，得依聲請或職權在法庭外爲之或採雙向電視系統將被害人與被告、被告律師或法官隔離。前項被害人之陳訴得爲證據；性侵害犯罪之案件，審判不得公開。（第十二條至第十六條）

9.被害補助

地方主管機關得依性侵害被害人聲請核發醫療費用、心理復健費用、訴訟費用、律師費用及其他費用等補助。（第十七條）

10.加害人治療及輔導

性侵害犯罪之加害人經判決有罪確定，而有刑責及保安處分執行完畢、假釋、緩刑、免刑、赦免之一者，主管機關應對其實施身心治療及輔導教育，不接受者，或接受時數不足者，處新台幣六千元以上三萬元以下罰鍰，經再通知仍不接受者，得按次連續處罰至接受爲止。（第十八條）

此外，台灣地區已婚婦女經常受丈夫毆打，加上情緒、心理等虐待，受暴人數更多。爲預防及處理婚姻暴力問題，在八十七年七月公布施行「家庭暴力防治法」，把婚姻暴力擴大至家庭暴力事件的防治，其重點如下：

1.宗　旨

促進家庭和諧，防治家庭暴力行爲及保護被害人權益。

2.定　義

家庭暴力是指家庭成員間實施身體或精神上不法侵害的行爲。

3.家庭成員

包括配偶或前配偶、現有或曾有事實上之夫妻關係、家長家屬或家屬間關係者、現爲或曾爲直系血親或直系姻親、現爲或曾爲四等親以內之旁系血親或旁系姻親。本項定義比民法中的家庭爲寬，包括夫妻、離婚者、

同居男女，甚且是同性戀者。

4.主管機關

中央為內政部家庭暴力防治委員會、地方為省（市）政府、縣（市）政府。各級地方政府得設家庭暴力防治委員會，但應設家庭暴力防治中心。

5.民事保護令制度

法院依被害人、檢察官、警察或地方主管機關之聲請核發保護令，禁止相對人實施家庭暴力、騷擾，或命相對人遷出、遠離被害人居住及工作等場所、禁止不動產處分、規定對未成年子女之監護權及會面方式、命加害人支付租金及相關費用、命相對人完成加害人處遇計畫等，在急迫危險時，得不經審理程序或於審理終結前可聲請核發暫時保護令。

6.警察保護被害人之積極作為

警察發現家庭暴力罪或違反保護令罪之現行犯，應逕行逮捕；非現行犯，但足認其犯家庭暴力罪嫌疑重大，且有繼續侵害家庭成員，符合刑事訴訟法規定，應逕行拘提之。另為保護被害人及防止家庭暴力，在法院核發暫時保護前，保護被害人及其家庭成員或至庇護所或醫療所，確保被害人生活、職業或教育上之必需品，及告知被害人得行使的權利、救濟途徑及服務措施。

7.其他規定加害人會面其未成年子女時，為保護其安全，法院得命令加害人遵守規定，如在特定安全場所交付子女、命由第三人或機關團體監督會面或禁止過夜會面交往等。又如建立加害人輔導及治療制度，命加害人須接受處遇計畫，如戒酒、精神治療、心理輔導等。建立通報制，醫事人員、社工人員、臨床心理工作者、教育人員、保育人員、警察人員等，在執行職務時，知有家庭暴力之犯罪嫌疑者，應通報當地主管機關。

三 現行福利措施

****

㈠設置綜合性婦女福利服務中心

配合各地方婦女地區性及多元化之需求，提供婦女諮詢輔導、法律服務、親職教育及庇護轉介等服務。目前計有十八所服務中心提供婦女服務（內政部社會司，民83）。

㈡補助辦理婦女福利服務活動

內政部自七十八年度編列預算，補助地方政府及民間機構辦理多項婦女福利服務活動，如婦女成長活動、婦女學苑、社區媽媽教室、指導改善婦女生活、發展婦女教育、幸福家庭講座、才藝競賽、模範婦女表揚與休閒活動、鼓勵參與志願服務等，以加強婦女生活知能，增進生活情趣，促進兩性和諧。

㈢不幸婦女保護措施

設置二十四小時婦女保護專線、不幸婦女緊急庇護及中途之家，結合警政單位緊急救援受暴者或其他不幸婦女並加以安置或收容，設置性侵害防治中心，對於被害人緊急保護、安置、輔導、法律協助等。同時為協助遭遇不幸婦女度過難關，開辦不幸婦女緊急生活扶助，提供救急性之援助。此外，並設置諮詢服務專線，期能普遍而適時地提供婦女求助管道。

㈣婦女工作人員在職訓練

補助辦理婦女福利專業訓練，促進資訊傳遞交流，提升工作人員士氣，提升福利服務之品質。

㈤辦理婦女技藝訓練及就業服務

此項訓練與就業服務可概分為二類，一為協助不幸婦女儘速獲得獨立

自主之職業訓練與安置就業，一為補助民間團體辦理一般性技藝訓練並輔導婦女投入競爭性的就業市場。

㈥獎勵婦女福利相關研究

鑑於國內婦女福利缺乏獨立專責機構，法規散見各部會職掌，為能真正落實符合婦女福利需求，自七十八年度起寬列政府預算，補助民間團體或委託專家學者，從事深度訪查與研究，除希望與生活結合外，並提供決策之參考或依據。台灣省政府並於八十一年透過社會處與東海大學幸福家庭推廣中心合作，出版幸福家庭叢書，共同推展家庭幸福運動（內政部，民 83）。

四　未來的規劃與努力
＊＊＊＊＊＊＊＊＊＊＊＊

㈠建立服務架構，充實福利資源

根據婦女福利需求之分析，政府的福利服務應以加強女性生活適應能力，促進女性潛能之開發及保障女性公平參與為政策目標。因此，就工作內容而言，婦女福利服務實涵蓋了人文教育、就業訓練與輔導、優生保健、司法保護及社會運動等各層面，範圍至廣，實宜籌設專責機構負責整合與規劃，始能研提健全之法令與政策，建立較完整之服務網絡。再者，婦女福利預算雖年有成長，惟從八十二年度的一億至八十四年度的一億五千五百萬，似難有效落實整體規劃與服務，倘財務上一時尚難突破，至少亦應就現有福利資源，重新分配，用期合理。

㈡健全婦女權益法令，落實婦女保障規定

婦女福利及實踐兩性平等，事關男女兩性及所有國民，其複雜性與涵蓋面之廣闊，遠過於其他兒童及老人等福利法規，似不應速求以「婦女福利」單一立法總括所有問題。惟對個別事件須予立法保護者，目前已制定「性侵害防治法」、「家庭暴力防治法」，針對婦女人身安全之保護單獨

立法並明定罰則，近期內應加速落實執行。保障婦女的人身安全與人格權及弭平兩性勞動市場的不平等，亦可考慮以立法方式對性別歧視明確定義，如制定「工作平等法」，並規定強制執行的程序及罰則（呂寶靜，民78），期能寓教於法，並使執行有據。

(三)培訓專業人員，提升服務品質

婦女福利服務從不幸婦女保護到兼顧問題家庭，如單親低收入戶家庭等不同家庭組成分子需求的「家庭取向」福利服務，甚至女性生涯發展觀念之灌輸，在在均需相當深度的心理知識、投入被服務者社會學習方法、處理問題的溝通協調和說服能力，如果沒有訓練有素的專業工作人員，徒有編制人力，亦不能發生作用，故於要求人力配置及專業待遇之同時，計畫性的專業人力培訓規劃，絕不可或缺。

(四)提供婦女職業訓練，加強就業輔導

女性因結婚、生育而離職後的復職率僅四成四，且多長達六年以上始重返就業（行政院主計處，民83），亟需為再就業女性辦理職前訓練與就業輔導，實宜擴大就業服務網之宣導，強化就業諮詢及職業指導，並針對女性未來希望從事之職業與當前缺工之職類開辦職業訓練，以因應就業市場之需求與產業結構之變遷；又為兼顧婦女之意願與需求，必要時並可考慮仿效瑞典法制，採取類似殘障福利法第十七條之立法實例，將政府機構及接受政府輔助之企業或法人團體保留一定比例職位，提供婦女就業之選擇（呂寶靜，民78）。

(五)規劃「家庭取向」福利服務，疏處兩性在工作與家庭間的兩難窘境

家庭取向的福利服務，如育嬰托兒（包括育嬰、育兒假等）、兒童照顧、殘障照顧、托老與養老、居家看護及居家護理等服務之規劃與貫徹，實乃疏處兩性（包括男女雙方）顧家壓力，特別是提供婦女克服社會勞動參與與家庭照顧兩難困境之最佳途徑，以女性婚育離職者，須歷六年始能

重行就業，正亦凸顯學齡前教育之受重視程度，宜乎加強規劃及管理托育之相關法令與設施，獎勵公民營企業建立品質優良之托育服務，使具工作能力之女性，提前重返勞動市場。再者，以老人、身心障礙者的照顧、多數採取居家式的照顧，其中又以女性照顧為主，由於長期照顧，形成身心疲憊，甚且放棄工作及婚姻，影響婦女生活品質及權益至鉅，因此，亟需規劃各種社區式與居家式的照顧服務，如在宅服務、喘息服務、日托服務等。

另外，提倡兩性彈性工時與部分時間工作制度，亦係積極開發潛在女性勞動力之可行作法，一般而言，我國目前女性參與勞動的情況雖然年有成長（民國七十年至八十二年增加了六個百分點為百分之四十四‧九），惟較諸先進國家，仍有未逮，應宜針對有工作經驗之無工作女性，積極開發運用，鼓勵企業開辦部分時間工作，實施彈性工時制度，俾使受家庭羈絆婦女能有更多二度就業之機會。

㈥鼓勵「家務共治」，創造溫馨家庭

根據行政院主計處民國八十三年十二月編具的台灣地區婦女婚育與就業調查，六十四歲以下已婚女性，曾經離職比率高達了百分之四十七‧九，而其中因婚育離職之比率，歷年均居各類離職原因之首，究其原因，主要係傳統社會仍以料理家務為婦女之主要責任，致已婚女性每日料理家務時間，平均長達六小時二十二分。即使職業婦女，每日亦須花費五小時九分。相對於男性每日之不足一小時，相距甚遠。若從兩性平等角度出發，倡導男性相對分擔家務，落實「家務共治」（周京安，民 83），殆為增進兩性和諧，鼓勵女性就業，創造溫馨家庭之基礎。

◆◆◆◆ 第四節　老人福利 ◆◆◆◆

人口老化已成為世界性的現象，已開發及開發中國家均面臨老年人口比例增加之趨勢，高齡化社會中，老年人的照顧問題已形成政策性的議

題。

　　台灣地區六十五歲以上老人占全人口比例，自八十二年九月起即達到
7%，進入所謂高齡化社會的行列。由於工業化、都市化之影響，台灣社
會型態及家庭結構轉變，傳統家庭養兒防老之功能及其他福利功能逐漸減
弱，敬老崇孝之固有價值日漸式微，照顧老人之責任原由家庭全部負擔，
轉而要求政府扮演更積極的角色，以提供或協助家庭照顧老年人。同時，
老人福利的內涵不再只是關懷、敬老及基本生活照顧，更重要的是權益的
保障，協助老人自立、參與，尤其建立長期照護制度，提供老人連續及整
合的服務。

◯一　老人生活狀況與福利需求

　　八十六年底台灣地區總人口二一、七三九、一三〇人中，六十五歲以
上老人人口為一七五萬人，占總人口百分之八‧〇五（內政部統計處，民
87）。在六十九年時，老年人口比例僅為百分之四‧二八，成長相當迅
速。以地區細分，農業縣人口老化更為嚴重，其中以澎湖縣居首，占百分
十二‧九，台東縣、嘉義縣、花蓮縣、雲林縣等均達百分之十，台北市為
百分之八‧九，高雄市為百分之六‧三，台中市為百分之六‧二為最低。

　　台灣人口老化比起歐美百分之十以上並不嚴重，然而老化速度卻與日
本相同，老人人口占總人口比例在六十八年時為百分之四‧〇五，為所謂
「成年型」國家，至八十二年達百分之七，已成為「老年型」國家，其間
僅十五年的時間，老化速度相當迅速，值得及早因應及重視。

　　台灣地區老年人的生活狀況，依據八十二年及八十五年行政院主計處
及內政部所做「台灣地區老人狀況調查報告」（行政院主計處，內政部，
民 83、85），老人生活狀況以下幾種面向說明之：

(一)一般概況

1.六十五歲以上老人有偶或同居者占百分之六十一‧六七，喪偶者占
　百分之三十一‧七二；以性別而言，近半數女性喪偶，比率占百分

之四十九‧七二。

2.老人人口中不識字者占百分之三十五‧六六,自修者占百分之五‧
九八與失學者合占百分之四十一‧六四,而其中女性占百分之七
十‧四二;十位失學老人,有七位是女性。

(二)老人身心及健康狀況

1.老年人自認為健康良好少有病痛者占百分之四十四‧三一,自認為
健康不太好罹患慢性疾病者占百分之五十五‧六九,其中可自行料
理生活者占百分之五十‧二六,另百分之五‧四三,約九萬二千人
表示無法自行料理生活,即每十位健康狀況差的老人,就有一位無
法自行料理生活,須人照顧,他們在日常生活中之進食、洗澡、穿
衣、控制大小便及上下樓梯、舖床等行動中至少會有一項感到困
難。

2.老人所罹患的慢性病以心臟病、高血壓、腦血管等最多,占百分之
三十三‧六三;其次為關節炎、骨質疏鬆症,占百分之十五‧四
七;再次為糖尿病、高血脂、痛風等,占百分之十‧四七;及肝、
胃腸等消化系統病痛,占百分之十‧四六。

3.老年人在八十五年八月至十月曾看過病者占百分之十七‧二六,平
均三個月看病六‧三九次;曾住過院者佔百分之五‧○一,住院次
數及天數分別為一‧三二次及十六‧五六天。

4.九萬二千位六十五歲以上,無法自行料理生活之老人,有九千四百
餘人,即百分之十‧二七現住在療養機構,住在家裡者占百分之八
十九‧七三,其中有百分之七十七‧二一之慢性病人,在家中由家
人照顧,在家僱人照顧者占百分之七‧八六,尚有百分之一‧九
六,即一千八百位慢性病老人,無人照顧。七萬多名在家中之慢性
病老人,有意願進入安、療養機構者,占百分之十‧九六,約一萬
人。

(三)老人居住方式

1. 老年人現住一般家宅者占百分之九十八‧六〇，其中與子女同住（含隔鄰而居）或至子女家中輪住者占百分之六十四‧三，較八十二年減少百分之二‧九，與配偶同住者占百分之二十‧六，獨居者占百分之十二‧二九；現住安養、療養機構者僅占百分之〇‧九〇。

2. 老年人在家庭中的角色以留守家中，照料庭院及住家為主，男性較多維持家計，女性幫忙買菜購物、清潔及照顧孫子女。

(四)老年人生活費來源

老年人生活費用依賴子女供給，占百分之四十八‧二八，較八十二年之百分之五十二‧三，減少四‧〇二；其次為來自本人終身俸或退休金者，自八十二年之百分之十四‧七六，上升為八十五年之十七‧五五；至於來自社會救助（含老人生活津貼），八十五年為百分之六‧三七，較往年之一‧五，增加近五個百分點，可能是受到縣市發放老人生活津貼的影響。

(五)福利措施之利用與瞭解情形

老年人知道且已經利用的福利措施，以醫療保健居首，占百分之七十一‧八七，其次分別為乘車敬老優待（五十九‧四六）、「出入公共場所敬老優待」（四十六‧〇六）。使用後認為滿意的亦以「安療院機構」為主，不知道如何利用者以「居家護理」為最高，不知道有該措施者，則以「居家護理」、「日間照護」、「護理之家」及「日間託老服務」較高，達七成以上。

(六)休閒生活

老年人從事的休閒活動多偏向靜態。日常休閒以「看電視、聽收音

機」為主，占百分之五十‧二，每日平均看電視長達二小時二十四分。其次老人休閒活動，分別為「拜會親友、鄰居聊天」與「運動健身」，分別為百分之十六‧四及百分之十四‧八，雖屬室外休閒活動，但亦多偏靜態或健身性活動（行政院主計處，內政部，民 83）。

㈦人力運用

老人過去三個月曾參加過社會服務工作者占百分之一‧九，較歐美百分之十以上為低；從事工作者僅占百分之十‧五，其中百分之三十九‧五從事自家農業工作，顯示國內老年人很少參與社會服務或志願服務工作，遑論二度就業，人力運用尚未開發。

㈧生活滿意評價

老人對目前生活感覺快樂者占百分之二十四，不快樂者占百分之十三‧五。不快樂主要的原因是健康問題，其次為經濟問題，再其次為孤獨與無聊。

㈨福利需求

謝高橋教授蒐集一九八〇年以來台灣老人需求調查或研究論文歸納顯示（謝高橋，民 83），在台灣社會及經濟發展中，老人生活需求有幾個特徵：⑴近十年一直為老人視為重要的需求有六個，分別為健康醫療、經濟安全、教育及休閒、居住安養、心理及社會適應與家庭關係支持；⑵健康醫療需求與經濟安全需求的重要度在老人心目中最為普遍，分占第一、二位；⑶教育及休閒需求居第三位，但在老人之間有很大差別；⑷居住安養需求、心理及社會適應需求殿後，未增加且趨穩定；⑸家庭關係則被家庭親屬成員普遍用為支持老人的主要資源。

㊁ 老人福利法規
* * * * * * * * * * *

「老人福利法」係於民國六十九年元月二十六日公布施行，在此之前由於社會文化傳統特質，崇尚敬老尊賢，家庭照顧老年人被視為應有的責任，故未有特別的立法。由於民國六十九年正值國內經濟起飛，為向國際社會顯示我國政治、經濟之發展，在同年間完成老人福利法、殘障福利法及社會救助法之立法，顯示我政府重視社會福利工作之推動。但因社會快速變遷，六十九年版的老人福利法內容多屬宣示性，具體措施較少，在民間團體極力爭取下，八十六年六月十八日終於完成老人福利法的修正公布，修正後的法條共三十四條。

㈠老人福利法立法重點

1. 本法立法宗旨為宏揚敬老美德，維護老人健康，安定老人生活，保障老人權益，增進老人福利。（第一條）
2. 老人定義為年滿六十五歲以上之人。（第二條）
3. 各級政府得以委託興建、撥款補助、興建設施委託經營、委託服務或其他方式，獎勵民間提供老人服務。（第四條）
4. 有法定扶養義務之人應善盡奉養老人之責，各級政府及老人福利機構得督促、協助之。（第七條）
5. 老人福利機構包括長期照護機構、養護機構、安養機構、文康機構、服務機構。（第九條）

創辦老人福利機構，應申請許可；凡經許可創辦私立老人福利機構者，應於三個月內辦理財團法人登記，但小型設立且不對外募捐、接受補助或享受租稅減免者得免辦財團法人登記。（第十二條）

6. 直接興建國民住宅，提供符合承租條件且與老人同住之三代同堂家庭給予優先承租。專案興建適合老人安居之住宅或鼓勵民間興建適合老人安居之住宅，並採綜合服務方式管理，專供老人租賃。（第十五條）

7. 老人經濟生活保障採生活津貼、特別照顧津貼、年金保險制度方式，逐步規劃實施。中低收入老人未接受收容安置者，得申請發給生活津貼。（第十六條、第十七條）

8. 為協助因身心受損致日常生活功能須他人協助之老人得到所需之持續性照顧，提供居家護理、居家照顧、家庭服務、友善訪視、電話問安、餐飲服務、居家環境改善及其他相關之居家服務。（第十八條）

9. 老人得依意願接受地方主管機關定期舉辦之老人健康檢查及提供之保健服務。老人或其法定扶養義務人就老人參加全民健康保險之保險費、部分負擔費用或保險給付未涵蓋之醫療費用無力負擔者，政府應予補助。（第二十條、第二十一條）

10. 老人搭乘國內公、民營水、陸、空公共交通工具、進入康樂場所及參觀文教設施，予以半價優待。（第二十二條）

11. 老人志願以其知識、經驗貢獻於社會者，社會服務機構應予介紹或協助，並妥善照顧。有關機關、團體應鼓勵老人參與社會、教育、宗教、學術等活動，以充實老人精神之生活。（第二十三條、第二十四條）

12. 老人直系血親卑親屬對其有疏於照料、虐待、遺棄等情事，致其有生命、身體、健康或自由之危難，直轄市、縣（市）政府及老人福利機構得依職權並徵得老人同意或依老人之申請予以適當短期保護與安置，老人如欲對其直系血親卑親屬提出告訴時，主管機關應協助之。（第二十五條）

13. 為發揮老人保護功能，應以直轄市及縣（市）為單位，建立老人保護體系。（第二十六條）

14. 罰則：針對未經許可、未改善之老人福利機構、依法令或契約有扶養義務而對老人有遺棄、妨害自由、傷害、身心虐待、留置無生活自理能力之老人獨處於易發生危險或傷害之環境等行為之一的扶養人處罰鍰。老人之扶養人或其他實際照顧老人之人，違反前條情節

嚴重者，主管機關應對其施以四小時以上之家庭教育與輔導，不接受者處罰鍰，並得按次處罰至其參加爲止。（第二十八條至第三十一條）

㈡「老人福利法」之特色

「老人福利法」歷經十五年才完成第一次修正，這其間台灣地區政經發展及社會變遷，尤其人口老化現象，實在不能只依賴宏揚敬老美德，就能滿足老人及家庭的需求。新修正的「老人福利法」，針對當前迫切需要的福利內涵已作規定，當然前瞻及周延性仍嫌不足，但仍有特色之處如下：

1. 老人政策中明示對老人提供權益保障。
2. 修改老人定義自七十歲降爲六十五歲，符合世界潮流及事實需要。
3. 明定老人服務不只是由政府的供給，而是可以委託或補助的方式，以經費或設施提供的方式來推展，爲民營化建立法源依據。
4. 強調法定扶養義務人應善盡奉養之責，並增訂罰則。
5. 修改老人福利機構類別，依社會需要改爲長期照護、養護、安養、文康、服務等機構，並規定小型機構得免辦財團法人登記。
6. 明定老人經濟保障方式，爲生活津貼、年金保險建立法源。
7. 增列老人居家服務，以協助老人住在家庭之中。
8. 明定老人參加全民健康保險之保費部分負擔費用及自付醫療費，可由政府予以補助。
9. 增列老人保護規定，以保障老人權益，確保得到生活照顧。
10. 增列對未立案機構之罰鍰及老人保護案件之處罰。

三　現行老人福利措施與行政

政府及民間機構爲因應老年人口增加，目前所提供老人福利措施，大多超越「老人福利法」所訂之項目與最低標準。現行措施及行政如下（內政部社會司，民 86）：

(一)安養服務

台灣地區現有公私立仁愛之家四十七所（台灣省四十所、台北市四所、高雄市一所、金門縣、連江縣各一所），收容人數約一萬二千餘人，其中列冊第一類低收入戶老人公費安養者約五千餘人，自費安養老人二千餘人。退輔會主管之榮民之家十四所，收容安養榮民一萬七千餘人（另有外住榮民十一萬六千餘人）。

(二)養護服務

罹患慢性病、癱瘓老人養護場所計有二十九所，另附設於老人安養機構內養護室者共十八處，提供六千餘床養護老人。目前該項措施需求殷切，尤其小家庭子女皆外出工作，行動不便老人乏人照料，立案機構有限，民間未立案機構良莠不齊。

(三)健康維護

自八十四年三月一日實施全民健康保險，提供全民醫療保健服務，對於無力負醫療費用者，凡列冊低收入戶全額補助，中低收入戶補助百分之七十，每人每年度以三十萬元為限。另辦理中低收入戶家庭老人重病住院看護費補助，以使老人因重病住院無專人看護期間，能獲得妥善照顧並減輕其經濟負擔；對於其家庭總收入平均每月未達最低生活費用標準一·五倍至二·五倍者，每人每日補助七五○元，每年度最高補助九萬元，而一·五倍以下者，每人每日補助一、五○○元，每年度最高補助八十萬元。此外直轄市及縣市政府配合中央健保局定期舉辦老人預防保健服務。

(四)經濟安全

目前的軍、公、教人員保險及勞工保險均有退休或老人給付。針對未接受機構收容安置之低收入戶老人生活，每月均補助每人生活費用，台北市為一一、六二五元，台灣省及高雄市為七、一○○元，金門及連江縣

五、九〇〇元。另外對於中低收入戶提供老人生活津貼，凡六十五歲以上中低收入戶老人，未接受收容安置者，自八十二年七月一日開辦中低收入戶老人生活津貼，其家庭總收入平均每人每月未達最低生活費用一‧五倍至二‧五倍者，每人每月發給生活津貼三千元，而一‧五倍以下者，每人每月發給生活津貼六千元。另外，對於農民參加農保，年滿六十五歲，農保年資滿六個月以上者，由政府編列預算，發給「老年農民津貼」，每人每月三千元，本措施自八十四年六月辦理，八十七年十一月修法擴大發放對象。

(五)社區照顧

老人社區照顧計畫包括老人居家服務、日間照顧、老人保護、營養餐食服務、臨時照顧、老人公寓及改善老人住宅補助等。爲使居家老人得到妥善照顧，各縣市政府甄選在宅服務員或委託專業服務團體提供居家服務，低收入戶免費，清寒戶由政府補助在宅服務費用。日間照顧則運用現有老人文康中心，提供子女工作，行動不便老人至中心參加活動、餐飲、午休及復健，或由內政部補助安養或養護機構辦理外展服務。老人保護係依新修正法規針對遭受虐待、惡意遺棄、疏忽、未得到基本生活照顧或發生緊急事故之老人，以電話諮詢、立即救護、訪視協調、短期保護、轉介安置等方式處理，以確保老人獲得適當照顧。爲滿足生活無法自理、居住家中之老人需求，推展老人營養方案，由內政部補助各直轄市、縣市政府及公益社團辦理營養餐食服務。臨時照顧，則可協助家庭照顧者減輕壓力，提供老人臨時性照顧。此外，爲協助老人留住於社區，台南市、高雄縣、台北縣獲內政部補助興建老人公寓各乙所，補助中低收入老人改善、修繕自有住宅之衛浴、廚房等設備，維護老人居家安全。

(六)教育休閒及人力運用服務

各地設置老人文康活動中心計二四六所，社區松柏俱樂部及長壽俱樂部三、四八〇處，提供老人歌唱、下棋、聚會等場所，大多數得到內政部

獎助充實各項文康休閒設備，其經營及管理或由地方政府自營或委託老人會及老人團體經營。為提升老人福利服務層次，運用老人活動中心或文康中心設立長青學苑，鼓勵老人進修，共有二一九所長青學苑，開辦二五八三班，計有十八萬多人次參加進修。許多縣市另委託大專院校及人民團體開辦老人大學，充分運用社會資源，擴展老人進修範圍。此外，為激發退休老人繼續參與社會生活，各縣市政府等組長青志願服務隊，或成立「銀髮貴人」、「人力銀行」、「長青榮譽服務團」，推介老人擔任志願服務工作。自七十九年度起由內政部撥款補助辦理屆齡退休者之研習營，協助退休者提前規劃老年生活，增加適應能力。

㈦其他敬老優待措施

依「老人福利法」規定，老人搭乘國內公、民營水、陸、空交通工具、進入康樂場所及參觀文教設施，予以半價優待，有些縣市更採免費。另各縣市為增進老人生活情趣，每年舉辦金婚紀念典禮、長青運動會、重陽節系列活動、致贈重陽節禮金、選拔長青楷模等，以激發社會敬老風氣。

（四）　檢討及未來展望

為因應人口老化趨勢，老人福利立法及政策應繼續檢討修定。茲以日本為例，為因應人口老化，該國在原有老人福利制度下，在平成元年（一九八九年）頒布「高齡者保健福祉推進十年戰略」，針對高齡化問題提出政府全盤對策，包括在宅福利、機構設施等在未來十年內預訂擴充之目標、數量及作法。

我國老人福利工作之規劃，應全面檢視老人需求、家庭結構與社會經濟環境，以社區化、多元化的服務內容，及政府與家庭共同承擔照顧責任，為改進之主要方向。未來展望如下：

（一）落實「老人福利法」中各種生活照顧與權益保障規定

新修正「老人福利法」明定老人經濟保障採年金保險、生活津貼、特別照顧津貼，同時也規定推展老人居家服務、老人保護措施，這些措施都是維持老人基本生活，協助老人居住於家庭，防止老人被剝削、虐待等重要的作為，必須儘快付諸實施。因此，國民年金制度應儘快立法。老人居家服務則需要依該法規定，積極委託或補助民間團體、機構規劃推動，期能以多元化的居家服務滿足老人的需求。同時，各級政府亦應儘快成立老人保護網路，特別針對獨居老人提供協助及服務。

（二）建立老人長期照護制度

為因應高齡化社會中，身體功能障礙的老人需要連續及多元的服務，必須及早規劃老人長期照護制度。

目前，國內的長期照護供需不足，亟須整合醫療、社政體系，規劃機構式、社區式及居家式的服務模式，透過政府的獎助措施，鼓勵民間提供服務，同時運用個案管理技術，提供老人需要的服務。

（三）配合老人福利需求，研創多樣化及多元服務

老人長期照護、養護及安養機構亟待設立外，尤其應考慮大多數的老人選擇生活於家庭及社區之中，因此必須建立社區照顧系統，提供多樣化的社區及居家照顧方案，如餐飲、諮詢、居家照顧、日間托老、人力運用、休閒教育、輔具補助等措施，針對不同生理狀況、不同需求之老人提供健康、居住及社會活動方案，才能真正滿足各類老人之生活需求。

（四）補助規定法制化，以落實及鼓勵民間參與老人福利工作

新修正老人福利法及老人福利機構設置標準，已規定結合民間推動老人福利服務及老人機構設置規範，作為民間機構許可登記之依據及業務指引外，更須訂定補助措施，現有內政部「加強推展社會福利補助作業要

點」，應提升爲法規，以使補助制度化，落實鼓勵民間參與之目標。

㈤重視老人生涯規劃，協助老人發揮潛能，鼓勵老人參與社
　會活動

目前的老年人普遍缺乏生涯規劃概念，對於老年生活安排保健、理財均不足，以至於退休後適應困難。老人終生教育、生涯規劃應及早實施，在中年階段開始作老年退休準備。生涯規劃除了在觀念上多加宣傳外，教育及福利機構應普遍推展相關活動，尤其鼓勵老人繼續參加社會活動，參與志願服務或兼時工作，維持與社會密切聯繫，將有助於身心健康之促進。

◆◆◆◆ 第五節　身心障礙者福利 ◆◆◆◆

對身心障礙者的扶助已由過去消極的救濟、收容，提升爲生活與權益的保障。在作法上，必須依據身心障礙者的個別需要，分別提供醫療復健、特殊教育、生活、托育、養護、職業訓練、就業服務等，以扶助其自立更生，公平參與社區生活。

「殘障福利法」公布於民國六十九年，雖然對於推展殘障福利建立一個基本的救助、養護、復健的法令架構，但因殘障類別及等級過嚴，福利措施不夠具體，就業及無障礙空間無法落實等問題，引發政府單位、殘障團體及專業人員之檢討，經由多年努力，於民國七十九年第一次修正該法，民國八十年以後，殘障福利依據新修正法案執行，不僅措施大幅擴大，經費成長迅速，各種公民營的服務機構及方案亦不斷推出。民國八十四年六月再度修法，將慢性精神病患納入殘障範圍，擴大照顧對象。民國八十六年該法再度大幅修正，並將名稱更改爲「身心障礙者保護法」。身心障礙者福利在社會福利措施中具有比較完整之服務體系。

○ 「身心障礙者保護法」立法的重點

「身心障礙者保護法」立法重點及特色如下：

(一)宣示結合政府及民間資源，維護身心障礙者合法權益及生活

為維護身心障礙者之合法權益及生活，保障其公平參與社會生活之機會，結合政府及民間資源，規劃並推行各項扶助及福利措施。（第一條）

(二)明定主管機關及各目的事業主管機關職責

本法之主管機關為內政部及省（市）社會處局、各縣市政府，亦規定各目的事業主管機關，包括衛生、教育、勞工、建設、工務、國民住宅、交通、財政等部門，須依職權辦理各相關措施。

(三)界定身心障礙者認定標準及類別

身心障礙者係指個人因生理或心理因素致其參與社會及從事生活功能受到限制或無法發揮，經鑑定符合中央衛生主管機關所定等級並領有身心障礙手冊者，其類別包括視覺障礙者、聽覺機能障礙者、平衡機能障礙者、聲音機能或語言機能障礙者、肢體殘障者、智能障礙者、重要器官失去功能者、顏面損傷者、植物人、癡呆症者、自閉症者、慢性精神病患者、多重障礙者及其他經中央衛生主管機關認定之障礙者。（第三條）

(四)尊重與保障身心障礙者之人格及合法權益

身心障礙者之人格及合法權益，應受尊重與保障，除能證明其無勝任能力者外，不得單獨以身心障礙為理由，拒絕其接受教育、應考、進用或予其他不公平之待遇。違反者處罰鍰。（第四條）

(五)建立通報個別化專業服務

建立彙報及通報系統，提供療育與服務，建立個別化專業服務制度。

個別化專業服務制度包括個案管理、就業服務、特殊教育、醫療復健等制度，依各相關法規辦理或委託、輔導民間辦理。（第十四條、第十五條）

㈥規劃及補助各類醫療復健服務

辦理嬰幼兒健康檢查、醫療復健及早期醫療等相關服務，設立復健醫療機構、醫療復健輔助器具之研究發展機構與護理之家機構。醫療復健所需之醫療費及醫療輔助器具，尚未納入全民健康保險給付範圍時，應視其障礙等級補助之。（第十七條、第十八條、第十九條）

㈦保障教育權益

規劃設立各級特殊教育學校、特殊教育班。學齡身心障礙兒童無法自行上下學者，由政府免費提供交通工具或補助其交通費。主動協助身心障礙者就學，各級學校不得拒絕其入學。辦理身心障礙者教育及入學考試時，應提供各項必需之專業人員、特殊教材與輔助器材、無障礙校園環境、點字讀物及相關教育資源。設立及獎勵民間設立學前療育機構、辦理身心障礙幼兒學前教育、托育服務及特殊訓練。鼓勵並獎助身心障礙者繼續接受高級中等學校以上之教育。（第二十條至第二十五條）

㈧針對身心障礙者工作能力規劃就業促進措施

提供無障礙個別化職業訓練及就業服務，辦理職業輔導評量，補助職業重建、創業貸款及就業所需輔助器具等。提供支持性及個別化就業服務或提供庇護性就業服務。舉行殘障人員特種考試，並取消身心障礙人員體位之不合理限制。進用身心障礙者，應本同工同酬之原則，不得爲任何歧視待遇。非視覺障礙者不得從事按摩業。（第二十六條至第三十條、第三十二條、第三十三條、第三十七條）

㈨建立定額進用制度

公私立機關、學校按員工總人數比例，進用具有工作能力之身心障礙

者人數，未達標準者，應向身心障礙者就業基金專戶繳納差額補助費。身心障礙者就業基金專戶除補助及獎勵進用身心障礙者機關（構）外，並作爲辦理促進身心障礙者就業權益相關事項之用。（第三十一條、第三十四至第三十六條）

㈩規劃多元化的福利服務措施，强調持續性與居家服務

依障礙類別、等級及家庭經濟狀況，補助生活、托育、養護及其他生活必要之福利。提供居家服務、社區服務、生涯轉銜服務、建立身心障礙者安養監護制度及財產信託制度、補助身心障礙者參加社會保險自付部分之保險費、優先將身心障礙者納入國民年金制度、減免身心障礙者或其扶養者稅捐。保留公有公共場所開設零售商店或攤販、購買或承租國民住宅或停車位。保留公共停車位，非領有專用停車位識別證者，不得占用。優待搭乘國內公、民營水、陸、空公共交通工具。促進身心障礙者之文化及精神生活，鼓勵及協助進行文學、藝術、教育、科學和其他方面的創造性活動。（第三十八條至第五十四條）

(十一)建立無障礙生活空間

各項新建公共建築物、活動場所及公共交通工具，應規劃設置便於各類身心障礙者行動與使用之設施及設備。未符合規定者，不得核發建築執照或對外開放使用，不符合規定者，應令其改善。但因特殊情形，設置確有困難者，得提具替代改善計畫，申報核備並核定改善期限，違反者處罰鍰，必要時停止供水供電、封閉或強制拆除。（第五十六條）

(十二)明定身心障礙者福利機構朝小型化與社區化

身心障礙者機構設立之規模，應以社區化、小型化爲原則，身心障礙福利機構包括身心障礙者之教育、醫療、護理及復健機構、視障者讀物出版社及視障者圖書館、身心障礙庇護工場、職業訓練及就業服務機構、身心障礙收容及養護機構、身心障礙服務及育樂機構及其他身心障礙福利機

構。設立身心障礙福利機構，應向各目的事業主管機關申請許可，並辦理財團法人登記。但小型設立且不對外募捐、接受補助或享受租稅減免者除外。（第五十八條至第六十條）

⊜　身心障礙者福利措施

截至八十七年三月底，全國領有身心障礙手冊人口計五一五、九二四人，現有身心障礙福利服務主要措施如下（內政部，民 87）：

(一)就醫方面

1. 醫療復健補助

全民健康保險實施之後，對於健保未給付之部分，直轄市及縣（市）政府依其轄區內身心障礙者之個別需求予以補助，內政部每年亦編列經費補助辦理。

2. 保險保費補助

身心障礙者參加全民健康保險及公保、勞保、農保、軍保等社會保險所需自行負擔的保險費，極重度與重度者由政府全額補助；中度者補助二分之一；輕度者補助四分之一。

3. 輔助器具補助

身心障礙者需要裝配義肢、支架、助聽器、電動輪椅、氣墊床等復健輔助器具時，可以經由鑑定醫院專科醫師出具診斷證明書，向戶籍所在地鄉（鎮、市、區）公所申請補助；如須使用點字機、安全杖、傳真機、助行器等生活輔助器具，亦得向鄉（鎮、市、區）公所申請全額或半額補助。

(二)就學方面

1. 為促使身心障礙之國民均有教育機會，台灣地區已設置十七所特殊教育學校，而一般學校中有一、一三七所學校共設有二、三四八個特殊教育班級，可提供身心障礙者接受教育的機會。

2.對於身心障礙學生及身心障礙人士子女，教育行政主管機關依特殊教育法及其相關法令，提供減免（補助）學雜費、獎助金、教育代金補助及就學輔導補助等，以協助其接受教育。

3.爲保障其能接受一般正常的學校教育，內政部亦與教育主管機關加強協議，積極協助在教養機構之學齡身心障礙兒童，回到一般學校的特殊班級或特殊教育學校就讀，以確實維護其接受教育的權利。

（三）就業方面

1.就業服務

「職業訓練法」及「就業服務法」，對於促進身心障礙者就業所涉相關事項已有所規範，爲促進身心障礙者就業，目前各級勞工行政主管機關正依上開法案，辦理身心障礙者職業訓練及就業服務，並推動職業輔導評量、職務再設計及支持性就業，結合民間設置庇護工場或商店，以增進就業。

2.就業保障

爲保障身心障礙者就業之權益，執行定額進用措施，公家機關、學校及公營事業機構，其員工總人數每滿五十人，即應進用具有工作能力之身心障礙者一人；私立學校、團體及民營事業機構員工總人數每滿一百人，應進用具有工作能力之身心障礙者一人。未依法進用身心障礙者的單位，每少僱用一人，應按月依基本工資繳納差額補助費，以供辦理身心障礙者福利事業專用。而進用身心障礙者人數，超過法定比例者，則依基本工資的二分之一，補助其超過部分之人事費，及其因進用身心障礙者必須購置、改裝或修繕器材、設備與試用期間所需要的經費。上開措施自八十年九月全面加強執行以來，已進用之身心障礙者人數，已由八十年七月的五、〇二二人增至八十七年三月的三一、九一七人，約已增加協助二六、八九五人就業。

3.鼓勵進用

爲鼓勵各機關（構）進用身心障礙者，各級政府除積極宣導身心障礙

者就業潛能、舉辦雇主座談會、補助進用機關（構）進用身心障礙者必須購置、改裝或修繕器材、設備及提供求才與求職資訊服務等，內政部並於八十年五月函頒進用殘障者機關（構）獎勵辦法，依進用時間長短及進用重度身心障礙者情形，明定獎勵原則，並依上開原則獎勵，六年來共計獎勵九七二個機關（構），八十七年六月起依勞政單位所訂獎勵辦法辦理獎勵事宜。

4.身心障礙者就業基金專戶

對於未依法定比例進用身心障礙者的機關（構）所繳納之差額補助費，直轄市及縣（市）政府已依法設置專戶儲存，作為辦理身心障礙福利事業專用；並組織專戶管理運用委員會，審議專戶經費運用事宜。截至八十七年三月，直轄市及縣（市）政府依法收取之差額補助費計達一百一十二億七、六八四萬一、〇〇〇元，已運用三十三億三、五六九萬元，尚餘九十九億七、八八四萬一、〇〇〇元，運用率為百分之二十九點五八。

5.身心障礙特考

為促使各公立機關學校及公營事業機構進用身心障礙者，行政院已於八十年訂定「行政院所屬各機關學校及公營事業機構進用殘障人員作業要點」，另為協助身心障礙者取得公務人員任用資格，八十五年一月總統明令修正公布「公務人員考試法」，明定辦理殘障特考法源依據，並於八十五年七月二十八日至三十日舉辦首次殘障特考，共計錄取名額為四百二十二名。

6.創業扶助

為協助身心障礙者創業，各級政府均透過創業貸款、免費職訓及創業所需房租、設備補助等相關扶助措施，以協助身心障礙者自力更生。

7.促進視覺障礙者就業

視覺障礙者係屬較不易輔導就業者，為扶助其能自力更生，原殘障福利法已特別規定按摩業應為視覺障礙者方得從事之行業，並明定非視覺障礙者從事按摩業之罰則，目前，全國共有二千多位視障者從事按摩業。

㈣就養方面

1. 生活補助

為照顧生活窮困的身心障礙者生活，自民國七十九年即訂定身心障礙者居家生活補助，並逐年四度放寬是項補助標準，目前，每年約可嘉惠七十餘萬人次身心障礙者。

現行身心障礙者生活津貼之補助對象為家庭總收入平均未達當年度每人每月最低生活費用二‧五倍且未獲安置於社會福利機構者，其核發標準為低收入戶中的極重度、重度、中度身心障礙者每月核發六千元。低收入戶輕度者、非低收入戶中的極重度、重度、中度者每月核發三千元，此外非低收入戶輕度者每月核發二千元。

2. 教養服務

目前在台閩地區依法設立身心障礙福利機構共計一二〇所，所服務之身心障礙者計有八千餘人。為確保機構教養服務品質，內政部訂定相關法令定期辦理機構評鑑，並加強實務人員專業工作知能培訓，至今已有六千餘人次參訓；同時每年寬列經費獎助機構的建築房舍、設施、設備、人事、交通等相關服務經費。

㈤無障礙生活環境

為全面建立無障礙生活環境，內政部特於八十四年一月二十八日行政院第二次政務會談提出「建立無障礙生活環境執行情形檢討及改進報告」，奉行政院長裁示請各級主管機關積極辦理建立無障礙生活環境施政，重點工作包括：

有計畫的清查並改善各項公共設施、建築物及活動場所之無障礙生活環境。由各級政府機關分三階段全面清查轄區內公共設施、建築物、活動場所殘障者使用設備設施改善情形，並由中央寬列殘障福利經費，獎助省（市）、縣（市）政府辦理無障礙生活環境之規劃及改善。自八十年度至今，各級政府為建立無障礙生活環境，合計使用二十億餘元經費，其中中

央獎助款高達十六億餘元，約占百分之七十七，共改善了三、〇〇〇餘處場所。舉辦「無障礙生活環境研習會」，印製「無障礙生活環境法規彙編」暨「公共設施、建築物、活動場所殘障者使用設備設施規範」分送各單位參考。

㈥其他福利措施

包括各項稅捐減免、搭乘國內交通工具及國宅優惠等福利措施，均為維護身心障礙者生活，減輕其生活所需之負擔。

三　檢討與展望
＊＊＊＊＊＊＊＊＊＊

「身心障礙者保護法」歷年修法以來，各項殘障福利措施大幅放寬，加上殘障團體之積極參與，各種社區化、居家服務方案及支持性就業服務方案不斷提出，加上政府委託、補助業務增加，對於身心障礙者生活照顧及權益保障助益不少。

雖然，「身心障礙者保護法」的修法，使得推動身心障礙者福利有了較好的架構與具體規定，但該法通過二年多以來，許多新的規定仍有待落實，例如：涉及各目的事業主管機關的業務推動與相互協調、通報系統、個別化專業服務制度、職業評量、生涯轉銜計畫、安養監護制度及財產信託制度等；又如協助身心障礙者得到持續性照顧、多元化的居家服務、社區服務、無障礙的個別化職業訓練與就業服務等，更亟待結合民間擴大辦理。再者，身心障礙者最重要的醫療復健、特殊教育、無障礙環境、托育、養護等措施，均有待普及並提升服務品質。

從執行面的觀點而言，現行身心障礙福利，人力嚴重不足，大部分靠約聘人員，工作負荷量大，工作人員無暇思考規劃（邱汝娜，民83），造成人員流動頻繁，對於法令之落實及執行不無影響。尤其社政單位層級太低，基層行政人員工作負荷量龐大，在「身心障礙者保護法」修正公布後，人員卻無明顯增加，法令之落實及執行可謂更加困難。近年來，結合民間機構採公設民營或服務委託的方式辦理日託、臨託、支持性就業服

務、個案管理、庇護工場等，成效良好，但仍應有足夠的行政人員負責監
督委託辦理或公設民營的品質，並擴大辦理。

　　以目前政府的財政能力和施政的優先順序，應該對現有相關部會之功
能加強整合與聯繫，期使在有限的資源內完成保障身心障礙者生活的施政
目標（王國羽，民 83）。

■ 關鍵詞彙 ■

支持性福利服務	補充性福利服務	替代性福利服務
保護性福利服務	兒童寄養	兒童收養
兒童保護	早期療育	早期通報
責任報告制	緊急安置	少年保護
中途之家	婦女福利	婚姻調適
家庭暴力	單親家庭	性侵害防治
兩性平等	不幸婦女緊急庇護	高齡化社會
老人生活津貼	老人療養服務	老人保護
在宅服務	日間託老	老人人力運用
身心障礙鑑定	身心障礙定額進用	無障礙者生活環境
生涯轉銜服務	庇護工場	生活補助器具
身心障礙居家服務	身心障礙收容教養	社區服務
支持性就業服務	個案管理	

■ 自我評量題目 ■

一、試述現行兒童福利重要措施及未來努力方向。

二、少年福利立法重點為何？目前推展少年福利應加強那些重點工作？

三、婦女福利的內涵為何？推展婦女福利應該加強那些重點工作？

四、台灣地區老人生活狀況為何？現行老人福利法有那些特色？

五、試述現行身心障礙福利的重要措施。未來應加強那些重要工作？

■ 參考文獻 ■

馮燕（民 83）兒童福利服務需求探討及政策建議，社區發展季刊，第六十七期。

內政部社會司（民 83）我國兒童、少年福利工作執行概況，社區發展季刊，第六十七期。

林勝義（民 81）兒童福利行政，五南圖書公司出版。

洪德旋（民 81）我國社會福利政策之方向，社區發展季刊，第五十八期。

洪德旋（民 81）台灣省祥和社會的規劃與推動，社會福利雙月刊，第十期。

周震歐（民 81）兒童福利，巨流出版。

孫碧霞（民 83）兒童福利法及少年福利政策執行力之檢討，社區發展季刊，第六十七期。

陳宇嘉（民 83）台灣地區少年福利服務需求評估與規劃，社區發展季刊，第六十七期。

行政院主計處（民 83）台灣地區婦女婚育與就業調查報告。

林振裕（民 74）社會政策與社政法規，金玉出版社印行。

梁雙蓮（民 78）誰重視婦女權益？四黨的婦女政策評估，中國論壇，第二十九卷第三期。

王麗容（民 83）台灣地區婦女兒童需求初探與政策芻議，社區發展季刊，第六十七期。

內政部社會司（民 83）我國婦女福利工作執行概況，社區發展季刊，第六十七期。

呂寶靜（民 78）從婦女就業現況談政府應有之政策，社區發展季刊，第四十六期。

周京安（民 84）中國古代儒家思想與養生觀念之探討，文史哲學報，第四十二卷。

行政院主計處（民 83）內政部，八十二年台灣地區老人狀況調查報告。

內政部社會司（民 83）我國老人福利工作執行概況，社區發展季刊，第六十七
　　期。

內政部社會司（民 86）社會福利輯要──內政部社會司掌管部分。

內政部統計處（民 83）內政統計年報。

邱汝娜（民 83）殘障福利執行面的探討，社區發展季刊，第六十七期。

王國羽（民 83）殘障福利資源未來優先順序之研究，社區發展季刊，第六十七
　　期。

張煜輝（民 78）西德母親保護法，社區發展季刊，第四十六期。

第十章

社區發展、國民就業及國民住宅

學習目標

詳讀本章內容後，學習者可達成下列目標：

1. 瞭解我國社區發展之沿革及現階段社區發展、執行成效及福利社區化的前瞻。

2. 說明我國國民就業政策之發展、現行「就業服務法」之立法重點及就業服務執行成效與檢討。

3. 列出我國國民住宅政策發展階段、推行方式、檢討與改進方向。

■ 摘　　要 ■

　　我國古代農業社會中鄰里互助已有社區發展之雛型。「社倉」、「鄉約」即爲社區組織的一種。民國初年推行「平民教育運動」、「民眾教育」、「鄉村建設運動」，均以改造中國鄉村社區爲目的，政府遷台後，在民國五十一年至五十三年運用義務勞動進行鄉村道路、巷道、排水溝、築堤、環境清潔美化等建設。民國四十四年至四十六年試辦「基層民生建設」，民國五十四年行政院頒布「民生主義現階段社會政策」，將「社區發展」列爲社會福利措施七大要項之一，並規定「以採取社區發展方式，促進民生建設重點」。民國五十七年行政院訂頒「社區發展工作綱要」，積極推動基礎工程、精神倫理及生產福利等社區三大建設。又於民國八十年經行政院通過修正綱領爲「社區發展工作綱要」，規定社區發展協會依人民團體法辦理立案。

　　我國社區發展工作推行已達三十年，對於鄉村地區之建設頗有貢獻，但多偏重基礎工程建設，精神倫理及生產福利建設推動不易，社區意識無法建立，相關單位配合不足，亟待整體檢討解決。近年來，政府推動「社會福利社區化」，因應社會福利發展趨勢朝向社區照顧，賦與社區發展新的拓展方向。

　　國民就業之功能在於調節人力，使國民獲得就業安全保障。我國就業服務立法最早爲民國二十四年國民政府時代公布之「職業介紹法」，至民國八十一年始完成「就業服務法」之立法程序，其重點包括國民就業保障、平等僱用、就業服務機構設置、促進婦女、中高齡者、身心障礙者、原住民及生活扶助戶之就業及聘僱外國人工作管理等。此外，爲適應經濟發展，在民國六十一年公布施行「職業訓練法」，推動公共訓練、企業內訓練，辦理技能檢定，促進技術升級及國民就業。

　　我國國民住宅政策，以對較低收入家庭爲協助對象，於民國六十四年

訂頒「國民住宅條例」。推動國民住宅業務方式包括貸款人民自建、政府直接興建、獎勵民間投資興建及輔助人民貸款自購等方式。

興建國宅，由中央及省市成立國民住宅基金，其來源由土地增值稅提撥，另從銀行融資及其他經費籌措而來。申購國民住宅之資格為本人、配偶及其共同生活之直系親屬，均無自有住宅者，並可申請國宅貸款，採高額、長期、低利率之貸款方式，國宅基金貸款利率為年息百分之五‧三，貸款年限二十年。

目前政府興建的國宅，大約只占房屋總量之百分之六‧五。如包括貸款自建、獎勵興建者亦只占百分之四十‧六一，仍有大批等候承購名單。

◆◆◆◆ 第一節　社區發展 ◆◆◆◆

　　社區發展，是第二次世界大戰後由聯合國所倡導的一項世界性運動，透過政府機關與地方機構之合作，以聯合行動協助開發中國家經濟與社會發展。依照聯合國的解釋，「社區發展」係指「人民與政府協同改善社區的經濟、社會及文化情況，把社區與國家生活合爲一體，使它們對國家進步有充分貢獻的一種程序」。這種程序包括兩種重要因素：一是人民本身自動自發的精神，參加改善自己的生活水準；一是提供技術和其他服務，鼓勵自動、自助、互助的精神，並使這種精神更能發揮效力（United Nations, 1955）。社區發展已成爲社會工作三大工作方法之一。

一　我國社區發展政策之沿革

　　我國早在古代農業社會的鄰里互助中已有社區發展的雛型。古代的「社倉」制度，由各地區居民自助自治；北宋呂氏「鄉約」，亦爲社區教育組織之一種（徐震，民71）。

㈠二次世界大戰以前的鄉村建設運動

　　民國十三年晏陽初等在河北定縣推行平民教育運動，民國十六年陶行知等在南京創辦曉莊學校，民國十八年梁漱溟等創立河南村治學院，其後在山東鄒平縣成立實驗區，張鴻鈞在河北清河縣推動鄉村改造實驗區，鄧禹廷在河南鎮平推行地方自治等，均以改造中國的鄉村社區爲目的。上述鄉村建設運動以解決農村社區的基本問題：貧、愚、私、弱爲主，以組織民眾，推展民眾教育，期能引導社會變遷；在工作方法上著重教育，以文字啓發民智，以生計教育改進民生，以衛生教育增進健康，以公民教育充實民德。此外，著重組織工作，成立家長會、主婦會、少年會、幼童會等，其工作方法及內容與近代推行之社區組織與社區發展幾乎完全一致。

㈡國民義務勞動之推行

民國三十二年十二月行政院公布「國民義務勞動法」，規定年滿十八歲至五十歲的男性國民，利用農暇、業餘或假期從事義務勞動，每人每年勞動十天或八十小時，義務勞動項目為築路、水利、自衛、公共造產、公共福利等。

國民義務勞動工作推行重點為整修鄉村道路、開闢產業道路、整頓環境衛生、公共造產、水利及自衛等事項。民國五十一年至五十三年內達到最高潮，全省所有鄉村道路大多是運用義務勞動力量完成的（胡宇傑，民60）。台灣的國民義務勞動自民國四十五年以後漸漸被地方公共建設所借用，地方政府借用不付工資的義務勞動力從事村道巷道修建、築堤、墾荒、造林、建排水溝、開闢公井、公園、美化環境與清掃垃圾等簡易工程（劉脩如，民66），民國四十八年「八七水災」後的重建工程，收效尤大。民國五十一年至五十三年辦理縣市與縣市間，鄉鎮與鄉鎮間，村里與村里間競賽，以鼓勵民眾建設自己家鄉。但後來因聯合國國際勞工組織認為是強迫勞動而停止（王培勳，民74）。

㈢政府遷台以後的基層民生建設

政府遷台以後，中央於民國四十四年至四十六年間在台北木柵、桃園龍潭及宜蘭礁溪等地試辦基層民生建設，主管機關為縣政府，執行機關為鄉鎮公所，策劃推動輔導機關為各縣基層民生建設輔導委員會，另台灣省設置基層民生建設輔導委員會以聯繫、輔導及研究。

基層工作項目包括生產建設、教育文化、社會福利及衛生保健等，至民國五十四年推行者計有三百二十四個村里。台灣地區於民國四十四年至五十四年之間所推行的基層民生建設，實為現行社區發展工作之前身。

㈣現階段社區發展工作

民國五十四年四月行政院頒布「民生主義現階段社會政策」，將「社

區發展」列爲社會福利措施七大要項之一，並規定「以採取社區發展方式，促進民生建設重點」。自民國五十五年起，將過去所推行的「國民義務勞動」及「基層民生建設」合併，改稱爲「社區發展工作」。爲加速推動社區發展工作，行政院於民國五十七年五月十日訂頒「社區發展工作綱要」，明定社區發展目標、區域、推行機關、推行步驟、工作項目、經費來源、工作要領等，作爲推行依據。台灣省政府於民國五十九年訂定「台北市社區發展四年計畫」。同年，我國在聯合國協助下成立「中華民國社區發展研究訓練中心」，由內政部監督考核，並由聯合國派遣專家主持選訓並儲備高級社區發展工作幹部。民國六十一年，我國退出聯合國，而聯合國亦撤回技術協助之人員與經費，然而台灣推行社區發展工作仍繼續擴大辦理。

台灣省政府於民國六十一年將原有「社區發展八年計畫」延長，修訂爲「台灣省社區發展十年計畫」，以基礎工程、生產福利建設及精神倫理三方面並重，推行社區發展工作，以貧困髒亂落後地區優先實施，社區劃分方面則儘量與村里行政區域一致，實施期間自五十八年延至七十年六月結束，前後實施十二年，共規劃設立四、〇二五個社區。民國七十年，台灣省訂頒「台灣省社區發展後續計畫」賡續實施，民國七十五年繼續頒行「社區發展後續第二期五年計畫」，除賡續推動基礎工程、生產福利及精神倫理建設外，其重點在於逐步建立社區福利服務體系，以加強照顧社區內兒童、青少年、老人、殘障、精神病患、低收入戶、急難家庭及求職者。

民國七十二年，中央將「社區發展工作綱要」修訂爲「社區發展工作綱領」，基於社區發展爲啓發人民自動自治的工作方法，故以較非強制性及拘束力的綱領訂之。雖然，已明定社區理事會爲社會運動機構，但仍非屬法人；社區對政府經費補助仍存高度依賴；社區發展承辦人力嚴重不足等問題仍然存在。內政部於民國七十七年起草擬「社區發展工作綱要」，於八十年三月十四日經行政院院會通過，於同年五月一日由內政部頒布實施。該綱要規定社區發展協會依據人民團體法辦理立案。「社區發展工作

綱要」的重新修訂，顯示我國社區發展工作轉以民間為主導，以期達到自發、自足及自治之目標。

(五)推動福利社區化

八十四年國家建設研究會在全國社區發展會議提出「為落實社會福利政策，社會福利應推動社區化，並建議加強各社區各項社會福利設施及服務方案的普及」之建議，內政部乃著手規劃「社會福利社區化」，除訂頒「加強推展社區發展工作實施方案」，研訂「福利社區化」具體措施與步驟，於八十五年十二月訂頒「推動社會福利社區化實施要點」及「推動福利優先區實施計畫」，結合社會福利體系與社區發展工作，整合社區資源，建立社區福利服務網路，迅速有效照顧社區內的兒童、少年、婦女、老人、身心障礙者及低收入者，使福利服務落實於地區。本要點之實施，使我國社區發展工作邁向一個新的層次，也符合福利社區化、社區照顧的潮流與需要。在初期由地方政府選定地區，作為「福利優先區」，並指定專人協助社區確認民眾福利需求，結合社區內的機構、資源，來推動社區福利，並落實社區照顧服務。

⊜　我國社區發展執行成果

我國社區發展工作，自民國五十八年推動迄今已達二十六年，台灣亦由開發中國家邁入已開發國家的行列，社區發展以發揮社區居民自動自發精神，改善社區生活環境，提高社區生活水準為目標，對於鄉村地區之建設尤其有貢獻。

依據中華民國台灣地區社區建設與活動調整報告（內政部統計處，民86），截至八十四年六月底，台灣地區已成立社區發展協會之社區共四、〇二三個，其中鄉村社區二、五八八個，占百分之六十四·三；都市社區七六五個，占百分之十九；市鄉混合社區四九八個，占百分之十二·四；山地社區一百七十二個，占百分之四·三。以地區別而言，台灣省有三、七二〇個社區，台北市二〇八個社區，高雄市九十五個社區。

社區發展包括基礎工程建設、生產福利建設及精神倫理建設三大類。在基礎工程建設方面，七成以上社區辦理美化綠化工程，六成以上舖設柏油或水泥路面、修築整建排水溝及垃圾之改善與處理及設置路燈及路標。生產福利建設方面，設有生產建設基金之社區占百分之六十九‧二，平均基金為五十‧四萬元。辦理生產建設項目中，以推廣家庭手工藝及副業為最多，占百分之二十四‧八，其為技藝訓練占百分之二十一‧九，再次為農業機械化占百分之十‧七。在福利建設項目方面，辦理最多者為生活扶助與急難救助占百分之五十四‧三，其次為社區托兒服務占百分之四十一‧二，再次為青少年文康活動占百分之三十七‧六。精神倫理建設方面，以辦理民俗才藝活動、文化講座、康樂及聯歡活動、全民運動及改善社會風氣活動等為最多。

㊂　社區發展檢討與建議

台灣地區推行社區發展已二十餘年，雖然有助於基層、偏遠地區的基礎建設、保健衛生改善及社區意識增強，但也因法令及觀念不足，未能真正激發地方參與，而造成推行困難，其檢討如下：

㈠偏重物質建設，成果不易維護

社區物質建設仍屬社區發展之主要項目，固然有助於生活環境改善，但當地居民因過於依賴政府，多數缺乏自發性，對於基礎工程未加維護。另外，精神倫理建設及生產福利建設雖有助於居民生活素質的提升及社區意識的凝固，但因民眾多屬被動，推展不易，進而影響社區理事會的運作，造成許多社區虛有其名。

㈡社區意識無法建立，相關單位配合不足

社區發展的推動係多由政府劃定社區，輔導成立社區理事會，而非民眾自願成立，故多數社區缺乏主動運作之意願，民眾多存依賴與觀望，社區資源難以彙集，影響社區工作之推展。另社區發展係由社政單位主管，

人手不足，其他如教育、建設、衛生、農林等單位，又認為社區發展為配合業務，故推動社區發展工作相當困難。

(三)推動福利社區化觀念及作法有待釐清

社區照顧已成為社會福利的趨勢，因而福利社區化提供社區發展新的發展課題，然而一般人誤以為所有的福利皆由社區提供，對社區賦與過重的期待，而目前的社區如以社區發展協會的活動為範圍，則規模、資源均不足，很難達到福利社區化的目標。本項業務目前遭遇的困難包括社區能量不足、社區服務之相關支持網絡尚未建立，以及政府與民間的分工有待釐清等（李易駿，民87），因此福利社區化的具體作法應該進一步釐清，才可能真正達到社區照顧的目標。

(四)社區發展定位不明，缺乏法令規定

社區發展推動因無法制而無法爭取到必要的人力與經費，在七十二年間實施多年的「社區工作綱要」，修定為「社區發展工作綱領」，八十年又修定為「綱要」。綱要及綱領均非法律，不具強制力與約束性，使得社區發展工作推行困難。

目前「社區發展工作綱要」，已將社區發展協會定位為人民團體，社區劃分較有彈性，唯今後如以社區發展作為推行社會福利的工作方法，在作法上仍應將社區發展法制化，社區應視民眾需要而成立，工作項目應更彈性，超越基礎、精神倫理及生產建設之範圍，激發社區居民參與，培訓社區工作人員，結合社團及企業組織，整合社區資源，才能建立以社區為基礎的福利服務據點。

◆◆◆◆ 第二節　國民就業 ◆◆◆◆

就業安全包括人力規劃、就業服務、職業訓練及失業保險等四項，上述業務已歸納於勞工行政體系。唯就業安全中就業服務，對於具有工作能

力及工作意願者，透過職業介紹或安置，可使人才適才適所，除可調節人力，更可使國民就業後，獲得所得保障，而維持生計，進而增進個人及家庭福祉。故國民就業亦視爲社會福利中重要的工作項目。

一　我國國民就業政策之發展

民國五十四年行政院訂頒「民生主義現階段社會政策」，訂定「國民就業」專項，分爲六目，對國民就業提出整體構想。

五十九年四月十屆二中全會通過「加強國民就業輔導工作綱領」，配合經濟發展加強國民就業輔導，以促進充分就業。六十八年三月國民黨十全大會通過「現階段社會建設綱領」中規定：「建立職業平等觀念，推廣職業指導，辦理勞動力供需調查，加強職業訓練，改進學徒制度，擴展職業介紹，促進國民就業」。八十三年行政院訂頒「社會福利政策綱領」中亦有「就業安全」，強調推動就業服務、職業訓練、技能檢定、失業保險以促進國民就業，同時要落實國民就業機會平等，禁止就業歧視。

二　就業服務立法重點

有關就業服務法立法部分，民國六十四年內政部就國民政府在民國二十四年訂頒之「職業介紹法」研提修正案，即「就業服務法」草案，六十八年間行政院函示暫緩立法，先會同有關機關加強就業服務方案後再行檢討立法。經多年研議，於民國七十四年通過「加強就業服務方案」，由各權責單位據以實施。爲建立就業服務制度，保障國民就業，自七十六年起再度研議制定「就業服務法」，於八十一年完成立法程序公布施行，至此我國就業服務工作才有法律依據，對就業安全制度的建立有極大的助益，該法又於八十六年修正第四十九條，八十九年一月修正第四十三條及第五十一條。

「就業服務法」之重要規定如下（吳俊明，民 81）：

㈠國民選擇職業之自由：明訂國民有選擇職業之自由。但有違反公共利益、社會秩序或善良風俗之情事者，不在此限。（第三條）

㈡國民接受就業服務及受僱之平等：明訂國民具有工作能力者，接受就業服務一律平等；雇主對求職人或所僱員工，不得以種族、階級、語言、思想、宗教、黨派、籍貫、性別、容貌、五官、殘障或以往工會會員身分爲由，予以歧視。（第四條、第五條）

㈢確保求職求才者之權益：就業服務機構除推介就業外，不得對外公開雇主與求職人資料；不得推介求職人至有勞資爭議之場所；雇主資遣員工應通報勞工行政機關及公立就業服務機構；推介就業或招募員工，不得有不實廣告或揭示、留置身分工作證明文件、欺瞞或提供不實條件、扣留求職人財物等。（第九條、第十條、第二十九條、第三十四條、第三十九條及第四十條）

㈣就業服務機構之設置：除公立就業服務機構外，私立就業服務機構須置就業服務專業人員，經許可後方得設立。（第十二條、第三十五條及第三十七條）

㈤公立就業服務機構之服務原則：辦理就業服務以免費爲原則；對於申請求職、求才登記，除違反法令或拒提推介就業所需資料外，不得拒絕；求職人爲生活扶助戶，其爲應徵所需旅費，得酌予補助。（第十三條至第十五條）

㈥經濟不景氣，大量失業時，中央主管機關採取之措施：中央主管機關得鼓勵雇主協商工會或勞工，縮短工作時間，調整薪資、辦理教育訓練等方式，以避免裁減員工，並得創造臨時就業機會，辦理創業貸款及加強職業訓練等輔導措施。（第二十三條）

㈦促進具有工作能力之婦女、中高齡者、殘障者、原住民及生活扶助戶就業：主管機關應訂定計畫，推動及爭取適合之就業機會，並定期公告。（第二十四條、第二十五條）

㈧私立就業服務機構得辦理職業介紹或人才仲介業務，接受委託招募員工。

㈨聘僱外國人工作，不得妨礙國人之就業機會、勞動條件、國民經濟發展及社會安定；規定得聘僱外國人工作之範圍，並須向各該主管

機關或目的事業主管機關申請許可。聘僱外國人從事專門性或技術性工作等或因工作性質特殊，國內缺乏人才，有聘僱外國人之必要，經中央主管機關專案核定者，許可期間最長為三年，有繼續聘僱之需要者，雇主得申請展延。聘僱外國人從事家庭幫傭，或因應國家重要建設工程或經濟發展需要，經中央主管機關指定之工作，許可期間最長為二年，期滿後，得申請展延一次，期間不得超過一年；重大工程特殊者，得申請再展延，最長以六個月為限，雇主並應繳納就業安定費及保證金。（第四十一條至第五十七條）

㈢ 就業服務執行概況及成效

台灣地區辦理就業服務工作，可溯自民國三十五年在新竹縣政府設立職業訓練所開始，台灣省政府於民國三十六年一月十八日訂頒「台灣省各縣市職業介紹所組織規程」，全省各縣市開始設置職業介紹所，辦理求職求才登記及介紹、調查人力供需狀況及辦理職業訓練等。台灣省政府於民國四十五年在台北市設立「台灣省國民就業輔導中心」，陸續擴增為北、中、南三區國民就業輔導中心，並隨著業務擴張為基隆、台北、台中、台南、高雄等五區國民就業輔導中心及花蓮等十二個就業服務站（白秀雄，民 78）。民國五十六年及六十八年台北市及高雄市分別改制為院轄市，分別設置台北市國民就業輔導處及高雄市國民就業輔導所（民國七十五年改為高雄市國民就業服務中心）。目前台灣地區計有台北市國民就業服務中心、高雄市國民就業服務中心、基隆區國民就業服務中心、台北區國民就業服務中心、台中區國民就業服務中心、台南區國民就業服務中心及高雄區國民就業服務中心，其下分別設就業服務站或就業服務台。另大專以上（含碩士）求職求才服務係由行政院青年輔導委員會負責辦理。

㈣ 職業訓練推行概況

為適應經濟發展需要，民國六十一年政府公布實施「職業訓練金條例」，成立全國職業訓練金監理委員會負責職業訓練金（由企業單位提

繳）之保管與運用。民國六十三年十一月起，因受國際性不景氣之經濟情勢影響，暫停提繳職業訓練金，但仍運用歷年收繳餘額，輔導推動職業訓練，籌建中區職業訓練中心。民國六十六年為配合推動六年經濟建設計畫，行政院核定「中華民國推行職業訓練五年計畫」，這是我國第一個有關職業訓練、技能檢定的中程計畫。

為進一步強化職業訓練與就業輔導工作，在民國七十年三月成立內政部職業訓練局（白秀雄，民 78），七十六年八月一日行政院勞工委員會成立時，改隸該會。民國七十一年五月二十日行政院訂頒「加強推動職業訓練工作方案」，以四年為一期，以擴充公共訓練能量，提升職訓師資水準及建立職業訓練制度為目標。第二期加強推動職業訓練工作方案，則是配合我國第九期經濟建設中期四年計畫，自七十五年至七十九年六月止，其基本目標在於強化職訓功能，加強公共職訓機構之運作，推動企業內訓練，建立生產訓練體系，促進國民就業，提高職訓層次，培養職業道德觀念，擴大辦理技能檢定，提升各業技術及服務水準，健全職訓制度，研訂職訓標準，加強技術士證照功能及管理等。

近年來，配合國家發展需要，依據就業市場與產業發展之需求，訂定人力培訓工作重點，機動調整公共職業訓練的訓練職類、課程、教材與教法，擴大訓練能量，提升訓練層次；加強辦理第二專長訓練、進修訓練、轉業訓練及服務業訓練，以因應職業轉換及工作晉陞之需要。此外，對於身心障礙者、中高齡者、婦女、原住民及在營或待退官兵，亦專案辦理培訓，並推介就業；鼓勵企業界參與辦理職業訓練，協助提高效能。

目前台灣地區計有十三處公共職訓機構，訓練崗位數共八、六〇〇個，訓練職類包括金屬加工、車輛修護、電機、電子、電腦資訊、營建、印刷、服務等類群。十三處職訓機構，分別為職訓局所屬泰山、中區、北區及南區職訓中心、退輔會職技訓練中心、青輔會青年職訓中心、農委會漁業幹部船員訓練中心、台灣省北區及南區職訓中心、台北市職訓中心、高雄市職訓中心、財團法人東區職訓中心、中華文化社會福利事業基金會職訓所等。

五　未來展望
＊＊＊＊＊＊＊＊

「就業服務法」的公布施行，可以說是我國就業政策與服務的新的里程碑，對於國民工作權的維護，以及因應國家經濟發展、就業市場機能強化具有重大的意義。近年來，由於台灣地區人口日趨老化，產業結構升級，青年人力成長減緩，學齡延長，國民所得提高，導致勞力供需失調。政府自民國七十八年引進外籍勞工以後，短期內雖有助於紓解勞工短缺問題，但長期而言，為維持經濟穩定成長，人力資源發揮功能，就業安全政策仍應加強職業訓練、落實就業服務、輔導國民適性擇業、建立正確職業觀念、提高就業服務品質與效能、因應人口結構變遷、開發潛在勞動力。同時，應落實「身心障礙者保護法」有關協助身心障礙者職業訓練與就業服務措施，訂定婦女、中高齡者及原住民等職訓與就業措施，並且檢討外勞政策，加強外勞作業管理，以減低外勞所帶來的負面影響。

◆◆◆◆ 第三節　國民住宅 ◆◆◆◆

居住是個人生活中最基本的需求之一，滿足民眾居住需求是公共政策中基本的項目。政府對於居住福利的供應，通常以對較低收入家庭為協助對象，即所謂國民住宅政策。在執行上有四種基本方式：(1)政府直接興建；(2)貸款人民自建；(3)獎勵投資興建；(4)貸款人民自購。

為安定國民生活，增進社會福祉，自民國四十六年訂頒「國民住宅貸款條例」，設置專責機構推動國民住宅建設。民國六十四年訂頒「國民住宅條例」，自六十五年度起，將國民住宅納入六年經建計畫，六十八年度起將「廣建國民住宅」列為十二項重要建設之一，七十七年訂頒「中低收入住宅方案」，七十八年訂頒「改善當前住宅問題重要措施」，八十一年度起推動「國家建設六年住宅建設計畫」，其目的都在於協助中低收入家庭解決居住問題（內政部營建署，民 84）。

依照「民生主義現階段社會政策」規定，政府應興建國民住宅；廉租

或分期出售平民居住；採長期低利貸款協助平民及公教人員自行興建住宅；鼓勵私人投資建造國民住宅分租或分期出售；開發都市近郊坡地或不適農耕土地，以合理價格供給國民所需建地；設計改良住宅；供應圖樣，獎勵居室工業；修訂國民住宅法及有關法規，力求便利人民，以促進國民住宅之興建（白秀雄，民 78）。

◯ 推展沿革
＊＊＊＊＊＊＊＊

台灣地區推展國民住宅已有四十年之久，大致可分爲四個階段：

(一)民國四十四年至六十四年度

貸款人民自建時期。貸款建屋資金係使用美援貸款，政府本身並無固定財源，四十七年因美援貸款停止，報經行政院核定，將全省土地增值稅收入，集中使用，悉數撥充國民住宅興建基金。五十六年起因民生主義現階段社會政策規定，以土地增值稅撥作社會福利基金辦理七大項社會福利措施，乃規定在省市社會福利基金內提撥成數，不得少於全國收入百分之二十五；五十八年實施九年國民義務教育，分配比例減爲百分之十二·五（白秀雄，民 78）。

(二)民國六十五年至七十一年度

政府直接興建時期。由政府取得土地，規劃設計、興建並配售住宅。

(三)民國七十一年至七十八年度

政府直接興建、貸款人民自建、獎勵民間投資興建、輔助人民貸款自購時期。

(四)民國七十八年度以後

除上述措施外，增加輔助人民貸款自購，由政府補貼利息，協助購買民間住宅。

　　歷年來政府直接興建國宅十四萬零八百二十三戶，貸款人民自建國宅十六萬三千六百八十二戶，獎勵投資興建三萬九千零一十八戶，以及輔助人民貸款自購住宅九萬六千九百零四戶（內政部營建署，民 85），詳如表 10-1：

表 10-1　四十四～八十一年度國民住宅執行情形表

方式 年度	政府直接 興　　建	貸款人民 自　　建	獎勵投資 興　　建	小　　計	輔助人民 貸款自購	合　　計
44-64 (1955-75)		124,992		124,992		124,992
65-70 (1976-81)	67,565	3,670		71,238		71,235
71-74 (1982-85)	26,466	18,012		44,478		44,478
75-78 (1986-89)	2,596	7,640	432	10,668		10,668
79-80 (1990-91)	16,981	4,272	3,459	24,712	22,858	47,570
81-84 (1992-95)	27,215	5,146	35,127	67,488	74,046	141,534
合　　計	140,823	163,682	39,018	333,523	96,904	440,427

資料來源：內政部營建署，國民住宅簡介（民 85）。

㈢　國民住宅六年計畫

　　自八十五年至九十年度，為協助較低收入家庭解決居住問題，計畫辦理國民住宅一二六、四四〇戶，其中政府直接興建四五、七四〇戶，貸款人民自購八、九〇〇戶，獎勵民間投資興建七一、八〇〇戶，輔助人民貸款自購一一四、九〇〇戶。至八十四年十一月底止，已執行一九、二六二戶。

🔴三 國民土地、資金、貸款及管理
****

政府直接興建國宅，其用地之取得，包括價購公地、價購公營事業機構土地、配合軍眷村改建土地、區段徵收土地、開發新市鎮、新社區、市地重劃及都市更新等。

興建資金主要來源包括中央國民住宅基金、省市國民住宅基金（土地增值稅提撥款為最主要來源）、銀行融資及其他經費（含省市政府墊借、國宅貸款及墊款之回收款、標售租商業、服務設施及其他建築物之盈餘價款等）。

上述資金之運用，其中中央國民住宅基金主要用於撥貸省市政府及金馬地區興建國民住宅；省市國民住宅基金則用於興建有關之費用，包括購買土地、興建國民住宅及貸款等。

國民住宅貸款採高額度、長期、低利率之貸款以減輕較低收入家庭購屋負擔。貸款償還方式採按月均等償還本息，前五年付息不還本，後十五年按月均等償還本息，貸款額度採售價、估值或工程造價之百分之八十五；國宅基金貸款利率為年息百分之五‧三，貸款年限二十年。

申請國宅資格如下：

(一)申請政府興建國民住宅資格

1. 女子年滿二十二歲，男子年滿二十五歲，在當地設有戶籍者。
2. 本人、配偶及其共同生活之直系親屬，均無自有住宅。
3. 符合行政院公告之收入較低家庭標準者（八十六年收入較低家庭標準：台北市收入為一百三十一萬元以下，高雄市為一百零三萬元以下，台灣省為八十三萬元以下）。

(二)申請貸款自建國民住宅資格

1. 女子年滿二十二歲，男子年滿二十五歲，在當地設有戶籍者。
2. 本人、配偶及其共同生活之直系親屬，均無自有住宅，或原有房屋

陳舊，全部或部分擬拆除重建者。

3.符合行政院公告之收入較低家庭標準者。

㈢申購獎勵投資興建國民住宅資格

1.一般民眾，未享有國民住宅貸款，但可免契稅。
2.符合國民住宅承購資格者（由投資申請人統一造冊，向國民住宅單位申請辦理國民住宅貸款）。

㈣申請輔助人民貸款自購住宅資格

與申請政府興建國民住宅資格相同。

國宅之維護管理除由國民住宅主管機關於社區設立管理站負責執行管理維護工作，包括一般行政管理、公共設施及環境維護，並由社區住戶組成住戶之互助委員會，協助管理站執行管理維護工作（內政部營建署，民84）。

四　檢討與建議
＊＊＊＊＊＊＊＊＊＊

政府對於居住福利的供應，在基本政策上係以國民住宅提供較低收入家庭。自民國六十四年至八十二年底，由政府興建的國宅，約十八萬六千戶（含施工中四萬二千戶），大約只占房屋總量（民國八十二年約五二、二二四、三一六戶）的百分之六‧五（米復國，民 83）。

廣義之住宅福利如果以政府負責興建以及輔貸住宅觀之（米復國，民83），國民住宅（含直接興建、貸款自建、獎勵興建）共計一三六、九〇六戶，占百分之四十‧六一；但目前為止供應量仍不足，等候承購國宅者仍有一四九、六五九戶。輔助人民貸款自購住宅占百分之十二‧三一，軍眷住宅占百分之四‧八九，公教住宅占百分之二十八‧五九，平價住宅占百分之一‧三一，勞工住宅占百分之二‧二一，合計三三七、〇八七戶，為政府廣義之住宅福利，其受益對象以照顧較低收入家庭及軍公教人員為主。

　　由以上資料觀之，目前我國住宅福利九成以上須要靠民間投資開發及提供，即使提供較低收入家庭的國民住宅，仍因土地不足，經費有限，雖然增列了貸款人民自建、獎勵興建及輔貸自購，仍無法滿足中低收入族群的住宅需要，尤其民國七十六年以來房價狂飆，一般中產階級購屋更加困難，更遑論弱勢族群。值得重視的是，目前台灣已有百分之八十五之住宅擁有率（王明衡，民 84），房屋市場上供應已過百分之百，空屋率平均高達百分之十五，但無住屋者又有增無減，顯見土地炒作使貧富差距年年加大，地價飆漲使住宅問題更加惡化。政府提供的公共住宅如能逐漸達到擁有總量的百分之四十，才能照顧較多的國民。

　　此外，老人及身心障礙者之住宅福利應及早規劃解決。台灣高齡化之後，老人住宅的需要性提高，尤其老人獨居比率每年增加，健康老人之安養機構——老人公寓、養護所需之住宅、鼓勵三代同堂或三代同鄰之住宅，其內部格局均須規劃；身心障礙者權益受重視後，住宅內無障礙空間的提供尤其重要。此外單親婦女、都市原住民等，均因都市住宅昂貴或因文化因素，須要協助解決住宅問題或作特殊安排，使其維繫特殊之文化活動。另外，偏遠地區農漁民的住宅應提供修繕補助及維繫社區生活（米復國，民 83）。

■ 關鍵詞彙 ■

社區發展	鄉村建設運動	國民義務勞動
基層民生建設運動	社區意識	福利社區化
社區建設	就業安全	就業服務法
職業訓練	國民住宅	

■ 自我評量題目 ■

一、試述我國推行社區發展之歷史沿革。

二、我國推展社區發展之檢討及福利社區化的評估。

三、現行就業服務法之立法重點與特色。

四、國民住宅政策執行包括那些方式？

五、試述我國國民住宅政策之檢討。

■ 參考文獻 ■

【中文部分】

徐震（民71）我國推展社區發展的回顧，社區發展季刊，第十八期。

胡宇傑（民60）對台灣社區發展目前幾項重要問題的管見，社會建設，第九期。

劉脩如（民66）社區發展在台灣地區的回顧與展望，社區發展季刊創刊號。

王培勳（民74）社區工作——兼論我國的社區發展工作，金鼎圖書文物出版社。

內政部統計處（民86）中華民國台灣地區建設與活動調查報告。

李易駿（民87）運用社區組織推展福利服務之可行性，社區發展季刊，第七十七期。

吳俊明（民81）就業服務法立法經過及主要內容，就業服務時論彙編（第二輯），台灣省政府勞工處。

白秀雄（民78）社會福利行政，三民書局。

米復國（民83）當前住宅福利的課題，社區發展季刊，第六十七期。

王明衡（民83）住宅福利政府的反省與新方向，社區發展季刊，第六十七期。

【英文部分】

United Nations (1955) *Social Progress Through Community Development.*

第十一章

英國社會福利

學習目標

詳讀本章內容後,學習者可達成下列目標:

1. 瞭解英國社會福利歷史背景與整體現況。

2. 說明英國社會安全計畫之行政管理與措施內容。

3. 瞭解英國保健服務制度之行政管理與措施內容。

4. 說明英國個人社會服務之管理改革與措施內容。

5. 列出英國志願服務之組織類別與服務內容。

■ 摘　　要 ■

　　一六○一年英國制定「救貧法」，首先授權地方政府徵稅，用於照顧貧困者。十九世紀初期因流行性疾病引發公共保健立法，成為日後健康立法的基礎。二次世界大戰期間貝佛里奇爵士領導一個跨部會的委員會，針對社會保險及保健服務展開調查，提出改革報告書，經聯合政府採納，於一九四六年制定「國民保健服務法」，使英國成為世界上第一個提供免費醫療服務的國家。

　　英國社會福利分工係由中央政府主管社會安全計畫與國民健康服務，地方政府則負責管理個人社會服務。

　　英國將近三分之一的政府預算用於社會安全計畫。保費由雇主、受僱者、自僱者繳納，另由稅收支應。給付包括退休年金、生育給付、兒童給付、寡婦津貼、疾病給付、殘障給付與津貼、重度殘障津貼、工業傷害年金、失業給付、所得補助、住宅給付及家庭給付等。

　　保健服務制度所需經費，百分之八十來自徵稅，其除由雇主、受僱者及自僱者繳納。保健服務制度包括家庭保健服務、醫院與專科服務、環境保健等。家庭保健服務先由全科醫師提供初步診察，以處方治療或轉診至更專業之醫師。醫院與專科服務指地區總醫院提供一般住院、日間療養與門診治療，私人診所醫療有時亦可提供公費診療。

　　個人社會服務係由政府結合志願服務團協助老年、殘障、兒童及少年等弱勢團體，包括居家服務、定期訪視、殘障復健與療養、無障礙設施、精神病患日間照顧、單親家庭或受虐兒童家庭協助及照顧、領養服務等。

　　志願服務項目包括老人照顧、精神病患與智障者社區服務、就業訓練與青年訓練等。為協調聯繫各志願服務組織，成立國家志願組織委員會、志願服務委員會全國協會等組織，提供會員資訊，並整合力量。

◆◆◆◆ 第一節　歷史背景 ◆◆◆◆

　　早期的英國社會福利服務源自於不同的宗教命令，再由視照顧貧病者
為己任之地主、商人與同業公會予以加強，後來卻因封建制度的衰退及修
道院的式微，使得此項服務宣告廢止。十六世紀末葉，取代舊制度的新作
法已勢在必行。一六〇一年，救貧法（Poor Relief Act）授權英格蘭與威
爾斯之地方政府徵稅，用以照顧貧病者與遊民。

　　十九世紀初，英國因城鎮的迅速擴展引發了多種流行疾病如霍亂、傷
寒的蔓延，成為當時最嚴重的衛生問題，一八四八年的公共保健法應運而
生。此一制度持續發展，並形成爾後保健立法的基礎，一九一一年通過的
國民健康保險法（National Health Insurance Act, 1911），經由本人與雇
主定期向保險公司繳納保費，而獲得全科醫師的醫療服務。此項作法涵蓋
了一半較貧窮的人口。一九二九年以後，依救貧法設立的診療所逐漸發展
為地方政府總醫院。地方政府開始為學校、母親與兒童提供更佳的社會與
保健服務。

　　由於保健服務分配不均，倡議全民保健服務的訴求在兩次世界大戰期
間十分普遍，尤其第二次世界大戰更為此項改革催生。一個跨部會的委員
會於一九四一年在貝佛里奇爵士（Sir William Beveridge）領導下成立，
就現行社會保險及其他服務展開調查，該委員會於次年完成的貝佛里奇報
告中建議就保險與社會安全服務作重大改變。一九四三年聯合政府宣布採
納該建議，一九四四年第一個概括性的國民保健服務計畫於焉公布，並具
體表現在一九四六年國民保健服務法（National Health Service Act,
1946）中。一九四八年七月五日開始實施國民保健服務制度，提供了完
整的全科醫療機構，並擴大了地方政府原有的預防性社會及環境服務。

　　英國政府為因應所得維持的問題，其社會安全制度（Social Security
Scheme）包括三個主要設計：一是國民保險制度（National Insurance
Scheme），針對退休者提供年金；二是兒童給付制度；三是救助制度，即

所得維持制度（Income Support），針對保險未能照顧的給予救助。本項設計亦包含在一九四二年貝佛里奇報告的建議事項之中（Muriel Brown and Sarah Payne, 1990）。在基本設計下，歷年來有許多的修正及增加，以符合實際需要。

　　英國的社會福利行政體系係由社會安全部（Department of Social Security）掌管社會保險及社會救助；保健部（Department of Health）掌管保健、衛生及醫療服務；各地方政府的「社會福利局」（Department of Social Welfare）掌管各種福利服務。社會安全部設有退休金、寡婦給付、殘障給付、失業給付、生育給付等國民保險給付部門，及兒童、少年、殘障者之社會救助津貼部門。保健部主要分為衛生醫療設施部門、醫療人事部門及社會服務部門。地方政府的社會福利單位分為都市地區（Me-tropolitan District）、非都市地區的郡（Non-metropolitan County）及倫敦特區（London Borough）。各區、郡及特區的社會福利局不僅從事各種福利服務的制度的規劃，也進行地方居民需求的分析，同時配合衛生保健、教育、住宅、僱用、環保等地方單位，共同推動社會福利服務措施（蔡宏昭，民 83）。

　　一九九二至九三年社會福利經費中，三百四十億英鎊用於保健，六百八十億英鎊用於國民保險制度，五十億英鎊用於個人社會服務。保健服務之經費自一九八〇年即大量增加，未來兩年更將持續成長。接受治療的病患有增無減。由於受益人數增加，尤其是年金受領人與慢性病患，使社會安全費用亦逐年上漲。

◆◆◆◆ **第二節　國民保險制度** ◆◆◆◆

　　將近三分之一政府預算用於國民保險計畫，使老人、病患、殘障者、失業者、寡婦、撫養子女者及極低所得者獲得貼補。

一　行政管理
* * * * * * * * *

英國的國民保險制度之行政管理由社會安全部的三個行政機構負責。

㈠福利局：負責支付大部分社會安全福利。

㈡國家保險捐款局：負責處理國家保險捐款。

㈢資訊技術服務局：負責社會安全行政管理之電腦業務，在全國五百個地區架設兩萬台終端機，以提升對大眾之服務。

二　繳納保險費
* * * * * * * * *

國民保險給付的領取，諸如退休金、疾病給付、失業給付、生育給付、寡婦給付等，依繳納保費而定。保費有四類費率，以下為一九九三年四月至一九九四年四月之費率：

第一類——由受僱者與雇主負擔。受僱者週薪不足五十六英鎊者不必繳納；週薪達五十六英鎊以上者，每週繳五十六英鎊之百分之二；超出五十六英鎊部分繳百分之九，上限為四百二十英鎊。雇主繳納保費基準相同，由百分之四‧六起至每週一九五英鎊以上繳百分之十‧四，且無上限。如雇主實施「年金簽約另議」計畫，則繳費較低。

第二類——由自僱者繳納，每週固定保費為五‧五五英鎊。全年收入如低於三千一百四十英鎊，則可申請免繳，自僱者不得領取失業與工業傷害給付。

第三類——自由繳納以保障某些給付權益，每週固定繳納五‧四五英鎊。

第四類——自僱者除繳納第二類以外，另依營利所得繳納百分之六‧三，下限為每年所得六千三百四十英鎊，上限為二萬一千八百四十英鎊。

受僱者如超過可領取年金年齡（男六十五歲，女六十歲）仍工作，可免繳保費，雇主則繼續繳納，未達某一標準者可免繳。自僱者超過可領年金年齡，亦不須繳費。

⊜ 福利給付
* * * * * * * *

㈠退休年金

男性年滿六十五歲或女性年滿六十歲可申請退休年金，基本年金單身每週五十六・一英鎊，夫妻八十九・八英鎊。到達領取年齡後五年內延期領取者可獲得額外年金。年滿八十歲並居住在宅者可領取每週三十三・七英鎊。如退休年金不足以維持生活，則另外補助單身十七・三英鎊至二十三・五五英鎊，夫妻補助二十六・五五英鎊至三十三・七英鎊。一九九一年有一千萬人領取退休年金。自二〇〇〇年起，與原所得有關之年金，將依據終身所得，而非最高之二十年所得來計算。

雇主可將受僱者依「年金簽約另議」計畫，免除與原所得有關年金，代之以公司自行頒發之年金。惟此項職業年金金額低於政府給付者，政府仍負責基本年金。

職業年金計畫涵蓋一千一百萬人，約占半數工作人口。未達領取年金年齡前轉換工作，而不能移轉年金權益者，可享有百分之五隨通貨膨脹調增之保障。

此外，銀行、保險公司、金融機構等亦提供個人年金計畫，以取代職業年金或與所得有關之年金。截至一九九二年六月止，已有四百八十萬人申請加入。

㈡生育給付（Maternity Allowance）

大部分工作婦女可向雇主領取法定最高十八週之生育給付。婦女為同一雇主工作兩年以上時，前六週領取週薪百分之九十，後十二週每週領取低標準四十七・九五鎊。如工作介於半年至兩年之間，則領取低標準。

婦女如因係自雇者或離職而無法定生育給付時，可申請最高達十八週之生育津貼，每週四十三・七五英鎊。

婦女領取所得補助、家庭補貼或殘障工作津貼養育嬰兒時，可另向社

會基金領取一百英鎊之育嬰津貼。

(三)寡婦給付（Widow's Benefit）

丈夫生前曾繳納最低國民保險保費，寡婦未滿六十歲或已滿六十歲但丈夫亡故時不全領取退休年金，則可領取免稅、一次給付之寡婦給付一千英鎊。如丈夫係因工作傷害或疾病亡故，則不受上述繳納保費之限制，而可領取寡婦給付。寡母津貼每週五十六‧一英鎊，另加長子女每週九‧八英鎊，第二個子女以下每人十‧九八英鎊。如丈夫亡故時寡婦已五十五歲，或寡母津貼已中止，則可領取每週五十六‧一英鎊之寡婦基本給付。年齡介於四十五歲至五十四歲之寡婦且未領寡婦津貼者，可領取部分寡婦給付。

(四)疾病給付與殘障給付

1.疾病給付（Sickness Benefit）

雇主必須支付最高達二十八週之疾病給付，依受僱者之週薪而定，給付每週四十六‧九五英鎊或五十二‧英鎊。自僱者則可申請政府疾病給付每週四十二‧七英鎊，最長達二十八週。

2.殘障給付（Invalidity Benefit）

如法定疾病給付中止，殘障者可領取殘障給付每週五十六‧一英鎊，以及成人眷屬三十三‧七英鎊，長子女九‧八英鎊，次子女以下每人十‧九五英鎊。在領取殘障給付前，必須符合疾病給付之繳費條件。

(五)工業傷害年金（Industrial Disablement Benefit）

工作意外或某種特殊疾病造成殘障，可領取數種給付，其中以工作傷害殘障給付為主，如經過十五週之審核期後確定造成生理或精神殘障，可領取最高每週九十一‧六英鎊。審核期間如不能工作，可領疾病給付。殘障度由醫療機構評鑑，以決定給付金額與期限。殘障程度高於百分之十四者，可每週領取給付；除某些逐漸嚴重之呼吸系統疾病外，殘障程度不及

百分之十四者，不能領取殘障給付。

㈥失業給付（Unemployment Benefit）

失業期間領取失業給付，最長一年，單身每週四十四・六五英鎊，夫妻每週七十二・二英鎊。失業或疾病給付、生育給付或八週以內之訓練給付均應在失業期間。領取給付時，仍應積極尋找工作，如拒絕所推介之工作機會，則須提出充足理由。

◆◆◆◆ 第三節　社會救助制度 ◆◆◆◆

社會救助制度包括所得支持（Income Support）措施及其他非保險給付等措施，例如兒童給付、家庭給付、所得給付、住宅給付、殘障生活津貼、社會基金及戰爭年金等，用以彌補社會保險之不足或無法領取社會保險給付者。

一　兒童給付（Child Benefit）
＊＊＊＊＊＊＊＊＊＊＊＊＊＊＊＊

兒童給付，最年長者每週十英鎊，其餘兒童每週給付八・一英鎊。此項給付免稅，且一般均由母親領取，直到兒童年滿十六歲，或十九歲在學青年。單親給付每週六・〇五英鎊，孤兒監護人給付每週可達十・九五英鎊，如另有較高給付，則減爲九・八英鎊。

二　家庭補助（Family Income Supplement）
＊＊＊＊＊＊＊＊＊＊＊＊＊＊＊＊＊＊＊＊＊＊＊＊

受僱者或自僱者因所得不足，且雙親中至少有一人每週工作十六小時以上，則成人可申請每週四十二・五英鎊之家庭給付；如全家所得不足六十九英鎊時，子女亦可申領。

（三） 所得補助（Income Support）
****

失業或工作每週不足十六小時，且資產低於某一標準時，可申領所得補助。單身或未滿十八歲之單親可領取每週二十六‧四五英鎊，夫妻且其中一人已滿十八歲可領取每週六十九英鎊，其他貧困殘障者亦可申請。

（四） 住宅給付（Housing Benefit）
****

符合前項所得補助之一般條件，低所得可申請相當於全額之補助。

（五） 殘障生活津貼
****

一九九二年四月引進殘障生活津貼，可免稅，含未滿六十五歲須照護者或可行動者兩部分，照護部分分三種費率，即每週四十四‧九英鎊、三十英鎊及十一‧九五英鎊。可行動部分分兩種費率，即每週三十一‧四英鎊及十一‧九五英鎊。

年滿六十五歲以上之重度殘障者，可以依所需照護種類申請每週三十英鎊或四十四‧九英鎊之介護津貼，末期病患可獲較高費率。

在年滿十六歲與屆齡領年金之間者，因照護領取殘障生活津貼或伴護津貼之殘障者，而無法工作時，可領取每週三十三‧七英鎊之殘障照護津貼。大不列顛約有一百四十萬人每週照護殘障者至少二十小時。

一九九二年四月又引進一項殘障工作津貼，凡領取生活津貼每週工作十六小時以上殘障者，可申請殘障工作津貼，為期六個月，金額依其所得與家庭人口數而定。

（六） 重度殘障津貼（Severe Disablement Allowance）
****

已達工作年齡者，因殘障連續一百九十六天無法工作，且未能領取疾病及殘障給付者，不需資產調查可領取每週三十三‧七英鎊之重殘津貼，以及與年齡有關之附加補助，最高十一‧九五英鎊。成年眷屬及兒童另有補助。

（七）　戰爭年金及相關服務

因戰爭而導致殘障或死亡者，可申領戰爭年金，殘障士兵則可領取最高每週九十二‧二英鎊。無法就業或行動不便者另有補助。年滿六十五歲且因戰爭殘障百分之四十以上者可領取每週六‧五英鎊至二十英鎊之老年津貼。

◆◆◆◆ 第四節　國民保健服務制度 ◆◆◆◆

國民保健服務制度係建立在一原則上，即應有全面而公開的保健服務以幫助每個人維持健康。利用所有資源提供必需的、有效的、適當的治療與照護。全體納稅人、受僱者與雇主均共同出資，使社區內需要照護者得到照護。

國民保健服務制度為有效管理醫療資源採取措施有下列幾項：

1. 任命保健服務團體，擔任區域、地區與當地階層的總經理。
2. 提升保健機構對其資源之計畫與管理責任。
3. 增加如醫生、護士等直接從事照顧工作者之比例。
4. 引進較低成本之服務計畫。

藉由競標方式，醫院清潔、膳食與洗衣工作已節省許多經費。一九九一年底，政府公布已由競標節省公帑達一億五千六百萬英鎊，同時限制處方指定昂貴藥材，代之以具相同之療效之廉價藥品，亦獲致經濟效果。

（一）　行政管理

英格蘭、蘇格蘭、威爾斯及北愛爾蘭之衛生部長負責各該地之全盤保健服務。英格蘭和威爾斯的地區保健機構，與蘇格蘭的保健委員會，負責各該地之醫院及社區保健服務。由於幅員廣闊，人口眾多，英格蘭亦由地區機構負責地區計畫、資源分配，保健機構與委員會密切合作，並負責社會工作、環境衛生、教育及其他服務。家庭保健服務機構（英格蘭保健委

員會）安排醫師、牙醫、藥劑師、眼科驗光師提供服務並處理簽約事宜。社區保健委員會（蘇格蘭地區保健委員會）代表反映地區對保健服務之意見。

　　在北愛爾蘭，保健與社會服務委員會負責該地全部保健與個人社會服務事宜，民眾對提供各項服務之意見則由地區保健與社會服務委員會代表反映。

㈠財　務

　　英國保健服務經費中，百分之八十以上由徵稅獲得，其餘則由國民保健服務制度國民保險費──包括受僱者、雇主及自僱者共同繳納──以及家醫科處方之藥劑與治療費負擔。若干醫院接受全額付費之病患以增加收入。

　　大約百分之八十處方藥劑係免費，而下列諸情況則完全免費：

・十六歲以下兒童（或十九歲以下在學青年）。

・孕婦及曾生產之婦女。

・六十歲以上之女性及六十五歲以上之男性。

・罹患某些疾病之病患。

・戰爭及三軍殘障年金受領人（領有戰爭年金之殘障者有關之處方）。

・領有所得補助或家庭津貼者，以及低所得者。

　　一般齒科治療與檢查均按比例收取費用，但孕婦及前一年曾生育之婦女，在十八歲以下（或十九歲以下在學青年），以及領取所得補助或家庭津貼者均免費。

　　兒童視力檢查免費，低收入者或其他優先團體、弱勢團體，在購買或修理眼鏡時可獲補助。

　　醫院醫護人員可以專職或兼職身分領取薪資。家醫科從業人員（醫師、牙醫、眼科驗光師及藥劑師）為自僱者並與國民保健服務制度簽約。全科醫師收費制度包括診察費與津貼，以反映責任、工作負荷與醫療成

本。牙醫在其診所之收費包括兒童按人頭計酬，和成人之個別與後續醫療。藥劑師收費包括所開藥品與作業費用，眼科醫師與驗光師則依實際檢驗次數收費。

㈡人事管理

國民保健服務制度為世界最大雇主之一，約有一百萬從業人員，過去十年「直接服務人員」增加，支援人力相對減少，附屬與維修工作人員的減少反映了競標的結果。人事經費約占國民保健服務制度支出三分之二，亦占醫院及社區保健服務支出之百分之七十。

㈢保健服務委員會

在英格蘭、蘇格蘭及威爾斯共有三個處理保健服務申訴案件的委員長，委員長並兼國會行政委員長，負責調查對各類型保健機構執行法定責任不滿意之申訴案。

二　家庭保健服務

家庭保健服務是由病患選擇醫師、牙醫、眼科與藥劑師所提供之服務。全科醫師對疾病提供最初之診察，再予以處方治療或將病患轉診至更專業之醫護與顧問單位。

大約五分之四的全科醫師在英格蘭以聯合診所的方式共同執業。在大不列顛有四分之一及在北愛爾蘭有一半的全科醫師在設備優良的保健中心執業。保健中心也提供保健教育、家庭計畫、語言治療、脊椎治療、聽力測驗、物理治療與矯正運動。此外亦包括牙醫、藥劑、眼鏡光學、門診與社工服務等支援工作。

三　醫院與專科服務

地區總醫院除對一般住院、日間療養與門診病患提供診察與治療外，並包括婦產科、傳染病科、精神科、老人科、復健科、小兒科、智障科及

其他專科治療。

醫院治療之病患人數已逐年增加，自一九七九年至一九九○年間，住院時間縮短而日間病患之人數增加一倍。新進的診察與治療方式被廣泛使用，包括洗腎、更換髖骨、鐳射治療與全身掃描。一九八六年政府致力於縮短待診時間與人數。一九九二年至一九九三年，政府投資三千九百萬英鎊來推動各項計畫，包括機動式開刀手術房，以減少待診時間。

四　私人診所醫療
****

政府的政策係促使國民保健服務制度與獨立診所合作以達成國民保健需求。某些保健機構與私人診所共用昂貴之醫療設施與設備，國民保健服務制度有時亦支付病患在私人診所接受公費診療，以縮短待診時間。

據估計，在私人診所接受急性疾病治療或使用國民保健服務制度付費病床者，有四分之三購買健康保險。超過三百萬參與上項計畫之被保險人之中，有一半參加團體保險，有部分人由雇主支付保費。在英國有六百多萬人購買私人健康保險，六十歲以上繳納之保費可獲政府減稅以鼓勵其使用私人保健設施。

五　復　健
****

復健服務由一群專業工作人員為各類病患在社區、醫院或家庭裡，提供生活服務之協助，並供應義肢、義眼、助聽器、手術支架與輪椅等器具。重度殘障者可獲得環境控制設備，以操作警鈴、電視、收音機、電話與電暖器等。

六　療養院
****

療養院為末期住院、日間照護或居家病患提供服務。控制病情及對病患與其家屬的支持，是現代化療養院主要工作重點。一九九二至一九九三年，政府分配三千一百七十萬英鎊予保健機構用以支援療養院，另外撥款五百五十萬英鎊免費供應療養院所需藥品。

（七） 保健服務

孕婦及年幼子女之母親均可接受特別預防性保健服務，包括免費齒科治療、奶粉、維生素、保健教育、兒童種痘及傳染病免疫防治。孕婦上班時間內可赴診所檢查。百分之九十九在醫院生產後，即可出院回家接受保健訪問員、助產士、甚至全科醫師之照護。由於政府大力提升婦產科服務，嬰兒出生後一週內之死亡率已由一九七九年千分之十四‧七降至一九九一年千分之八。

第五節 個人社會服務

個人社會服務（Personal Social Services）協助照護老年人、殘障者、兒童與年輕人及其家庭。除政府機構提供法定服務外，許多志願團體亦貢獻良多。為使此等弱勢團體在社區過正常生活，保健機構分配給社區照護服務之資源已由一九七八年至一九七九年百分之八‧四提升至一九九○年至一九九一年百分之十三。

（一） 管理改革

社區照護的新政策導向，係使地方保健機構逐漸成為服務之行動者，以符合居民之需求。

1. 自一九九一年四月起，督察單位負責檢查地方保健機構及獨立照護安養院。
2. 自一九九一年四月起，地方保健機構必須建立一套申訴案件之程序。
3. 自一九九二年四月起，地方保健機構與國民保健服務制度諮商後必須制定社區照護計畫。
4. 一九九三年四月，制定新程序來評估個人照護需求，並提供符合需求之服務。

㊁　老年人
✳ ✳ ✳ ✳ ✳ ✳

一九七九年至一九九〇年之間，老年人保健服務經費增加了百分之四十三。幫助老人儘量在家生活，由社工人員提供建議與幫助，安排居家烹飪、夜間照護、洗濯衣物及休閒娛樂等；為老年人裝設警鈴，可助其在緊急情況時求救。地方機構亦安排志願服務團體協助老人在轄區內旅行，或經常訪視健康不良的貧困老人。

㊂　殘障者
✳ ✳ ✳ ✳ ✳ ✳

英國有六百萬成人罹患單一或多重殘障，其中四十萬人（百分之七）居住在社區內。十年來殘障復健與療養服務已逐漸得到重視，為使其能在社區內獨立生活，協助解決個人問題，包括職業、教育、社交與休閒設施等，增設無障礙設施，架設電話與電視，更進一步為殘障照顧人員提供休息場所。政府亦規定新建築物應能讓殘障者方便出入。一九八八年設置的獨立生活基金為重度殘障者提供財務協助，使其能在家生活。

㊃　智障者
✳ ✳ ✳ ✳ ✳ ✳

經由保健與地方機構、志願組織等合作，使智障者及其家人，能在社區生活，除非為健康緣故，否則不需住進醫院。

㊄　精神病患
✳ ✳ ✳ ✳ ✳ ✳

政府為儘量使精神病患能在社區內獲得醫療服務。英格蘭在一九八一年至一九九一年間：

　1.社區精神科護士人數增加了三倍（達三千六百人）。
　2.日間照護醫院床位增加了百分之七十五（達二萬二千七百個）。
一九七九年至一九九一年間：
　3.地方機構住家床位增加了百分之二十五（達四千五百個）。
　4.地方機構日間照護中心病床增加一倍，多達一萬五千一百個。

社會服務機構爲精神病患在社區各類照護單位提供預防與癒後服務，必要時亦可申請將病患強制送進醫院診治。

六 家庭協助
****

穩定的成人關係將有助於增進家庭生活。社會服務機構對有問題的家庭，透過社工人員給予協助，包括被忽視或有受傷害危險的兒童照護，支援須照顧老年人與其他成員的家庭，協助單親家庭與離家出走的婦女與兒童，提供短期住宿。政府在一九八九年推出一項三年計畫，增加志願團體對弱勢家庭的協助；並撥款兩百萬英鎊，研究如何提供單親家庭在短期住宿中獲得更好的照護。

七 兒童照顧
****

地方機構與志願團體對不足五歲的兒童提供日間照護，尤其指有特殊社會或健康需要者。一九九二年起三年內，由政府提供一百五十萬英鎊給志願團體來發展校外服務，防止兒童誤入歧途。

(一)兒童虐待

政府各級機構與專業人士都很重視兒童虐待問題，並於一九八六年擬訂一項中央訓練計畫，訓練保健訪問員、學校護士及地方機構社工人員，以執行一九八九年通過的兒童法。

十四歲以下兒童受虐待時，可經錄影轉播爲法庭提供證據，而不須親自出庭。

(二)兒童照護

無雙親或監護人、被拋棄或雙親無力撫養的兒童，均由地方政府機構提供住宿與照護，惟此項人數已逐漸減少。

在英格蘭和威爾斯，如兒童受虐待、被忽視、遭受精神危險、父母無法管教或失學，家庭訴訟法庭可裁決將兒童依命令送交地方機構照護，惟

此項命令以兒童幸福與權益爲最重要之考量。

(三)委託認養與社區之家

兒童在適當情況下，交由委託之養父母照護，由政府補貼生活費用。除此之外，亦可將兒童安置在社區兒童之家、志願團體之家等，並由政府依規定管理。

(四)領　養

地方機構依法必須經由直接或透過志願組織提供領養服務。在某種情況下，機構並須支付養父母津貼。註冊局對領養兒童資料祕密保存，俟兒童年滿十八歲始得將兒童出生資料細節告知養父母。如生母與養父母雙方同意，領養聯繫處可提供雙方安全而保密的聯絡管道。

八　社會工作人員

社會服務的有效運作有賴於合格的社會工作人員。社會工作訓練由大學、專科學校提供。中央社會工作教育訓練委員會爲法制權責單位，推廣社工訓練，接受兩年專業訓練可獲頒社工文憑。爲提升訓練成效，政府於一九九二至一九九三年撥款二千九百萬英鎊給地方機構供訓練之用，約有十四萬人曾接受此項訓練，其中一半社會工作人員在居家照護方面提供服務。

第六節　志願服務

志願服務在英國已有長久傳統，政府亦鼓勵志願服務與法制單位的合作。據估計，全國約有一半成年人在一年內擔任過志願服務工作。地方與保健機構計畫並執行志願組織的服務項目，使照顧老人、精神病患與智障者之地方社區服務更形落實，並挹注資金給志願組織嘗試新的服務方式，俾於成功後，將此方式引進至服務主流。

　　政府協助志願組織從事大約三千項計畫，服務地方弱勢團體，志願組織亦參加諸如就業訓練與青年訓練之政府計畫。

志願組織

(一)經　費

　　志願組織經費來源包括個人、企業與信託捐贈、中央與地方政府撥款，以及商業活動與投資盈餘。該等組織亦以合約方式向中央和地方政府論件計酬提供服務。一九九〇年通過之贈禮計畫，規定年度內贈禮四百英鎊以上免稅。在該計畫下，一九九一年共收到捐款一億五千萬英鎊，退稅金額高達五千萬英鎊。此外並有一項薪資捐款計畫，受僱人員可自薪資內每月扣捐五十英鎊（全年六百英鎊），並獲免稅。

(二)慈善團體

　　超過十七萬志願組織註冊為慈善團體，由慈善委員會給予行政指導。志願組織註冊為慈善團體之資格為：其成立目的須包括救濟貧民、提升教育與宗教等公益活動、促進社會和諧、防止種族歧視及促進保健與公平機會等。

(三)協調機構

　　國家志願組織委員會為英格蘭主要協調機構，聯繫六百餘個志願組織會員，保護其權益與獨立性，並提供有關資訊。英格蘭另一機構為志願服務委員會全國協會，下轄二百個地方委員會，鼓勵發展地方志願服務，以都市地區為主要服務範圍。在鄉村地區之相當單位為英格蘭鄉村社會活動協會，代表三十八個鄉村社區委員會為鄉民服務。

■ 關鍵詞彙 ■

貝佛里奇報告　　　國民保健服務　　　失業給付

退休年金　　　　　醫院與專科服務　　　殘障生活津貼

寡婦給付　　　　　個人社會服務　　　　家庭保健服務

殘障年金　　　　　國民保險制度　　　　保健教育

兒童給付　　　　　生育給付

所得給付　　　　　疾病給付

■ 自我評量題目 ■

一、試述英國社會福利行政體系。

二、試述英國國民保險制度之重點。

三、試述英國國民保健服務之特色。

四、英國對老人、殘障及兒童所提供個人服務有那些？

■ **參考文獻** ■

【中文部分】

蔡宏昭（民 83）社會福利政策，台北：桂冠圖書公司。

【英文部分】

Murie Brown and Sarah Payne (1990) *Introduction to Social Administration in Britain.* London: Unwin Hyman Ltd.

第十二章

瑞典的社會福利與行政

學習目標

詳讀本章內容後,學習者可達成下列目標:

1. 瞭解瑞典建設成為福利國家的歷史源流。
2. 說明瑞典社會福利所顯現的特質。
3. 敘述瑞典的社會福利行政範圍及其財源。
4. 說明瑞典的醫療制度與醫療保險。
5. 列舉瑞典的年金制度措施。
6. 理解瑞典老人、殘障者和兒童福利。
7. 理解瑞典的失業保險與勞動市場政策。
8. 分析瑞典社會保障的特徵。

■ 摘　　要 ■

　　瑞典是舉世聞名的福利先進國家，社會安全給付占國內總生產及國民所得的比率甚高，而就社會安全給付費對國民所得比來看，瑞典每一位國民平均則居世界第一，國民福利需求，由政府提供最低限度的保障，對國民提供充分的福利照顧，此舉也帶來政府財政的重大負擔。爲使經濟發展，不被福利措施所拖垮，瑞典遂進行一連串的福利改革，以節省經費。

　　瑞典社會福利特質，在「社會服務法」與「保健醫療法」等兩種法律中，充分顯現。瑞典的社會安全範圍，相當廣泛，包含保險、醫療、福利服務、社會保障、住宅、教育、就業、法律的諮詢、援護等。由於社會福利行政範圍廣泛，因此由分散於醫療、所得保障，社會福利等有關的安全、社會問題部、教育部、勞動部、住宅部、地方政府部，及其他中央各部會所管轄的業務單位共同承擔。財源方面，地方政府享有收稅權力外，另由中央提供補助。

　　瑞典的醫療制度主要爲公營制，由國家及縣所經營，當中更以縣占壓倒性的比率。另設有以全民爲對象的醫療保險制度，財源由保險費的收入與國庫補助充當。瑞典在年金制度方面，以公共年金爲主要的核心，輔以私人性質的年金。公共年金制度在性質上，採全體國民一體適用之一元化措施。年金制度實施至今，國民依賴甚深，尤其老人經濟生活的來源幾乎來自年金。

　　瑞典老人福利遇到高齡人口的比率增加，獨居老人增加，照顧人手的缺乏等因素的影響，在措施方上面臨新的課題。瑞典老人福利措施中，提供多樣的老人住宅及老人療養機關。殘障福利措施著眼於使殘障者回歸社會，並從事殘障發生的預防。對於兒童福利方面，透過兒童福利法，提供兒童保護以及協助就業的母親。而在歐洲各國均苦於高失業率的情況下，瑞典採取「積極勞動市場政策」，將僱用問題和經濟景氣波動加以區隔，

獲得成功。

　　瑞典社會福利措施，走在世界各國的前端，堪稱社會科學之實驗國。瑞典國民在福利措施上充分信任政府，政府在福利措施上則採合理的計畫，並由公共部門承擔重責，經由社會福利的援助，使國民安穩的過一生等，深具特色。當我國福利需求呼聲不斷提高之際，瑞典的經驗，堪稱極為寶貴之參考。

◆◆◆◆ 第一節　福利國家的誕生 ◆◆◆◆

如果單純的以人口數來說，則人口八百三十八萬（一九八六年）的瑞典只能說是一個小國，但是，如以其他層面來看，瑞典在經濟、福利、環境、教育、外交、國防等的政策層面，均有可觀的成績，早已深受國際的注意，因此可說是大國。就社會安全而言，瑞典的社會安全給付經費占國內總生產的百分之三十左右，約達國民所得的百分之四十水準，因此，無論就社會安全所提供的給付，或政府的費用負擔，對於國家經濟均有重大的影響。另外就社會安全給付費對國民所得的比率來看，瑞典也是世界第一，此外，社會安全措施無論是所得保障或醫療、老人福利服務等，均由國家提供最低限度的保障。瑞典社會安全所顯現出來的普遍性、整體性、計畫性等特質，也甚受好評（丸尾，1991）。

瑞典發展成為名符其實的福利國家，時期上在第二次世界大戰以後。但建立為福利國家的奠基工作，可溯自一九三〇年代初期即已開始。當時的社民黨吸納一部分右派的農民黨，保持了政權，自此積極的規劃福利國家藍圖（宮本，1994）。此時期也正值世界經濟大恐慌，社民黨所採取的恢復經濟景氣對策當中，首先在於實施失業救濟與恢復國家經濟的活力，而採取一連串的公共事業投資。其次為採取各種措施，以提高國民的購買力。並經由政府的提供援助，廣泛的實施失業保險，提高老齡年金的給付額度，並提供農民紓困的措施。而這些政策所需要的財源，則採取發行公債，並提高所得稅級距，加重高所得者稅賦及提高遺產稅。社民黨的另一項重要措施為提高國民的福利水準。經由這一連串的措施，逐步的確立了成為福利國家的礎石。瑞典的經濟制度不採自由放任的資本主義，施政也不採中央集權的社會主義，而是採取混合式的經濟政策與民主決策方式，常以生民為念，大力的改善了福利水準。

瑞典為提升國民的福利水準，綜觀以往所展開的各種政策，可歸納為三點特質：⑴把預防失業作為提升福利水準的前提要件。此顯示出瑞典政

府重視完全就業與經濟安定成長的政策，當中尤其重視勞動者職業能力的
開發。(2)特別重視教育，其中措施尤重國民教育機會的均等。(3)為提高福
利水準，將相關配合措施，一併檢討，諸如把住宅政策、都市政策也考慮
在內。在政策推行過程中，特別強調環保的概念，考慮自然景觀的維護，
人性的尊重，並提升住宅的品質。經由以上各種政策的實施，以充實社會
安全的內涵（吉澤，1986）。

◆◆◆◆ 第二節　社會福利特質 ◆◆◆◆

　　瑞典社會福利的特質，可以從一九八二年所施行的「社會服務法」與
一九八三年所實施的「保健醫療法」等二種法律中，顯現其特質（友子，
1994）。

　　社會服務法中，主要的條文規定，諸如：

　　第二條　　市及地方政府的責任。

　　第五條　　社會福利委員會的義務。

　　第六條　　獲得援助的權力。

　　第七條　　社會福利委員會對福利的指導。

　　第十一條　藥物、酗酒的對策。

　　第十二條　兒童及青少年照顧。

　　第十九條　高齡者照顧。

　　第二十一條　殘障者照顧。

　　第二十二條　高齡者家庭及機構照顧。

　　第二十五條　兒童及青少年保護的特別規定。

　　第三十八條　以後為社會福利委員會的有關組織。

　　在「社會服務法」中明確的表示，此法律的訂定，基於整體性、正常
性、持續性、彈性處理、親切服務等五項原則。此外，尊重當事人的意願
及隱私權，以及要求地方政府必須公平對待所有國民，強調不分性別與年
齡、殘障的程度及居住地，均須提供舒適的生活環境。

　　在實際執行方面，基於瑞典逐漸將行政權下放給地方，因此各地方政府在「社會服務法」的架構內，均可各自制定法規，自主的推展福利政策。亦即瑞典社會福利所欲達成的目的，在於使每一位國民從出生直至死亡，在其一生中，均能在最適當的每一人生階段，完成所需的任務，諸如適時接受教育、適時獲得職業等等，使經濟上能夠自立，生活過得舒適並具有文化內涵，享受溫馨的家庭之樂與友情的溫暖，關懷參與社區活動。再者，如遇有疾病及精神不安等情事，能適時接受看護與慰藉，以恢復正常的社會生活。

　　瑞典為達成上述目標，以公共醫療福利為主體，採人性尊重的原則為解決問題的基本方針，福利措施兼顧經濟成長，並鼓勵民間參與福利事業經營。瑞典於一九八二年通過「社會服務法」之時，被譽為本世紀最大的福利改革措施。然而一九九二年一月一日，又再度實施福利改革，以因應老齡人口的快速增加，以及由此所導致醫療費用的快速膨脹。瑞典的醫療傳統上由各縣政府負責，福利措施則由市政府擔負實施之責。但經由一九九二年的改革，為使高齡者與殘障者醫療達成一元化，把最高責任劃歸市政府負責，以期提升高齡者生活品質與節省經費的支出。

　　再者，一九九四年一月一日起，施行「肢體殘障之支援與介護法」。此新法對於某種智能障礙者（自閉症等）與肢體殘障者，基於當事人的意願，提供支援，使其恢復到正常人的水準，並能自立的過生活。此項措施可以說是社會服務法範圍的擴大。

◆◆◆◆ 第三節　社會安全制度 ◆◆◆◆

㊀　廣義的社會安全

　　瑞典的社會安全（社會福利）範圍，相當廣泛。和先進福利國家的英國情況相當，其項目包含：⑴保險、醫療，⑵社會福利服務，⑶社會保障（所得保障），⑷住宅，⑸教育，⑹僱用，⑺法律救助。

　　而這些範疇廣泛的社會安全（社會福利行政），自非單一部會的行政制度所能擔任，因此由分散於醫療、所得保障，社會福利等有關的安全、社會問題部，教育部、勞動部、住宅部、地方政府部，及其他中央各部會所轄的業務單位共同承擔。

　　但這些中央政府各部會的主掌，主要著重於政策立法的工作以及對相關委員會的指導等（渡邊，1991）。社會福利實際業務的執行，則委由地方政府辦理。這種分工方式，可說是瑞典採高度地方自治所致。中央可以透過授權，使地方政府依組織法，採因地制宜，推展合於地方特色的社會福利政策，另外中央亦可採特別立法方式，賦予地方政府獨特的施行社會福利權限。瑞典的地方自治單位（一九八六年）由二百八十四個地方自治區與二十三縣所構成（渡邊，1991）。

㊁　行政及財源
＊＊＊＊＊＊＊＊＊＊

　　由於瑞典中央政府將所得保障與社會福利服務事務，委由地方政府實際負責執行，因此地方政府具有強而有力且廣泛的行政權限，此項權限在社會福利服務部門尤為顯著，此由地方政府可開徵社會福利稅捐可見一般，藉此以籌措財源。不足的部分再向中央政府申請補助。

　　費用負擔方面，在醫療保險、勞動災害保險、年金補助制度等項目，雇主均須負擔很高的比率。失業保險，則由國庫分攤一定比率。給付方面，以全體國民為對象的國民年金保險，採不問國籍、性別的平等待遇，以期達成所得重分配及醫療保障。

　　再就瑞典廣義意義的社會福利支出項目來看，亦顯現出多元性。其內容就有：⑴疾病：包含疾病保險、國民保健服務、酒精中毒、精神病、牙科服務、牙科醫療保險。⑵勞動災害、職業安全：勞動災害保險、職業安全。⑶失業保險：包含失業保險給付、職業介紹、職業訓練、失業者訓練、公共事業。⑷老齡、殘障：包含國民基本年金、國民補助年金、殘障者照顧、在宅、居住於機構者的援護。⑸養育子女的家庭：包含一般兒童津貼、養育子女家庭住宅津貼、兒童年金、雙親保險、兒童日間照護、照

護之家、家庭協助、兒童休假、學校餐飲、教育援護。⑹國民經濟。⑺犯罪者照顧。⑻軍隊、戰時災害保障等福利支出。

這些項目當中，以中央政府、地方政府及企業雇主等三者，負擔大部分的經費，受僱勞動者負擔較少。瑞典將社會資本用於生活的保障、住宅及環境美化等生活基本需求，以充實公共活動空間，以及中央政府所執行的所得重分配與支應社會福利服務給付等措施，這些措施顯現出公平重分配社會資源，與落實地方自治等特徵（佐藤進，1989）。另由縣政府的年度預算來看，約有八成的歲出用於醫療及保健服務項目，尤具特色（泉真，1993）。社會福利項目則由鄉、鎮等地方政府負責。社會福利的預算約占鄉、鎮等地方自治行政單位歲出的二成，和教育並列為地方行政項目中，二項最重要的事務。

◆◆◆◆ **第四節　醫療制度與保險** ◆◆◆◆

○一 醫療制度
****

瑞典的醫療制度屬於公營性質。其最大的供給者為公共部門的國家與縣，當中更以縣占壓倒性的比率。一九八四年縣所設置的病床數達百分之九十二‧八。民間部門的病床數只不過是百分之六‧九，而事實上民間醫院幾乎不存在。

由此可知瑞典醫療由公共部門所負責，當中幾乎全仰賴於縣。由此也導致設置醫院的縣，醫療事務費在所擔負的行政事務中，也是占壓倒性的比率。依據瑞典縣連合會（LF）之統計，一九八四年全縣的總歲出中，醫院本身經費所占的比率達百分之六十三，此外的保健醫療費為百分之十三，兩者合計達歲出的百分之七十六。此外縣尚負責精神衰弱對策事務，其經費占全部歲出的百分之八，如將此部分也計算在內，則縣歲出的百分之八十四花費於保健醫療及福利費。

瑞典的醫療由公共部門負責，其優點在於可使供給體制，採取有計畫

的、體系性設計。依保健福利廳的計畫，進入一九八○年代以後的十年到
十五年期間，醫療供給制度將採初級照顧層級、縣層級及區域層級等三個
層級（中村，1991）。

二 醫療問題與負擔

在公營供給體制之下，醫療也面臨一些問題：

1. 負擔增加

瑞典的醫療費用比率，以一九八八年而言，達國民總生產的百分之
八‧八。此數字由國際的比較來看，可說世界上負擔最重的國家之一。

2. 老人過度使用

由於八十歲以上老人人口的增加，醫療需要大增，如何因應成為重要
課題。

3. 稅賦沈重

公共部門的醫療費主要來自縣民稅支付。瑞典的居民稅有縣民稅與社
區稅兩種，二者均與收入的多寡無關，採定額扣稅。隨醫療費用的增加，
國民負擔沈重，醫療費用負擔制度要如何設計，成為進一步加以檢討的課
題。

三 醫療決策

瑞典由於位處北歐，環境上具有獨特的自然條件與人口出現稀疏分布
狀態。亦即，瑞典嚴酷的自然天候條件與人口密度過低的鄉村地方，私人
醫院很難經營，因而必須採取公共的醫療制度。因此，今日的瑞典大部分
的醫師，主要為地方公務員（吉澤，1986）。

瑞典醫療政策在決策過程中，縣府扮演重要角色。因為縣為主要醫療
供給主體，縣在每年編列預算的同時並擬訂五年計算，以五年為一個階段
的計畫，分年實施事業。

各縣在編列預算與擬訂計畫時，全國的縣連合提供政策指導，以使計
畫能夠順利的進行。因此在醫療政策決定過程中，全國性的縣連合會可說

扮演重大的角色。而其所從事的工作如下：

1.扮演溝通角色

縣連合會對各縣在編列預算與擬訂計畫時，提供政策指導方針，以配合中央政府的經濟政策與整合性。

2.參與中央醫療政策

擔負區域保健醫療的責任，參與政府的醫療政策，派委員會出席各醫療委員會，及參與中央社會部所設置的委員會。

3.經費交涉

醫療供給者支付縣醫療費時的交涉，以及以醫院設置者的身分，和受僱者所組成的醫師公會，從事薪資與勞動條件的交涉（中村，1991）。

（四）　醫療保險
＊＊＊＊＊＊＊＊

瑞典設有以全民為對象的醫療保險制度。財源由保險費的收入與國庫補助充當。中央政府的補助約占整體費用的百分之十九。由醫療費用的整體來看，醫療供給主體的縣府負擔大多數的經費，醫療保險費的收入，僅達醫療費的三成左右。醫療保險給付的項目如下：

1.傷病津貼

傷病津貼為提供因受傷、疾病等因素而喪失收入時，所支給一定金額的補償制度。傷病津貼的支付方式，由生病的當日起，只須透過電話向社會保險事務所通告，不須要附醫師的診斷書即可受理，因此可說是極為寬大的制度，因此被批評為有助長曠職的缺失。全年每一人平均可取得二十五日的支給日數，自一九九一年三月起，其支給額採遞增方式，最初的三日支給百分之六十五，第四日起至九十日支付百分之七十五，第九十一日以降支付百分之九十。

2.父母津貼

父母津貼為支給生育子女的父母，基於養育子女的需要，而必須休假的父親或母親，支給額為平日薪資的百分之九十。此項津貼支給的考慮，係基於補償因生育子女所導致薪資損失的想法，因此由醫療保險的項目下

給付。再者，有受給權者不僅是母親，對父親也同樣的支給，可謂男女平權。受給期間直至小孩滿八歲前，累計可取得休假日數為十八個月。

3.老人介護津貼

自一九八九年七月起，對於在自宅照顧患有重病老人的親友，支給薪資之百分之九十，以彌補無法工作的損失，最高可取得三十日之給付。親友之意在於將照顧者不限定於家人，也將親密的友人與鄰居等包括在內。

4.醫療費的部分負擔

接受醫療時，患者須分擔一部分費用，而超過一定負擔額時，由保險給付或公費支付。以往患者的部分負擔額，由中央統一規定，自一九九一年一月起，改由各縣自行規定患者的自付額。

◆◆◆◆ 第五節　年金制度 ◆◆◆◆

瑞典社會福利所欲達成的政策目標為社會安全的充實與完全就業的達成。瑞典現行所提供的年金保障制度，國民依賴甚深，尤其老人經濟生活的來源主要來自年金，因此年金制度措施，就整體情況而言，預期將不會有重大的改革。

一　年金制度的特徵

瑞典年金制度的給付方式，以公共年金為主，當中又可分附加年金、基礎年金及部分年金。另外具有補助性質的私人性質年金，包含個人年金與企業年金。因此瑞典年金制度具有以下特徵：

1.一元化措施

公共年金制度，不分職種類別，採全體國民一體適用的方式，屬單一性質的制度。

2.提供最低保障

公共年金制度的給付方式分為二種：⑴保障國民最低生活水準的國民基礎年金；⑵保障收入水準的國民附加年金。前者以保險費與一般財稅為

財源，以賦課的方式加以營運；後者以保險費爲財源，採積存的方式加以營運。

3.受僱者設有專屬年金

協約年金相當普及，一般國民如採公共年金與協約年金的組合，則年金收入可以達到上班時收入的百分之七十程度。因此，如把協約年金也計算進去，瑞典的年金制度可說有三種給付方式，協約年金的給付方式，原則上採終身給付。協約年金以白領與藍領的職種別爲主軸，不分企業性質均可加入。勞動者一旦加入工會，也就主動的取得加入協約年金制度的資格。

4.設有退休準備的年金

在公共年金也好，協約年金也好，都設有適合六十歲以上六十五歲以下之間的部分年金，用以提供個人順利的轉移到退休的生活。

5.計算方式簡明

以基礎額爲計算的基本，另外，以稱爲年金積分方式的方法，以計算附加年金。

6.影響資本市場

以積存方式運作的附加年金準備金以及協約年金之準備金，在瑞典的資本市場中，扮演重要的角色（木村，1991）。

○三　年金計算
****

1.設定基礎額

基礎額於一九六○年導入附加年金時，所採用的方式，以做爲計算年金額時的基礎。就此基礎額乘上一定比率，以算出給付額。就一九六○年當時採用時的原本用意，僅在保障最低生活水準爲目標，但而後擴大使用範圍，不僅用於年金給付，在醫療保險的傷病津貼計算、生活保護的計算等亦廣泛加以使用。基礎額隨物價指數而進行調整。

2.年金積分

在計算給付額時，另一項重要的方式爲年金積分。在支給報酬比例年

金時，對於過去的所得，總必須以某種方式，換算爲現在的數額有其必要。而將過去的薪資，以相當於現在基礎額幾倍的方式加以算出（木村，1991）。

⊜ 瑞典的年金制度
****

茲將瑞典的年金制度敘述於下：

1. 基礎年金制度

(1)給付內容：用以維持最低生活水準爲目的，和保險費繳納的多寡與以往所得無關，採定額的給付方式。

(2)受給對象：具有受領資格者爲居住於瑞典國內的本國國民，或符合一定資格而居住於國外的瑞典人，與具備一定資格而居住於瑞典之外國人。

(3)老齡年金：支給年滿六十五歲的老人，以達到六十五歲之日起開始支給。但是在六十歲以上七十歲以下的年齡層之間，以六十五歲爲分界點，可以提前與延遲支給。提前支給則支給減額年金，延遲支給則改領增額年金。

(4)殘障年金：支給年齡層爲十六歲至六十五歲之間，至滿六十五歲之日起改支老齡年金。在殘障年金受給時，必須合於喪失一半工作能力的條件。給付額度經由考量健康時期與殘障後收入的多寡，加以判定。考量的層面包含精神性與身體的殘障。

(5)寡婦年金：寡婦年金爲支給丈夫死亡時年滿三十六歲以上，婚後滿五年以上之寡婦或與十六歲以下子女同住之寡婦。五十歲以上之寡婦支付全額的年金，當寡婦再婚時則停止支給。

(6)兒童年金：兒童年金爲支給父母雙方或一方死亡而未滿十八歲者。自一九八一年一月一日起，單純的兒童年金給付額，每一位兒童爲基礎額百分之二十六至六十二之範圍。

(7)國民年金之附加給付：國民年金之附加給付，包含公共補助年金、兒童加算、住宅加算、殘障者津貼、特別兒童扶養津貼。這當中最

重要的是公共補助年金、住宅加算。

(8)財源：主要的財源來自事業主所繳交的保險費與國庫負擔。保險費率為薪資的百分之九‧四五。事業主所負擔的部分約相當於財源的百分之七十五。

2.附加年金（ATP）

(1)給付內容以保障以往所得水準為目的，所採取的依報酬計算比率的年金制度。

(2)受給對象：瑞典國民以及居住於瑞典收入達基礎額以上的所有外國人。具有被保險者資格期間達三年以上，所提供的所得保障給付。由十六歲起至達六十四歲期間，所從事的職業收入超過基礎額以上時，給付額依其收入而定。

(3)老齡年金：以年滿六十五歲之日起開始支給。提前與延遲支給時，所採取的措施與基礎年金相同。滿額的老齡年金為支給日之基礎額乘以平均年金積分之百分之六十。要領取滿額年金，原則上需要三十年的年金積分，不足的期間，每年減額三十分之一。

(4)殘障年金：以喪失一半以上工作能力為條件，依殘障者的殘障程度給付。在取得殘障年金資格之前一年，須有一年以上的年金積分。

(5)寡婦年金：支給被保險者之夫死亡時留有子女或被保險者結婚時未滿六十歲而結婚滿五年之寡婦。給付額如支給子女之兒童年金時，為亡夫附加年金之百分之三十五，此外為百分之四十，寡婦除再婚之外得以終身領取。

(6)兒童年金：支給育有未滿十八歲遺兒之被保險者。依家庭經濟情況所支給的額度不同，父母一方亡故者，支付第一個子女的金額為亡故者年金之百分之十五。父母雙亡者為支給百分之四十。每增一名子女以百分之十加算。

(7)財源：保險費率由事業主，自營業者各均分擔百分之十。事業主分擔的計算基礎為所支付的薪資，自營業者為收入（木村，1991）。

3.部分年金

部分年金為支給年滿四十五歲，有十年以上年收入超過基本額者。此
年金的支給對象為六十歲至六十五歲者，旨在使這些人員順利的達成退休
準備。支給對象為六十歲至六十五歲者當中，每週平均縮短工作五小時以
上，而且全週平均工作時數達十七小時以上，由部分年金補償全職工作收
入與部分時間工作收入之間差額的百分之五十。

◆◆◆◆ 第六節　老人福利 ◆◆◆◆

一　老人福利的背景

要探討瑞典的老人福利，首先要先對老人的處境加以瞭解。今日瑞典
老人，可說深受人口、經濟、社會等因素變動的影響（三上，1991）。
茲將這些因素敘述如下：

1.高齡人口增長

高齡人口比率的增加，預期今後仍將繼續存續下去，當中尤其超高齡
人口比重增加迅速。瑞典屬世界上最長壽的國家之一，高齡人口當中，預
期八十歲以上老人所占的比率，將由一九八五年百分之二十一‧五增至二
〇二五年的百分之二十四‧四，可以預想的是須要投入更多照顧的老齡
層，所占的比率將增加。

2.獨居老人增加

老人與子女同住的人數減少，獨居老人人數增加，由此現象顯示，老
人所須社會服務的需求提高。

3.照顧人手缺乏

隨瑞典經濟的發展，促使國民所得增加，生活水準提高，開拓更多的
就業機會，使許多原本可以照顧老人的女性，紛紛投入就業市場，使得家
庭在介護老人的功能持續下降，老人依賴社會福利所提供的社會服務需求
擴大（三上，1991）。

㈡　老人福利理念

瑞典老人福利的範圍廣泛，內容也是各式各樣，因此在推展工作時，必須有基本理念得以遵循，工作才容易發揮成效，而瑞典老人福利可說秉持以下五項原則：

1.生活於熟悉環境

老人儘可能在個人熟悉的環境中，享有親情倫理及友情的溫暖，持續其生活。

2.總合的因應對策

對於每一位老人的需求，由心理、生理及社會各層面，總合性的加以把握，以謀求因應對策。

3.尊重老人意願

尊重老人有決定自己生活方式與處理事務的權利，而老人福利的提供，必須參酌老人的意願，然後再決定提供的內容。

4.參與社會活動

老人不僅要參與身邊的一些事務，同時也儘可能鼓勵其參與社會活動，以繼續對社會作出貢獻，並避免與社會發生疏離。

5.提倡休閒

老人一方面根據個人的體力、能力、興趣，同時與他人合作，積極從事有意義的休閒活動（三上，1991）。

㈢　高齡者照顧

1.照顧制度

為提供高齡者的照顧，就必須有法律的依據，而瑞典對於老人所提供的照顧，係依據一九八二年所制定的社會服務法，由中央政府統籌辦理。而基於瑞典地方自治行政體系基礎的完備，基本的社會福利供應也委由二百八十六個鄉、鎮地方政府辦理。各地方政府設有福利區，以作為提供照顧服務的基本單位。

瑞典的高齡者照顧的基本理念，特別強調高齡者即使處於需要照顧的狀態，但是儘可能不要離開自己熟悉的鄉土，於自宅過生活。

2. 家庭照護服務

家庭照護為提供身心功能衰退，需要照護的在宅老人，經由照護者的派遣，以協助當事者能自立的過日常生活為目的之制度。通常由申情者打電話到福利事務所，而由事務所派遣家庭照護人員訪問高齡者，經由訪談之後，再決定所須提供的具體服務內容。而服務提供時，訂有尊重當事人意願、人格的尊重、注重安全的維護、需求的總合把握等基本原則。特別是尊重當事人決定原則方面，不僅限於高齡者，而是無論從事何種性質的訪問，均被要求須要加以遵守的原則，此儼然已成為瑞典社會服務整體的基本理念。其他方面尚有夜間意外的防止與接送服務的提供。

一九九一年接受家庭照護服務的人數，達六十五歲以上年金受給者百分之十六，八十歲以上受給者更高達百分之四十。可見家庭照護的深受歡迎。

3. 日間托老中心

此用以提供社區在宅老人的照顧服務與訓練的場所，同時也做為高齡者閒聊之處，以及兼做家庭照護的據點。以往日間托老中心大多屬服務之家與老人之家的附設單位性質，但現今大都在住宅區內由住戶改裝單獨設置。

（四）　供應老人之住宅
＊＊＊＊＊＊＊＊＊＊＊＊＊

1. 服務之家

服務之家為統合住宅與照護服務而成的居住型態，其規模由二十戶至一百戶所構成。入居服務之家的條件為擁有年金受給者的資格，而日常生活中需要照護服務，經由協助可達成自立生活者。服務之家的住戶，基本上保有獨立的住宅生活方式。另外，服務之家的共同使用設施，設有餐廳與圖書館，此共同使用部分，具有濃厚的公共使用色彩，不僅提供居住於服務之家與社區的老人使用，也開放給一般社區民眾使用。以一九九一年

為例，約有四萬一千人高齡者居住於服務之家。

2.老人之家

瑞典的老人之家早期以收容無力生活者，此項工作也被視為國家應盡的義務。一九二○年由市民部提示設置老人之家的範例，而於一九二○至一九三○年期間大量的建設老人之家。此種情況並延至戰後一段期間，直到一九七○年代以後，政策上才出現改變。新提出的方案，在於儘量減少老人之家等機構收容的人數，而代之以使老人居住在熟悉的社區，並接受照顧，以符合人性需求。自此老人之家的數量因而大為減少，大多轉由服務之家所取代。

老人之家與服務之家的最大差別，在於居住於服務之家者，能過著有隱私權保障的獨門住戶的生活；而居住於老人之家者，各住戶的廚房、餐飲、浴室採取共用方式，個人方便性大打折扣。而民間老人之家，為公辦民營的型態，由地方政府擔負監督之責。

3.團體住宅（Group Housing）

由為數不多的居住戶，共享一個空間為中心，附設有二十四小時提供照顧服務的住宅群，稱之為團體住宅。此種住宅型態，就智障與癡呆老人的照顧而言，成效相當良好。目前瑞典全國各地均積極地推展此種設施之建設（伊藤，1995）。

（五）　老人療養機關

老人的身體有健康能自立者，當然也有生病、虛弱需要照顧者，因此，因應需要照顧程度的差異，所須設立的機構性質，也必須有所區隔。在瑞典，提供身體病弱老人的機構，有以下二種：

1.養護之家

養護之家以復健的治療為主，因此儘可能不使用醫藥與點滴。用餐也儘可能不在床上，而在共同使用的餐廳進食為原則，以增進身體活動的機會。並且重視家庭氣氛的營造，傢俱也以自帶為原則。一九九一年約有四萬四千人居住於附設有一般病房的老人醫院或養護之家。

2.日間照顧中心

日間照顧中心依據需要照顧的程度，又可分為需要特別醫療治療的日間照顧中心，以及著重於照顧為中心的日間照顧中心（伊藤，1995）。

◆◆◆◆ 第七節　殘障者福利 ◆◆◆◆

瑞典在決定殘障者福利的措施時，基於以下三個重點加以考慮：

　1.對於殘障者直接提供現金的給付與服務。

　2.整建能與健康大眾一起生活的社會環境。

　3.著眼於殘障的預防工作。

瑞典所實施的殘障者社會福利重點，著重於整建能使殘障者與一般健康者均能一起生活的社會環境。亦即，對於殘障者所實施的基本政策，基於社會整合的想法，因此對於殘障問題的解決，儘可能避免單純的以殘障者為對象的立法以及特別對策，而以建設社會本身成為殘障者容易居住的環境，作為政策所欲達成的理想目標，基於此種理念展開立法，並付諸實施（林宏，1991）。

瑞典殘障福利服務的基本原則，提示正常化的理念。此理念包含幾項重點：(1)正常的一日作息；(2)正常的一週復健課業；(3)正常的生命週期發展；(4)公平對待，沒有差別的待遇；(5)保持和異性之間的交往；(6)維持應有的經濟水準；(7)住宅環境能維持與一般社會大眾相當的居住水準。

瑞典所實施的殘障者援助，對於所有的生活設施，不分殘障類別與程度、年齡差異，均享有在共同場所從事共同活動的權益，並以社區的空間為舞台，在自然的接觸下，以達成相互的瞭解、尊重彼此特性。如此殘障福利由在宅福利與社區福利為基礎加以發展。特別是一九六〇年以後的新鎮計畫，將此構想加以落實。

瑞典所建構的社區照顧方式，極具巧思，為針對受服務者的需求，在社區設有中央區（Centrum），將許多公共設施集中於此，而成為提供服務的中心點，高齡者與殘障者居住於一般的住宅或區域內所設置的機構。

在中心區內設有提供二十四小時援助服務的家庭援助員，以隨時提供必要之服務。再者，有諮詢的必要時，由福利事務所（Social Service Center）隨時提供諮詢的服務。

瑞典在推展殘障者援助的過程中，積極的把正常化理念，具體加以落實。為達到此理想，對於殘障者的援助，在生活各種領域的相關立法當中，綜合的加以貫徹實施。因此瑞典沒有特別為殘障者採單獨的立法。亦即，將殘障有關的規定，分散於建築法、兒童福利法、教育法、勞動環境法等各項法案中，而於當中加入特別條款。當然採這種作法，也是考慮到實際運作的便利性。但是，有鑒於精神病患者有單獨採取特別立法的必要，於一九六八年訂定精神病患者法律。

對於其他種類的殘障者方面，以在宅福利的提供為基礎，並提供社會住宅、殘障者專用公寓以及服務之家等供殘障者使用，以使其能達成自立的生活為目標。特別的是在建築法中規定，必須針對殘障者的行動能力與適應能力，對住宅加以設計與提供所需設備，並規定此項工作為地方政府應盡的義務。再者，對於舊房舍的修繕，不論是個人住宅或社會住宅，均由公家支付所需的修繕費用。對於所謂的精神衰弱者，也提供大家庭用的社會住宅房舍，以團體之家的方式使其居住，此種措施並有增加的趨勢。另外，對於無法自立或無法獨立生活者，設有家庭扶助員提供二十四小時的服務。

殘障者所面臨的生存困境中，較大的困難問題在於工作方面。因此為使殘障者能順利就業，由中央提供補助款，以推展環境改善及學習特別技術的援助等。另外，由就業服務行政人員、雇主與工會等，共同成立協會，以促進殘障者能順利的投入一般就業市場。在做法上，規定企業在僱用員工滿五十人以上時，必須僱用一定比率的殘障人數，實施至今成果已經逐漸顯現。

另外在經濟保障的措施上，提供殘障年金、短期暫時殘障年金、殘障津貼、兒童照顧津貼等。這些措施進一步由內容來看，殘障年金以十六歲至六十歲者為支給對象，以提供基本的經濟保障。當年齡滿六十五歲以上

者,則改領一般老齡年金。暫時殘障年金支給的方式和殘障年金規定相同,然而它的著眼點在於考慮導致殘障的原因,係短時間的性質,經過一段期間,有恢復健全的機會,基於此種考量,而於某一段時間支給。殘障津貼爲除了前二項的年金外,遇有另須獲得其他援助,以提供生活、工作、就學或基於其他殘障之因素,有必要接受經費援助時,所提供的加算。兒童照顧津貼爲支給照顧十六歲以下殘障兒童的父母,支給金額約略等於殘障年金的全額。

除此之外,瑞典並致力於輔助器材的開發,使殘障者能充分達成自立的生活。另外,在公共交通機關、公共住宅、車站等,所有殘障者可能進出使用之處,逐漸建立無障礙通行的空間環境。當中特別是電動椅子的開發及活動空間的規劃,在國際上頗負盛名。對於重度殘障者,備有計程車或專車,經費由政府提供補助。

瑞典殘障者福利的種種作爲,值得注意之處,爲在推展殘障福利時,很重視意見的溝通,多方聽取殘障者代表的意見。此爲殘障者長年推展社會運動所爭取的結果,特別是爲殘障者爭取福利的社運人員,由全國殘障者協會與全國殘障協會中央委員會加以統合之後,所發揮的效果特別顯著(一番,1987)。

◆◆◆◆ 第八節　兒童福利 ◆◆◆◆

◯一 兒童福利立法
＊＊＊＊＊＊＊＊＊＊

瑞典的兒童福利立法,有規範受虐兒童保護及犯罪青少年強制保護的「兒童福利法」(Child and Youth Welfare Act, 1960),以及規範學前兒童以及學童保育機構之「兒童保育法」(Child Care Act, 1976)。自一九八二年一月一日「社會服務法」(Social Service Act, 1980)成立之後,將包含此二項法律在內的相關社會福利立法,進一步加以統整,採取一元化措施。

在「社會服務法」中強調，由地方政府擔負含兒童福利服務在內的一切社會福利服務之責（第二條），各地方政府設置社會福利委員會，以提供各種福利服務（第五條）。新法的宗旨，仍維持以往「兒童福利法」及「兒童保育法」之規定。

基本上我們從「社會服務法」的立法精神中，可以充分的體現重視人本的觀念，該法第一條後段規定「社會服務活動，必須在尊重個人意願與隱私權的前提下推展。」特別要求社會服務所提供的照顧與處置，基本上要尊重個人的自由意志。但當人權有受到侵犯之疑慮時，則採取斷然的措施，此在「青少年強制保護法」（Care of Young Person Act）以及「酒精、麻藥濫用者強制保護法」（Care of Alcohol and Drug Abusers Act）中，授與各處理機關的強制處分權，充分顯現。「青少年強制保護法」中規定，必須保護的青少年，如不加以收容保護，有危及當事人之顧慮時，可不必經由當事人及監護人的同意，逕行採取強制性的措施。亦即，就兒童而言，即使有家庭可以接納，但如有妨礙兒童健康或成長的情事發生時，當事人或父母雖然不同意，對此兒童仍可採取強制性的保護措施。

二　兒童保護

瑞典對兒童養護，以往大多採「委託養父母」養育的寄養的方式為主，其次才選擇由「兒童之家」收容，因為顧慮到兒童長期住在機構裡，易衍生管理上以及心理正常成長的問題。因此，兒童之家的家數呈大幅減少之勢。現今兒童收容機構，大都只是收容短期間治療與能力診斷時之用。在「兒童福利法」中總稱為兒童收容機構之「兒童之家」型態，依性質不同可分為五種類型。

1.嬰兒院（Infant'homes）

收容因母親死亡與家庭遭遇變故，致使父母無法養育的未滿一歲之嬰兒的機構。

2.母親之家（Mothers'home）

提供收容產前孕婦的場所，所收容的孕婦大半是未成年的「未婚媽

媽」。

3. 母子之家（Homes for Mothers and Sons）

當孕婦生產之後，仍須接受照顧，因此將母子一同加以保護的機構。

4. 暫時收容之家（Reception Homes）

對於在家裡養育有困難的一歲以上兒童，短期間加以收容的養護機構。當中經短期收容，仍無法回歸正常家庭時，則尋找養父母代爲養育。

5. 特別之家（Special Homes）

基於身心障礙等因素，使一般收養家庭無法勝任養育的工作，以及收容「暫時收容之家」移出者，長期間加以養護的收容機構。

這些依「兒童福利法」所採取的兒童保護措施中，所採取的「委託養父母撫養」的寄養方式，當然大多皆能以視同己出之心加以扶育，但當中亦或有不少養父母，其動機就並非以愛爲出發點，以貪求養育費爲目的，而有虐待、不當管教寄養子女等情事的發生。爲消除這些弊端，自「社會服務法」施行之後，將「寄養家庭」改爲「家庭之家」（Family Homes），在法律上廢除寄養子女的概念以及不再使用「兒童之家」的名稱，對於無法在家庭養育的兒童，改由「家庭之家」擔負照顧之責，並使「看護、居住之家」（Treatment or Residen Tial Homes）也肩負收容之責。「看護、居住之家」的名稱，泛指提供社會服務的公共機構之通稱。具體內涵包括「兒童之家」與「感化院」（Reform Schools），以及治療酒精中毒者與戒毒的更生機構。

三 保育服務
****

瑞典對於兒童的公共保育政策，始自一九四四年公辦的保育所與幼稚園爲起點。自一九七五年七月起施行「學前學校法」（PreSchool Act），對於所有滿七歲就要就讀小學之兒童，在就學的前一年，免費提供一日三小時的學前教育。學前學校主要有二種，一種爲一天提供兒童保育五小時的保育所，另一種爲採時間制提供短時間保育的幼稚園，其行政事務由社會廳所管轄。至一九七六年通過「兒童保護法」，此法規定所有的兒童在

入學的前一年，必須實施學前義務教育，而此項執行的工作，委由地方政府負責。

在此，值得注意的是「學前學校」並非教育單位所負責，而是由社會廳所管轄，營運責任則由地方政府兒童福利委員會擔任。而兒童依上學時間的長短，又可分為全日制的（Day Nursery）「學前學校」與部分時間制的（Part-time Group）「學前學校」兩種型態。另有家庭保育所，用以提供學前教育兒童的照顧及提供休閒的「休閒中心」（Leisure-time Centre）。自一九八二年一月一日「社會服務法」施行之後，仍將「學前教育」與「休閒中心」的管理，繼續置於社會福利廳的監督之下，由各地方政府的社會福利委員會負責。

（四）　家庭協助服務
＊＊＊＊＊＊＊＊＊＊

依「社會服務法」之規定，對於育有子女的家庭，當父母無法照顧子女時，採取二項家庭協助服務，以從事救濟措施。此項服務的提供由地方政府的社會福利委員會辦理。茲將此二項服務方式，敘述於下：

1.家庭主婦服務

此項服務由主婦所提供，用以取代育有子女的母親，因生病或生產時，導致無法對子女的照顧，這些主婦照顧的協助者需要經過專業的訓練。

2.兒童看護

上班的父母當兒童輕微生病而不能上幼稚園時，替代父母代為照顧小孩。所提供的看護服務就性質而言，僅單純的從事小孩的照顧，無須幫助做其他的家事，故無須取得專業的資格即可從事，因此，由一般家庭主婦兼職的情況很多（宇野，1991）。

瑞典為兼顧尊重婦女人權與滿足高度工業化所需人力，積極的促進婦女投入就業。為使上班婦女無照顧子女的憂慮，政策上經常把解決保育問題，當作家庭與兒童福利的焦點。

•••• 第九節 失業保險與就業 ••••

一 低度的失業率
****

　　自一九七〇年代至一九八〇年代，歐美各國均出現持續的失業率，但瑞典卻相對的維持比較穩定的高就業水準。例如自一九七四年至一九八四年期間，失業率維持在百分之二‧三的低度水準。此與歐洲共同體各國平均的失業率達百分之六的程度，特別是一九八〇年代以後的英國與義大利等的失業率，更快速的升至百分之十之譜的情況相比，瑞典的低失業尤為顯著。如單純的由這些數字來看，瑞典所採取的解決失業問題對策，確實優於歐體各國。

　　但是就經濟的層面而言，此期間瑞典的經濟成長表現並不優越，由經濟指標來看，經濟成長率落於歐盟平均的水準以下，但物價上升率卻高過平均水準的狀態。此情況顯現出瑞典的僱用問題與景氣的波動之間，出現分離的狀態，為值得吾人注意之處。尤其是在石油危機以後，舉世出現不景氣的狀況中，瑞典卻仍維持一貫的高度就業水準，究其原因，可說與瑞典所積極推行的「勞動市場政策」有關。因此，以下擬針對勞動市場政策中的兩項主要措施，失業給付與就業政策內容加以敘述。

二 失業給付
****

　　瑞典所推展的「積極的勞動市場政策」，主要由四項因素所構成：(1)職業介紹、諮詢服務。(2)依職業訓練、轉職計畫等勞動供給措施，使勞動力供需平衡。(3)提供僱用補助費與失業對策事業等措施，以政策影響勞動力的需求。(4)對失業者實施所得保障措施。如此，瑞典透過勞動市場政策，以預防失業，列為政策實施的重點，對於失業者以現金給付，做為事後救濟政策最終的手段。因此失業給付的多寡，正足以反應出就業情勢的良窳。以下，首先針對失業保險的狀況加以敘述。

㈠失業保險制度

1.和工會之間淵源深厚

瑞典的失業保險制度，以源自早期由工會所辦理的互助組織爲母體，自一九三五年國家以任意加入之失業保險公會加以認可，發放補助金爲現在制度之起始。只是當時加入者屬於極端的少數，但是，此種情況以後逐漸改觀，自一九四〇年代起至一九六〇年代期間，加入者急速擴增，今日在四十四個失業保險基金中，加入者高達三百四十三萬人（一九八五年十二月）。這個認可制失業保險基金，依據產業類別加以組織，基於傳統因素的使然，直至目前與工會之間仍然維持密切的關係，此基金的營運有工會的代表直接參與其間，可顯現其端倪。因此，原則上工會會員大都主動的參與本身所屬工會之失業保險基金，非工會會員則採任意的加入方式。再者，對於自營業者也針對產業類別，設有五種失業保險基金。

2.受給須具備一定資格

對這些認可制的失業保險，申請失業給付時，所要求的資格爲：加入保險期間至少需要十二個月以上，而且在此期間，至少需要工作達五個月以上。因此，加入失業保險未滿一年者，不得享有受領失業給付的資格。但是，因服兵役、職業訓練，以及取得父母介護、育兒休假等休假制度，在休假期間最高認可二個月以內期間視同已就業。而申請失業保險給付者，所需的就業期間證明，曾領取之薪資額，離職之理由等必須取得原雇主所開具的證明書。再者，消極的基本條件方面，申請者必須具有工作的能力，曾到就業輔導中心提出求職登記，而未能獲得適當的職業介紹。因此，如果沒有正當的理由，失業的發生係出於個人的因素所使然，則通常處以停止支付二十日份失業給付金額之處分。

3.額度低於平日薪資

至於給付額方面，不得超過失業前所就任職業薪資的百分之九十一‧七。但是，不含減額措施之年金受給者以及季節性工作者，幾乎所有的受給者均領取此項目之最高額。失業給付納入課稅的對象，同時算進年金收

入計算。支給期間最高為三百日，但是五十五至六十四歲者方面，最高可支給四百五十日；再者，對於未滿二十歲者，由於自一九八四年起，導入青年團隊（Youth Teams）措施，因此，不支給失業保險。

4.雇主繳交高額負擔

其次為失業保險金結構，由⑴被保險者所繳交的保險費；⑵政府補助金；⑶基金本身資產的收入等三項因素所構成。而政府的補助金方面，又可分為：①分擔補貼總額百分之八十的基本補助，以及②給付總額的百分之二十當中，分擔一定比率的累進補助。但是，此政府補助的百分之三十五，由國庫支應的部分只不過是百分之三十五，剩餘的百分之六十五由雇主所繳納的費用中提撥支應。由此導致雇主的負擔比率相當重，以一九八五年為例，雇主所支出的保險費額度，約等於薪資支出總額的百分之一‧六。

㈡勞動市場現金援助

1.彌補資格不符的措施

另一方面，為補助負擔制的失業保險，所採取的措施為自一九七四年起，所導入的勞動市場現金援助措施。此為對於喪失失業保險給付的失業者，以及加入失業保險期間未滿一年而未能領取給付者，所採取的救濟措施。再者，對於職業訓練與畢業後尚處於失業狀態者，也支給勞動市場現金給付。

2.仍須具備一定條件

可以申請勞動市場現金援助者，必須具有工作的能力，曾到就業輔導中心，提出求職登記，年齡在二十歲至六十四歲之間者，而且失業之前的十二個月期間，至少曾經工作五個月以上等為必要的條件。然而與失業保險的情況相同，取得父母、育兒等之休假制度，而從事休假以及疾病療養之期間等方面，在一定的期間內認定為視同就業期間。再者，自一九八六年七月以降，對於職業訓練與職業復健期間，也採取同樣的措施。另外，勞動市場現金援助，也支給剛畢業的失業者。對於畢業後的十個月期間，

至少有九十日以上，到過就業輔導中心登錄求職者，可以對此提出申請。

3.實質給付低於法定額

勞動市場現金給付採取定額給付，此為一律給付，對於年金受給者與部分時間工作者，採取減額措施，因此，實質平均給付日額在法定日額之下。再者，勞動市場現金給付也是課稅的對象，而且將此算進年金收入。另一方面，其支給期間，依各年齡層而有所差異，二十歲至五十四歲者最高支給一百五十日，六十歲至六十四歲方面，最高為四百五十日。而其財源的百分之六十五由雇主負擔，剩餘百分之三十五則由國庫支應。

(三)裁員津貼

此外，瑞典自一九八五年起，導入法定超額人員津貼。雇主對於本應加以解雇之從業人員，繼續加以留用，多付出的薪資，由國家與超額人員資遣津貼財團提供補助。

（三）　瑞典的勞動市場政策

以失業者為對象所實施的所得保障對策，在於對失業保險者採取事後救濟，但相對的以下所述各種勞動市場政策，則著重於事前失業的防止，以對於有工作意願的國民，給予僱用之機會為目的。瑞典居於「就業為維持正常生活之本」之理念，直至目前為止，對於勞動市場政策的講求，不遺餘力。這些政策在政府、勞方、資方等三者代表所組成的全國勞動市場廳（AMS）為基礎之下，加以計畫，經由其監督，透過縣層級所設置的二十四個勞動委員會以及在全國所設置的二百九十個就業輔導中心之間的合作，加以實施。以下針對各項政策加以說明：

(一)職業介紹與諮詢

在瑞典的就業輔導中心，辦理：(1)將求職者介紹給企業的職業介紹，以及(2)因應需要，針對求職者的個別需求，提供職業諮詢。瑞典全國的國民就業輔導中心約有三千三百位人員，這當中百分之六十的職員從事職業

介紹業務，其餘的百分之四十則擔任職業諮詢的工作。由於瑞典的職業介紹全為公辦性質，不核准民間參與，因此就業輔導中心所提供的職業情報，扮演著重大的角色。

(二)勞動力流動化的促進

瑞典為配合勞動市場的需要，積極建立勞動供給結構，當中特別重視職業訓練與轉職促進計畫，以使勞動力達成流動化的目標。

1.勞動市場訓練（Labour Market Training）

勞動市場訓練的實施對象，不僅針對來自就業輔導中心轉來的求職者，尚且，也將缺工嚴重職種的就業者列為實施對象，全國有五十餘個勞動市場訓練中心與約七十個分支機構，可擔負實施職業訓練之工作。再者，對企業內本身所舉辦的從業人員訓練，也支給補助費，勞動市場人才培訓內容，隨著時代的變遷也出現變化，隨著經濟的走向服務化，以往以製造業技術人工為中心的培訓，也改為增設保姆、保健婦、家庭扶助等公共部門職員的課程。而最近也反應出年輕人失業率的快速增加，未滿二十五歲的參加者亦呈現逐漸增加之勢。

2.轉職補助費

瑞典自一九五〇年代終了起，對於透過就業輔導中心，介紹到其他區域就職的求職者，就支給各種轉職補助費（旅費、新工作補助、日常生活費）。此係基於瑞典北部屬森林地帶，勞動力出現過剩的現象，為使勞動力的供需能夠達成平衡，使勞動力在區域間順暢的流動有其必要。但是，此項措施所遇到的阻力愈來愈大，因為隨著女性逐漸投入就業市場，雙薪家庭增加，不願移動的家庭數亦隨之擴大，最近取代男性為中心的家庭，反而以女性與單身的年輕受給者，出現增加的趨勢。

(三)影響勞動需求的政策

瑞典有鑒於當經濟不景氣的時候，舉世均面臨民間部門所提供的就業機會有限，因此採取失業對策事業，提供民間企業僱用補助費以及實施區

域開發援助。

1.失業對策事業

失業對策事業，以國家與地方政府為中心，對於失業者提供臨時就業的機會。縣與地方政府如對此單獨加以實施，則其營運費用的百分之七十五以及工資的百分之三十三，由國家提供補助。失業對策事業的參加者薪資，依據實際參與者的工作情況支給。而且，就業輔導中心在將求職者轉介給失業對策事業之前，一般均將他們先行介紹給一般的就業單位或接受職業訓練。而且，就失業對策事業主要的內容而言，一般為道路建設與其他之建設勞動、種植森林與一般保育的工作，當初所提供的項目有限。然而，隨著女性與大學畢業生參加者的增加，將範疇擴增至保育、保健活動、老人與殘障者的看護、一般事務等工作，範圍逐漸擴增。

2.補助民營企業僱用費

以民間為對象的僱用補助費自一九七○年以降，有增加的趨勢。此補助費的提供在於針對經濟不景氣的時候，須擴大民營企業的僱用比率，所採取之措施。而溯自一九七○年代所導入的以民間企業為對象的補助金當中，特別是於不景氣時，補助結構性不景氣業種，提供庫存增加部分的百分之二十補助費用，藉以使超額人員免遭受解雇最為著名。同時，在此時期並相繼的導入提高企業內訓練補助費，援助提前僱用新進人員計畫的人員補充補助費，以及支給企業僱用臨時人員的補助費等。然而這些措施實施後，成效不佳。至一九八四年起，改採補助僱用就業輔導中心轉介而來的失業者之企業，支給其薪資的百分之五十，期間為六個月，以援助人員徵募的費用。

㈣區域開發援助

除援助位處北部受大環境影響，導致不景氣業種之外，尚提供在不景氣地區開設工廠時的融資與投資援助，另外也將產品運輸費的補助包含其間。區域開發援助以往由全國的勞動市場廳（AMS）負全責，但自一九八三年起移交全國產業廳管轄。

（四） 殘障者僱用促進計畫
****

瑞典將殘障者就業也當作勞動市場政策之一環，提供優渥的保護措施。每年約七萬名殘障者透過就業輔導中心，展開求職活動。再者，前述勞動市場訓練參加者當中，殘障者約占百分之二十；失業對策事業的參加者當中，殘障者約占百分之十，由此可見對於殘障者之重視。其他方面對於殘障者講求以下特別僱用計畫措施。

這些包括：(1)重視職業復健至再就業的完整過程。(2)促進民營企業參與殘障者之僱用，政府則提供薪資補助，在僱用殘障者的第一年度提供百分之七十五，第二年提供百分之五十，第三年及第四年度提供百分之二十五之補助，第五年度則經由評估，以決定是否繼續提供補助。(3)在僱用從業人員五十九人以上之事業所，設置「調適團體」，對於工作場所在僱用殘障勞動者之際，促進觀念的改革，同時，致力於創造適合殘障者工作的環境。現在瑞典全國約有六千個調適團體展開運作。(4)對重度殘障者，另採取就業保護措施，在領取薪資時，考慮殘障年金額不受損失。

（五） 年輕人失業對策
****

今日的瑞典，年輕人的失業已成為重大的社會問題。瑞典對於未滿二十歲的年輕人，由學校當局與職業訓練局共同合作制定特別計畫。茲將此特別計畫敘述如下：

1.未升學就業者的援助

對於國中義務教育畢業，未升學進入高中而選擇進入勞動市場者，人數雖然不多，但基於這一群人因性質特殊，尤須採取特別對策。對於這一群，使其在正規的就業單位找到工作或直至繼續升學前的二年期間，由學校擔任就業輔導。而以未能找到適當工作，同時也未能達成升學之十六至十七歲人員為對象，在青年工作制度（Youth Jobs）之下，通常提供六個月期間之臨時就業機會。在此措施下，由國家支給雇主補助金，同時對於參加者的本人也提供津貼的支給。

2.青年的援助

到達十八歲以後則將權責轉移至職業訓練當局，在一九八四年起開始實施的青年團隊制度（Youth Teams）之下，保障一日四小時，一週五日之部分時間工作機會，以及接受教育訓練機會。這些青年團隊，以中央、縣、地方政府，甚至教會與慈善團體等為中心加以組織，一部分民間企業也加以組成。而在此情況下，支給雇主所支付薪資之全額補助費，而對參加之年輕人，則透過團體協約以決定薪資之支付額。

總體而言，瑞典失業率較低的理由在於，戰後一貫所採行的「積極勞動市場政策」，透過勞動力的流動化措施，以解除結構性以及容易引起糾紛、抗爭業種的失業，同時自一九七○年代起，擴大公共部門的僱用機會，並且對於大環境所造成的不景氣業種與不景氣地區提供援助。而透過這些政策，將僱用問題和景氣循環加以區隔，至今可謂獲得成功。當然，今日的瑞典，也惱於以製造業為中心的民間部門，所提供就業機會下降以及公共部門出現赤字經營的窘態，由此導致領取失業保險與現金援助的失業者增加，因此瑞典今後要如何維持低失業率，仍須續謀對策，採動態的因應（下平，1991）。

◆◆◆◆ 第十節　瑞典社會保障的特徵 ◆◆◆◆

瑞典可以說將社會科學的學術理論，真正付諸實際驗證的先進國家，其結果有其成功之處，但也有不少因政策的錯誤所引發的缺失。這些寶貴的經驗，對於正在逐步建立社會福利制度的國家而言，可說可以發揮他山之石的借鏡。茲將瑞典的福利措施所顯現的重大意義，分析如下：

一　撙節開支

就福利與經濟發展的關係而言，一九六○年代，瑞典的經濟與福利均達成共同的成長，但一九七○年代後期至一九八○初期，由於經濟不景氣，財政赤字，國際收支呈現入超，勞資衝突時起，連帶的使瑞典社會福

利措施受到強烈的質疑與批評。因此，瑞典政府隨即採取縮減社會安全的擴張，降低財政預算赤字，減少公共年金支出等改革，使福利政策度過難關。但整體而言，福利供應仍維持一定水準（丸尾，1991）。

二 採整體規劃
* * * * * * * * * *

為縮短理想與現實的差距，以落實理想的政策，必然的政策推展必須要求合理的計畫。瑞典對於國民生活有影響的各種福利施策，採整體的規劃，階段性的加以完成。依以往的經驗顯示，要從事一項新的社會福利立法或修法時，總經過非常長時間的檢討與準備才著手付諸實施，以求審慎。另外，瑞典的社會福利，除了所得保障、醫療保障、社會服務等措施之外，也將就業保障、住宅、環境政策、家庭政策、教育等範疇，廣泛的加以納入，深具特色。

三 公共部門承擔重責
* * * * * * * * * * *

瑞典和其他資本主義國家相比，無論是在所得安全或福利服務提供等方面，由公共部門提供需求供給的比率很高，相對的由民間企業、民間非營利團體以及非正式部門等，所提供的福利供給比率則比較低。

四 基於全生涯的規劃
* * * * * * * * * * *

經由社會福利的援助，使國民平穩過一生，為其施政目標。瑞典對於每一位國民，在人生的每一個階段，生活上如遇有威脅、困境或不安的情況，儘可能利用社會福利的措施，使其度過難關，恢復安定的生活。首先，在嬰兒時期，由父母及社會提供保護，到了學齡期，使其接受教育，離開學校以後，政策重點著重於國民就業，透過就業的確保，使國民能獲得穩定收入，過安定的經濟生活，並達成自我實現的理想。接著到達成家立業時期，則將兒童養育與促使父母安全就業也納入政策考慮，及其老時，提供各種年金、住宅福利服務等措施。

（五）　信任政府
　　　＊＊＊＊＊＊＊＊＊：

　　瑞典政府與國民之間互動極其良好，國民對政府有強烈的信任感。瑞典社會安全各制度，深植民心。一方面這是因為瑞典的許多制度，以全體國民為對象，具有普遍的特性，及制度成立以來，已歷經相當長的歲月所致。加上各制度內容的透明化以及國民廣泛的參與政策制定過程，以及參與管理等為重大的因素（城戶及丸尾，1991；渡邊，1991）。

■ 關鍵詞彙 ■

傷病津貼	保育服務	殘障者福利
社會服務法	父母親津貼	協約年金
保健醫療法	老人介護津貼	服務之家
社會保障體系	年金制度	老人之家
疾病保險	公共年金制度	集合住宅
職業安全	部分年金	養護之家
職業介紹	老齡年金	勞動災害保險
職業訓練	殘障年金	殘障者津貼
國民基本年金	寡婦年金	家庭年金
國民補助年金	兒童年金	家庭協助服務
嬰兒院	國民救濟	母子之家
醫療制度	醫療保險	特別之家

■ 自我評量題目 ■

一、瑞典為改善國民福利水準，到目前為止展開那些政策？

二、瑞典在「社會服務法」中揭櫫那些原則？

三、瑞典廣義的社會保障行政範圍包含那些範疇？

四、瑞典廣義的社會福利支出有那些項目？其財源如何籌措？

五、瑞典醫療供給體制為何？醫療供給面臨那些問題？

六、瑞典年金制度顯現出那些特徵？

七、瑞典的基礎年金制度與附加年金內容為何？

八、瑞典老人福利秉持那些基本理念？

九、瑞典提供老人那些老人住宅與療養機關？

十、瑞典殘障者福利的理想目標為何？

十一、瑞典從事兒童保護的兒童之家有那些型態？

十二、瑞典的勞動市場政策內容為何？

十三、瑞典社會保障顯現那些特徵？

■ 參考文獻 ■

丸尾直美（1991）スウェーデンの經濟と福祉─特徵と問題點─，見社會保障研究所編，スウェーデソの社會保障，日本：東京大學出版部。

木村陽子（1991）年金制度，見社會保障研究所編，スウェーデソの社會保障，日本：東京大學出版部。

友子ハンソン・ともこ（1994）スウェーデンの福祉狀況，海外社會保障情報 *no.107*，泉真。

（1993）外國の社會保障の現狀と動向，5スウェーデン見日本社會研究所健康保險組合連合會所編，社會保障年鑑，日本：東洋經濟薪報社，pp. 260~265。（社團法人）スウェーデソ社會研究所。

（1987）スウェーデン　ハンドブック，日本：早稻田大學出版部。

伊藤周平（1995）スウェーデンにおけゐ高齡者クアの現狀，海外社會保障情報 *no.108*。

佐藤進（1989）世界の高齡者福祉政策───今日明日の日本をみつめて，日本：一粒社。

吉澤昌恭（1986）スウェーデンの社會保障，見足立正樹、堅原郎編，各國の社會保障───歷史、現狀、未來───，日本：法律文化社。

一番ケ瀨康子（1987）福祉政策《胎內から天國まで》の福祉をめぎして，見社團法人スウェーデン社會研究所編，スウェーデン　ハソドブツク，日本：早稻田大學出版部。

宇野正道（1991）兒童福社サービス，見社會保障研究所編，スウェーデンの社會保障，日本：東京大學出版部。

城戶喜子、丸尾直美（1991）アトガキ，見社會保障研究所編，スウェーデンの社會保障，日本：東京大學出版部

宮本太郎（1994）「スウェーデンソモデンの終焉」をめぐつて─勞使關係の變

容と福祉國家—，海外社會保障情報 *no. 107*。

渡邊芳樹（1991）地方自治，見社會保障研究所編，スウェーデンの社會保障，
　　日本：東京大學出版部。

林宏（1991）殘障者福祉サービス見社會保研究所編，スウェーデンの社會保
　　障，日本：東京大學出版部。

中村秀一（1991）醫療制度と醫療保險，見社會保障研究所編，スウェーデンの
　　社會保障，日本：東京大學出版部。

三上芙美子（1991）老人福祉サービス見社會保研究所編，スウェーデンの社會
　　保障，日本：東京大學出版部。

下平好博（1991）失業保險と勞動市場政策，見老人福祉サービス，見社會保障
　　研究所編，スウェーデンの社會保障，日本：東京大學出版部。

第十三章

法國的社會福利與行政

詳讀本章內容後，學習者可達
成下列目標：

1. 理解法國社會福利的特殊義
   涵。

2. 明瞭法國社會福利事業歷史發
   展過程與理念。

3. 說明法國兒童和老人福利。

4. 列舉福利家庭給付措施。

5. 列舉法國殘障者政策。

6. 敘述法國失業保險與僱用。

7. 敘述法國的社會救助。

■ 摘　　要 ■

　　法國社會安全基於法制化概念，因此在意義上有異於一般國家。法國的社會安全一詞涵蓋社會安全、社會救助、補助事業等三項事業的概念。其社會安全制度的建立起源甚早，早自十九世紀後半，工業逐漸發展，受薪勞動階級人數大量增加，為解決此項問題，從事勞動災害補償立法。爾後社會保險制度、家族津貼法等相繼成立，戰後並基於一般化、一元化、民主化等理念，從事社會福利施政的改革，社會福利日益充實。

　　就具體的福利措施來看，兒童福利方面，主要有針對養育兒童有困難的家庭提供援助，以及對於處於危險狀態之兒童所提供保護。同時有鑑於單親家庭的增加，實施母子福利對策。老人福利方面，為保障高齡者的生活水準，採所得政策以維護最低生活保障，並從事老人生活環境的改善與充實，老人收容機構的改良，以及提供老人在宅服務及機構服務等措施。

　　法國人口出生率一向很低，此為舉世所周知，因此法國制度上，提供家庭豐厚與多樣的給付，其制度目標在於獎助撫育第三子，財源則來自企業雇主。家庭給付種類有乳幼兒津貼，家庭津貼，家庭補助津貼，住宅津貼，特別教育津貼，遺兒津貼，新學期津貼，單親津貼，養育父母津貼，在宅兒童養育津貼等。殘障者福利方面，根據殘障者基本法的立法，提供殘障者與殘障兒童的機構與服務。當中殘障者機構有醫療社會機構、社會機構、勞動相關機構等，型態相當複雜。而自石油危機以後，法國苦於高失業率，因此採取失業保險與僱用對策。社會救助方面，提供有醫療救助、住宿、社會再適應的救助、家庭的社會救助以及老齡救助等，頗具特色。

◆◆◆◆ 第一節　社會安全的概念 ◆◆◆◆

　　法國人口五、五二八萬人（一九八六年一月一日），國土面積為五四三、九六五平方公里，與台灣地區相比，可謂人口稀少。法國的人口結構，屬老齡人口結構型，就人口高齡化而言，法國可說世界上最早經歷高齡化的國家。由於年齡的增長和醫療費、年金之間息息相關，因此法國隨老人的增加，醫療保障和年金支出成為重大的問題（藤井，1990）。

　　法國所使用的社會安全一詞，與今日世界各國所廣泛使用的涵義有別，雖然社會安全的內容，各國本來就有很大的差異性。而法國方面，一般是由法制的觀點加以分類，為深具特徵之處。整體而言，可概分為三項範疇：

　　1.社會安全

　　社會安全以「社會安全法為基礎」，由社會保險（疾病、生育、殘障、老齡、遺族、死亡）、勞動災害補償、家庭津貼等三個領域所組成。

　　2.社會救助

　　社會救助則根據「社會救助法」單獨立法加以規範。

　　3.補助事業

　　由勞資雙方透過團體協約所實施的補助事業，具體內容有失業補償與協約年金。在法律的定位上與前二者有所區別，因此也稱之為補助制度，但實際上仍具有同等的法律強制力。

　　而總括社會安全、社會救助、補助事業等三項事業的概念，由社會安全一詞加以概括。

　　在社會安全的三個範疇中，管理監督的單位也是各自不同。社會安全採基金的管理方式，社會救助則為地方政府的權責，補助事業則由互助公會所營運。如此，法國的社會安全觀念極其狹隘，與其他國家相比，不將社會救助與失業補助項目包含在其中，為極具特徵之處（島本，1986）。

　　今日的法國，在制度面也好，財政面也好，社會安全均已建立為大規

模制度之國，當中財政問題與醫療費問題等約與其他先進諸國相當，但時至今日，出現法國的特色，此在於法國社會安全制度的運作，工會、互助公會等社會團體，具有重大的影響力，扮演重要的角色（田端，1990）。

法國和一般福利先進國一樣，對於國民於生活上遇到困難時，提供保障，視爲市民權之一，此爲歷史發展的產物，今日法國社會安全，除若干例外，大都由政府編列預算，提供全體國民的保障。法國所提供給國民的社會安全，今日已經成爲國民生活所不可或缺的既得權利。然而，社會安全所需經費約占家庭全部所得的三分之一，財政的重大負擔，也使法國遭遇「福利國家的危機」（出雲，1987）。

◆◆◆◆ 第二節　社會福利事業發展的沿革 ◆◆◆◆

由於法國社會福利事業發展的時期甚早，爲掌握其特質與全貌，有必要探討其發展源流。

法國社會安全的源起，起因於十九世紀後半，工業逐漸發展，受薪的勞動階級人數大量增加。當時工廠的勞動災害事件頻傳，成爲重大的社會問題。爲解決此項問題，遂於一八九八年從事勞動災害補償立法。

在立法的理念上，揚棄當時行之有年的所謂過失責任主義，由雇主直接擔負補償之責，採取直接定額補償方式。如此，對於勞動者因遭遇勞動災害而接受救濟時，已不再追究雇主的過失，而僅視爲在執行業務的過程中，遭遇到危險的方式加以處理。

此種由雇主擔負責任，主動提出補償的原理，而後由工廠逐漸擴大到所有的企業，同時補償的給付方式，也有所改變。大部分的事業主，爲預先籌措資金，以備受僱者一旦遇有災害時的補償金之需，採爲受僱者提供加保的方式。至一九〇五年，在普獲受害者認可之下，受害者原先向雇主領取的受害者災害補償費，改由直接向保險公司請求。

社會保險制度方面，最早的辦理可溯自一九二八至一九三〇年期間。

其成立背景在於勞動總同盟（CGT）所主導的勞工運動，積極宣揚社會民主主義理念。此制度的施行在於保障低所得的受僱者，遇有疾病、生育、殘障、年老、死亡等事故時提供保護。財源的籌措方面，受保險者必須繳交相當於薪資所得百分之八的保險費，由勞資雙方各負擔一半。在營運方面，委由具有傳統的互助機關與新設的縣基金辦理，被保險者可自由選擇當中一種加入。

家族津貼法為法國社會安全的重要一環。此法與勞動災害補償法及社會保險法三足鼎立，共同構成二次戰後社會安全的重要基礎。家族津貼法的立法背景頗為複雜，但主要的因素是：⑴物價上漲，使得育有子女的勞動者，生活面臨不安感；⑵在企業管理措施上加以應用，以提高勞動者工作意願與促使勞動力積極投入勞動市場；⑶法國自十九世紀起就已經出現出生率過低的現象，此問題的持續存在，使法國人口成長仍然出現停滯現象的隱憂；⑷受到基督教強調家庭生活共同體思想的影響。

在此種背景之下，特別是在第一次大戰之後，一部分的雇主，對於養育有子女的受僱者，以追加薪資的型態支給家庭津貼。而為著分散負擔，以產業別或地區性質為單位，創設家庭津貼補償基金。至一九二〇年代，此項不成文規定的慣例，廣泛的普及，隨即也出現將此慣例推展立法。一九三二年三月十一日所完成的立法，在於將以往基於企業自由意願所舉辦的非強制性措施，進行法制化，規定商工業的負責人，為提供受僱者的需要，有義務加入補償基金。再者，一九三〇年代人口成長率不升反降，以此為契機，為減輕家庭扶養者的負擔，進一步制定了「家庭法典」。家庭法典中規定雇主與勞動者，均須分別加入補償基金，此項規定的影響所及可謂相當廣泛，涵蓋了全體法國國民。

整體而言，在第一次大戰前，法國的社會安全措施以此三項措施為主體，其適用的範圍與保護對象，均受到相當嚴格的限制，因此所發揮的功能有限。因此法國在戰後進行多項的改革措施。

戰後的改革基於「一般化」、「一元化」、「民主化」等三項理念著手進行，以使所有的國民無論在何種情況下，遭遇何種困境，均能夠獲得

維持最低生活水準的保障，使人民不虞匱乏，免除對於未來生活的不安感。此理念的內容如下：

1.一般化

根據「一般化」之原則，意指社會安全所涵蓋的範圍，廣及於導致生活不安的意外事件與負擔的所有事項，適用對象則涵蓋全體國民。例如將以往失業的項目，亦包含在社會保障的項目之內，以及廢除以往加入者須經所得審核的附帶條件限制，由全體受僱人員先加以實施，再逐漸擴大適用範圍及於全體國民。

2.一元化

一元化的措施在於修正以往財政的分散化現象，使財政能夠由單一的組織、單一的基金進行統籌管理。

3.民主化

最後一項的民主化原理，為勞動者能參與社會保險基金與相關機關的自主性管理。然而此三項理念，直至一九四〇年代後半，真正落實的只有民主化一項，它的典型措施為基金的管理，由當事者的代表和政府代表一同參與理事會的組成，共同加以營運（島本，1986）。

◆◆◆◆ 第三節　兒童福利 ◆◆◆◆

法國兒童保護源自十七世紀宗教慈善家們，對棄嬰與私生兒從事機構與家庭收養為起始，此與歐洲各國的情況相當。此種做法一直維持至法國大革命時期，對於棄嬰等的收容，在理念上改採社會正義的觀點，而不再當作宗教慈善事業看待，因此在各地廣建各種兒童收容機構。

法國第一部規範無人安養孩子的法律「棄子憲章」，於一八一一年制定。接著於一八八九年實施「受虐兒童及棄嬰法」。而這些法律的內涵，爾後逐漸發展，適用對象亦日益擴大，內容也日趨完備，對於不願養育子女的父母，可依法律停止親權，藉以進一步保護兒童。

一九三五年十月三十日在法國總統所頒布的法令中，將「受虐兒童及

棄嬰法」加以修正，並導入教育援助的理念。一九四五年二月二日由總統
頒布「犯罪兒童」處理要點。接著一九五八年十二月二十三日的總統頒布
令，進一步採取「對於在健康、安全及精神等層面有危險顧慮的兒童」，
政府應擔負起教育的義務。一九七○年六月四日所制定的親權法中，將一
八八九年以來所制定的各種法律加以統整。

在這一連串的發展過程中，轉變較大的爲兒童保護事業局，該局在成
立的當初僅處理棄嬰的問題，而後逐漸擴大爲處理一般兒童及特殊兒童問
題的局處。

法國於一九八二年三月通過地方自治法以後，行政措施逐漸推展地方
分權化，連帶的將社會福利行政的權責轉移至縣的層級，有關兒童福利的
事業，也幾乎將所有的業務隨之轉移給縣府管轄。而法國兒童福利的具體
措施如下：

㈠ 一般養育費補償

法國對兒童所提供的社會安全及社會福利活動，主要著眼於家庭養育
的支持與援助。在社會安全的措施上，提供免負擔的家庭各種津貼，廣泛
的實施補償家庭養育費。家庭津貼制度爲不問所得多寡，提供養育第二子
以降家庭，支給至十六歲爲止之養育津貼，其他尚有各式各樣的津貼達二
十種之多。對所有的兒童提供產前、產後津貼，未滿三歲的幼兒津貼、殘
障兒教育津貼、住宅津貼，以及養育三子以上者的支給補助給付。家庭各
種津貼，對於育兒時期的一般家庭所得及生活費保障，扮演重大角色（都
留，1987）。

㈡ 兒童福利的對象與手續

兒童福利的適用對象有二：⑴對於養育兒童有困難的家庭，提供援
助；⑵對於處於危險狀態之兒童提供保護。對於後者又分爲社會保護與司
法保護。社會保護以獲得家庭的同意爲前提，司法保護則在未經家庭同意
的情況下，由司法單位依法執行的保護措施。一般而言，社會保護較之司

法保護優先，但是養父母有道德的危險顧慮或無能力扶養時，或司法當局以兒童無法適應家庭爲理由，可以經由判決，停止親權的行使。

有關兒童福利的決策過程方面，行政決定由縣負責，司法決定由法務局決定。至於具體實施兒童福利事業的權責單位，依一九八三年七月二十二日所通過的法律，將權限委由縣府負責，但原本由中央負責監護的孤兒，則委由縣政府委員擔負監護之責。

🔵三　母子福利對策
＊＊＊＊＊＊＊＊＊＊＊＊

單親家庭數的增加，爲法國家庭型態中甚具特徵之處。一九七五年的單親家庭數爲七十二萬六、〇〇〇戶，一九八二年增加至八十四萬七、〇〇〇戶（增加率爲百分之十六·七），一九八九年爲一〇九萬七、〇〇〇戶（增加率爲百分之二十九·五），增加比率之快速，超越其他的家庭型態。不過單親家庭的比率雖然大力增加，但以占總體家庭數的比率而言，只不過是百分之五·二，可說仍然是少數派（神尾，1992）。由「單親家庭」所養育的兒童數來看，一九八一年有一五七萬六、〇〇〇人，占同年齡兒童的百分之九·六，一九九〇年非婚生子女數占全體出生兒的比率達百分之三十。

在福利措施方面，一九七六年實施單親津貼，其目的在於提供因懷孕或育有幼兒，而無法工作的單親，經由津貼的支給以提供援助。受給者大多爲女性，當中問題尤爲嚴重者，爲有爲數不少的生育者尙屬未成年，本身還年輕，身心發育均不健全，尤其是年少的「未婚媽媽」問題尤其嚴重。

有鑑於「未婚媽媽」人數的急劇增加，因此爲協助因生育子女而導致生活有困難的母親所設置的母子福利機構，有母子短期保護所（Maison Maternelles）與母子宿舍（Hotels Maternelles）。母子短期保護所以縣爲單位加以設置，收容對象爲生育前後被認定生活有困難者，以及懷孕達七個月或未滿七個月的孕婦，收容方式基於孕婦在生產前大都希望能保有隱私權之考慮，因此不必經過任何手續，無條件加以收容，對於生育者提供三

個月以內爲限度的生活場所的機構。生育者如屬未成年時，機構尚具有學校教育的功能，對於離開機構後的育兒常識及生活訓練，也一併提供教導。機構住宿費用方面，由縣庫負擔經營管理費，生育費用由社會保險支出，生育者所需負擔的費用由單親津貼支給。而母子宿舍則擔負後續的收容工作，接納從母子短期保護所出來者，以促使居住者達成自立的生活做準備。在機構內生活，可以確保母子有個生活的處所與乳幼兒可獲得保護，使母親得以就業，依其收入支付入所所需的費用。

　　經由母子短期保護所與母子宿舍的設立，藉此發揮了使母子回歸社會的功能，並防止年輕的媽媽遺棄兒童。再者，依情況，母親可以將子女委託給公認的養父母扶養。

（四）　需要養護的兒童對策

　　對於未滿十八歲而有賴於社會養護的兒童，其處理方式，傳統上採取寄養與收養關係加以解決。在受理委託需要養護兒童的收養時，須經過專家（社會工作者、指導員、心理治療師、醫生等）的調查與觀察，而最終決定兒童處理方式的機關爲各縣所設置的兒童保護所。在處理的程序上，首由擔負兒童監督責任的兒童調查官，以會議的方式聽取專家的意見，然後再裁決要採取何種處理方式，是採委託養父母養育、機構收養或作爲養子方式收養等。

　　委託養父母養育的方法，爲委託兒童諮詢所所屬的寄養父母或養父母的家庭扶養，養父母對於代爲養育的子女負有使其就學的義務。對於養父母則支給養父母津貼，接受病弱兒童、殘障兒的委託者，另外支給加算津貼。

　　機構養育方面，對於正常兒童與病弱、不適應兒，採取不同的處理方式。收容身心皆屬正常，進入機構的原因，純屬社會因素所導致的兒童，屬於養護機構的權責，它的前身爲法國傳統的孤兒院。所需要的經費由縣政府編列預算。另外供給已就業但居住有困難的青少年，所提供的機構援助爲年輕勞動者宿舍。機構內設有教育指導員，透過指導員的指導以期同

時發揮社會教育的功能。至於病弱兒童方面，則委託給療育機構收容，另外一方面，對於不適應兒童的收養則爲再教育機構的權責（分爲智障兒與性格障礙兒的機構）。

（五） 保育制度
＊＊＊＊＊＊＊＊

擔任學前教育的機關爲教育部所管轄的母親學校（幼稚園、保育學校），在性質上雖非義務教育，但免繳學費，一日上課六小時，以二歲至六歲兒童爲對象。設置的主體爲市區村里，經費來自中央政府的補助而設置。另一種型態爲保健部所管轄的團體托兒所（Creche Collective），提供在進入母親學校之前的一個階段，由於母親的工作關係，無法照顧子女時，可以將兒童委託照顧。直至二歲以後，再轉移至母親學校，採此種連續性托育方式者占有大半。所需費用由地方政府、家庭津貼基金、使用者父母等三者共同負擔。父母所擔負的費用依所得額的高低，採差別負擔制。母親學校雖爲免費，但法國人卻偏好須付費的團體托兒所，因此導致付費的團體托兒所愈來愈普及，二歲兒進入母親學校的比率相對的愈來愈低。因此進入一九八〇年代，在法國引起保育方法的熱烈討論。

另外家庭托兒所（Creche Familiale）由縣、市區村里、私人等所設置。由有保育資格的保育媽媽（Assistanes Maternelles）組織、指導的情況下，將兒童在自己的家庭托育，所需費用依父母的收入分級收費。其他尚有由保健部所管轄的幼兒保育機構（以三歲至六歲為對象的保育）、幼稚園（Jardin Denfants）與以三個月至五歲爲對象的短期保育所（Halte-garderie）等，型態繁多。再者，對於父母無法養育，同時也無法採寄養方式的未滿三歲乳幼兒，提供日夜養育監護之兒童福利機構的有乳兒院。

整體而言，學齡前的兒童，經由保育與教育的分工，以未滿三歲與三歲至六歲兒童爲劃分的基準，就廣義而言，此舉可說已經達到幼兒保育的一元化措施（宇野，1989）。

◆◆◆◆ 第四節　高齡者福利服務 ◆◆◆◆

㊀　現行的制度
****

法國高齡者福利制度，主要由四項措施所構成：

1.高齡者的所得政策

此項政策旨在保障高齡者的生活水準，所從事最低生活保障的制度。主要的財源來自國民連帶基金，以領取其他社會給付仍不能達到最低生活水準的所有六十五歲以上老人爲適用對象。而實際上由國民連帶基金處領取津貼，成爲老人最低生活保障的對象者，達全體老人人數的五分之一（一九八四年有一六○萬人），當中高齡女性人數尤多。而所支給的保障額近年雖不斷調高，但仍未能達到最低薪資百分之七十，隨著醫療費、看護費的調高，高齡者的支出亦隨著增加，因此要達到一定程度的生活保障，有賴於基金額度的增加。另外，尚有老齡特別津貼與市村里所設置的獨自津貼。

2.生活環境的改善與充實

爲配合自一九六○年代起，所推展的高齡者在自宅生活的方針，特別是高齡者個別居住的整建，增進人際交流以防止生活之孤立化，疾病的預防與看護需求的提供等，爲不可或缺的措施。因此實施住宅津貼、住宅改善服務、電話與緊急通報系統的設置、休閒活動的提倡、家事援助與介護、看護服務等措施。

3.收容機構的改良

在提倡高齡者在自宅安養的政策下，高齡者本身也不期望進住機構，但是隨著超高齡老人人數的快速增加，入所機構的整備，也是刻不容緩的課題。法國在傳統上提供收容無法自立老人的場所，只有醫院及其所附屬的養護中心。但自一九七○年以後，逐漸將養護中心廢除，而代之以近代的老人之家。此性質的老人之家，提供高齡者住宿、餐飲及其他的服務，

但原則上並不具備介護、看護等功能。對於需要介護的老人，則移往醫療機構。只是，近年來在社會福利機構與衛生機構進行改革的過程中，也嘗試在老人之家一併提供在宅服務的可能性，同時也籌建具備醫療功能的老人之家。

4.政策執行的權責

法國實施各種高齡者事業的責任在縣府，以「退休者及高齡者之縣委員會」為主體，對於實施社會救濟主體的社會福祉事務所與社會福利中心事業，和老齡年金金庫與疾病保險金庫定契約所辦理的醫療福利事業，其他家庭津貼金庫以及各種協會所舉辦的事業，進行統合與調整的工作。

⬭ ⬤　在宅服務
＊＊＊＊＊＊＊＊

高齡者的在宅服務，近十年來快速的發展。其內容包含在宅協助服務、送餐飲到宅服務、緊急通報服務、住宅改善服務、增進休閒服務、介護及看護服務等。這些服務的供給有複數的組織負責提供。在公共的領域方面，有縣的社會保健福利局、市村里的社會福利課，以及地方的醫療保險金庫等；另外，私人領域有協會與高齡者團體參與提供服務。

為促進高齡者能過著自立的生活與參與社會活動，在福利服務的措施上，可分為二種類型。一種為具全國劃一性，由中央提供財源補助的義務服務；另一種為市區村里與其他社會福利相關團體，所設計提供的志願服務。

㈠義務服務

義務服務所提供的服務內容方面有：

1.住宅的改善

決定每年在各地區興建二十間房屋。經費來源除老年年金金庫與醫療保險金庫，以及全國住宅改善機關出資外，亦由中央提供經費補助。

2.參與社會文化生活的服務

在做法上除了繼續獎勵高齡者俱樂部的成立之外，並設計新的活動內

容，同時試圖與其他不同年齡世代之間從事交流。交流的對象諸如婦女、兒童、大學生等。

(二)志願服務

志願服務主要提供五項種類的服務：

1.資訊與預防的服務

爲確實掌握高齡者在生活上所面臨的困境並加以解決，亟需提供正確的資訊。另外並提供面臨退休之際的人員，心理所出現的變化資料、購物情報、營養諮詢等事宜。

2.休閒的服務

提供透過運動與運動治療法的身體活動，以及老人大學與透過觀賞戲劇、學習外國語言的文化活動等服務。

3.生活援助服務

爲紓解日常生活所遭遇的困難，在許多場所設置電話諮詢服務，以及家庭協助服務。

4.保健服務

以地區醫療班與協助醫療之醫療服務爲主。在宅介護也參酌醫學的觀點，對於需要介護者實施總合性的介護。同時，日間照顧中心也提供多樣型態的通所服務。

5.餐飲服務

分爲高齡者餐廳的餐飲供應，在宅餐飲配送，此項服務並非僅單純發揮營養補給的效果，同時也有人際交流的目的。此項服務有顯著增加的趨勢。由社會救濟費用支出的情形來看，居住及復健設施費呈顯著增加。

三 機構服務
****

高齡者的機構安養必須基於在宅居住有其困難，而且必須取得高齡者當事者的同意方可爲之。而由實際收容的情況看來，六十五歲以上的高齡者當中，入住機構者比率爲百分之六，高達百分之九十的絕對多數仍爲自

宅居住者。但是由於超高齡老人人數的快速增加，機構服務的整備，為不可或缺的事實，近年與正在改組的醫療機構之間，在性質上要如何釐清，也就成為倍受關注的問題。

目前提供高齡者的社會機構有高齡者住宅與老人之家：

1.高齡者住宅

以提供自立性高的高齡者入所為主，入居者原則上能夠自炊，並擁有個別的居室，但仍可選擇餐飲供應服務、介護服務、準醫療服務、休閒俱樂部等的利用。

2.老人之家

老人之家無論公立或私立，近年的設備大都擁有近代化的高水準。在此的入居者，一個居室以居住一個人至二人為原則，並設有浴室或廁所，在餐廳用餐。一部分的機構並備有介護與看護的服務，但原則上並不從事醫療行為的服務。

此外，利用專供高齡者使用的醫療機構也很多。其中的中途停留機構，為提供重病痊癒後，回歸社會的過度期間的治療與復建。長期停留機構，則提供患有慢性重病的高齡者進入機構治療。其他，精神病院也有許多高齡者進住，並接受治療，當中治療費的大量增加，為一項亟待解決的問題。這些醫療機構的大半經費，由醫療保險支付，因此除了長期需要高度的醫療照顧之外，儘可能移住老人之家。

機構服務的特色，總括而言有三項特徵：

⑴須靠自費：利用機構所提供的服務，原則上須自己付費。

⑵不足補助：入所費用不足時，由社會救濟費支給。

⑶可以複選：即使受領社會救濟，高齡者仍有選擇機構的權利。但機構收費並無統一的標準，新建的機構使用費頗為昂貴（松村，1990）。

••••第五節　家庭給付••••

(一) 家庭給付的意義
****

對於一個孩子的出生和出生後的養育，以及思考如何促使兒童及家庭獲得幸福，在這方面社會能做什麼，同時應該做些什麼，這是一項值得深思的課題。法國在這方面所提供的家庭給付，極其優渥與多樣性，為值得注意之處，如和其他國家相比，可謂極其出類拔萃。而由法國所實施的各種家庭給付，所提供的給付項目內容來看，深具公平性與社會連帶的原則。政策所重視的目標，在於企圖縮短因子女的養育，所造成家庭負擔的差距。因此法國在家庭給付方面，付出高比率的費用，以一九八六年為例，家庭給付占社會保障給付總額的百分之十二‧四。

(二) 目的與特徵
****

1. 家庭給付的目的

扶養子女的本身，就家庭支出而言，本是一項沈重的負擔，因此家庭給付之目的在於減輕扶養家庭成員的負擔。由於家庭扶養將造成家計負擔的增加，連帶的將使整體家庭成員的生活水準跟著下降，基於此種觀點，為使育有子女的家庭維持家計的安定，因而實施家庭給付。

法國由於自十九世紀後半起，出生率下降，由此影響到勞動參與率的不足。基於人口政策上的需要，把家庭津貼的提供作為提高生育率的誘因，此舉也是促使家庭津貼普遍化的一項因素。再者法國的家庭津貼歸納在社會安全制度之項目內，將家庭負擔視為與高齡、殘障、死亡、業務災害、失業等同為社會風險之一環，因而認為需要採取獨特的社會對應策略加以因應。

個人沒有所得來源，固然會帶來經濟生活之不安，但一時的急需也會導致生活水準的下降。家庭津貼制度的實施，即為救助「因養育子女所導

致的生活水準下降」，在性質上擁有所得補助的功能。家庭津貼可說是法國人維護基本生活水準的重要措施。

　2.家庭給付的內涵

　　一九八七年法國的社會保障法典 L 第 511-1（家庭給付表），規定有十種類的家庭給付：⑴乳幼兒津貼、⑵家庭津貼、⑶家庭補助津貼、⑷住宅津貼、⑸特別教育津貼、⑹遺兒津貼、⑺新學期津貼、⑻單親津貼、⑼養育父母津貼、⑽在宅兒童養育津貼。這些津貼，依其目的可以大致分為三個部分：第一為提供家庭生計的一般給付（家庭津貼，家庭補助津貼，遺兒津貼，單親津貼），第二為生育有關的給付（乳幼兒津貼，養育父母津貼），第三為須償還的特別給付（特別教育津貼，新學期津貼，在宅兒童養育津貼，住宅津貼）。

　3.服務給付的特徵

　　法國的家庭給付在國際上所顯現的特徵，可歸納為以下五個項目：

　⑴高額給付：法國在國際上與比利時並列為積極重視增進兒童與家庭福利的國家。家庭給付的措施發展甚早，現行所實施的制度，一般國家大都在二次大戰之後才開始施行，但法國早在一九三二年即制定家庭津貼法，家庭給付所支給的額度很高。

　⑵保障所得：法國的家庭給付和世界其他國家相比，廣義上具有濃厚的所得保障的意義。配合家庭的特殊需要，導入各種不同型態的給付。就內容而言，包含所得補助的給付、個別目的的給付（生育、教育、殘障、單親等相關的給付）以及住宅給付等。自一九七〇年代後半開始，出現對此多種給付的內容加以整理、統合的動向，以便配合社會與經濟的變化，實施新的給付

　⑶具普遍性：法國社會安全的一般化，最先在家庭給付部門實現。實施的時期較之社會安全的其他部門均早，尤其經由一九七八年的改革，確立得受領的資格和父母及受僱的地位無關，所有兒童均有接受兒童給付的權利，制度的適用具有普遍的原則。

　⑷鼓勵生育：制度目標在於獎助撫育第三子，基本的家庭津貼在於支

給扶養兒童超過二人以上的家庭。爲補助此制度涵蓋範圍的不足，第一子的津貼另由別項的家庭給付支給。此意味著一對夫妻，撫育二位子女，只不過剛好維持人口自然增減的數字，第三子的出生，才是促使人口純粹的增加，因此政策的措施，蘊含著獎勵第三子生育的意義在內。再者，有鑑於隨著兒童的成長，養育費用亦隨之增加，因此對於年滿十歲至十五歲階段的兒童，採比率增額的給付。

(5)企業負擔：主要財源來自企業雇主。一般國家支付家庭給付的財源方面，基於此制度屬全國普遍性適用的制度，大都全額由國庫負擔。但法國包含家庭給付的一般制度所需的經費，大都由事業主負擔。再者，家庭給付的經營管理機構，由受僱者、事業主及自營業業主代表所組成，此爲法國制度極具特徵之處。

㊂ 家庭給付制度的內容
****

以維持家庭生計爲目的的一般給付，有以下一至四項：

1.家庭津貼

此爲傳統上所稱的兒童津貼，其目的在於減輕養育兒童所導致家計負擔的增加，所實施的給付。支給對象爲育有二位兒童以上之家庭，受給者沒有所得的限制。家庭津貼所需要的經費，占家庭給付各項目中最高的比率，約占家庭給付總額的二分之一。

2.家庭補助津貼

此爲一九七七年七月所創設的所得保障給付，將以往分開辦理的薪資津貼、主婦津貼以及保育費津貼加以統合。家庭補助津貼爲補助育有未滿三歲兒童的家庭或育有三人以上兒童的家庭，補助家庭津貼的不足部分。但是自一九八五年一月起的法律規定，對於養育未滿三歲的兒童新設有乳幼兒津貼，由此家庭補助津貼成爲僅補助育有三人以上兒童的家庭。此津貼的受給要件要核算家庭工作人數與子女數，訂有所得的限制。只是所得額的計算相當寬鬆，對於中低收入之家庭頗有實質的貢獻。

3.遺兒津貼

此為一九八五年一月所創設的所得保障給付，用以替代以往所實施的孤兒津貼。孤兒津貼為支給父或母一方亡故的家庭給付，遺兒津貼則將其適用範圍加以擴大。在法律上，將遺兒的定義加以擴充解釋。將對象包含喪失父母一方或父母雙亡，僅有單親的親子關係，或父母均無法確認之子女以及遭受遺棄的子女。遺兒津貼也支給收養遭父母棄養的兒童者。受領者沒有所得的限制，津貼額度分父母雙亡與父母一方亡故等兩種類型。遺兒津貼為一般家庭津貼之外，對遺兒所提供的保護，對於彌補社會安全措施不足以達到全面性照顧之處，盡有其貢獻。

4.單親津貼

此為一九七六年七月所創設的津貼，對於擔負扶養子女責任的單親者，提供最低所得的保障為目的。擁有受給權者為遭遇死別、離別、遺棄，必須一人獨立扶養子女，以及懷孕中的未婚媽媽願意養育子女者。單親津貼之設置主要為因應離婚與未婚媽媽的增加傾向，對於兒童養育者，提供最低所得保障為著眼點。受領者有所得的限制，以核算基礎月額百分之一百五十（未有子女，懷孕中女性方面）為基本，每增加一名兒童，追加核算基礎月額百分之五十的給付額。而最低所得保障額與受給權者收入之間所出現的差額，由支給單親津貼加以彌補。因此，一位育有二位子女，而沒有收入的女性，單親津貼為核算基礎額之百分之二百五十。單親津貼支給期間為十二個月，或最年幼的子女在三歲之前支給。

其次的五至七項為與生育有關的家庭給付：

5.乳幼兒津貼

此項措施為一九八五年一月所創設的津貼，為將以往所施行的產前津貼、產後津貼，以及支給未滿三歲兒童之家庭補助津貼加以統合而成的制度。產前津貼具有悠久的傳統（一九四六年所創設），和婚姻與就業的有無沒有關係，對於懷孕中的所有女性均提供支給。唯一的條件為懷孕中有接受四次診查的義務。在制度設計的意圖上，在於結合新生兒保護的預防措施，與獎助生育的家庭給付相結合的制度。產後津貼也要求受給者在生

產後必須接受三次的檢診，以作為受領的條件，支給期間達產後的二十五個月，具有濃厚的增加人口政策的色彩。乳幼兒津貼為自懷孕的第四個月起，至滿三歲的生日前之日為止，提供生育子女的支給。受領津貼者在生育前有接受三次檢查的義務。產後四個月有所得的限制。此後乳幼兒津貼經過修正，改採與養育的子女數無關，規定一個家庭僅能受領一次津貼的制度。

6.養育父母津貼

此項措施為一九八五年一月所創設的新家庭津貼。其目的在於支給因出生與收養關係而育有三位子女以上者，扶養的父母停止工作或縮短一半工作時間的情況時，為補償其收入的喪失或減少，所支給的津貼。受給的條件為在生育前的三十個月以內，必須要有二年期間的工作經歷。所給付的津貼額，撫養者為完全離職時，為核算基礎月額的百分之六十二‧四；改任部分時間工作者，為基礎月額的百分之三十一‧二。

7.特別教育津貼

此項措施為一九七五年六月所創設，以支給未滿二十歲的殘障兒為目的的津貼。此項制度為將以往的特殊教育津貼、殘障兒津貼、社會救助的殘障兒給付（當中以未滿二十歲的殘障者為對象）加以統合而成。以提供殘障兒為治療、接受教育，而進住機構之補助。支給額方面，永久殘障的程度為所需費用的百分之八十以上，進入特別教育機構時為永久殘障程度的百分之五十至八十。長時需要第三者援助（一級）或日常生活中突發事件需要第三者援助（二級者），則支給補助津貼。

8.新學期津貼

此項措施為一九七四年七月所創設的津貼。其目的在於支給新學期的兒童，因需要添加衣物及補充一些其他入學用品的費用。以六歲以上未滿十六歲的兒童為支給對象，津貼額度為支給每一位兒童核算月額的百分之二十。

9.在宅兒童養育津貼

此項措施為一九八六年十二月所創設，為極新穎的家庭給付。此津貼

在於支給父或母兩方或單親者，因工作請人到家裡照顧未滿三歲的兒童時，對其家庭或單親所提供的支給，以補償社會負擔為目的所導入的津貼。

10.住宅津貼

為因應房租調漲時，彌補所調高的房租差額，所創設的家庭給付。住宅津貼的受給權者，為租屋者或貸款購屋者。住宅津貼額度的多寡依實際收入、家庭成員、房租高低等因素加以決定。此外，於一九七一年起，對於高齡者與殘障者等導入以福利為目的的特別住宅津貼。再者，對於居住於低租金住宅，或為修繕自有房屋，所提供援助的住宅津貼，於一九七七年創設。

總括以上各項家庭給付的支出額度，給付額最高的為家庭津貼（一九八七年占給付總額的百分之四十七‧七），其次為乳幼兒津貼、家庭補助津貼，再次為住宅津貼。然而一九七八年至一九八六年期間，給付額增加比率最高的為單親津貼。

（四）　營運與財源
＊＊＊＊＊＊＊＊＊＊

家庭給付的營運，由家庭津貼全國金庫採一元化的制度加以管理，在其下的縣設置家庭津貼金庫。家庭津貼金庫的理事會，由受僱者代表九名、事業主代表六名、自營業者、職員、自由業的代表各一名所組成。家庭津貼的實施機關並非政府，而是採取相關人員的自治方式。

家庭給付的財源由自營業者負擔（從事農業經營者的家庭給付制度有國庫補助）。事業主的保險費率為百分之九（都村，1990）。

•••• 第六節　殘障者福利 ••••

㈠ 殘障者基本法的成立
＊＊＊＊＊＊＊＊＊＊＊＊

二次戰後要求維護殘障者人格權的運動積極展開，它的具體成果顯現為殘障者基本法的制定。

此法律在於統整法國不同法源的各種殘障者制度，使此項制度單純化。爲達此法案的政策目標，積極推展殘障預防、檢診、照護、教育、職業訓練與指導、就業、最低所得保障、社會統合、休閒、運動活動的參與等基本政策。如此經由相關法律的修改與給付體系的調整，對於殘障兒童期望達成社會參與機會的平等，在宅服務的充實，對於殘障者家庭提供教育的援助，對於殘障者本人，協助其達成生活的自立，融入社會，獲得最低所得保障。

基本法主要修正重點有：

1. 教育費由國家負擔，照護費用由疾病保險負擔。
2. 受領成人殘障者津貼的非勞動殘障者，加入一般的制度。
3. 提供殘障勞動者的最低所得保障。
4. 政策重點在於強化預防政策，而非殘障後的保障。
5. 設立單一的殘障認定機關，使給付條件與工作的輔導能合理化。
6. 創設專門收容重度殘障者的機構。

這些統整的努力，值得肯定，但可惜的是制度的繁雜化並未獲得改善的同時，另外又創造了繁多的施行細則，爲須繼續檢討之處。

㈡ 權責分擔
＊＊＊＊＊＊＊

爲落實殘障基本法，中央、縣的社會救助及社會安全之間的關係有以下三項特質：

1.屬社會安全範疇

由基本的架構來看，為滿足殘障者各種需要所採取的保障措施，係放在社會安全的架構內，而非社會救助的範疇。用以避免使用社會救助的字眼，所可能帶來的偏見，在更具一般性的服務中加以保障。對於未蒙受社會安全照顧者，使其在此項措施中加入。其成果在疾病保險的範疇特別顯著。

2.著重教育

擴大殘障兒的義務教育。對於殘障兒的教育採取免費的措施，以減輕扶養殘障兒家庭的過重負擔，在實質的措施上，採取不審查受領家庭所得的做法。

3.提倡就業

對於就業的殘障者，提供最低的所得保障，和一般勞動者一樣的條件下接受保護。殘障者的工作因牽涉到生產效率等難以認定的問題，但至少在屬於勞動者基本權利的社會保險與最低薪資的架構內，有必要從事一定程度的努力，以維護殘障者的權益。

殘障基本法所規定的相關給付與服務的費用，由中央、縣的社會救助、社會保障機關共同分擔。分擔的方式，中央分擔教育費用與工作相關的費用。社會安全機關所負擔的部分，家庭津貼金庫負擔特殊的教育津貼、成人殘障者津貼、住宅津貼，疾病保險方面除負擔通常的實物給付之外，尚支付殘障兒童、一般殘障者相關機構之費用，以及支付成人殘障者津貼受給者的醫療保險費（一般制度）。由於縣負擔社會救助的部分，因此剩下的項目由縣負擔。但社會救助中以殘障救助名目所提供的現金給付，只有補償津貼一項。

三　　認定與給付
＊＊＊＊＊＊＊＊＊＊

㈠殘障認定機關

在殘障基本法中，為使得給付條件與就業指導能達成合理化，創設單

一殘障認定機關。在縣的層級，有關殘障兒方面設立特殊教育委員會（CDES），一般殘障者方面設置就業指導職業斡旋技術委員會（COTOREP）。

特殊教育委員會對於未滿二十歲的殘障兒，所從事審查與決定的內容，包括殘障程度的決定、殘障手冊的交付、特殊教育手冊受給資格的審查及適合殘障兒需要的學校、機關、機構服務的決定。

就業指導職業斡旋技術委員會設有二個部門，第一部門，在於審查勞動有關的事項；第二部門，在於審查津貼與機構設施。另外，進一步就審查的內容來看。第一部門包括就職的決定，殘障勞動者的認定，殘障者的優先僱用；第二部門包括殘障程度的決定與殘障手冊的交付、成人殘障者津貼受給資格的審查，是否採取殘障機構收容的決定。

此兩委員會的審查及決定過程在做法上，對於申請者，首先由殘障專家組成團隊，以診斷與測試殘障的程度，接著從事家庭狀況調查，再由事務部門作成書面資料。委員會根據此書面資料進行審查並加以決定。委員會成員所包含的份子相當複雜，而此兩委員會所具有的權限為就業指導與決定入居機構的措施，在採機構安置時，必須指出具體的機構名稱。

另外有關津貼或財政援助方面，由於申請者受給資格的有無須經過審查，因此，把所得調查與受給資格的確認，以及最終給付額的決定，委由另外的委員會（有關社會救助方面主要是委由社會救助認定委員會辦理）與社會安全機關（家庭津貼金庫）辦理，然後再將最後的決定，送回兩委員會。經此手續之後，才將最後的結果通知申請者。

(二)殘障者手冊

殘障者手冊的發行屬於社會救助法的範疇，因此不限國籍、年齡、所得、不問停留法國期間的長短，對於恆常性的殘障者一概發給。但此手冊僅做為殘障證明之用，並不能據此領取給付，但有此手冊，依殘障程度可享有一些特殊的優待。

申請手續在居住的市政府辦理，市政府將相關的申請書送給特殊教育

委員會、就業指導職業斡旋技術委員會，以及社會救助認定委員會等相關的委員會，相關委員會根據這些申請書派遣醫生，對此申請者進行殘障程度調查，市政府依調查結果據以交付手冊。

（四）殘障兒童的機構與服務

（一）教育相關機構

輕度的殘障兒童方面，以教育部所屬的特殊教育機構，作為殘障兒童的機構之用。再者，近年積極推展以個人或以集團為單位的統合教育，以使輕度殘障兒童適應學校的環境。

（二）醫療教育機構

對中度的殘障兒童方面，在成長過程中需要不斷的從事醫療照顧，以使其進入由教育部門與醫療部門合併而成的醫療教育機構就讀。殘障兒在此除接受日常的照顧之外，同時進行一般教育與職業教育。年齡在六至十四歲者進入醫療教育機構，十四至二十歲者進入醫療職業機構，另外尚有辦理一貫教育之醫療教育機構。這些機構有完全住宿與半住宿制度（週末返家），幾乎沒有通勤制。這些機構的經費，由中央支付教育費用，醫療與住宿費由疾病保險項目負擔。再者，重度殘障兒及多重殘障兒方面，由醫院所附設殘障兒童部門加以收容，重度殘障兒童，可以延長至二十一歲；多重殘障兒方面，則可延長至二十三歲。

在宅特殊教育照顧、服務之設置，在於提供基於年齡關係，患有併發症等問題，無法到機構居住的殘障兒，以及不願到機構者，由醫師與看護人員，以及特殊教育專家到宅訪問，提供諮詢。此種機構在一般醫療教育機構與醫療心理教育中心、地區醫療教育中心併設。

另外有將殘障兒童委託給專門家庭照顧的措施，基於治療的觀點，使殘障兒童生活於健全的家庭環境，由醫療教育機構，於週末委託給理解殘障兒家庭照顧的措施。

(三)預防相關機構

預防相關機構在各地區開設，和區域精神醫療部門有很深的關聯。在早期由醫療社會活動中心的專業醫師與護士，與相關的就學前教育機構取得聯絡，對於未滿六歲的殘障兒進行檢診與治療。

五　殘障者機構

殘障者機構有醫療社會機構、社會機構、勞動相關機構等，型態相當複雜。

(一)醫療社會機構

醫療社會機構和勞動不相結合，為專門收容需要經常性醫療照顧的重度殘障者。

(二)社會機構

社會機構之意指殘障者居住的機構，其種類有宿舍（Foyers），集合住宅（Foyers-logements），治療公寓（精神病患者），生活宿舍（Foyer de Vie）。另外尚有併設於勞動機構與醫療照顧部門等機構，型態不一。但是居住於此種居住型的機構者有百分之八十從事就業，同時幾乎全在勞動援助中心工作。

(三)勞動相關機構

1.職業再教育機構

職業再教育機構為依勞動法的規定，專門辦理職業訓練的部門，其種類有勞動適性中心、職業再教育中心、勞動能力再開發中心。而其經營的主體頗為多樣，分由公立、協會與企業所設置。

2.保護勞動機構

保護勞動機構分為依勞動法源所置的保護工廠，與依據社會救助法所

設置的勞動援助中心兩種。此兩種都是收容擁有三分之一勞動能力的殘障者，實際執行則由就業指導職業斡旋技術委員會負責。

㈣規定僱用義務

法國的殘障者僱用制度，於一九七五年的殘障基本法中，形成基本架構，但由於僱用義務制度過分複雜，缺乏強制力，行政效率不彰，無法達成百分之十的僱用率（大曾，1988）。因此，依據一九八七年七月十日的法律，採取效率性與現實性的考慮。要求僱用員工在二十人以上的企業，經三年的緩衝期之後，具有僱用殘障者達全體從業人員百分之六之義務。此義務不僅限於民間企業部門，同時也適用於公務部門；再者，雇主每年有提報僱用狀況的義務。但此義務可以透過繳費，和保護勞動機構訂定轉包契約的方式，或訂定殘障者僱用計畫等方式加以取代（出雲，1990）。

◆◆◆◆ 第七節　失業保險與僱用 ◆◆◆◆

自石油危機以後，法國一直面臨著高失業率的威脅，由失業率的變化來看，一九七四年石油危機的前後，法國失業率由平均百分之三快速上升到一九七四年的百分之五。此後繼續出現持續上升之勢，自一九八四年起超過百分之十的失業率，一九八五年一度稍微下降，但一九八六年又再度惡化，勞動市場出現低迷狀態。當中特別是女性勞工與生產事業工人失業尤為嚴重。

為因應此種高失業率的不利情勢，法國於一九八四年確立新的失業給付制度。其確立的理念，為考慮保險財政的不至於虧損，促進領失業給付者回到工作崗位等因素。此後雖有若干修正，但大抵上均依循一九八四年所制定的架構。以下茲將三種失業給付措施加以介紹：

失業保險制度之失業給付

法國的失業保險制度，於一九五八年底經由勞動協約加以創設。直至目前它的適用範圍，除了將受僱於民間部門的勞動者納入之外，在公務部門方面，對於未具有公務員地位的僱員，也使其能夠加入。失業保險制度的經營管理，有根據區域類別所組成的商工業僱用協會，及其連合組織的全國商工業僱用協會連合會所執掌。

前者負責保險費的徵收與辦理給付的工作，後者擔任整體的協調工作。但兩者的經營管理，均有勞資雙方參與其間。

失業給付為保險加入期間，達一定期間以上，向就業輔導中心提出求職登記，而無法獲得就業機會的失業者，以及年滿六十歲或尚未達開始受給滿額年金支給年齡等條件者，支給基本津貼、終了津貼、特例基本津貼。

基本津貼為提供離職的前十二個月期間，加入保險期間達六個月以上的津貼。此基本津貼的支給在終了之後，改為支給終了津貼。

此兩種津貼的支給期間，均參考保險加入期間與年齡加以訂定之外，並依據情況也認可期間的延長。

特例基本津貼為提供離職前十二個月期間，加入保險期間達三個月以上六個月以內者津貼，其支給期間為三個月，不認可期間的延長。

由津貼的支給期間來看，所顯現的特徵為隨加入保險期間的增長，支給期間也隨著拉長，以年齡階層別來看，尤以支給五十歲以上者的期間特別長。此外，在受給基本津貼與終了津貼期間，年齡滿五十七歲六個月者，可採取將受給年齡延長至六十歲的特別處置措施。

連帶制度之失業給付

連帶制度所提供的失業給付，為針對沒有資格受給失業保險給付的失業者，所提供的援助，同時，對於就業特別困難的年輕人，協助其就業，由國家所提供的給付。此類給付依據性質之不同，又可分為促進就業津貼

與特定連帶津貼。

1.促進就業津貼

促進就業津貼是為：(1)僅滿足失業保險受給資格，而沒有就業經驗的十六至二十五歲的年輕人；(2)寡婦、離婚女性等；(3)特別處境者（刑期終了者等），所提供的津貼。

2.特定連帶津貼

由失業保險所提供的津貼，於受給最高補償期間終了者（長期失業者），以及不屬於加入失業保險制度的特定職業從事者（非受僱的藝術家等）等，所提供的支給津貼。支給期間為六個月（可以申請延長），對於就業年數滿足一定條件的五十五歲以上者，其支給期間則沒有特別加以限制。

這些給付費的財源，由一九八二年十一月所創設的連帶基金加以負擔。基金財源來自未加入失業保險的公務機關雇員等，所繳交的連帶基金與國家的補助。

（三）　部分失業的補償制度

對部分失業所提供的補償制度，為對於因事業所的暫時關閉、作業時間縮短等，喪失的部分薪資的勞動者，所提供的補償。此種補償制度依據性質又可分為由國庫負擔的公共救助，以及經由勞動協約的訂定所提供的補償，後者屬前者的補充性質。

公共救助為提供少於法定勞動時間（每週三十九小時）之作業時間縮短，事業所關閉導致薪資減少，全年以五百小時為限度，平均每小時支給最低工資保障的百分之七十。勞動協約所提供的補償，為補助企業縮短作業時間所導致收入的短少，補助額為每小時平均薪資的百分之五十以內。

（四）　就業政策

法國自石油危機以後，遭受長期經濟不景氣的衝擊，對於就業政策也思考能有所改弦更輒，克服難關，以提升國民的就業率，因此自一九七七

年起就逐漸推行新的僱用政策。至一九八三年由於財政與經濟面臨更大困
境，因此迫使政策上做更深入的檢討，提出新的措施，這些諸如：失業保
險費僅由勞資雙方負擔，政府不提供預算補助，防止提前退休的繼續擴
大，自一九八六年春起提出減輕企業勞動價格等措施。

在行政組織方面，辦理這些措施的單位，中央由勞動部（社會問題‧
就業部）設僱用局與職業訓練局執掌其事。地方的縣層級則設有「勞動‧
僱用局」，區域則設有「勞動‧僱用總局」。此外，勞動部並設有辦理公
共職業介紹的僱用廳，在其下於區域、縣、市村里的層級，設置國民就業
輔導中心。對於未設置國民就業輔導中心的市村里，則於市政府設置收受
求職登記與轉件給就業輔導中心的窗口。

國民就業輔導中心和辦理失業保險的「商工業僱用協會」之間，保持
密切的合作關係，同時推展各種計畫。由國家所提供的許多津貼當中，在
提供支給時，委託商工業僱用協會辦理的情況很多，因此該協會扮演重大
的角色。

以下針對國民就業輔導中心的業務與商工業僱用協會，二者之間的合
作關係，以及僱用援護與促進措施加以介紹。

1.職業介紹、指導諮詢服務

國民就業輔導中心對提出求職申請的求職者，除提供集體說明，並從
事個別面談，製作求職者登記資料，並將此資料傳送到商工業僱用協會。
就業輔導中心據此提供求職者的就業情報，以及由職業指導員提供職業諮
詢等各種指導、諮詢。

僱用協會在收到求職登記資料之後，對求職者寄送失業給付支給申請
書，申請者在收到申請書後，必須附帶繳交失業前的雇主所開具的工作證
明書，向僱用協會提出給付申請。僱用協會對該申請經由審查手續，以決
定支給與否。僱用協會同時每月寄送求職者現況調查表，以確認求職者的
狀況，求職者回答以後將調查表寄回就業輔導中心，以隨時更動最新求職
資料。僱用協會收到最新的登錄資料以後，據以支付失業給付。在支付失
業給付六個月之後，僱用協會對於受給者進行狀況調查，就業輔導中心也

再度舉辦就業說明會，同時為進一步確認求職者意向，提供特別諮詢，以及做職業水準評鑑的追蹤諮詢。國民就業輔導中心根據這些再諮詢的結果，提供求職者適切的就業途徑。

　　2.各種就業援護、促進措施

　　法國自一九八六年新內閣成立以後，提出一些新的就業對策。其基本措施為基於人事管理彈性化的觀點，採取廢除因經濟理由解僱員工的事前許可，有效利用定有期限的臨時雇員，彈性工作時間的法令彙編與修訂，並著眼於年輕人及長期失業者對策等，其措施敘述於下：

⑴取消提早退休優遇制度。

⑵獎助外籍勞工早日歸國，其措施有補助該勞動者回母國後就業的全部或一部分所需費用，並提早支給尚未給付的三分之二失業保險給付，以減低外勞人數。

⑶推廣彈性職務：縮短每週工作時間為三十九小時，對於工作時間低於此標準的企業提供補助，並獎勵企業設置部分工時制。

⑷年輕人僱用：提供年輕勞動者職業技能訓練的多樣化，地方公益事業辦理促進僱用年輕人措施，以及企業僱用年輕人時減免社會保險費。

⑸長期失業者對策：提供失業者職業再適應訓練，與獎助企業僱用訓練後的失業者，免除雇主所負擔部分的社會保險費的百分之五十，期間為一年。

⑹職業轉換對策：為使產業順利轉型，對於轉職者提供職業指導與訓練的機會，並補助因轉職所導致的薪資損失（大九，1990）。

◆◆◆◆　第八節　社會救助　◆◆◆◆

　　法國的貧窮救濟事業，較之英國更為遠古，可以溯自佛蘭西斯一世所創建的「救貧院」。然而法國真正實施近代社會福利措施，當推一八八九年於法國巴黎舉辦「社會救助國際會議」以後，才真正的步入近代的階

段。在此項國際會議當中，對於社會救助界定爲「以短期間或生活陷於極端貧窮的狀態，而無能力自謀生活者爲救濟的對象」。基於此項定義的精義，此後法國相繼地訂定「醫療救助法」（一八九三年），「結核病患者救助法」（一九〇五年），「孕婦及大家庭法」（一九一三年）等，使得法國的公共保護制度日趨完備，對於社會的不適應者亦納入公共救助範疇。而近年來社會救助的措施如下：

㈠ 醫療救助

醫療救助爲提供居住於法國的人士，只要是無法承擔必要的醫療費用者，任何人均可受給，爲深具歷史淵源的最古老社會救助。此項措施隨著權力下放給地方的制度之改革，自一九八四年一月一日起，除了人工流產以外，所有的醫療救濟事項均由縣所管轄，規模有縮小的傾向。

㈡ 住宿、社會再適應的救助

住宿、社會再適應的救助，目前規模尚小，但是有擴大的傾向。救助的對象爲具有以下的情況，而無居住處所者：⑴從醫療機構、社會福利機構出來者；⑵遭遇到不可抗拒的因素，導致居住處所喪失者；⑶從海外撤退回來者；⑷亡命者；⑸家裡處於無人能承擔社會責任狀態者；⑹遊民；⑺司法保釋者或假釋期間者；⑻出獄者；⑼有賣春的危險者。

住宿、再適應中心對於救濟對象設計社會的再適應措施，以防止再度墮落，而辦理以下事項：⑴登錄；⑵住宿；⑶健康管理與餐飲供應；⑷社會教育、一般文化活動；⑸防止酒精中毒、販毒、賣春等的活動；⑹行政上的援助（居住、再就業）；⑺授產。

救助的認定屬縣長之權責，但事後須經由認定委員會的承諾，當中的第六項遊民與第七項司法保釋者或假釋期間者，須聽取法官的意見。期間原則上爲六個月，費用由中央負擔。

三　家庭的社會救助
＊＊＊＊＊＊＊＊＊＊

對家庭所提供的社會救助有三種：「對服役家庭所提供的津貼」、「對家庭的救助」、「兒童救濟津貼」。

「對服役家庭所提供的津貼」在於保障服兵役者家庭的收入。因此費用由中央負擔，得受給事宜由縣長加以決定。此津貼的支給，沒有所得的限制，因此縣長具有很大的裁量權。得以領取津貼的認定，爲役男而負有扶養家屬的義務，此義務無其他家庭成員得以取代，而導致家計發生困難爲條件。得以受領者爲役男之妻，未滿十八歲之子女，及由役男實際扶養的三等親以內的人員（小野，1990）。

四　老人救助
＊＊＊＊＊＊＊

得以受領老人救助的一般條件如下：第一、年齡在六十五歲以上，如爲無法工作者則爲六十歲；第二、缺乏充分的生活資源，或僅擁有法定限額以下的生活資源時；第三、爲法國人或在一定的條件內，居住於法國者。救助的方式，通常分爲二種型態。第一、在宅救助：在宅救助的法定給付、實物給付方面有住宅醫療救助與家事扶助；現金給付方面有單純津貼、房租津貼、以及視情況發給用以替代家事服務的替代津貼。第二、委託其他家庭或團體，提供在自宅之外住宿的救助。

五　社會救助的特色
＊＊＊＊＊＊＊＊＊＊＊＊

法國社會救助，顯現出以下的特色：

1.採防弊措施

法國社會救助以範疇類別、對象類別加以實施。此爲法國社會救助經百餘年的發展，爲防止弊端與因應新的需求，所制定無數法律的結果。

2.法定救助與任意救助同時並存

法定救助在全國訂有統一的基準，任意救助爲屬於各地方政府社會救助事務所的權限，辦理各種福利服務的支給與事業。這些事業諸如諮詢

所、診療所、保育所、住宿機構的餐飲供應、授產所、在宅照顧、幼稚園、老人之家的經營管理。

3.事後償還

　法國社會救助採給付後的事後回收制度。具有前借的特性，當受給付者本身或其扶養者，經濟情況好轉時，必須償還曾經受領的給付。與此點的關聯來看，法國家庭之扶養義務受相當的嚴格要求，依民法的規定，夫妻、法律上所認定的親族即直系關係所有親等內的親屬、養子與養父母、生父母與非婚生子女、直系及一等親的姻親（女婿與媳婦）等都須負償還之義務（城戶，1990）。

■ 關鍵詞彙 ■

社會保險	家庭托兒所	社會安全法
保育媽媽	家庭津貼	社會救助
社會救助法	短期保育所	醫療救助
協約年金	乳兒院	保育制度
社會福利事業	在宅服務	兒童救助津貼
乳幼兒津貼	家庭補助津貼	住宅津貼
老人之家	失業給付	家庭給付
單親津貼	養育父母津貼	兒童福利服務
母子福利對策	兒童諮詢所	殘障者機構
單親家庭	養父母津貼	家庭津貼
母子短期保護	社會救助	老人福利服務

■ 自我評量題目 ■

一、法國所使用的社會安全一詞有何特殊意義？

二、法國戰後改革所秉持的理念為何？

三、法國母子福利對策內容為何？

四、法國對於需要養護的兒童採取何種對策？

五、法國老人福利制度主要採取那些措施？

六、法國機構服務提供老人那些服務內容？

七、法國的家庭給付有何特徵？

八、法國家庭給付制度的內容為何？

九、法國有那些殘障兒童機構？提供那些服務？

十、法國對於殘障者如何認定？提供那些給付？

十一、法國提供那些失業給付？

十二、法國有那些殘障者機構？

■ 參考文獻 ■

藤井良治（1990）フランスの經濟と福址，見（日本）社會保障研究所編，フラ
　　ンスの社會保障，日本：東京大學出版會。

島本　美智男（1986）フランスの社會保障，見足立正樹等編，各國の社會保障
　　──歷史・現狀・將來──，日本：法律文化社。

神尾真知子（1992）フランスにおける單親家族と社會保障，見海外社會保障情
　　報，*No.104*。

都留民子（1987）フランスの地域福祉──新たな兒童福祉活動をめぐって，見
　　日本生命濟生會福祉事業部所編，地域福祉研究，*No.17*。

宇野正道（1990）兒童福祉サービス，見（日本）社會保障研究所編，フランス
　　の社會保障，日本：東京大學出版會。

松村洋子（1990）高齡者福祉サービス，見（日本）社會保障研究所編，フラ
　　ンスの社會保障，日本：東京大學出版會。

都村敦子（1990）家庭給付，見（日本）社會保障研究所編，フランスの社會保
　　障，日本：東京大學出版會。

出雲佑二（1990）殘障者政策，見（日本）社會保障研究所編，フランスの社會
　　保障，日本：東京大學出版會。

1987 年，フランシス・パバール著，出雲祐二譯，フランスにおける新たな社
　　會保障に向けて，見季刊・社會保障，*Vol.22 No.4*。

大曾根寬（1987）フランスにおける殘障者雇用政策の轉換，見海外社會保障情
　　報，*No.84*。

小野曉史・城戶喜子（1990）社會扶助，見（日本）社會保障研究所編，フラン
　　スの社會保障，日本：東京大學出版會。

大九保良香（1990）失業保險と雇用政策，見（日本）社會保障研究所編，フラ
　　ンスの社會保障，日本：東京大學出版會。

田端博幫（1990）社會保障の歷史，見（日本）社會保障研究所編，フランスの
　　社會保障，日本：東京大學出版會。

第十四章

美國的社會福利與行政

學習目標

詳讀本章內容後，學習者可達
成下列目標：

1. 瞭解美國社會福利發展歷史背
   景與重要階段。
2. 說明美國社會福利行政體系。
3. 敘述美國社會保險制度與措施
   內容。
4. 瞭解美國社會救助方案內容。
5. 瞭解美國個人社會服務之重要
   內容。

■ 摘　要 ■

　　美國社會福利制度發展受到傳統價值觀的影響，偏向市場決策及私人經營，限定政府的照顧責任僅在於協助弱者，崇尚工作美德，相信科學，以及偏好責任分擔。早期的慈善救助均由團體及地方政府辦理，一九三〇年代由於經濟大恐慌，聯邦政府開始介入，羅斯福總統建立社會安全法案，以社會保險、社會救助及福利服務為社會福利主要內容，奠定社會福利發展基礎。一九六〇年代，美國國內經濟高度發展，詹森總統制定經濟機會法案，對貧窮作戰，制定老人福利法，實施健康保險、低收入戶醫療補助等重要措施。惟自尼克森總統上台後，經濟衰退，社會福利支出龐大，面臨改革及經費削減。八〇年代雷根總統上任後，縮小聯邦補助，合併補助計畫，簡化行政措施，各種年金、補助均面臨不斷檢討與改革。

　　美國的社會福利行政體系分為聯邦及地方政府（州、郡、市）。一九五三年成立衛生教育福利部，一九八〇年改組為衛生暨人群服務部，教育部單獨設立，相關部會包括勞工部。

　　美國社會福利措施包括所得轉移及個人社會服務。所得轉移包括社會保險及社會救助。社會保險則包括老年遺屬及殘障年金保險，為聯邦政府主辦的社會保險計畫。失業保險及職災保險則由州政府辦理。醫療部分則包括健康保險與低收入戶醫療補助，前者提供老人及殘障者醫院保險給付及現金給付，後者提供低收入戶的兒童、殘障者、老人醫療補助。社會救助方案則包括補充安全所得、失依兒童補助、食物券及一般扶助。個人社會服務包括老人福利、殘障福利、兒童福利及受虐婦女保護等方案。

　　美國社會福利因極度擴展造成支出龐大、效率不彰顯等問題，年金及救助改革將持續進行，全民健康保險方案短期內亦不可能獲得支持而開辦。

美國建國之初，深受清教徒拓荒精神之影響，在價值觀方面崇尚自由及個人主義，政府在社會福利所扮演的角色，受到以下五種價值觀的影響（Morris, 1985）：⑴偏好市場決策及私人經營；⑵認爲政府的責任僅在於協助弱者，而非全民；⑶崇尚工作美德；⑷相信科學的進步可以改善生活；以及⑸偏好責任分擔等。在社會福利發展過程中，早期傾向於慈善濟助，政府儘量不介入，在三〇年代由於經濟大恐慌，政府開始介入而建立社會安全制度，六〇年代大幅擴張，八〇年代以後由於國內經濟景氣逐漸蕭條，且政府大幅擴張社會福利，但未能解決貧窮問題，而引發社會福利改革及縮減社會福利經費。

◆◆◆◆ 第一節　美國社會福利的發展階段 ◆◆◆◆

（一）　一九三五年以前的地方慈善事業

二十世紀初，美國由於工業化及移民大量湧入，造成勞工的失業問題，在一次世界大戰以前，勞工運動及社會改革意識高漲，引發了社會立法的需求。當時救濟工作以民間慈善團體爲主，且以救助無工作能力者爲主，由各州政府自行立法辦理。一七八四年紐約州制定貧民救濟的一般法（General Law），並於一七八八年制定「第二次一般救貧法」（Second General Poor Law），明定救貧責任歸於鄉鎮區（蔡宏昭，民83）。

（二）　一九三五年的新政（New Deal）

一九二九年的經濟大恐慌造成嚴重的失業問題，各州政府提供的救濟措施，無法減緩嚴重的貧窮問題。一九三三年羅斯福總統（Franklin D. Roosevelt），在競選演說中提出新政（New Deal）的主張，宣示由聯邦政府負起救濟的責任，當選後制定「聯邦緊急救濟法」（Federal Emergency Relief Act），由國會撥款補助各州救濟貧民，開始政府介入社會福利制度，另外通過數項救濟及振興方案，在一九三五年提出社會安全法案

（Social Security Act），以社會保險、社會救助及福利服務三大體系為社會福利的施政內容。社會保險包括老年、遺屬年金及失業保險；社會救助包括老人、兒童及盲人扶助；福利服務包括婦女、兒童、公共衛生及就業輔導。老年保險由聯邦政府辦理，失業保險由各州經營。一九五〇年修正社會安全法案，擴大投保對象，提高給付水準。一九五三年艾森豪總統任內成立「健康、教育及福利部」（Department of Health, Education and Welfare, HEW）。一九五四年、一九五六年修正社會安全法案，擴大投保對象，並增加殘障年金保險，確立「老年、遺屬及殘障年金保險制度」（Old Age Survivors and Disability Insurance, OASDI），百分之九十以上的國民納入年金保障。

㊂　一九六四年的大社會（The Great Society）

一九六〇年代美國經濟高度成長，詹森總統一九六三年繼任後，提出大社會計畫，制定經濟機會法（Economic Opportunity Act），以職業訓練及就業輔導，對貧窮作戰；成立「經濟機會局」（Office of Economic Opportunity），聯邦政府直接或間接推動各種措施。一九六五年制定美國老人福利法（Older American Act），實施健康保險（Medicare）及低收入戶醫療補助（Medicaid）、食物券（Food Stamp）及一般扶助（General Assistance），這是美國社會福利發展上極度擴張的時代。尼克森及福特總統任內，美國經濟開始衰退，但社會福利經費仍持續成長，一九七二年提出「財政收支分擔方案」（Revenue Sharing Program），用以重新分配聯邦與地方政府之社會福利費用，另通過「補充安全所得方案」（Supplemental Security Income Program, SSI），對貧窮殘障者及老人提供現金補助。一九七五年，實施隨物價調整年金給付制。卡特總統任內提出改革方案以降低年金給付的調整率，提高社會安全稅課稅的上限及稅率（蔡宏昭，民83）。

四 一九八〇年代雷根主義至今
****

一九八一年雷根總統上任後，實施減稅、擴軍、削減非國防費用、簡化行政等措施，尤其將社會福利回歸地方，將行之多年的類別補助（Categorical Grant），改為總括性補助（Block Grant），合併補助計畫，並縮小聯邦補助經費。此外，對於支領社會救助的資格加以限制。一九八三年修正社會安全法案，提高退休老人年金給付年齡，退休年齡提高至六十八歲，老年年金給付年齡由六十五歲提高至六十六歲。布希總統任內提出福利改革計畫（Welfare Reform），規定失依兒童家庭補助（Aid to Families with Dependent Children, AFDC）的申領人需參加職訓或就業，但仍無法達到節省社會福利支出之目的。

•••• 第二節 美國社會福利行政體系 ••••

美國社會福利行政體系分為聯邦、地方政府，地方政府包括州、郡、市的社會福利部門。一九五三年聯邦成立衛生教育與福利部（Department of Health, Education and Welfare），經數次改組，一九八〇年以後改組為衛生暨人群服務部（Department of Health and Human Services, DHHS）及教育部（Department of Education），相關部會還包括勞工部（Department of Labor）。

衛生暨人群服務部設置社會安全、人群發展、公共衛生、消費及人權等部門，負責社會保險、社會救助、保健醫療及福利服務等業務。其中社會保險由DHHS之下的社會安全總署（Social Security Administration）主管，失業保險及職業災害則由各州經營，由聯邦補助。補充安全所得（Supplemental Security Income）由聯邦辦理，失依兒童補助（AFDC）及一般扶助由各州主管，由聯邦補助。此外，DHHS設有老人局（Administration on Aging）、兒童、青少年及家庭局（Administration for Children, Youth and Families）、發展性殘障局（Administration on

Developmental Disabilities）等（蔡宏昭，民 83）。

聯邦政府經由補助，使全國公共服務達到所需標準，聯邦百分之九十經費用以補助地方政府及團體，對患難或貧窮之美國人提供預防、治療及支援服務（白秀雄，民 78）。

◆◆◆◆　第三節　美國的社會福利措施　◆◆◆◆

美國的社會福利措施以所得轉移（Income Transfer Service）為主軸，再加上個人社會服務（Personal Social Services）。所得轉移包括社會保險（Social Insurance）及社會救助（Social Assistance），其目的在於維持社會中成員最低的生活水準。政府的角色在於課稅後再重分配於需要的民眾。重分配發生於代與代之間、體健與疾病者之間、小家庭與小家庭、就業與失業者等（Russo & Willis, 1986）。社會保險包括：老年、遺屬及殘障年金保險、失業保險及職災保險（Workmen's Compensation）。社會救助包括失依兒童補助（Aid to Families with Dependent Children, AFDC）、補充安全所得（Supplemental Security Income, SSI）、食物券（Food Stamp）、低收入戶醫療補助（Medicaid）等。個人社會服務則包括兒童福利服務、成人保護、受虐婦女保護、日間照顧、社區服務、在宅服務、酒精及藥癮復健等方案。

一　老年、遺屬及殘障年金保險（OASDI）

OASDI 對於從事報酬工作之國民因年老退休、殘障、死亡時提供現金給付，分為老年給付、殘障給付及遺屬給付。目前約有百分之九十五的受僱者加入此一保險制度。OASDI 的保險費係依據被保險人的所得課徵社會安全稅。一九九四年，課稅所得上限為六○、六○○美元，社會安全稅率OASI 部分，僱主為百分之五‧六，受僱者為百分之五‧六，自營作業者為百分之十一‧二。DI 的社會安全稅率，僱主為百分之○‧六，受僱者為百分之○‧六，自營作業者為百分之一‧二（DHHS, 1994）。

　　OASDI 之老年給付標準爲年滿六十二歲及其配偶爲減額給付對象，年滿六十五歲老人及配偶爲整額給付對象。給付對象至少須繳納四十季的社會安全稅。遺屬給付是被保險人死亡，其配偶年滿六十歲起開始給付，如被保險人的配偶爲殘障者，年滿五十歲即可給付。如配偶扶養未滿十八歲未婚子女或殘障子女，則無年齡限制。殘障給付爲被保險人連續十二個月以上無法勞動，經鑑定爲殘障，經五個月等待期後領取。六十五歲以後，改領老年給付。殘障者從事有報酬性工作（每月六十五元以上）連續九個月以上，經認定恢復工作能力，即停止給付。

　　領取 OASDI，有工作所得時，每增加二美元的工作所得，即減少一美元的給付，工作所得過一定上限時，即停止給付。OASDI 給付採隨物價調整，其財務方式，以信託基金營運（蔡宏昭，民 83）。

㊁　失業保險 (Unemployment Insurance)　與職災保險 (Workmen's Compensation)

****

　　失業保險由州政府經營，聯邦政府補助經營費手。雇主負擔全部保險費，保險費率約爲薪資的百分之六‧二，採經驗費率制。失業保險給付金額約爲失業前薪資的百分之五十，給付前須投保約五十二週，失業經過等待期後，領取給付期間約二十六週至三十九週。

　　職災保險之保費亦由雇主全額負擔，保費約爲薪資之百分之一‧七，在勞動過程中發生傷病或死亡，經等待期後，可領取現金給付及獲得醫療。給付金額依傷病程度及家庭經濟狀況而訂，約爲所得之三分之二。

㊂　補充安全所得 (SSI)

****

　　SSI 係由聯邦政府主辦，救助對象爲貧窮的老人及殘障者。使用社會安全稅，針對社會保險中老人、殘障者年金不足給予補充其生活費用。

（四） 失依兒童補助（AFDC）

＊＊＊＊＊＊＊＊＊＊＊＊＊

兒童因父母失業、失蹤、死亡、離婚而無法獲得照顧，給予現金補助。AFDC 是支出最多的救助措施，適用於單親及雙親家庭。被扶助者當中，具有工作能力者，應參加就業促進計畫（WIN）；未參加者，則停止扶助（林顯宗，民 74）。

（五） 健康保險（Medicare）

＊＊＊＊＊＊＊＊＊＊＊＊＊

六十五歲以上老人及殘障者之 OASDI 被保險人就醫時，可以得到醫院保險給付（HI）及補助性醫療保險（SMI）。HI 給付範圍包括住院服務、療養服務及住宅保健服務。住院每一疾病最高九十天，住院期間必須繳納部分負擔費用；超過九十天，即全部自己負擔。住療養機構，最初二十天爲免費，其餘八十天須繳納部分費用，超過八十天即自付。SMI 之給付爲現金給付，提供被保險人在門診、住院及在宅保健費用之自行負擔費用，但必須先扣除年度部分負擔費用。

（六） 低收入戶醫療補助（Medicaid）

＊＊＊＊＊＊＊＊＊＊＊＊＊＊＊＊＊

Medicaid 係由州政府及聯邦共同營運之健康補助方案，依據一九六五年社會安全法案 Title XVIII 之規定辦理。凡領有 AFDC 或 SSI 之案主，均有資格申領 Medicaid。其補助內容包括門診、住院、護理、在宅保健及療養服務。Medicaid 是第二大類公共健康方案，聯邦政府支付了百分之五十至八十的費用。

（七） 食物券（Food Stamp）

＊＊＊＊＊＊＊＊＊＊＊＊＊

對低所得家庭提供糧票以換取食品，凡所得未超過貧窮線百分之一三〇，資產在二、〇〇〇美元以下者，均可申領。

㈧ 一般扶助（General Assistance）
＊＊＊＊＊＊＊＊＊＊＊＊＊＊＊＊＊＊＊＊＊

對於無法領取 AFDC 或失業保險給付之失業者，由各州提供一般救助措施。

㈨ 老人福利
＊＊＊＊＊＊＊＊

依據一九六五年老人福利法規定，聯邦應補助州政府及地方社區滿足老人生活需求，其目標包括提供老人充足的收入、身心健康、適當的住宅、機構照顧、就業、退休、活動及社區服務，使老人自由、獨立地規劃自己的生活（Charles Zastrow, 1986）。目前老人福利措施除前述 OASDI、Medicare、SSI、Medicaid、Food Stamp 之外，重要的包括療養服務（Nursing Home）、餐飲服務（Meals on Wheels）、退休老人志願服務（Retired Senior Volunteer Program, RSVP）、寄養祖父母計畫（Foster Grandparents Program）、老人中心（Senior Citizen Center）、居家護理（Home Health Service）、在宅服務（Homemaker Service）、日間托老（Day-care Centers）、電話問安（Telephone Reassurance），以及減稅、住宅、乘車等計畫。

美國老人安養及療養機構設置標準相當嚴格，允許營利性，但監督嚴格，定期檢查，不合規定則通知改善或撤銷。老人機構包括有：

㈠老人中心

提供飲食休閒娛樂服務，特色是乾淨、安靜，部分含復健之日托服務。

㈡休養機構（類似仁愛之家）

提供三餐，長期住宿服務，以紐約市為例，營利性機構占一半。

㈢老人公寓

　　部分提供自主性高的老人住宿，只提供一餐的服務；另一類是提供需要照顧的老人住宿，在某些州規定限非營利性機構才可經營，由政府提供建築物，交由非營利性財團法人經營，限中低收入老人申請。另有家庭式老人住宅，經營者不須取得執照，但得接受定期監督。

㈣分租住宅

　　由一些老人分租住宅共同居住。

㈤歇息服務（Respite Care）

　　針對家中有老人的家庭提供服務，可以派人到家中照顧老人或將老人送到機構短期照顧，讓家人休息。

㈥療養院

　　美國老人住療養院的比例是百分之六，八十歲以上住療養院的占百分之二十，需求性高，此類機構屬醫療設施，向衛生單位立案，給付亦依醫療規定，可以是營利性，但還是以非營利性之品質較好。療養院有分層次服務，將老人分為行動方便的、行動不便的、精神妄想的、癡呆的、植物人等分類照顧，醫護人員均需有執照，監督很嚴，可用低收入戶醫療補助支付，每日平均費用二〇〇美元。

⊕　殘障福利
＊＊＊＊＊＊＊＊

　　美國的殘障福利原係以協助退伍殘障軍人而設計，職業重建法（Rehabilitation Act）自一九一八年以來，經數次修訂，目前重點工作包括職業重建、生活保障，對於重度殘障者提供補助、住宅、庇護及養護。一九九〇年通過美國殘障福利法（American Disability Act），規定公共場所或僱用一定人數以上之公司行號，必須設置殘障者使用之設施，分階段

實施。

（土） 兒童福利
* * * * * * * *

美國兒童福利起源很早，一九〇九年召開白宮兒童會議（The White House Conference on Children），一九一二年成立兒童局，一九五〇年代聯邦政府提供州政府經費支持兒童福利措施。

兒童福利的內涵包括日間托育（Day Care）、寄養服務（Foster Care）、領養（Adoption）、失依兒童機構收容、受虐兒童保護服務（Protective Programs for the Abused Childern）。兒童受虐處理是兒童福利的重點，一九七二年聯邦政府補助科羅拉多大學醫學中心成立國立兒童受虐與疏忽預防與治療中心，一九七四年通過兒童受虐與處置法（Child Abuse and Treatment Act），對於十八歲以下兒童、遭受身心傷害及性虐待者提供保護（Russo & Willis, 1986）。

（圭） 成人保護（Adult Protection）
* * * * * * * * * * * * * * * * * *

美國十八歲以上屬成人範圍，對於老人、殘障者之權益保障，甚為重視。州法律規定經民眾報案，個案有危機之虞後七十二小時內，市政府工作人員一定要處理，緊急個案二十四小時內要處理，若未處理，工作人員將受到處罰。若經判定個案危機程度高，而被拒進入屋內者，可向法院申請進入民宅之許可證明，以便接觸案主。被保護的成人以獨居之老人、殘障、精神病患較多，服務內容包括協助管理財務、健康、生活事宜，政府也委託民間機構辦理監護工作。

（圭） 福利改革方案（Welfare Reform）
* * * * * * * * * * * * * * * * * *

社會福利支出不斷膨脹，也造成美國對於社會救助制度之反省。尤其AFDC實施以來，遭遇到廣泛批評，各州補助標準不同，補助的邊際稅率高達百分之百，減低母親工作的動機，資產調查使申請者喪失自尊，又無法解決日益嚴重之貧窮問題，特別是黑人單親女性家庭中兒童的生活照

顧。於是各類改革方案歷經尼克森時代負所得稅、兒童津貼等提議，到了八〇年代總算有了共識，凡領取補助金而能工作，除必須照顧兩歲以下子女外，都應工作或接受教育和訓練，但同時可獲得托兒服務及醫療補助。

依據一九八九年訂定之家庭支持方案（Family Support Act），有二重點：

㈠規定凡接受失依兒童補助者，一定要參加職訓或教育、就業，但懷孕四個月，撫養三歲以下小孩或年老者除外。

㈡因為未婚生子比例甚高，規定追查母性單親家庭孩子的父親，要求父親應先負起責任。紐約市的做法就是每個新生兒都要登記父母親的社會安全號碼，萬一申請 AFDC 時可用以追蹤父親的下落，即使花費眾多的人力、財力、時間在所不惜，乃要確立一個價值觀——每個人都應對自己負責，有工作能力的人就應該工作，父母親要對孩子負責，再由政府提供補助。

◆◆◆◆ 第四節　未來展望 ◆◆◆◆

美國社會福利自六〇年代至八〇年代極度膨脹之後，產生諸多效率問題，尤其八〇年代以後國內景氣持續不振，引發削減福利預算之建議，在老年年金、失依兒童家庭補助等所得轉移方案之檢討改進亦持續進行，至於醫療保險方面，目前僅限於老人及殘障，擴及全民健康保險之方案，在短期之內仍不易獲得國會及企業界的支持。

■ 關鍵詞彙 ■

社會安全法案	失依兒童家庭補助	低收入戶醫療補助
老年、遺屬及殘障	失業保險	一般扶助
健康保險	受虐兒童保護服務	總括性補助
食物券	新政	衛生暨人群服務部
補充安全所得方案	美國老人福利法	職災保險

■ 自我評量題目 ■

一、試述美國社會福利發展的階段及重要措施。

二、試述美國老人、殘障及遺屬年金保險的重點。

三、美國的社會救助方案包括那些重要措施？

四、美國的老人福利措施有那些重點工作？

五、試述 Medicare 與 Medicaid 照顧的對象與服務的內容。

■ 參考文獻 ■

【中文部分】

蔡宏昭（民 83）社會福利政策，台北：桂冠圖書公司。

白秀雄（民 78）社會福利行政，台北：三民書局。

【英文部分】

Francis X. Russo and George Willis (1986) *Human Resources in America.* New Jersey: Englewood Cliffs.

Charles Zastrow (1986) *Introduction to Social Welfare Institutions: Social Problems, Services and Current Issues,* 3rd edition, The Dorsey Press: Chicago Illinois.

DHHS, *Social Security Bulletin. Annual Statistical Supplement.* 1994.

第十五章

加拿大的社會福利與行政

詳讀本章內容後，學習者可達成下列目標：

1. 瞭解加拿大社會安全制度的特質。

2. 明瞭戰後加拿大社會安全的發展概況。

3. 說明加拿大年金制度和失業保險制度。

4. 敘述兒童給付的目的、特徵。

5. 列舉老人和殘障者福利措施。

6. 說明醫療保險。

7. 瞭解加拿大的社會救助制度。

▣ 摘 要 ▣

　　加拿大的產業開發與經濟發展，與其他的福利國家相比，成熟期較晚，社會福利制度的確立相對較遲，然而失業保險費卻支出龐大，各州政府在福利措施方面具有強大的權利。

　　二次戰後，加拿大各項社會福利措施，經由國民保健補助金制度之修正，醫院保險及診斷服務之立法，老人保障法之制度，失業救助法之通過。殘障福利方面採殘障年金、津貼、復健等各種制度。另外，醫療服務法的制定，年金制度施行、高齡者所得保障的實施、保健服務費用等的力求節約，使加拿大社會保障制度愈臻完善。

　　加拿大年金制度所構成的所得安全保障，由定額基礎年金、所得比率的公共年金，以及私人的年金等三個層面所構成。失業保險財政由雇主與勞動者負擔，及國庫補助等三者所構成。失業保險給付的種類，分為一般給付與特別給付。而為援助扶養兒童的家庭，採取家庭津貼、兒童稅額扣除及兒童扶養扣除等三項兒童給付制度，兒童給付採普遍性的原則，不問資產多寡。加拿大的老人福利理念，經常強調持續性照顧的政策目標。

　　加拿大聯邦政府對福利服務、保健醫療及教育等事務，僅提供經費補助，不直接參與事務運作。這些行政事務係透過各州政府所管轄的地方政府辦理，對老人提供有機構照顧與在宅福利服務，並設有老人中心與住宅。身心障礙者的福利與復健的保障方面，並沒有展開總合性的立法，而由三級政府共同分擔。當中提供殘障者的所得保障，對殘障者的生活影響深遠。加拿大的健康保險，由醫院保險與醫療保險兩個部門所構成。加拿大的健康保險法基於憲法對人民健康的維護，提供國民基本的健康保障。另外，加拿大的社會救助制度，透過所得保障，在維護社會安全方面，有重大的貢獻。

◆◆◆◆ 第一節　社會安全的特質 ◆◆◆◆

基於社會、經濟與福利發展的特殊背景，加拿大在發展成爲福利國家的過程中，顯現出其他國家所未曾出現的特質。這些特質可分述如下：

（一）　福利發展爲時尚短

加拿大的產業開發與經濟發達，開始於十九世紀末，而於一九一〇年代開始建立福利國家體制，並於一九五〇年代邁入成熟期。因此與其他的福利國家相比，產業發展時期與各項福利制度的確立，在時間上均爲期較晚。第二次戰後加拿大的經濟走向複雜化，人口大量往都市圈集中，當中貧困層的所得保障，成爲社會、政治的課題，這些因素促使加拿大著眼於各項制度的建立，使得福利制度漸趨完備。

（二）　制度較遲癥結卻一致

爲支付公共救助等現金給付、醫療、教育等制度的費用，花費龐大，和其他先進福利國家並無差別。當中尤以現金給付額所占的比率爲最。但從加拿大社會安全發展的沿革來看，較之西德、英國、瑞典、法國在制度的建立較遲，因此成熟度也較慢。

（三）　失業保險費支出龐大

由加拿大社會安全費用的分配來看，和其他歐盟國家相比，加拿大的失業保險與生活保障，花費高額費用，老齡年金與殘障年金支出較少。其原因在於加拿大有較高的失業率，而高齡人口比率較低所致。此可由文化、意識型態的傳統加以說明。加拿大醫療保險與老齡年金制度發展較遲，其原因之一在於加拿大人具有拓荒的個人主義精神，加上催生此制度的社會運動之存在，與政府訂定社會安全政策所促成。

四　州政府具高度自主性
＊＊＊＊＊＊＊＊＊＊＊＊＊＊＊

　　州政府握有實權，此為加拿大制度設計的傳統。此由州政府可改變聯邦政府所補助社會安全財源看出，州政府可不受聯邦政府的約束，對財源的分配額度，自主加以決定。另外社會安全制度之確立，得力於社會勢力的推動，包含政黨，特別是工會組織的力量。

　　隨著一九二○年代起加拿大經濟、社會、政治等層面的變化，使得第二次大戰以來，所建構的福利國家政策，面臨必須再度檢討的境界。當中尤其是依賴公共救助、年金、失業保險等人數的增加，對於以往行之有年的制度，必須進行檢討。在此情況下，加拿大和其他先進福利國家一樣，須透過法律的修訂與聯邦與州政府之間，對於未來社會政策的發展謀求共識，以因應新的社會情勢所出現的社會福利需求（桑原，1991）。

◆◆◆◆ 第二節　戰後社會安全的發展 ◆◆◆◆

　　社會安全制度的建立，需要時間加以累積，戰後加拿大透過各種制度的不斷立法，逐步建立完整的制度。茲將其戰後歷史發展過程加以說明。

一　二次戰後至一九六○年代中葉
＊＊＊＊＊＊＊＊＊＊＊＊＊＊＊＊＊＊

　　醫療保障方面，經由一九五三年修正「國民保健補助金制度」（National Health Grant Program），以及一九五七年「醫院保險及診斷服務法」之立法（Hospital Insurance and Diagnostic Services Act），大力擴充醫療保險制度，並配合各州獨特的保險制度，使得加拿大的醫療保障得到長足的發展。

　　老齡年金方面，直至一九五一年總算制定「老齡保障法」（Old Age Security Act），對於年滿七十歲以上的高齡者，只要滿足一定居住條件均可受給。接著於一九五二年通過「老齡救助法」（Old Age Assistance Act），對於六十五歲至七十歲之高齡者，所得在一定水準以下，可以領

取給付。

失業問題方面，一九五六年聯邦議會通過「失業救助法」（Unemployment Assistance Act），當中聯邦政府補助州政府社會救助補助費的百分之五十，獲得共識。

殘障者對策方面，一九五一年成立「視覺障礙法」（Blind Persons Act），接著陸續於一九五五年成立「殘障者法」（Disabled Persons Act）、「殘障者手冊法」、「復健服務法」，翌年聯邦與州共同成立「聯邦─州職業社會復歸對策」（Federal-Provincial Rehabilitation Program）。而自一九五〇年代中葉起，由聯邦負擔殘障者費用之殘障年金、津貼、復健等各種制度之所以能獲得通過，在於殘障者本身積極地展開社會運動與力量的集中一致，由此所發揮的可觀實力所促成。

（二） 晚近的發展

自一九六〇年代後半至現在，在此時期加拿大的經濟，達到高度成長，但是富裕的社會中，卻隱藏著貧困的問題。在這種情況下，加拿大經濟會議與上院貧困問題特別委員會，提出「加拿大的國民，每五人有一位遭遇到貧困問題」衝擊的警語。

一九六八年聯邦政府公布實施「醫療服務法」（Medical Service Act），該法的主旨在於強化聯邦政府，在各州實施醫療保險時分擔更多的費用。當時，雖有幾個州表示反對的意見，但經過三年後，結果十個州全部通過醫療保險法，並且加以實施。

一九六六年加拿大的年金制度（Canada Pension Plan），依社會保險方式加以實施，內容涵蓋退休、寡婦、殘障、死亡等保險事故。

另外同年，對於高齡者導入補足所得保障（Guaranteed Income Supplement），對於沒有所得保障的人，或收入過少者，經由資產調查（Means Test），可以接受給付。

一九六〇年代起至一九七〇年代，加拿大設置相關社會安全的審議會以及各種委員會，透過調查計畫的實施，以提出各種諮詢意見。

　　一九六八年成立保健服務費用的對策委員會，對於抑制醫療費用支出，提供諮詢。其對諮詢的回答，提出四種方法，即：(1)對於既有的保健服務，有效的加以利用，以抑制醫療費用的膨脹；(2)改良保健醫療制度，促進服務的效率化；(3)促進區域內相關保健服務的組織化；(4)提高政府保健機關相關人員素質，在技術方面做最有效的利用等。

　　一九七一年六月所成立的社區保健中心計畫（Community Health Centre Project），在於改革聯邦政府保健福利部所設置的保健財政，所出現連續調高的困境，以期經由社區保健中心的設置，充分的配合居民的需要，以做好基礎的健康照顧，並隨時的提供服務，由此以達成費用的削減與制度的改革。再者，一九七四年聯邦保健福利部，爲改善加拿大人民的健康，提出有關人類生物學、環境、生活型態、保健醫療服務等的報告書，促使國民產生自覺，以主動的維護自己的健康。

　　再者，一九七一年於加拿大上院貧困問題特別委員會的報告中，對於貧困問題的解決，提出以下的建議：該委員會提出，在邁向七〇年代之際，爲求總體的實施反貧困政策，必須從事所得補助制度、完全僱用、同工同酬以及救助制度等多項法律的修訂。另外，在一九七三年社會安全作業報告書中，對以往的制度型態加以檢討。而提示五項對策，亦即就業、社會保險、所得補助、社會服務與促進就業，以及聯邦和州的共同對策等。

　　如此，從一九七〇年代初期開始，一方面也由於加拿大面臨財政的困難，因此總體地對社會安全制度進行檢討，並提出許多觀念、提案與建議案，以期進行改革。對於社會安全與社會福利計畫、組織、營運、評鑑等，嘗試全盤與體系性的探討。進入一九八〇年代，以既有的措施爲基礎，進一步廣泛地加以評估發展前進（岡本，1991）。

◆◆◆◆ 第三節　年金制度 ◆◆◆◆

加拿大的年金制度，值得注意的有以下種類：

一　基礎年金

其內容依性質的不同又可分爲三種：

1.定額基礎年金

基礎年金當中，免交保費的老齡保障年金，在於提供年滿六十五歲以上，滿足一年居住條件的所有居民，以一般的稅收爲財源，普遍的支給一定額的年金。此年金所支給的額度較低，而且支給的對象僅限於六十五歲以上者，因此，另設有補助制度，依所得的調查，支給補助所得保障與配偶津貼。

2.所得比率年金

此年金以勞資共同負擔的社會保險方式，以個人收入未達全國平均工資者爲對象，自六十五歲起支給以往所得百分之二十五之年金，同時也支給殘障及遺族年金。

3.私人年金

私人年金方面，有雇主爲從業員所設置的企業年金，與個人爲節稅的優待措施所採公積金方式的年金，以備老後之需。屬於退職儲蓄制度的性質。

二　老齡保障年金

由聯邦政府以所有居住於加拿大者爲對象，所實施的老後基本所得保障的措施爲「老齡保障」（Old Age Security，簡稱爲 OAS）年金，一般稱之爲「老齡年金」。另外尚有經由所得調查手續，所實施的補助制度之「補助所得保險」（Guaranteed Income Supplement，簡稱爲 GIS）以及「配偶津貼」（Spouse's Allowance，簡稱爲 SA 或 SPA），這些都是由聯

四　給付種類
****

1.一般給付

失業保險給付的種類，分為一般給付與特別給付。一般給付為提出失業保險受給申請的勞動者，在申請之前的五十二週當中，至少要有十至十四週須滿足被保險期間為條件，而參照被保險期間的長短及收入的多寡支給金額。而被保險期間的長短，依一個區域的失業率而有所變化。失業率在百分之六以下時為十四週，失業率每提高百分之一，就減少一週，失業率在百分之九以上時，減至十週。再者，前一年度曾經申請過失業保險的勞動者，最高須追加六週的被保險期間。另外新加入者，必須具有二十週的被保險期間。一般給付額為被保險工資的百分之六十。給付期間的最高限度為五十二週，而當中設定二週的等待期間，因此給付期間的最高限度事實上縮短為五十週。

2.特別給付

最少擁有二十週被保險期間的失業保險受給資格者，因為以下事由，可取得特別給付受給資格。因傷病或懷孕、生產而導致失業時，經取得醫療機關的證明書，最高准予十五週的療養給付或懷孕生產給付。對於達到六十五歲的勞動者，經由當事人的申請，經受給資格的審核，支給一般給付三倍金額的退職給付，以一次給付的方式支給。此種情況可以不受二週等待期間的限制。

五　特例給付
****

具有受給資格者，如參與雇用移民委員會所認可的職業訓練計畫或創造就業計畫等，提供以下的特例給付：當中職業訓練給付為，參與基於全國職業訓練法（National Training Act）所辦理職業訓練計畫之受給資格者，除給予育兒津貼、交通津貼、遠離居住地津貼等給付之外，尚且最高將一般給付延長至一〇四週。另外，創造就業機會給付，為對於參與特定社區層級之創造就業機會計畫之受給資格者，在一般給付之外，另增加外

加給付。

（六）　外加給付
＊＊＊＊＊＊＊

　　經由勞動協約等的締結，經取得共識後，由雇主辦理失業保險外加給付，對所僱用的受給資格者，如遇解職、傷病、懷孕等情事，而導致僱用中斷時，在一般給付之外，提供一定的外加給付（國武，1991）。

　　加拿大失業保險給付總額，自一九七〇年的約七億加拿大幣，至一九八三年快速上升至一百二十億，使失業保險財政出現危機。因此，自一九八六年起「失業保險調查委員會」，提出必須將失業保險制度往較嚴格的方向改革。此加拿大的實施經驗，可說給世人的重大啓示，亦即告訴吾人失業保險的規劃，需要特別謹慎，以免遭致嚴重虧損。

◆◆◆◆ 第五節　　兒童給付 ◆◆◆◆

（一）　兒童給付的目的
＊＊＊＊＊＊＊＊＊＊＊＊

　　加拿大兒童給付有三個目的：第一、肯定所有天下的父母，對養育下一代付出心力與辛勞，對種族的繁衍具有其貢獻；第二、爲滿足低所得家庭兒童的需求，對其養育的父母，提供必要的援助；第三、將經濟發展因素考慮在內，使經濟發展注入活力。爲達成這些目的，兒童給付制度之設計，在理念上認爲育有兒童的家庭與未養育兒童的家庭，在需求方面應有所區隔，而對於養育下一代者，其養育費由國民全體共同負擔是屬公平合理的一種想法。

　　兒童給付的適用範圍採取普遍的制度（以撫育兒童的所有家庭爲對象），在效果方面，認爲應採累進給付的方式（低所得層比較優厚，高所得層給付較少）。使受給者能不受家庭經濟狀況的影響，肯定兒童養育對社會的貢獻，使所有的家庭都能接受給付，此種組織架構的設計深受期待。但第二項以及第三項的目的，要求考量家庭經濟需求之後，始給予適

當援助給付的制度，對於中、低收入的家庭，支給較高的給付之措施，具有社會、經濟的意義。中、低所得家庭的兒童養育，最需要國家的財政援助，利用兒童給付購買財貨、服務的相對支出，使經由購買力的提高，促使經濟內需擴張。

二　兒童給付的內容
＊＊＊＊＊＊＊＊＊＊＊

加拿大採取家庭津貼（Family Allowance），兒童稅額扣除（Child Tax Credit），兒童扶養扣除（Child Tax Exemption）等三項制度，以構成對於扶養兒童家庭的援助，而統稱之為兒童給付制度（Child Benefits System）。

此外聯邦所實施的兒童給付，有單親扣除及保育扣除。單親扣除是對於育有兒童的單親家庭，所採取的所得扣除；保育扣除為提供單親家庭或夫婦均就業，而收入較少之低所得家庭所採取的所得扣除制度。

再者，加拿大有五個州對於扶養兒童的家庭實施特別的現金給付制度。其目的在於提供低所得家庭或育有殘障兒童家庭之給付。

三　兒童給付的特徵
＊＊＊＊＊＊＊＊＊＊＊

加拿大為聯邦制，此也反應在兒童給付方面，而具有以下特徵：

1. 地方分權

各州有高度的自治權限，此也反應在家庭津貼的支給上，各州根據獨自的決定，支給家庭津貼。加拿大為由十個州與二個準州所構成的聯邦國家，各州有高度的自治權。加拿大的家庭津貼制度，其基準是由聯邦政府所設置，州政府可以依此基準為基礎，再加上獨特的制度加以經營。以往屬於法國殖民地的魁北克州，法國裔的居民很多，於是深受法國家庭津貼的影響，基於州獨特的設計，支給優厚的給付。

2. 配合稅賦

加拿大的兒童給付制度，基於社會政策的租稅減免的密切配合而成立。對於育有兒童家庭的援助，不僅有家庭津貼（社會保障制度），也包

括兒童稅額扣除、兒童扶養扣除（稅制）的措施。由於加拿大的中央政府財政預算赤字，經常高過其他工業國家，因此近年呼籲社會政策改革的聲浪日高，高於兒童給付的改革，不僅是在社會保障的範疇內進行討論，同時也在包含稅制的廣泛架構內進行檢討。

3.具普遍性

兒童給付採普遍性的給付原則，即家庭津貼的支給須扣稅，具累進稅率的特性（愈是高所得給付愈低），因此普遍性的原則，頗爲徹底。

4.排除財產調查

對於兒童的援助，排除資產調查的概念。對於需求殷切的家庭給付，不經由資產調查，而是採取包含退稅等稅額扣除方式辦理，可避免申請手續的繁瑣。加拿大一方面重視普遍性的給付（家庭津貼），另一方面，最近十年期間，對於育有兒童的中低收入家庭（包含許多單親家庭），提供較大的援助，亦即著眼於兒童稅額扣除的改善。

5.考慮物價因素

給付額隨物價波動調整，以期所提供的援助能眞正滿足國民的需求。加拿大的兒童給付，自一九七四年後，採取因應經濟的變動，自動調整給付額的措施。不僅是兒童津貼方面如此，同時也透過所得稅的制度，扣除所給付的兒童稅額，對於兒童扶養扣除所扣除的比率，也是根據消費者物價上升比率，每年加以調整（都村敦子，1991）。

◆◆◆◆ 第六節　老人福利 ◆◆◆◆

加拿大的老人福利理念，經常強調持續性照顧的政策目標。認爲對於一位老人所提供的服務，應提供能夠自理生活者在宅服務與無法自理生活者入居老人之家，並使不同階段的需要連貫在一起。經由照護制度的建立，使老人在面臨死亡之前，能活得有尊嚴，而且促使老人能達成自由且自立的生活，爲老人福利服務所欲達成的目標。

一　老人福利行政
*＊＊＊＊＊＊＊＊＊＊＊

依加拿大聯邦憲法之規定，聯邦政府並不直接參與福利服務、保健醫療及教育等事務。這些行政事務係透過各州政府所管轄的地方政府辦理。但是在經費方面，聯邦政府依然提供州政府的經費補助，因此可說仍間接的影響到國民所接受的服務。

在福利範疇中，加拿大救助制度（Canada Assistance Plan，簡稱CAP），最常被當作費用分攤計畫的典型。CAP所提出的計畫中，由聯邦與州政府分擔百分之七十至八十，地方政府分擔百分之二十至三十的情況很多。地方政府所分擔的經費中，透過提供服務的社會福利團體向使用者收費的方式，回收一部分財源。因此加拿大的老人實際上獲得何種服務，依當時州政府的政策、場所、服務的種類而有所不同。

二　老人社會福利服務
*＊＊＊＊＊＊＊＊＊＊＊

㈠機構照顧

加拿大有百分之七的老齡人口（一九八七年），在醫院以外的機構接受長期的照顧。

1. 聯邦政府

聯邦政府在老人機構照顧方面，和州政府共同分擔經費。一九七三年聯邦政府根據患者介護紀錄（Working Party on Patient Care Clarification）將機構的性質分為五個層級：⑴住宅養護；⑵特別養護；⑶慢性病醫院；⑷復健專門機構；⑸急性病醫院。如合於設立標準的話，由聯邦與州政府共同分擔經費。

2. 州政府

決定機構具體收容的內容為州政府的角色。有關慢性病醫院、復健專門機構、急性病醫院等機構所需費用，由醫療保險負擔。住宅養護機構與特別養護機構，則各州的措施不盡相同，有的州提供資金援助，有的州則

委諸於營利團體經營。

(二)在宅服務

在宅服務的主要財源，由聯邦的加拿大救助制度（CAP）與州政府共同提供經費負擔。所提供的服務內容方面，任何一個州都依據法律與規定，設置一定的水準，州政府如沒有提供適當的指導時，則由地方政府決定服務種類與次數等具體的內容。由地方政府決定的優點在於各地方可依地區的需要，因地制宜提供福利服務。但缺點在於財源短缺的地區，所能提供的內容無法滿足居民的要求，在同一個州內也會出現不公平的現象。有些州由地方政府直接提供服務，有的則向民間團體購入。

1. 主婦服務

現存的主婦服務有二種：(1)以醫療的需要爲著眼點，對於患有急性病與手術之後的患者，提供短期間的服務，因此有些州稱之爲在宅照顧；(2)爲使老人與慢性病患者能於自宅生活，所提供的援助之在宅援助服務（Home Support Services）。前者由醫療保險經費項目支付，後者由政府與使用者的當事人共同負擔。加拿大的主婦服務開始於一九二〇年，自一九五〇年左右起利用者主要以老人爲主。一九八〇年成立主婦服務全國協議會（CCHS），其主旨在於從事主婦服務提供者有關事項之統計、資訊蒐集、服務品質之提高、主婦服務勞動條件之改善等。

主婦服務提供者所扮演的角色，在於協助一般家事，考慮營養均衡的餐飲調配、日常生活的照顧、幫助購物、作爲談話的對象、從事看護等工作。根據一九八五年主婦服務全國協議會所舉辦的全國調查，提供主婦服務的團體有三百個以上，當中百分之六十爲非營利的團體，百分之三十爲政府直營的事務所，餘百分之十爲營利團體。自聯邦的加拿大救助制度（一九六六年）提供補助費之後，專司主婦服務的團體也於一九七〇年代快速增加，目前存在約半數團體即在此時期成立。近年或許是反應政府採緊縮預算的政策，各團體平均所提供的服務時間呈減少之勢，社會上要求加強在宅福利的呼聲雖然很高，但新的非營利團體卻不見有增設的現象。

2.家庭協助服務

在安大略州除主婦服務以外，另設有家庭協助服務，性質上屬在宅援助服務之一環。前述主婦服務的性質在於和醫療制度相結合，所提供的短期服務，需要醫生的證明，所須費用由保險費負擔。因此使用者免負擔費用，但是此舉使得需要長期援助的老人無法使用。家庭協助服務在於配合提供此種服務性質而設，因此在性質上與主婦服務不同，以不提供日常生活的照顧與看護為原則，而主要提供打掃、洗衣、購物、協助辦理銀行手續等之服務。此計畫為使用社區服務部與地方政府的財源，以及利用者付費與民間團體基金等加以推展。其他州也有類似此種計畫，以提供要長期服務者的需求。

3.餐飲服務（Meals on Wheels）

此項服務在一九六○至一九七○年代非常盛行。以安大略州為例，把配膳服務當作在宅援助服務之一環，費用由州政府負擔百分之七十，地方政府負擔百分之二十，餘由民間團體與使用者負擔。依地區的差異性，餐飲配送的方式也不同。很多的餐飲是向醫院與特別養護老人機構訂購，然後由志願工作者與職員配送到家。再者，亦有些團體採聚餐的方式。渥太華市（Ottawa）將整個餐飲在餐飲服務中心調製，然後由民間團體配送。訂購者為居住於醫院與特別養護老人機構的老人當中，患有高血壓、糖尿病、牙痛等，需要特別飲食供應的情況很多；再者，由營養專家配餐，可以使所攝取食物的營養達到均衡。在多倫多的民間團體中，也有採星期一至星期五每日供應，星期六與星期日兩天的部分則預先於星期五以冷凍食品方式送達；也有採一週僅三次，一日送兩天份的餐飲供應，當中一日為冷凍食品之方式。蛋與牛奶也與餐飲一起送達，同時配合一週最少有一次家庭協助服務的組合，使老人只要能做早餐，就是不去購買東西，僅依賴餐飲服務也能在自宅過生活的境況。

4.其他的在宅服務

人到老邁時，容易發生意外，因此常有死了一段期間，尚沒有被發現的傳聞。因此，瞭解一位老人是否還健康地活著，也是不可或缺的一項工

作。在加拿大，確認安全的服務由電話與志願工作者、鄰居與郵差，以問候老人是否平安的方式進行。另外尚有提供等待進入特別養護機構之老人，從事安全確認與緊急通報系統之服務。此為老人與希望進入的機構之間，直接聯絡的緊急通報鈴，當遇有緊急狀況時，以按鈴通知機構，而由緊急救援班派員協助的組織。

友愛訪問（志願服務者的訪問，成為談話對象）與外出護送（到醫院時或散步、購物時的同行）與交通護送（到醫院的車子接送）等，有許多團體從事此項工作。此外，將把雪與割草等庭園整理的協助與家庭內費力氣的工作與大掃除等，也作為服務之一環的團體也有。

㈢老人中心（Senior Centers）

加拿大各州均有大型的老人中心，其功能並非僅單純的作為休閒、娛樂與交友的場所，同時也提供在宅援助服務，諮詢與擔任配偶死別後的心理調適、生活輔導團體，或者將老人意見反應給政界的利益團體（Interest Groups）的集會場所等，均成為與老人有關的重要聚會場所。老人中心接受聯邦所提供的老人刊物出版補助費。此外尚接受州與地方政府的援助。另外，在安大略州也由彩券收益支付老人中心活動，由老人自組理事會，僱用職員，自行營運。

㈣短期救助與長期殘障協助

這些場所包含日間照顧中心、虛弱老人照顧、老人精神病日間照顧、介護者暫時救護（休息照護）〔Care Given Relief（Respite Care）〕日間救護所（Day Hospital）。

服務性質為提供介護者與家族的短期間的救助，以及長期間針對身心殘障無法參與老人中心活動的老人，提供休閒活動與復健，介護者可以利用老人參加活動之際的空閒，外出工作或休息。總的來說，這些日間照顧機構的設置，在於不使老人的殘障程度繼續惡化，而導入手工藝、體操、談話、遊戲、音樂等種種活動。同時設置社交的場所，以不使殘障人士斷

絕與社會的交流。再者，也設有為使介護者在取得休假時，短期間使受介護者進駐機構的措施。

㈤住宅供應

加拿大大半的老人均擁有自己的住宅，同時貸款也大多繳交完畢。但是高齡者隨著年齡的增大，租房子的人數增加。由於老邁的結果，無法做家事與從事家庭管理，加上房屋老舊的情況不少，暖氣設備效率差，一人居住則又嫌太空曠等因素，因而轉到公寓居住的老人達百分之二十。在都會地區找房子並不容易，在鄉村地區則由於住宅的絕對數量有限，導致適合老人居住的低廉住宅尋找不易。

因此自一九四六年起至一九七〇年代後半期間，聯邦與州政府均採取增加住宅供給的政策，以解決低所得老人住宅的困難。但是此後聯邦政府依據一九七九年的住宅法（National Housing Act），改採直接貼補租屋者房租的方法，以減輕房租的負擔。此結果使英屬哥倫比亞州、魁北克州、紐芬蘭州等導入住宅援助金計畫。此項計畫以提供租屋者能住進自己喜歡的房子為目的，由政府支付薪資的百分之三十與房租差額的百分之七十五額度。另外安大略州，致力於建設老人專用的公寓。這些公寓限定只有老人才能入住，結果使得老人出現集中孤立化的現象與脫離家庭的結果，並不能保障低所得老人的自由選擇與依收入高低收費的廉價房租保障。

㈥高齡女性

高齡老人的大半為女性，而這些女性的百分之八十為低所得者。機構收容的大半老人也是女性，當中所必要的介護也是由家人提供。通常老人的看護者，為其家庭成員的妻或女兒。而看護要求最殷切的對象為八十歲以上的高齡者。而看護者如果是當事人之妻子的話，則妻的年齡也大多是高齡者，女兒也差不多是五十歲或六十歲的年齡層者。而且當中有許多情況特殊，須由特定一人擔負照顧之責的情況很多，如此導致照護者產生疲勞，以及人際交往機會的喪失，形成社會的孤立。

再者，看護者如有工作時，將無法兼顧工作與看護。在此情況下，只有被迫二者擇一，如選擇必須辭去工作時，將導致收入的減少，此收入的減少，並非那一段時間收入較少而已，連帶的也將導致年金收入與老後存款的減少。如此將拖累提供看護者本身在年老之後，在經濟上與精神上，也很難達成富足的狀態。在宅福利的前提如果著重於家庭看護與補助家庭看護的公共服務的話，女性將持續擔任重大的責任。因此，老人問題可說是女性問題。

(七)社會工作者扮演要角

社會工作者在老人福利的範疇非常活躍。許多社會工作者投入團體組織內工作。參與最多的是醫院組織中，以擔任醫療幕僚團隊一員的工作。例如擔任醫療幕僚與患者中介的工作，使得病患的需求能獲得滿足，病患出院時，老人要回到自宅之際，也提供必要的服務。在英屬哥倫比亞州，社區服務與使老人進住長期收容機構，是由地方保健所的護士與社會工作者組織的團體所辦理。

老人機構的社會工作者，並非只是單純擔任組織與患者橋樑的工作，一方面也協助居住機構者的活動、協助機構居住者組織協會與運作，並協助改善機構的居住環境。再者，協助機構居住者及其家族的自助團體，在老人遇到需要共同解決的問題時，提供協助，同時也提供等待入居機構者的老人及其家族精神的支援與服務的斡旋等。

有許多民間團體的首長，基於指導立場，以職員的身分參與社會工作。這些社會工作者掌握社區的需要，提供服務，並擬訂團體的將來計畫，成為地方政府與州福利審議會的建言者，並致力改善老人、老人家族及其團體所處的社會環境，進而改善福利措施（松岡，1991）。

◆◆◆◆ 第七節　殘障者福利服務 ◆◆◆◆

　　加拿大對於身心障礙者的福利與復健的保障，並沒有展開總合性的立法。聯邦政府所實施的殘障者援助，僅涉及殘障的退伍軍人的復健，以州為主體的措施為在勞動災害補償制度之下，所實施的一貫復健為典型的措施。加拿大的三級政府（聯邦、州、市區村里），相互決定立法與行政的分擔。另一方面，民間的社會福利，各依其服務內容與連帶關係，利用社會資源，建構全國、全州為單位的福利網絡。

◯ 一　多元的殘障者界定
＊＊＊＊＊＊＊＊＊＊＊＊＊

　　加拿大對於殘障者的定義，並沒有統一的界定方式，而是依制度的需要及其目的加以界定。其較典型的定義如下：

　　1.復健局的定義

　　所謂殘障之意，包含先天性或遺傳上的異常，導致身體、智能或神經的損傷等，使功能出現障礙或減退，而導致無法就業或欠缺持續工作能力，或從事社區的日常生活活動的能力深受限制者，同時包含長期間因使用藥物或酒精，以致妨礙就業與日常生活的活動者。

　　2.亞伯達州的定義

　　由亞伯達（Alberta）州勞動者災害補償法所做的定義指出，「永久完全的殘障者為永久完全失明、兩手腳不全、單手單足缺損、脊椎損傷所導致的兩手腕麻痺、兩下肢麻痺、一隻手腕及一隻下肢麻痺，以及頭蓋骨損傷導致無法治療的智能低落、精神障礙等」。

◯ 二　殘障相關的公共制度
＊＊＊＊＊＊＊＊＊＊＊＊＊

(一)復健服務

　　規範殘障者復健的法律與行政，主要有三項制度：退役軍人局辦理受

傷軍人的復健與福利；各州的勞動災害補償制度，辦理因勞動災害所導致殘障者的復健與相關援助；除此之外，州復健局基於職業復健法辦理一般市民的復健與福利的提供。

1.退役軍人方面

退役軍人復健及年金與津貼的給付方面，首先因服兵役而導致傷殘者，依聯邦法的退役軍人局法之規定（The Department Veterans Affair Act, 1944），除對於醫療、訓練、職業再訓練、就業斡旋等提供一貫復健服務之外，尚免稅支給年金與津貼、年金支給時，依據醫學檢查的結果。受給者如果有扶養義務時，另外加發扶養者津貼。津貼則以收入認定爲條件，支給所得不足者。

2.遭受勞動災害者

依勞動者災害補償法所實施的復健與相關服務，爲加拿大先進工業州安大略州加以制度化的勞動災害保障制度，對於工作期間因疾病或意外而導致殘障者，除了免除稅賦的提供經濟給付之外，醫療及復健所有過程的費用，由勞動災害補償提供補助。適用對象是以受僱者爲主，雇主則除外。支給額方面，終身殘障者爲平均收入的百分之七十五，但設有最低與最高限度額。

3.一般殘障市民

對一般殘障市民以提供復健服務爲主。當一般市民成爲殘障者時，不問其發生的原因與發生的年齡，根據聯邦與州計畫的法律「職業復健法」（Vocation Rehabilitation Act, 1961），保障殘障者職業能力的開發與訓練。行政中心爲聯邦的復健局，但實際推展則採州與聯邦共同計畫的方式，以州擁有主導權。

經由醫生的研判，若經由職業復健能使功能恢復再度復職者，和殘障程度無關，可向州的復健局提出援護申請。經由與復健局職業更生諮詢員的面談，瞭解就業市場概況，如有意參與職業訓練的話，殘障者可接受僱用準備中心（The Employment Preparation Center）的援助。此中心一般爲民營性質，提供以下的援助：⑴就業前評鑑；⑵作業適應訓練；⑶就業準

備課程；⑷試用機會的提供；⑸職業評鑑；⑹職業更生諮詢。

㈡所得保障

除了職業復健與隨著復健所提供的更生醫療、補助器材、自助器材、教育服務，以及社會復健等相關服務之外，對殘障者不可或缺的措施爲所得保障措施，使殘障者有固定的生活費來源，其重要性可說不言而喻。

1.失業保障

失業保險爲提供由於殘障、疾病以及傳染病等因素，遭致隔離處置，使其無法就業時，支給短期間的保障。以加入保險達一定期間以及取得醫生所開具的證明爲條件，經過二週的觀察期間之後，最長可受給十五週，以支給薪資所得三分之二的額度爲上限。此給付額仍須扣稅。

2.年金制度

年齡在六十五歲以下曾繳交費用者，因重度或長期殘障者，可以領取加拿大年金之一環的殘障年金，此年金亦屬需要課稅項目。在接受申請之際，須要提出一定期間的繳費證明與醫師所開具的證明書。經四個月的觀察期之後，依所得與繳費額決定支給額。

3.補助所得保證

對於有經濟需求的殘障者，有州所提供的全年補助所得保證（Guaranteed Income Supplement，簡稱爲 GAINS）之制度，支給殘障給付。如已領取其他制度所提供的給付時，則採減額供給。

4.私人保險

私人保險也包含成爲殘障時的所得補償與殘障年金。現金以外的技術服務方面，由復健局洽請加拿大殘障者與殘障者協會之類的援助機構，以民間服務之方式，以高度的優良品質，供給有需要的殘障者，所需費用大多採給付方式支付。

⊜ 精神病患者服務
****

以全加拿大國民為對象，大規模實施精神病患者對策的民間機關為加拿大精神保健協會（The Canada Mental Health Association，簡稱為CMHA）。該協會在加拿大全國各地設有一百九十個分會，有二百五十位專門人員與三千位志願工作者參與其事。精神保健協會的工作目標，在於期望將精神保健服務落實在社區層級，而於一九八〇年組成精神保健服務委員會（The Mental Health Service Commitee，簡稱為 MHSC）。此協會透過調查，在社區創立精神病患者團體之家，使精神病患者仍如一般人一樣，在社區能獲得作為一員市民所應享有的權利，並協助精神病患者組織團體。此為精神保健服務委員會所推展的全國社區運動，此運動首先從以下工作著手進行；(1)率先運用資源，協助精神病患者建立團體之家，以及提出共同生活計畫案等，使精神病患者有生活據點；(2)對各社區的居民，展開精神衛生調查，使潛在病患及早發覺；(3)對於精神病患者的活動，展開全國性的聯繫，相互呼應。

㈠精神病患者的問題與對策

加拿大精神病患者所面臨問題，可歸納為以下數端：

1.資源未能統合

提供精神病患者援助的社會資源，未能有效地統籌應用，相當分散。愈是重度的患者，愈是遭到社會的隔離，而有受遺棄的傾向。

2.援助單位分立

現存的援助單位各自為政，缺乏彼此間的聯繫。

3.未能融入社會

精神病患者被放置在醫院或社區生活狀況最差的處所，與社會大眾生活隔離。

4.不為大眾接納

基於一般人所存在的社會防衛態度，他們的意見遭到排擠，及受到社

會的偏見被貼上標籤，精神病患者的需求與人性價值受到忽視。

　　為解決這些問題，所採取的方法為社區照顧。而社區為能達到照顧的目標，積極的推展以下的工作：⑴把支援精神病患者服務的組織，當作社區活動的一部分；⑵對於自立籌措社會資源的社區，在人員與資金方面提供支援，並將照護的人員納入社會資源之中，以有效的加以應用；⑶展開社區居民再社會化的工作，經由宣導教育的過程，使社區居民在態度上有所改變，對精神病患者能夠加以接納。

　　要使精神病患者能成為社區的一員，融入社區生活，除硬體設備的建設深具重要性之外，當事者身邊能有就近照顧人員的存在，亦扮演重要的角色。有鑑於此，針對精神病患者個人的需求，整合資源系統，以期能具體維護精神病患者的權利。

　　㈡專業人員角色吃重

　　精神衛生專業工作者在提供人力支援與促使社區接納方面，發揮重大成效，所扮演的角色包含以下項目：

　　　1.促使精神病患者融入社會。
　　　2.介入家庭、工作場所、社區之中，使精神障礙者在收入、休閒、人際關係均能達到最大程度的滿足。
　　　3.協助取得所必須利用的社會資源，並追蹤考察精神病患者的後續發展，爭取福利的支援。

　　而為使社區能接納精神障礙者，所採取的措施有以下四項：⑴資訊的提供，利用大眾傳播從事宣導，從事社會教育；⑵調查、研究與將事實向社會大眾說明；⑶使精神病患者本身參與社會生活計畫；⑷市民權、人權相關法律的制定。

　　加拿大精神保健服務委員會自一九八一年以來，編寫支援組織架構的手冊，對於社會福利運動的實踐提出指導方針。目前加拿大各州均成功地組成援助網絡，功不可沒。

(三)援助活動

精神保健服務委員會有鑑於許多精神病患者，從精神病院出院之後，流浪街頭，成爲無家可歸者，爲防止這類人士的增加，致力於社區照顧團隊的組成。此照顧團隊由照護人員、社會工作員、心理治療師、作業治療師等十餘人所組成，在一個約擁有四百名慢性患者（當中的百分之八十為精神分裂症）的地區，組成一個照護人員團隊，並在各州利用社會資源，設立共同住宅。

共同住宅的設立方式，地點上設於一般的市區，和一般的住宅與公寓無異，一個住宅所能容納居住人數三至四人，例外的情況也有十數人爲單位的規模，採取使精神病患康復者與正在療養者共同居住的措施，並將此共同住宅融入一般社區之中，使它不顯現出突兀之處。藉此使社區人士能以平常心看待，令人沒有收容機構的異樣感覺，以使精神病患康復者能過著正常的社會生活。而依照所收容居住者病狀的性質，這些機構又分爲：(1)編制有護士看護的類型；(2)一人居住公寓；(3)夜間精神科急救專用型；(4)一般宿舍型等各種型態。設置者有州政府直接經營、有由法人所設立，以及精神保健服務委員會的分支機構等，型態繁多。由於有這些收容據點，才能夠取代親人照顧，接受社會的監督，精神病患者與家屬的權益獲得保障（小島蓉子，1991）。

◆◆◆◆ **第八節　醫療保險** ◆◆◆◆

加拿大的健康保險，由醫院保險與醫療保險二個部門構成。健康保險依據一九八四年四月一日所施行的「加拿大健康保險法」（Canada Health Act）加以實施。

加拿大的健康保險法基於憲法對人民健康的維護，因此十二州、準州均根據健保法所定的規準加以實施。健康保險以全民爲對象。其財政則根據一九七七年之「聯邦州財政措施、制度財源籌措法」加以籌措。健保法

之規定爲健康保險之最低規準，揭櫫以下的措施：⑴非營利性的公共營運；⑵總體的保健內容；⑶以全民爲對象；⑷遷移至其他州、準州，也可以接受共通的給付；⑸適度的保險費與患者負擔。再者，聯邦政府方面，提出財政負擔（補助）的條件爲：⑴將相關的健康保險營運情況，向保健福利部長提出報告；⑵承認聯邦補助金；⑶廢除患者負擔。

㊀　醫院保險
****

醫院保險以全民爲對象，提供住院、門診的給付。自一九五八年七月一日起至一九六一年一月一日期間，所有的州、準州，均加以實施。保險給付範圍至少包括住院與門診，並採取總體性的做法。亦即，將收容、給食、看護、診斷、各種檢查、療法、廣泛的外來服務等，均納入保險給付之範圍。只是，也認可附加給付，因此依據各州的情況，保險給付的範圍與內容出現差異性。再者，精神醫院與結核療養所、照護之家等的服務，不屬於給付的對象。

給付率（額）、給付期間、加入保險資格等，依各州、準州分別加以訂定。一般對於州間移動者，訂有三個月的等待期間，然而在此期間內，依然能繼續適用前州之規定，因此對於州際之間的移動者，並不喪失受給資格。對於新生兒、移民，其他未適用者，經由主動的登記，自第一日起即給予保險資格。一般而言，經由主動的登記即可以取得保險的加入資格，據此可以接受保險給付。對於未具有加入保險資格者，設有健康保險補助基金，以提供補助。

㊁　醫療保險
****

醫療保險爲以全民爲對象，對於所有醫學上，需要醫師之診療服務與特定外科的牙科服務所提供的給付，自一九八六年七月一日起至一九七二年四月一日止期間，所有的州、準州均加以實施。保險給付的範圍，包含醫院之醫師門診、齒科醫師所做的診療等、所有開業醫師所做的診療服務。亦即，診斷、齒科服務、藥劑、醫療補助器材，到家出診、眼睛檢

查、物理治療等，均爲保險給付的對象。只是，醫療保險給付之範圍與內容，也依州之不同而有差異。另外，醫學上沒有必要之臉部整型等，不列入給付的對象。

給付率與給付期間沒有限制，加入保險資格（受給資格）與醫院保險情況相同，但是要採取強制加入或任意加入與否，則委由各州、準州決定。依據保險法之規定，接受給付時，醫師與牙科醫生所提出的追加請求，不被認可。

三 延長療養服務
* * * * * * * * * * *

此由聯邦政府所舉辦，對於州、準州不提供健康保險給付的對象，由照顧單位獨自實施延長療養給付者，負擔其財源。

延長療養服務制度的內容爲：(1)照護之家，中間照顧；(2)老人之家照顧；(3)家庭照顧；(4)通所照顧等。因應需要提供，聯邦的補助費以個人爲單位支給。

四 健康保險的財源
* * * * * * * * * * *

健康保險的財源，由州、準州政府與聯邦政府折半負擔。但是爲達以下的理想：(1)維持安定的財政基礎；(2)州、準州所採取的彈性財源運用；(3)州、準州之間財源的公平化；(4)共同政策對話；(5)加拿大全體醫療之標準化。聯邦政府的財源支付方式，依據一九七七年之「聯邦政府財政措施、制度財源籌源法」，加以變更，不再採取以往各州、準州之健康保險費運用方式，而是採取以個人爲單位的財源補助方式。

聯邦政府的財源負擔（補助）額，依據以下方式加以計算：(1)首先，聯邦計算出平均每一位國民之補助金額，此額度爲全州同一之額度。此額度並依過去三年平均國民生產毛額的增加率，進行調整。(2)各州、準州所接受的聯邦補助額爲每一位國民平均的聯邦補助金額乘以各州、準州的人口。

聯邦補助由現金發放與平衡稅移轉加以實施。健康保險的財源，幾乎

來自聯邦政府與州、準州政府之一般稅之收入。但有些州、準州也徵收勞資保險費與患者負擔，以充當財源之一部分。

五　經營管理
＊＊＊＊＊＊＊＊＊

健康保險、延長醫療服務之營運管理，由州、準州政府本身，或由州、準州委由公共機關辦理，以非營利的方式為之。依據州、準州之不同，營運機關也相異。當中或由保健局或保健社會服務局，或保健服務委員會負責，機關名稱雖有相異，但機關所發揮的功能大都相同。延長療養服務則在各州、準州的保健局、社會服務局等的監督之下，透過照護之家提供。

六　醫療費之支付
＊＊＊＊＊＊＊＊＊

對於醫師的診療報酬，幾乎採取計件付酬方式支付薪資。診療報酬表，由各州、準州之健康保險擔當部局（委員會）和醫師公會之間磋商決定，依州、準州之不同而出現差異性。除了計件付酬的方式之外，也有採取支付部分薪給的方式，以及按人數付費的方式。再者，對於醫院的診療報酬，則採取預算的方式，以經營醫院。對於醫院診斷費之變更所採取的交涉，由州、準州當局與醫師公會之間進行，以往大都能夠圓滿的進展，但有時醫師對兩者的決定也會出現不滿的情況，遇此種情況發生時，所出現的可能性為部分醫師解除保險醫師的契約，或請求增加費用。

七　民間健康保險
＊＊＊＊＊＊＊＊＊＊

加拿大的民間健康保險，對於各州、準州不能支付的醫療服務費用，具有補助功能。民間健康保險之經營主體為民間保險公司與各種非營利團體。民間健康保險所支付的項目有：醫療服務費用、住個人病房所須追加的費用、一些州所徵收的藥劑費、齒科費用、個人附帶的看護費、物理治療的費用、移送費、輔助器材費用、在國外的醫療費與健康保險給付費之差額。加入民間健康保險的人數頗多，在工作場所中，採取集體加入的方

式，加入者約達百分之七十，雇主負擔保險費的一部分或全部。特別是加入齒科保險者很多，此亦爲構成民間健康保險的主要客戶來源。民間健康保險幾乎採取計件付酬方式，但對於齒科則有時也採取依人數付費的方式，然而此種依人數付費的方式，受到齒科醫師的強烈反對。

（八） 醫療費的動向
* * * * * * * * * *

國民平均每一人之醫療費用，一九七五至一九八五年之十年期間，大約成長三倍。總醫療費當中，大約百分之七十六爲公共醫療費。而加拿大也面臨人口高齡化的快速進展，預期至二〇四〇年，六十五歲以上人口將達百分之二十二·五，伴隨著此種現象之發生，六十五歲以上老人所占公共醫療費用之比率，預期將由一九八〇年的百分之三十二·四上升至百分之五十七·一。再者，平均每一位國民醫療費由一九八〇至二〇四〇年，預測實質將增加二·二倍。

（九） 今後的課題
* * * * * * * * *

由健康保險與延長醫療服務之今後動向來看，加拿大總醫療費的上升對國民總生產毛額之比率，和其他國家相比，可說維持在比較妥當的水準，因此，在以往並沒有出現積極抑制醫療費的措施。但是基於以下因素：(1)預算規模；(2)民間部門的重新評估及其有效利用的擴大；(3)由機構照顧往區域照顧的重點改變，以及區域基礎保健醫療服務和社會福利服務之間的合作；(4)健康之增進等，做爲實施控制醫療費用政策之依據。

在此種政策之下，健康保險與延長醫療服務，在迎接未來所面對的不能預測之需要，也要求經常的加以對應。亦即，受到人口高齡化、新的疾病、醫療技術的進步、醫療費的增加等諸因素的影響，將來必須面對的制度改革，須由政府、醫療從事者、民間團體以及個人的相互協力加以達成。特別是人口高齡化所導致的延長醫療制度之改革深受期盼。無論如何制定對應人口高齡化的制度，爲一項必須妥善因應的重要課題。

以往爲著充實長期療養照顧之需要，以安置於機構照顧作爲重點措

施。但是，在可利用的資源有限的情況下，爲使照護能夠有效進行，且具
有高度效率性，逐漸改採擴充機構外區域服務之政策。只是，如此一來會
出現專業人員不足的困境，因此確立家族以及友人的支持系統有其必要。
對於需要照護的高齡者人數之增加，以在宅照顧爲中心的長期療養照顧要
如何加以推展，對於加拿大而言，也是重要的課題，對此目前亦進行各種
討論與嘗試。聯邦政府、州、準州在具有共識之餘，爲確保全體加拿大國
民能達成水準以上之長期療養照護等目標，正全力以赴（石本，
1991）。

♦♦♦♦ 第九節　社會救助 ♦♦♦♦

　　加拿大的社會救助制度就整個所得保障而言，在擔任社會安全的網絡
上，扮演重要角色。此制度源自伊莉莎白救貧法，當時很重視勞動能力有
無的區別，直至目前仍存有此理念。

　　加拿大各州對於社會救助，依各州所定法律與規則獨自運作。由於各
州所制定的內容差異很大，因此自一九六六年起，聯邦政府成立「加拿大
救助制度」。其宗旨在於整合加拿大各州各自分散的社會救助制度。聯邦
分別與各州訂定協定，由州分擔社會救助與福利服務所需要經費的百分之
五十。其目的在於：(1)各州對於需要保護者，提供救助或機構照顧時的支
援；(2)對於州在採取消除或防止貧困，救助失依兒童或根絕依賴公共救助
的因素時，提供支援。基於此種制度的宗旨，確立了只要確認有必要提供
經濟救助的事實，不問其產生原因，均提供救助。

〇　加拿大的救助制度
＊＊＊＊＊＊＊＊＊＊＊＊＊

　　加拿大聯邦政府所分擔的社會救助項目，以大分類而言，有救助、福
利服務、勞動活動計畫等三個項目。這三個項目當中，以救助的支出占大
部分。救助的項目若再加以細分類的話，爲一般救助、特別照護之家、保
健醫療與兒童福利。這當中仍以一般救助占大部分。

一般救助的內容除了食物費、居住、衣服、個人經費、家庭經費、水電、瓦斯、暖氣設備等基本需求之外，尚有特別需求的部分。例如，對於就業者所必需的各種費用、殘障者所必要的福利或復健的費用、房屋的修繕、改善等所不可或缺的費用。

特別照護之家為提供居住於受認可的老人之家、照護之家、兒童保護機構、母子機構等需要保護者，所提供照護之給付。

保健醫療為藥劑或齒科治療之類的項目當中，其他制度無法補助部分之救助；兒童福利主要經費為支給養父母之兒童養育費；另外為支給機構所收容的兒童及特別照護之家所收容的兒童。

福利服務方面包括日間照顧服務、養子關係服務、家政人員所提供緊急狀況援助或援助高齡者與殘障者在社區自立生活之服務，各種復健服務，以及提供防止高齡與殘障者陷入社會孤立化的援助。另外尚有社區發展項目。此為提供貧窮社區的居民，自力改善社區社會、經濟的狀況時，所提供的援助措施。此外，有福利制度諮詢、建言、調查等。管理、事務服務項目所需經費，也是聯邦經費分攤的對象。

勞動活動計畫為基於個人、家庭或環境等因素使得就業發生困難，或者對於個人要繼續就業遭遇困難的情況，所提供的援助措施。使接受援助者透過工作意願與能力的改善，以及為著就任新工作或恢復舊工作，從事準備與訓練。

社會救助項目中的一般救助，分為長期給付、短期給付，以及特別給付等三種型態。大部分的州係根據州政府所制定的規則運作。只有安大略州、曼尼托巴州、新斯科夏州等三州的情況稍異，由州政府與地方政府共同分擔責任。州政府分擔長期給付，地方政府則分擔短期給付與特別給付。

加拿大的救助制度由聯邦負擔州社會救助經費的百分之五十，但如安大略州、曼尼托巴州、新斯科夏州等三州一般，地方機構實施部分社會救助制度的情況，聯邦政府所負擔的經費，也將地方政府負擔的部分合算在內，總計支付百分之五十。而州所支付給地方政府的社會救助費用，各州

所分擔的比率並不一致。

三 州社會救助制度
＊＊＊＊＊＊＊＊＊＊＊＊

㈠湏具備的條件

社會救助原則上對於所有需要保護者，不問其原因如何，只要經過審查，認定受給資格的有無，即可接受必要的救助。但實際上各州均存在接受救助的申請者或受給者所屬範疇的不同，在受給資格與給付條件方面，適用不同的條件。以下針對接受救助的主要範疇加以敘述。

1.高齡者

對於高齡者設定比較高的基礎救助給付水準，此外有許多州採特別措施。已經領有其他制度所提供的給付者，也可以申請社會救助。但事實上，六十五歲以上高齡者，大都有其他的高齡保障制度提供支給，因此實際接受救助的受給者人數並不多。

2.殘障者

由於疾病或殘障的原因而申請救助，原則上要提出殘障程度與復健可能性的醫生證明書。但如果殘障程度很明顯時，或者至少在最初階段的資格認定時，沒有證明書也沒有關係。任何州在制度設計時，對於殘障者均給予優先考慮。例如給予資產與所得較高的扣除額，比較高的給付水準，特別的殘障相關津貼，補助性的保健與醫療服務等的提供。

3.有工作能力的失業者

任何一個州對於失業者，均定有多種特別的規定。例如它的前提要件必須是有工作能力，但基於人力無法抗拒的因素所導致的失業，當事人有意願就任能力所及的工作，且曾努力找尋過。或要求參與提高技術、再訓練、復健之類的促進就業措施始可受給。

為使此項措施，不傷害國民的就業意願，有就業能力者較之無就業能力者，資產與所得能扣除的水準低，給付方面也是不適用長期給付，而採取水準較低的短期給付。能受給特別給付者也限於一定的少數項目。

4.單　親

不論家庭情況如何，由於小孩的扶養，牽涉父母的經濟責任，因此對於擔任扶養擔者角色的父母，特別是母親，被視爲社會救助受給者的資格條件之一，配偶去向不明、丈夫死亡或未婚生子，要受領扶養費時，必須取得法定的手續。對於未能履行法院所定扶養命令者，將視爲對政府的負債，由政府提出追討的情況也很多。

單親的就業能力的有無，根據父母與小孩的健康狀態、小孩年齡、人數等加以判定，依各州的情況而有所差異。有的州對於只有一位子女者，僅在子女出生四個月以內，才視爲無就業能力。一旦改爲有就業能力，所獲得的救助就極爲有限。例如亞伯達州對有就業能力的單親規定僅一個月有受給資格，超過此以上的時間需要社會工作者的裁量。同樣是有就業能力的單親，依父母年齡的差異，給付水準也不同，對於未滿三十歲者給付水準較低，此情況至今依舊存在。

未婚媽媽的受給資格方面，依州的不同也顯現出很大的差異。特別是有些州對於十六歲至十八歲之間的未婚媽媽，也有採原則上不支給的情況。未婚媽媽所需資格條件方面，有的州定爲必須參與提高工作技能、生活技術訓練、職業入門講座等的就業訓練制度。

(二)需求評估

社會救助的能否獲得，原則上根據家庭生計所必要的額度加以計算，然後評估其家庭收入是否足夠本身生活及支應家庭生活所需而定，如果判定不足時，則可以支給。對此手續稱之爲「需求評估」。

最低生活所得與賺錢能力，各州依其法律與規則有詳細的規定。絕大部分的州對於家計上的需求，設有長期救助與短期救助的不同類型。長期救助爲支給具有永久性，或認爲相當長期無法自立的申請者。這類人員爲老人、殘障者、育有幼兒的單親等，對這些人員提供比較高的給付水準。短期給付爲支給認定有就業能力者。給付水準和長期給付相比額度較低。再者，項目上再分爲基礎的需求與特別需求。基礎的需求包含伙食費、衣

服、個人經費、居住費、暖氣費與水電瓦斯等公共費用。依州的不同，有
的對各項目別設定最高額，有的合計幾個項目，設定最高額。

特別需求的內容，依各州雖有不同，但主要項目為支應治療餐飲、藥
品、輔助器具、到醫院的交通費之類的特別保健需求費用、喪葬關係費
用、找職業時的托嬰照顧費用、衣服、工作用的道具、交通費等。另外將
緊急的房屋修繕費、支付滯繳的公共費用、冬季的暖氣設備等也包含在內
的情況很多。

經濟能力依資產與所得加以評定。首先對資產加以調查，以評估所擁
有的財富，是否在能受給救助的容許限度內。用以決定受給者，能保有資
產的最高額。動產的定義依各州的情況而有所不同，一般為所持有現金、
銀行存款、公債、股票、信託基金、人壽保險等。動產的扣除額，依州而
有所不同。再者，就是在同一個州內，因申請者的所屬範疇、家庭人數的
差異，而有不同的支付標準。因此，各州均準備有非常複雜的規則手冊。

動產方面依州別而有差異，但大多數的州均容忍在合理範圍內擁有自
家住宅或家庭財產。再者，自營業者特別是對於農業資產，做出特別寬大
考慮的州很多。

在評估資產屬容許範圍內之後，其次為所得的計算。勞動者補助給付
或老齡年金之類的給付，原則上以所得為計算基礎。當中聯邦的兒童稅額
扣除與家庭津貼的全額扣除，不計算在所得之內。為期激勵工作的意願，
對於工作所得採取部分扣除。亦即，採勞動收入扣除，以減輕稅賦。勞動
收入扣除，採單一稅率扣除或一定數額扣除，或兩者相互配合使用，依各
州而有不同做法（曾源利滿，1991）。

■ 關鍵詞彙 ■

社會保障	福利國家	家庭津貼
殘障年金	失業給付	失業保險
所得保障	醫療保障	老齡保障
老齡年金	社會政策	在宅援助服務
補助所得保障	配偶者津貼	兒童稅額扣除
生活保護	老齡保障年金	社會救助
基礎年金	在宅福利	兒童給付
救助制度	失業保險制度	
年金制度	公共救助	

■ 自我評量題目 ■

一、加拿大社會保障有何特質？

二、戰後加拿大社會保障的發展概況為何？

三、加拿大的年金制度當中，所謂的基礎年金內容為何？

四、加拿大失業保險制度的概要為何？

五、加拿大的兒童給付意義為何？

六、加拿大兒童給付的目的及特徵為何？

七、加拿大提供老人那些機構照顧？

八、加拿大提供老人那些在宅福利服務？

九、加拿大有那些殘障相關的公共制度？

十、加拿大有那些保障殘障者所得的制度？

十一、加拿大的醫療保險措施為何？

十二、加拿大的州提供那些社會救助？

■ 參考文獻 ■

桑源昌宏（1991）カナダの經濟と社會保障，見（日本）社會保障研究所編，カ
　　ナダの經濟保障，日本：東京大學出版會。

岡本民夫（1991）社會保障の歷史，見（日本）社會保障研究所編，カナダの社
　　會保障，日本：東京大學出版會。

村上清（1991）年金制度，見（日本）社會保障研究所編，カナダの社會保障，
　　日本：東京大學出版會。

都村敦子（1991）兒童給付，見（日本）社會保障研究所編，カナダの社會保
　　障，日本：東京大學出版會。

松岡敦子（1991）老人福祉サービス，見（日本）社會保障研究所編，カナダの
　　社會保障，日本：東京大學出版會。

小島蓉子（1991）殘障者福祉サービス，見（日本）社會保障研究所編，カナダ
　　の社會保障，日本：東京大學出版會。

曾源利滿（1991）社會扶助，見（日本）社會保障研究所編，カナダの社會保
　　障，日本：東京大學出版會。

國武輝久（1991）失業保險制度，見（日本）社會保障研究所編，カナダの社會
　　保障，日本：東京大學出版會。

石本忠義（1991）醫療保險と醫療制度，見（日本）社會保障研究所編，カナダ
　　の社會保障，日本：東京大學出版會。

第十六章

澳洲的社會福利與行政

詳讀本章內容後，學習者應可
達成下列目標：

1.瞭解澳洲社會福利發展簡史。

2.說明澳洲社會福利行政體系與
　架構。

3.敘述澳洲社會福利措施內容。

■ 摘　　要 ■

　　澳洲自一八九〇年經公民投票獨立成為聯邦政府。一九〇〇年南威爾斯州開始實施老人年金，聯邦政府自一九〇八年開始立法，相繼實施老人年金、殘障年金、產婦津貼等措施。一九四二年，聯邦政府取得所得稅管理權，制定兒童津貼、寡婦年金、失業及疾病津貼等措施，奠定社會福利體系。

　　澳洲社會福利行政體系分為聯邦、州政府及市村里三層次。聯邦負責社會保險、社會福利以及對州政府補助；州政府負責教育、保健及治安，市村里則負責產業、治安及住宅。社會福利行政部門包括社區暨衛生部、社會保險部、退伍軍人部、住宅部、原住民事務部、移民及民俗事務部、教育、就業與訓練部等。

　　澳洲的社會福利措施以社會保險為主幹，財源為一般稅收，大部分需經由資產調查，以支付年金、給付或津貼。年金或津貼方面，包括老人年金、殘障年金、庇護僱用津貼、寡婦年金、家庭支持給付、配偶年金、失業給付、孤兒津貼、家庭津貼等。健康保險包括住院與醫療給付。兒童福利包括失依兒童教養、寄養服務、學齡前保育、學齡保育、一般青少年活動、不良行為與身心障礙兒童之收容及保護。老人福利包括在宅服務、老人中心、餐飲服務、老人住宅及家事服務等。殘障福利除年金、津貼外，以殘障復健、就業、訓練、庇護工場等為工作重點。

　　澳洲在二次世界大戰後因國內經濟十分景氣，社會福利制度以稅收支應，經資產調查，提供需要協助的民眾，運作良好。一九七〇年以後因人口逐漸老化、失業率高、單親家庭增多，政府財政困難，社會福利進入改革時期，一方面減少支出，另一方面排列照顧的優先順序，以資因應。

澳洲位於南半球，爲聯邦國家，一七八八年初英國開始在澳洲殖民，一九○○年經由公民投票，決議組成聯邦政府。澳洲聯邦由新南威爾斯（New South Wales）、昆士蘭（Queesland）、南澳（South Australia）、塔斯馬尼亞（Tasmania）、西澳（Western Australia）及維多利亞（Victoria）等六個州及兩個直轄區──北領土（Northern Territory）和首都轄區（Capital Territory）組合而成。總面積約七百六十八萬七千平方公里，人口約一千五百五十萬人，其中百分之八十爲英人後裔。

◆◆◆◆ 第一節　澳洲的社會福利發展歷史 ◆◆◆◆

一七七○年英國的探險隊庫克船長（Captain Cook）發現澳洲。一七七六年美國十三州對英國發表獨立宣言成爲獨立國家，英國因而重新以澳洲爲流放犯罪者的場所，在一七八八年將第一批殖民團送達澳洲的 Botany 港，澳洲成爲英國新殖民地。移民者當中的無依老人、殘障及孤兒之救助工作係由民間慈善團體發揮慈善救濟之心，政府並未作任何協助。當時的救濟觀念仍受英國本土資本主義影響，以救助將影響自助及自動自發，應由個人慈善團體爲之。

一八九○年代澳洲發生經濟恐慌，政府體認到必須以社會政策解決貧困問題，加之公民投票結果，澳洲獨立成爲聯邦政府。一九○○年，南威爾斯州首先通過老人年金法（Old Age Pension Act）。一九○八年，聯邦政府亦通過老人年金法，此後殘障年金法（Invalid Pension Act）、產婦津貼法（Maternity Allowance Act）相繼通過實施。一次世界大戰期間，聯邦政府通過國民保險制度（National Insurance），包含疾病、失業及老人保險等方案，但因戰爭因素未實施。在保健、教育及兒童福利措施方面，大多由各州辦理。此時爲澳洲社會福利的萌芽階段。

二次世界大戰期間（一九四一年至一九四五年），聯邦政府體認到社會政策之制定有助於國民經濟生活之增進。戰後，聯邦政府之權力增加，一九四一年組織聯邦議會社會保障合同委員會，針對澳洲之貧困問題制定

社會政策。一九四二年，聯邦政府掌握所得稅的管理權，提出制度化的社會福利措施，包括兒童津貼（Child Endowment, 1941）、寡婦年金（Widows Pensions, 1942）、失業、疾病津貼（The Unemployment and Sickness Benefit, 1944），改進老人年金法之給付條件，奠定澳洲的社會安全制度。戰後對老人、殘障、兒童、母子等加強福利措施之提供（林顯宗、陳明男，民 74）。由於實施白人政策，國內沒有嚴重的人種問題，加上戰爭未造成國內的傷害，資源豐富，經濟發展，形成社會福利蓬勃發展的有利因素。

◆◆◆◆ 第二節　澳洲的社會福利行政體系 ◆◆◆◆

澳洲聯邦政府依憲法規定，國防、外交、移民、關稅及郵政屬聯邦之專有權；稅收、離婚及國內外貿易爲聯邦與州之共用權；各州之剩餘權則爲州內法律與治安、公共設施、教育及其他社會發展事項（徐震，民71）。

社會福利行政制度分爲聯邦、州政府、市村里三個層次。聯邦政府負責社會保險、社會福利以及對州事業的補助支援。州政府負責教育、保健及治安。市村里則負責產業振興、治安及住宅行政。

此外，民間機構可向聯邦、州政府申請補助，從事老人保護、兒童、老人及貧民服務。並且，全國性團體扮演社會福利的總聯絡及調整機關，例如，澳洲殘障者復健協會（Australian Council for Rehabilitation of the Disabled, ACRD）等。有關醫療、教育及產業則有營利性的私人團體（Private Sector）以契約、收費的方式提供服務，如老人及兒童的收費照顧、醫院服務等。

澳洲社會福利行政部門，包括社區服務、衛生及社會保險三大部門。一九八七年，社區服務及衛生合併成一個部門。社區服務暨衛生部（Department of Community Services and Health）的創設，代表眾多服務計畫的整合。該部主管個人服務（Personal Services）、衛生、機構照顧

（Institutional Care）、住宅協助（Housing Assistance）、婦女事務（Women's Affairs）。其中個人服務負責殘障、老人、兒童、遊民服務。該部並協助州政府及地方政府推展社區照顧服務。該部之運作分為三級——主辦事處一處設於坎培拉，各州及地區之首府設有辦事處及復健單位。主辦事處負責對該部之政策及發展計畫提供建議，為計畫的推行設置全盤的架構，維持計畫及持續性地檢討政策。州及地區辦事處則職司該部服務之遞送，協助社區發展計畫與當地政府協調合作、監督服務、支付組織開銷，並與當地之需求保持聯繫（寗雲鵬，民 79）。社區服務暨衛生部也負責許多相關補助計畫之管理。例如：(1)補助金計畫（Grants-in-Aid），對於全國性組織補助其營運開銷，包括澳洲社會服務委員會（Australian Council of Social Service）、澳洲殘障委員會（Australia's Council on Disability）、澳洲老年委員會（Australian Council on the Aging）。(2)全國社區衛生計畫（National Community Health Program, NCHP），為全國性社區衛生方案提供聯邦基金，包括設置事務處以協調統合各州非營利性殘障組織之全國性活動、訓練醫療工作人員、實驗性或示範性方案等。(3)管理支援計畫（Management Support Scheme），透過管理體系及財務提供，確保小型志願性組織之發展能力，包括財務及管理諮詢，著重預防及危機管理。(4)社區參與（Community Participation），對於澳洲消費者衛生公會之營運提供支援補助金，使其表達社區部門之意見，反應地方對於衛生事務之意見，協助執行衛生研究或公眾教育。

社會保險部負責所得支持的計畫，包括各種年金（Pension）制度。經由資產調查對於退休人員、殘障、寡婦及單親家庭提供最低、定期的補助。另外給付（Benefit）制度對於失業、疾病或其他特殊需要者提供暫時性的給付。社會保險部使用了四分之一的社會福利經費，照顧了三分之二的澳洲人口（McCallum, 1988）。

除了社區服務暨衛生部、社會保險部之外，其他相關的部門包括退伍軍人部（Department of Veterans Affairs）、住宅部（Department of Housing）、原住民事務部（Department of Aboriginal Affairs）、移民及民俗

事務部（Department of Immigration and Ethnic Affairs）及教育、就業與訓練部（Department of Education, Employment and Training）。

◆◆◆◆ 第三節 澳洲的社會福利措施 ◆◆◆◆

澳洲為一中間式或修正式的社會福利國家。政府已採行社會保險服務，包括老年、殘障及遺屬年金、失業與疾病給付、生育補助及家庭津貼，其財源為一般稅收。雖以社會保險為主幹，但除工作傷害賠償外，由雇主支付保險費，其餘並非以強制，而以民營的志願保險為主體。社會救助方面，除兒童津貼外，其餘都具有選擇性（徐震，民 71）。

○ 年金與津貼
****

㈠老年年金（Aged Pension）

居住澳洲十年以上的國民，男性年滿六十五歲，女性年滿六十歲以上，經資產調查，沒有固定收入者，可以申領年金。年金金額約為平均週薪的四分之一。老年年金須列入所得，除非有其他顯著收入，否則通常可免稅。目前澳洲六十五歲以上退休人員之中，百分之七十七依賴老年年金為主要收入來源（McCallum, 1989）。

㈡殘障年金（Invalid Pension）與庇護僱用津貼（Sheltered Employment Allowance）

居住澳洲十年以上，年滿十六歲以上盲人或百分之八十生理或心理功能喪失，無法工作者，可申領殘障年金。自一九八七年起，改為百分之五十功能喪失。除盲人外，資產調查、年金費率與老人年金之作業原則相同。殘障者在庇護工場工作者改領庇護僱用津貼。

㈢寡婦年金及家庭支持給付（Supporting Parents Benefit）

沒有小孩的寡婦，年滿五十歲以上者，可申領寡婦年金。母親一個人

扶養未成年兒童者,經由資產調查可申領家庭支持津貼。自一九七三年起,針對高失業率及離婚率導致單親家庭增多且生活困難,特別設計,對單親母親及兒童給予津貼補助,一九八七年起合併於家庭補充津貼計畫(Family Allowance Supplement)。針對貧困未領有年金或津貼之家庭,自一九八三年起開辦家庭補充收入計畫(Family Income Supplement, FIS)(McCallum, 1989)。

㈣配偶年金(Wives Pensions)

殘障者或老人之女性配偶,生活困苦,經收入調查後,除丈夫之年金外,配偶可申領配偶年金。

㈤失業給付(Unemployment Benefit)

澳洲自一九四四年制定失業及疾病補助法(the Unemployment and Sickness Benefits Act),運用政府稅收補助失業者。凡居住澳洲一年以上,男性六十五歲以下,十八歲以上;女性六十歲以下,十八歲以上;或畢業生未找到工作正在等待者,在失業期間,願意接受就業輔導機構輔導就業者,可以申領失業給付,採單一費率,只需經收入調查,不需經財產調查,每二週支付一次。本措施非屬失業保險。

對失業者之社會服務,在一九八六年以前,除了協助尋找工作外,對成人就業者提供一系列的訓練補助,包括:技能訓練(Skills in Demand, SID)、一般訓練補助(General Training Arrangement, GTA)、工作適應訓練安排(Labour Adjustment Training Arrangement, LATA)。一九八六年以後,上述方案合併於成人訓練計畫(Adult Training Program)(McCallum, 1989)。

㈥家庭津貼(Family Allowance)、孤兒津貼(Orphan's Allowance)

自一九八七年起,對低收入家庭兒童支付津貼改為家庭津貼,凡照顧十六歲以下兒童或十七歲以下在學學生之家庭,經資產調查,可以申領家

庭津貼。對於雙親或其中之一死亡、去向不明、入獄、精神疾病入院，無法養育兒童者，支給孤兒津貼。

㈦復健津貼（Rehabilitation Allowance）及殘障兒童津貼

　　（Handicapped Child's Allowance）

　　殘障者在殘障復健機構接受治療及訓練領有年金或給付者，可以申領復健津貼。照顧重度殘障者之家屬可以申領配偶年金（Wives Pensions）或照顧者年金（Carers Pensions）。對於照顧十六歲以下，重度殘障兒童，不需經由收入調查，可支付殘障兒童津貼，以補充一般兒童津貼之不足。

㈡　健康保險（Health Insurance）

　　澳洲自一九七五年開始由健康保險委員會（Health Insurance Commission）辦理一種普遍式的健康保險方案，在一九八三年登記參加保險者共七百五十萬人，健康保險方案係課徵所得稅支應，被保險人百分之八十五的醫療費用可以得到支應。醫療給付由聯邦補助醫療機構，按醫療支付表之百分之八十五退費，藥劑給付依處方提供醫療。公立醫院可以提供免費住院服務，但因有選擇醫師、醫療設施或需排隊等候等情形，私人保險仍有其需要。

　　工作者因疾病、意外事故而暫時無法工作者，經由收入調查可以申領現金疾病給付，對於永久受傷者，亦支給一次給付。死亡者之遺屬亦支給一次給付。婦女生產嬰兒時可領取生育津貼（McCallum, 1989）。

㈢　兒童福利

　　兒童福利除了前述所得保障制度中的兒童津貼、孤兒津貼、殘障兒童津貼外，有關失依兒童照顧、托兒措施係州政府負責，委託民間機構提供服務。

　　兒童福利措施包括失依兒童教養、寄養服務、學齡前保育、學齡兒童保育、一般青少年活動、不良行為與身心障礙兒童之收容、保護服務等。

在兒童保育措施方面包括日間保育所（Day Care Center）、殘障與一般兒童混合組成的公立「綜合保育中心」、企業內的托兒設施及家庭托育照顧等。

（四） 老人福利
****

澳洲老人傾向獨立生活，故老人年金提供經濟上的保障，政府亦著重於社區照顧及支持體系的提供。

㈠在宅服務

聯邦政府及州政府共同分擔住宅照顧方案的經費，派遣老人在宅服務員對社區老人提供服務。

㈡老人中心

獎勵設置老人活動中心（Citizen's Centers），以聯邦、州或市村里比率負擔設置經費，由聯邦政府補助老人照顧的人事經費。例如老人中心的職員其薪資由聯邦政府負擔。

㈢餐飲服務（Delivered Meal Services）

對於無法自行準備餐飲或外出購物之老人或殘障者，依據一九七〇年通過送餐飲補助金法（Delivered Meal Subsidy Act），補助非營利性民間團體與市村里，使用巡迴車，送餐到老人或殘障者家中。

㈣老人住宅

老人住宅包括老人之家、老人公寓等，依據老人生理狀況，提供不同功能之居住設施，老人公寓特別強調維持與社會的聯繫。

㈤家事服務

老人居家照顧包括餐飲提供、協助入浴、更衣、清掃、洗濯、緊急呼

叫救援等，由民間團體接受政府委託提供服務（林顯宗、陳明男，民74）。

五　殘障福利
＊＊＊＊＊＊＊＊

殘障福利除前述殘障年金、殘障兒童津貼等現金給付外，復健、就業及教養服務為主要工作重點。

(一)殘障重建服務

殘障者可向聯邦重建服務單位申請評鑑，通常是聯邦重建服務單位所屬各地中心或區域中心，經由評鑑、重建治療、輔具提供及日常生活訓練，使殘障者能獨立生活。殘障者可申領復健津貼（Rehabilitation Allowance）。日常生活訓練包括移動訓練、交通工具運用、家事處理及社會適應等訓練。有關治療及訓練費用均由政府支付。經復健返回社區生活之殘障者，可申請住宅改善、生活輔具補助等。聯邦政府亦獎勵民間團體，提供適合殘障者居住之單身公寓或集合住宅。重度殘障者，需要個別介護者，可申請個別的介護補助金（Personal Care Subsidy），用以申請個別照顧服務（Personal Care Service）。為推展無障礙生活環境，澳洲基準協會（Standard Association of Australia），在一九七七年訂定殘障者使用設計基準，作為全國共通的規則（林顯宗、陳明男，民74）。

(二)殘障者就業服務

澳洲聯邦重建中心置醫生、社工員及專業教師，依據殘障者能力及興趣，提供教育與技術訓練，安排企業內在職訓練，或在就業前，提供模擬的工作適應訓練（徐震，民71）。對於無法在就業市場上正常工作的殘障者，設置庇護工場（Sheltered Workshop）或庇護農場（Sheltered Farm），使殘障者得以工作。依據庇護工場援助法（The Sheltered Workshop Assistance Act）規定，民間團體接受聯邦政府補助，設置庇護工場，接受殘障者工作，依據生產力，支付酬勞。庇護工場應以僱用殘障者為主，場地

應符合安全、衛生及便利殘障者使用等標準，工資須符合殘障者能力，並且應遵守重建的原則，協助殘障者適應職業以外的生活。

㈢殘障教養與養護

重度殘障者，依據殘障者援助法（Handicapped Persons Assistance Act），可至活動治療中心（Activity Therapy Center）接受生活訓練。二十一歲以下的殘障兒童可至殘障兒童訓練中心（Handicapped Children's Training Center）接受訓練與照顧（林顯宗、陳明男，民 74）。

◆◆◆◆ **第四節　回顧與展望** ◆◆◆◆

澳洲社會福利制度發展起源很早，資產調查、單一費率及稅收支應是推展社會福利的工作原則。二次世界大戰結束後，澳洲由於人口年輕化、失業率低、國內經濟景氣、平均國民所得高，工作收入成為民眾福利的來源，所採行的社會保險制度與就業市場大致能配合運作。然而，一九七〇年以後，由於失業率年年上升、人口老化、單親家庭增多、國際社會反對保護主義，要求開放進口，對於澳洲產業衝擊加大，政府支出擴大、外債負荷重、財政日漸困難，社會行政改革之呼聲隨之而起。澳洲目前高失業率導致貧窮問題日漸嚴重，社會福利改革重點一方面減少開支，一方面排列優先順序，以有子女的家庭、長期失業者、殘障、老人及單親家庭為優先照顧對象。就長期而言，社會福利改革不可能大幅減少照顧對象及給付項目，必須仰賴國內經濟景氣及國民生產力提升（McCallum, 1989）。

■ 關鍵詞彙 ■

社區服務暨衛生部	健康保險	家庭津貼
殘障年金	庇護工場援助法	殘障兒童津貼
寡婦年金	老年年金	介護補助金
配偶年金	庇護僱用津貼	殘障者援助法
孤兒津貼	家庭支持給付	
復健津貼	失業給付	

■ **自我評量題目** ■

一、澳洲社會福利行政架構包括那些部門？主要任務為何？

二、澳洲的社會保險制度提供那些年金津貼或給付？申請條件主要有那些要項？

三、澳洲的健康保險制度提供那些給付？

四、試列出澳洲老人福利的重點工作。

五、試述澳洲對殘障者提供那些復健、就業及教養服務。

■ 參考文獻 ■

【中文部分】

林顯宗，陳明男（民74）社會福利與行政，台北：五南圖書出版公司。

徐震（民71）澳大利亞的社會政策，見劉脩如等著，中外社會政策比較研究，
　　台北：中央文物供應社。

寗雲鵬（民79）澳洲社區服務暨衛生部業務概況，社區發展季刊，第三十期。

【英文部分】

John McCallum (1989) *Australia from Social Welfare in Developed Market
　　Countries.* Edited by John Dixon and Robert P. Scheurell. New York : Rout-
　　ledge.

第十七章

日本的社會福利與行政

學習目標

詳讀本章內容後，學習者可達成下列目標：

1. 瞭解日本社會福利所扮演的角色。

2. 說明日本社會福利的理念。

3. 概述日本社會福利行政組織及政府權責。

4. 理解日本生活保護措施。

5. 列出日本兒童、母子、老人和殘障者福利措施。

6. 敘述日本社會福利的總體目標。

■ 摘　　要 ■

日本爲世界最長壽的國家，同時也是亞洲的先進工業國，因此同爲亞洲國家的我國，在邁向工業化國家之際，日本社會福利的種種措施，尤值得吾人深切加以探討。

戰後日本受國民壽命的不斷提高，以及出生率的相對下降等因素的影響，社會結構出現前所未有的改變，此舉也使得社會福利面臨新的挑戰，而爲滿足國民的社會福利需求，日本憲法條文對社會福利有明確的規定。

日本社會福利行政事務，依循日本的行政體系層級，由中央到地方，均各有所司。在中央政府層級職司社會福利事務的主要機構爲厚生部，地方則爲都道府縣的民生局或福利局等。在社會福利行政層級當中，最基層的單位則爲市區町村。基於社會福利所提供內容的多樣化，因此設有不同的供給機關，共同參與其中的運作。

日本各種社會安全制度中，爲解決貧窮問題，所採取的措施爲所得保障。而所得保障的主要項目爲社會保險、家庭津貼以及公共救濟。兒童福利旨在培育健全的下一代國民，憲法並明定兒童輔育爲國民與國家應盡的責任。

有鑑於高齡化社會所引發的問題，並非單純的老人問題，尚涉及經濟、勞動、保健、醫療、教育、福利等多方面的層面，因此在措施上採取各種對策，以共同構築老人福利服務的體系。殘障福利則基於生存權與生命權的理念，多元的推展殘障者福利的工作。日本除政府所提供的福利措施之外，地方民間也積極的展開福利活動。整體而言，日本社會福利的種種措施，它的著眼點在於生活素質的全面提高。

◦◦◦◦ 第一節　福利需求日趨殷切 ◦◦◦◦

　　戰後日本由於公共衛生的進步，醫療體制的充實，醫學技術的發達，生活水準的提高等因素，促使國民平均壽命不斷的提高，使日本成為全世界最長壽的國家，一九八四年女性平均壽命八十‧一八歲，首度超越八十歲的境界線，此後持續上升，一九八七年的國民平均壽命男性七十五‧六一歲，女性達八十一‧三九歲，此和大正時期的平均壽命為五十歲的情況相比，可謂由人生五十年的歲月，一轉為八十年餘的人生，這一段新添的人生晚年歲月，要如何充實其內涵，已無法借重以往的經驗，而必須全新學習新的生涯規劃。再者，人口的高齡化與長壽化的進展，使老人的扶養與介護問題、年金與醫療費負擔問題，以及教育、住宅、就業問題等方面，逐漸凸顯出來，顯然已成為日本整體社會的基本課題（厚生問題研究會，1988）。

　　除了高齡化的現象顯著進展之外，近三十年來日本社會的基礎結構，也出現重大的變遷。此變遷在社會生活的各範疇中顯現，影響所及也對各社會福利範疇的需求內涵產生影響。在這些範疇當中，最重要的項目之一為家庭型態的改變。日本家庭型態逐漸出現：⑴核心家庭數的增加；⑵單身生活以及單親家庭的增加；⑶三代同堂的家庭減少；⑷孩子出生數的遽然減少等變化。如此導致許多家庭傳統的功能無法發揮，為彌補它的不足，必須由民營企業與包含地方政府在內的公共機構加以承擔（副田義也，1990）。

　　日本為解決前所未見的生育人數減少，人口高齡化的社會所衍生的新問題，這當中特別是老人介護問題、福利與醫療措施等。由於這些問題和全體國民的生活均有密切的關係，因此社會福利行政，日益受到重視。再者，有鑑於科技的持續發展，物質生活雖然豐富，但卻導致對人性的傷害、扭曲，人際關係日趨冷漠，出現精神層面的貧乏，以及有鑑於日本已是先進國家，福利措施亦必須和先進國家並駕齊驅，同時在進入二十一世

紀的前夕，爲建設日本成爲溫馨、富裕的社會等，社會福利均扮演著重要的角色（一番，1990）。

◆◆◆◆ 第二節　社會福利理念 ◆◆◆◆

日本社會福利基於社會背景，有其獨特的發展軌跡，概括而言，可分爲三個階段，逐步建立起社會福利體系。第一階段，所採取的社會政策特徵與動機，和十九世紀的歐洲頗相類似，主要目標在於提升勞動力的質與量。第二階段，始自於二次戰後開始，配合政治民主化的進展，推行福利國家政策。第三階段，開始於一九七三年，並將這一年稱爲「福利元年」，自此以後日本政府在社會安全費用的支出，大幅度的增加（丸尾直美，1992）。

日本憲法第二十五條規定：(1)所有的國民均享有健康、具有豐富文化內涵的最低生活安全權利；(2)國家必須致力於增進社會福利、社會安全以及公共衛生等措施，以提升全體國民的生活品質。

亦即，日本將國家必須實施社會福利的措施，規定於憲法的保障之中。而在此所謂的社會福利之意，日本社會制度審議會曾做以下的定義：「所謂社會福利爲對於需要接受公共救濟者、身體殘障者、兒童及其他需要救助培育者，使其能達成自立並發揮能力，所提供的必要生活指導、更生輔導及其他援助、培育等措施」（一番，1990）。日本社會福利在制度的設計上，隨社會的需要，不斷的加以調整，於一九七〇年代以後，爲因應所謂高齡化社會的來臨，社會福利的功能擺脫了消極性福利的提供，轉爲積極地發展爲滿足國民需求所必要不可或缺的制度，此種新理念至今日依然持續。

由此可見，日本社會福利的目標，著眼於促使所有的國民，均能達成生活的自立，維護人性尊嚴，由政府所提供「個人化社會服務」，據此使個人達成自我實現的理想，進而使其家庭溫馨、融洽，社區能夠繁榮發展（平田，1988）。

◆◆◆◆ 第三節　社會福利行政組織 ◆◆◆◆

　　日本積極建立成為福利國家，主要是基於一九四六年以後的立法。日本憲法第二十五條第一款規定，國民固有的生存權，須加以保障。而在第二款中，進一步闡明保障此生存權，規定國家有義務透過所有的社會福利，社會安全以及公共衛生措施等服務品質的提高，具體加以落實。因此日本社會福利行政事務，配合日本的行政體系層級，由中央到地方，各有所司（古川，1993）。

一　中央政府的職責

　　中央政府職司社會福利事務的主要機構為厚生部。但社會福利行政工作並非全由厚生部所單獨承擔，而是依據性質的不同，分由各部會共同負責，諸如：青少年健全教育問題，少年、女性、殘障者的就業對策，殘障兒就學援助，增進高齡者充實感對策，違法犯紀者對策等的領域，由總務廳、勞動部、教育部、內政部、法務部等相關的部會相互支援，以展開社會福利行政。亦即社會福利行政採多元化的措施。而就厚生部所擔負的職責而言，包括以下各項權責：

　　1.定頒政策

　　定頒全國性的社會福利政策與制定執行時的規則與從事調整。

　　2.居間協調

　　調整都道府縣（含特別行政都市）間的利害衝突以及財務援助的提供。

　　3.政策指導

　　對於都道府縣，特別行政都市提供建言、指導、援助。

　　4.統籌全局

　　實施超越都道府縣（含特別行政都市範疇）與都道府縣（含特別行政都市）力有未逮的各項措施。

5.經費籌措

實施社會行政所需經費的籌措等。

（三）都道府縣的職責

在地方層級的都道府縣，辦理社會福利行政事務之單位爲民生局（部）或福利局（部）等。所擔負的任務包括：

1.定計畫

制定各都道府縣的社會福利綜合計畫，以及制定政策與制度執行時的條例、細則。

2.管機構

從事都道府縣所屬各種社會福利機構的實際經營管理工作。

3.息紛爭

調整各市區町村的利害衝突與財務補助。

4.提建言

對市區町村的社會福利行政業務提供指導、建言、援助。

5.攬全局

實施不屬於市區町村與市區町村力有未逮的各項福利措施。

6.籌經費

實施社會福利所需費用的籌措與支付、負擔等。

都道府縣透過福利改革的過程，對於生活保護、兒童福利、母子與寡婦福利以及精神病患者福利等方面，擔任間接的事務性規劃與直接的實務性供給等兩方面的工作，對於老人福利與肢體殘障者福利，則間接的從事政策擬定的工作。

都道府縣的福利計畫，主要在於提供最低限度的福利供給。此和中央層級所著眼於保障全國人民最低的生活需求，在性質上有所不同，各都道府縣必須因應各地方需求，採取因地制宜的措施，因此必須預估未來所需的福利服務種類與規模，制定使用社會福利機構的規則，並訂定機構、設備管理及補助方法等有關規定，並做好社會福利機構的適當分配、人員的

補充，以及提供市區町村行政財政援助等各項工作，以供給地方最低限度的福利需求爲主要內容。

三 市區町村的職責
****

在社會福利行政層級當中，市區町村爲最基層的單位，以往所扮演的福利供給角色微不足道，但是隨著日本福利制度的改革，市區町村承攬更多的業務，所扮演的角色日益吃重。其所擔負的責任，在老人福利方面，有在宅福利服務，接受特別養護老人之家的申請，從事老人福利計畫的擬訂等。在肢體殘障者福利方面，辦理肢體殘障者更生援護機構之申請，以及負責在宅福利服務的推展。另外也擔任兒童福利，母子、寡婦福利以及精神病患者相關福利，在宅福利服務之居家服務以及日間服務等職責。

日本市區町村所管轄的福利服務，在日本社會福利供給體制所占的份量，由市區町村所管轄的福利服務種類、規模、預算額度與利用人數的規模來看，亦呈現日益加重之勢，因此日本整體社會福利供給體制，可謂明顯地落實在基層的市區町村層級。預期在未來，兒童福利、母子、寡婦福利以及精神病患者福利等領域，市區町村將扮演更重要的角色。

四 供給機關
****

社會福利在供給過程中，由於所提供內容的多樣化，因此有不同的機構共同參與其中的運作。這些機關有：

(一)審議機關

爲廣徵學者實務專家等各方意見，確實落實社會福利政策，有效地推展社會福利行政及社會福利機構的有效管理，分別在中央與地方設置審議會。

(二)推展事業機關

爲有效推展社會福利各項工作，業務推展的權責機構必須明確化。日

本社會福利的各項目中，有關生活保護與福利服務方面，其權責主要爲都道府縣（直轄都市）與市區町村。對於事業的企劃、經營、管理、費用負擔，接受使用者的申請，以及決定給付額度等業務，擔負最終的責任。但都道府縣與市區町村，依法可以將業務委託給福利事務所、兒童諮詢所以及社會福利協議會等辦理。

㈢諮詢安置機關

社會福利有關諮詢、安置機關方面，有：⑴諮詢安置機關：依所負責業務性質，又可分爲福利事務所以及兒童諮詢所；⑵專門諮詢機關；⑶一般諮詢機關。

㈣事業經營機關

日本社會福利事業經營方面，在社會福利事業法中，設有第一種社會福利事業與第二種社會福利事業二種。第一種社會福利事業的經營型態，在性質上屬對於利用者的生命與身體的保全，人格的尊嚴，勞動的榨取等有侵犯之虞的事業，收容所型態的機構福利服務即此一類。第二種社會福利事業爲，不含第一種社會福利事業以外的所有社會福利事業等。

㈤聯絡調整機關

爲使社會福利的供給能發揮成效，對不同功能、經營型態、事業內容等各類相異的機關與機構，從事聯絡調整等工作。除社會福利協議會之外，近年隨著福利需求的多樣化、複雜化、高度化，爲滿足各類福利的需求，不僅限於福利機關的內部需要整合，和醫療、保健或教育、勞動等的相關領域之間的合作，亦有待進一步的加強，由此日本採整體性的推展福利政策措施（古川，1993）。

◆◆◆◆ 第四節　生活保護 ◆◆◆◆

（一）　公共救濟的角色
＊＊＊＊＊＊＊＊＊＊＊＊

　　日本各種社會安全制度當中，爲解決貧窮問題，所採取的措施，稱之爲所得保障。而所得保障的主要措施爲社會保險、家庭津貼以及公共救濟。社會保險與家庭津貼之主旨，在於貧窮的事先預防，亦即爲防貧的措施。公共救濟爲貧窮的救助，即救貧的制度。而許多先進的資本主義國家所實施的所得保障措施，大多設計有此三種制度。如進一步來看此三者的關係，則社會保險與家庭津貼扮演基礎的角色，儘可能在事先做好貧窮的預防，而公共救濟則扮演補助性的救貧角色。換言之，公共救濟爲社會安全制度中，用以解決貧窮問題的最後一道防線。

　　而此公共救助任務的推展由生活保護制度所規範。此制度規定於生活保護法中，而由生活保護行政從事實際運作。日本現行的生活保護法，於一九五〇年五月施行，立法宗旨，已考量民主決策與人權思想，因此被評爲是相當進步的法律。

　　日本生活保護法具有前瞻性，可由開頭的三條顯現其端倪，在該法第一章的「總則」，對此法律的目的，做三條的規定：

　　第一條、此法律基於日本憲法第二十五條所規定的理念，國家對於所有生活貧困的國民，必須依其程度，提供必要的保護，以保障其最低生活水準，並協助其達成生活的自立爲其目的。

　　第二條、所有的國民只要滿足此法律所規定的條件，均一律平等的接受此法律的保護。

　　第三條、依此法律保障最低程度的生活，以維持健康、有文化內涵的生活。

　　第一條所揭示的理念，指國民享有健康與文化內涵的最低程度的生活權利。此權利一般視爲屬生存權的範疇，爲現代社會的基本人權之一。因

此，日本的生活保護制度，為貫徹日本憲法所定保障國民生存權的最後手段（副田、一番，1990）。

　　生活保護之措施，在於滿足每一位國民衣食及其他日常生活的需要，所設定的生活補助基準，因此在設定生活補助基準時，必須依社會生活物價指數的波動，隨時加以調整（厚生省，1994）。

㊁　生活保護的內容與方法
＊＊＊＊＊＊＊＊＊＊＊＊＊＊

　　依生活保護法第十一條所做保護種類的規定，其內容由七個種類的扶助所構成。亦即，生活扶助、醫療扶助、教育扶助、住宅扶助、生育扶助、謀生技能扶助、喪祭扶助。這當中又以前四項占最主要比重，生活保護的百分之九十九經費使用於此（副田、一番，1990）。茲將較重要的前四項扶助措施內容，敘述於下：

　　1.生活扶助

　　提供餐飲食物費用、被服費、水電瓦斯費、家庭用具費用等，提供日常生活所需的基本需要。當中又分一般共同必需的生活費與高齡者、殘障者、孕婦等的額外支給。

　　2.醫療扶助

　　因疾病、受傷等需要治療時所提供的給付。除住院、門診、給藥、手術等之外，住出院時的交通費、看護費等也因應需要支給。

　　3.教育扶助

　　支給義務教育所必要的費用。包含學校用品費、實驗、實習參觀費、通學費、參考書籍費、工藝材料費、營養午餐費、交通費等。

　　4.住宅扶助

　　支給被保護家庭租屋、房間分租的給付。給付額度並參考各地區的房租、分租、地租費等水準支給。

　　這些保護以金錢或實物給付方式辦理（庄司洋子，1993）。

㊂ 實施的主體
* * * * * * * * *

實施生活保護的主體爲行政機關。其體系爲厚生部——都道府縣社會福利相關部門——市、特別區等的福利事務所。在中央政府的層級中，厚生部與財政部之間的關係特別密切。因財政部所預算編列的多寡，對生活保護有重大的影響。因此在厚生部內設置直接擔任生活保護行政的「社會局保護課」與擔任指導監督生活保護的「監查指導課」。近年指導監查課對生活保護的影響力逐漸增強。

在市、特別區的層級訂有設置「福利事務所」之法定義務。市區町村的層級則視需要設置。全國總計有一千一百七十四所，爲日本社會行政第一線負責實務執行的機關，同時也是生活保護行政最主要的部分。

生活保護經費的來源，由中央政府的生活保護補助費與地方政府的生活保護費所構成。經費負擔方式，由最早的中央全額補助，改變爲地方政府亦必須擔負生活保護之責，其支付比率亦迭有變更，一九八九年以降中央與地方的比率爲百分之七十五對百分之二十五之比（一番，1990）。

㊃ 生活保護的原理
* * * * * * * * * *

日本生活保護法第一條至第四條，揭示其基本原理，茲敍述於下：

1. 生存權保障原理

即視生活保護爲國民的生存權與國家必須對它加以保障爲前提。此規定說明了接受生活保護制度之保護，爲國民應享的權利。

2. 無歧視平等原理

強調實施生活保護時，不得因身分的不同，而有不同的待遇。

3. 最低生活原理

保護的內容在於維持國民具有健康及過有文化內涵的最低程度生活。

4. 補助性原理

窮困者接受保護的前提要件，爲當事者本身須盡各種努力以維持最低生活（庄司洋子，1993）。

五　機關與手續
****

生活保護的實施機關爲都道府縣的行政首長、市長以及依社會福利事業法所規定負有管轄有關福利事務所之町村長。而法律規定以都道府縣行政首長、市長、管轄福利事務所之町村長爲實施機關之用意，意味著須由國家擔負的生活保護事務，得委任於都道府縣行政首長、市長、町村長代爲執行之意，爲所謂機關委任事務之思想。

進入八〇年代經由福利改革，在社會福利範疇中和福利服務有關的事務，雖有將事務委任給機關，然後再委任給各類團體辦理的趨勢，但生活保護仍維持原本機關委任型態，不能再度委任。可見生活保護的本質和福利服務相異，其措施不著眼於區域性差別的因地制宜考慮，而以滿足全國普遍性最低限度需求爲優先考慮（庄司洋子，1993）。

生活保護的手續，以生活困窮者提出申請爲起始。保護實施機關在接到申請後，原則上在十四日以內，須決定是否給予保護、種類、程度以及方法，且其結果必須通知申請者。

◆◆◆◆ 第五節　兒童福利 ◆◆◆◆

一　兒童福利法體系
****

日本「兒童福利」概念的萌芽，可謂起自戰後兒童福利法的制定（鈴木正夫，1990）。日本的兒童福利，依新憲法之規定，以培育健全的下一代兒童，增進其福利，爲立法的基本理念。兒童福利法的內容，第一章：總則；第二章：福利的措施以及保障；第三章：事業以及機構；第四章：費用；第五章：雜則、附則。而以培育所有的兒童均能健全發展爲理念（庄司洋子，1993）。

日本兒童福利法於一九四七年，第一次向國會提案時，明白的表示，「基於憲法規定，對於所有的兒童，必須基於平等的愛護，保障其生

活」。在提案理由中，說明四項特徵（鈴木正夫，1990）：

　1.國家責任

明確的表示兒童的撫育爲國民與國家應盡的責任。

　2.提供諮詢

設置兒童福利審議會、兒童委員、兒童諮詢所等兒童諮詢機關。

　3.關懷婦幼

加強孕婦、乳幼兒的關懷（母子保健、福利的強化）。

　4.充實設備

兒童福利機構的充實、服務品質的提高。將保育機構、兒童館、兒童遊樂園等，供一般兒童使用，對於特殊兒童所需要的設施另外加以擴充。

（二）　兒童福利的構成

日本現行的兒童福利，依其性質加以分類，可大致分爲兒童健全培育政策與需要保護兒童政策。健全培育政策爲單獨的立法措施，作爲需要保護兒童措施的基礎。需要保護兒童措施從內容來看，可再分爲需要保育兒童的措施、殘障兒童措施、需要養護兒童與需要教護兒童的措施。亦即，日本現行兒童福利的內容，由：⑴一般兒童健全培育爲課題的培育系服務；⑵對應母親就職的保育系服務；⑶以專業援助殘障兒童爲內容的療育系服務；⑷提供需要養護與教護兒童的養護系服務等四種服務所構成（庄司洋子，1993）。

（三）　兒童福利機構

因應不同性質的兒童及生育母親的需求，日本所提供的兒童福利機構，內容可謂極其多元。

　1.協助生育機構

基於保健上的需要，但因經濟上的理由無法入院生產之孕婦，使其入院生產。

2.乳兒院

收容無法在家庭中扶養的嬰兒加以養育。

3.母子宿舍

收容無配偶者的女性，或情況與此相當者及其所養育的兒童，並加以保護，以謀求兒童的福祉。

4.養護機構

除收容乳兒之外，對於沒有保護者的兒童、受虐待的兒童，及其他因環境的關係而有必要養護的兒童，替代家庭加以養護。

5.智障兒機構

收容智障兒童，提供保護，並施予獨立、自我生活所必要的知識、技能訓練。

6.智障兒通園機構

對於智障兒童，每日由保護者送至機構通園，由機構提供保護，並授與獨立生活所必要的知識、技能。

7.盲兒機構

收容盲兒（含重度弱視兒），提供保護，並提供獨立生活所必要的指導或援助。

8.聾啞兒機構

收容聾啞兒（含強度重聽兒），提供保障，並提供獨立生活所必要的指導或援助。

9.虛弱兒機構

為提供虛弱兒童適當的環境，以謀求健康的增進。

10.肢體殘障兒機構

對於上肢、下肢或軀體功能有障礙的兒童提供治療，並提供獨立生活所必要的知識、技能。

11.肢體殘障兒通園機構

對到機構通勤也可獲取療育效果的肢體殘障兒，提供必要的療育，以增進其福利。

12.重症身心障礙兒機構

收容同時具有重度智障與重度肢體殘障之兒童，提供保護，並給予治療及日常生活的指導。

13.情緒殘障兒短期治療機構

短期收容具有輕度的情緒障礙，年齡大致未滿十二歲的兒童，或透過保護者提供情緒障礙的治療。

14.教護院

對有不良行爲紀錄，或有此疑慮的兒童，加以收容、救護。

15.兒童館

兒童厚生機構之一，屋內設有集會室、遊戲室、圖書室等的設備，用以提供兒童健全的遊戲，增進健康，並培養兒童豐富的情操。

16.兒童遊園

在屋外廣場，設有鞦韆等必要的設備，給予兒童健全的遊戲，增進兒童健康並培養豐富的情操（田端光美，1989）。

（四） 兒童權利保障的推展
＊＊＊＊＊＊＊＊＊＊＊＊＊＊

爲使兒童的權益不致遭受侵害，推展各項兒童保護措施。

1.兒童諮詢所

兒童福利法制定時，其特徵之一爲兒童諮詢機構的設置。此項服務的提供，可使兒童有困難時，隨時可以在公共機構，獲得諮詢的協助，而且可獲得隱私權保障。

兒童諮詢所配合諮詢的需要，並從事社會調查、心理判定、短時間保護、指導、進入機構等措施。而這些功能，由兒童福利司、心理職員、指導員、褓姆、醫師、保健護士、營養士、調理士等人員分別擔任。

2.養護機構生活最低保障

對於基於各種因素，到機構生活的兒童，爲保障其權益，設立兒童福利機構最低基準。

依兒童福利機構最低基準第二條之規定，最低基準之意指進入兒童福

利機構者，保障能夠在明朗、衛生的環境中，接受專業人員的指導，使身心機能均能健全發展，適應社會（鈴木正夫，1990）。

（五）　保育政策

隨著上班通勤，工作型態的改變，所需要的保育方式也趨向於多元化，因此有各種型態的機構，滿足不同的需求者。

1. 乳兒保育

對於乳兒（零歲兒），為維護安全及保障健全的發育成長，所提供的保育。

2. 延長保育

為因應上班通勤耗時所需保育時間的延長，將保育時間延長到午後七點。

3. 夜間保育

伴隨著就業型態的多樣化，導致夜間保育需求增加，將保育時間延至午後十點為典型的措施。

4. 殘障兒保育

將可在保育所過團體生活的中度殘障兒，儘可能的編入一般正常兒的團體。

5. 暫時的保育事業

為因應一週工作三日左右的部分時間工作者所需，所提供的非定型的保育服務，同時為滿足保護者傷病等的需求，實施緊急保育服務。

6. 長時間的保育服務事業

對於因加班等不得已的情況，需要長時間保育的兒童，實施直至午後十點的保育服務。

7. 委託企業保育

委託企業經營社會福利法人兒童福利機構，以提供星期日、節日與深夜的保育服務（厚生省，1994）。

8.保育所

保育所爲提供保護者因工作與生病等理由，對兒童無法從事保育時，替代保護者所實施的兒童保育。再者，近年來爲因應保育需要的多樣化，努力的充實以下的特別保育對策：

保育所所具有的功能與角色，依兒童福利法第三十九條之規定，爲對於欠缺保育之乳兒或幼兒，接受保護者日常的委託爲目的的機構。由此可知，保育所的定位爲替代保護者實施保護養育，以增進兒童福利爲目的的機構，而非單純從事幼兒教育的機構。對於查訪缺乏保育之兒童使其進入保育所的義務，則屬於市町村的職責（村山、一番，1990）。

（六） 培育健全兒童對策

培養一位兒童成爲社會有用之才，除消極的保護各項權益不受侵犯之外，尚需要積極地培養其高尚的人格與情操，因此在此方面，也有各項促進措施。

1. 在兒童館、縣立兒童福利機構、兒童遊園等處所，設置兒童健全的遊戲場所，增進健康，並辦理培養高尚情操等事業。

2. 兒童福利機構區域交流事業：透過區域內兒童與老人之間的交流，使兒童關懷老人，培養體貼的情懷。

3. 兒童福利機構體驗自然活動事業：使兒童在自然環境中，透過兒童本身的遊戲，發揮創造力、想像力、耐性、毅力，使兒童健全的成長。

4. 開闢兒童遊戲場所推進事業：創造兒童能夠安心遊戲的環境。

5. 都市兒童健全培育事業：爲因應兒童遊戲場所的不足、核心家庭型態的增加、滿足兒童多樣的福利需求，實施民間指導者培訓事業、乳幼兒健全培育諮詢事業與電話諮詢事業。

6. 放學後兒童對策事業：對於日間放學後，缺乏保護者的小學低年級兒童，在兒童館等機構，從事培育、指導，推展以遊戲爲主的健全培育活動。

7.兒童津貼：爲支給育有兒童的家庭，俾有利於養育兒童者家庭生活
　的安定，以有助於下一代兒童的健全培育及提高其資質的保育服務
　（厚生省，1994）。

◆◆◆◆ 第六節　母子福利 ◆◆◆◆

　　大體上由母親單獨扶養子女的單親家庭，在經濟上遇到較大的困難，
因此日本的福利措施中，對這一類弱勢族群，亦講求特別的對策。

○ 母子保健對策
＊＊＊＊＊＊＊＊＊＊＊

　　母子保健對策的實施，在於增進母子的健康爲目的，在作法上經由保
健指導、健康檢查、醫療援助、母子保健知識的宣導、母子健康手冊的發
給等，以推展總合性的保健措施。

(一)母子健康手冊

　　首先由懷孕者向市町村提出懷孕申請，領取母子健康手冊。母子健康
手冊爲記載有懷孕、生產、育兒等一貫的健康紀錄簿，並可作爲健康檢查
與保健指導所必須的基礎資料。

(二)孕婦與嬰兒的健康檢查

　　孕婦與嬰兒的健康檢查，在於及早檢出懷孕中毒症與身心殘障等異
常，以便及時治療，此項措施對於母親及嬰兒健康的維護，爲極重要的措
施。此項健康檢查，除在保健所受理之外，爲徹底地實施孕婦與嬰兒的健
康檢查，醫療機構對於懷孕前期、後期提供二次，嬰兒期二次的免費健康
檢查。另外，在市町村除對一歲六個月幼兒進行健康檢查之外，在母子保
健法中，對於滿三歲未達四歲的幼兒，課以都道府縣實施健康檢查的義
務。

㈢孕婦與嬰兒的保健指導

保健指導為對於懷孕、生產、育兒等在保健上所必要的事項,提供建言的一種措施,一般由保健所與醫療機關辦理。訪問指導方面,為因應孕婦、新生兒、早產兒的需要,由醫生、助產士、保健婦訪問其家庭,提供保健指導。另外,在健全母性培育事業方面,對於青春期特有的問題方面,透過電話與面談提供心理諮商(厚生省,1994)。

⚫二⚫ 母子家庭的福利對策

母子家庭在經濟、社會、精神等層面處於不安定的狀態,為使其家庭的兒童能受到健全的養育,提供必要的保護、指導、補助,同時對育兒的母親為使其能過著健康且具有文化內涵的生活,以擔負起養育的責任,提供必要的援助。

㈠經濟援助

對於生父死別的母子家庭,除支給遺族年金、遺族基礎年金之外,對於父親生離的母子家庭,則支給兒童扶養津貼。再者,經由提供母子(寡婦)福利資金的低利貸款,使其達成經濟上的自立,另外在稅賦上也提高寡婦的扣除額。

㈡就業促進

公共機構內如有提供商店設置申請時,給予優先許可,有販賣香煙零售商申請機會時,也採取優先的許可措施。

㈢住宅優惠

在辦理公營住宅登記時,對無住宅者特別考慮給予優先入住,並實施生活窮困者的租金減免措施。

㈣生活指導

為使需要保護之母子能住進機構，設置提供生活指導的母子宿舍、母子福利中心、母子休養之家等母子福利機構之外，並在福利事務所配置母子諮詢員，以瞭解母子家庭的實際情況與提供各種諮詢與指導。再者，母與子生病時派遣介護者，以提供必要的介護與保育。

㈤專業輔導

對於母子家庭及寡婦的生活、謀生技能等辦理專業性建言、指導等的事業（厚生省，1994）。

⊜　母子福利機構
****

此類機構，為根據母子福利法所設置。

㈠母子福利中心

對於母子家庭，以免費或低廉費用，提供各種諮詢服務，並給予生活指導與生育指導等，總合性的提供母子家庭福利。

㈡母子修養之家

對於母子家庭，以免費或低廉收費，提供能夠從事休閒及其他修養的活動（田端光美，1989）。

◆◆◆◆ 第七節　高齡者福利 ◆◆◆◆

目前日本社會所面臨最大的挑戰，可說是老人社會的來臨。高齡化社會並非單純的老年人的問題，同時也是國民各階層的問題，它所必須考慮的問題，橫跨經濟、勞動、保健、醫療、教育、福利等多方面的層面（三浦文夫，1991）。日本為迎接高齡化社會的來臨，採取各種措施。

一 老人福利法的制定
* * * * * * * * * * * * * * *

日本老人福利法於一九六三年制定。此法律制定的背景，一方面由於日本歷經經濟的高度成長，使得產業與社區社會結構、家庭結構出現變化，再加上老齡人口的快速增加等，使得高齡者問題成爲社會問題的一環（定藤丈弘，1993）。

他方面在於體認老人福利的課題，無法單純的依靠個人的努力與方法加以解決，而有賴社會整體之力與制度化加以解決之意。日本的老人福利法，與其他先進工業國家相比，其最大的特徵在於單獨以具有諸多障礙的老人爲對象，所制定的社會援助法，爲舉世未有的特徵。日本老人福利基於此理念與想法，進而建立獨特的政策體系（小笠原，1990）。

1.立法的目的

日本老人福利法在第一條的目的中規定，「對於老人爲使其保持身心的健康以及生活的安定，採取必要的措施」，由此可知日本福利法是以增進老人身心的健康與生活的安定爲目的。

2.立法理念

日本老人福利法第二條，對於老人福利服務的基本理念，有以下的敘述：「對老人應以其長年以來，對社會發展盡有貢獻者加以尊敬，並保障其過著健康安適的生活」。

日本老人福利法第二條所揭示的理念與日常化所代表的日本福利思想，形成今日日本高齡者福利的基本理念。此理念內涵，可大致分爲三個層面：第一、爲根基於生存權與個人幸福追求權之上，對於老人並非單純的視爲保護對象，而是積極地使老人發揮其特長。第二、站在日常化的原理使老人融入社區生活的思想，儘可能讓高齡者維持原有的家人關係，與近鄰關係等社會關係。第三、由日常化所衍生的社會參與原理。採「平等對待所有的老人，敬老尊賢，給予老後安適的生活保障，使老有所安」爲目標的理念（定藤丈弘，1993）。

日本老人福利法第三條規定，使高齡者自主的保持健康與社會參與的

自律性倫理。日本老人福利法第四條規定，中央與地方政府必須共同擔負責任的同時，除老人福利法所規定的老人對策之外，也宣示性的規定必須遵守老人福利法的理念。

二　日本老人福利制度的現狀
****

現在日本老人福利制度，雖然分屬幾個監督部會，但整體而言，重要可歸納為，所得（年金）對策、就業對策、醫療對策、福利服務、住宅對策、充實感對策等範疇（小笠原，1990）。以下針對這些項目進一步加以敘述：

1.所得保障

現在日本國民大都加入某種年金，幾乎所有的高齡者均為年金受給者。

2.醫療對策

高齡者的醫療對策，基本上依據老人保健法辦理。依老人保健法之規定，對於七十歲以上高齡者，辦理醫療費給付（一部分為自己負擔）和健康手冊、健康教育、健康檢查、訪問指導等保健事業。此老人保健法，對於高齡者除了醫療給付之外，並將健康維護、預防、早期發現等加以制度化。

3.促進就業

高齡者就業對策，以「高齡者雇用安定法」為中心，實施：(1)促使雇主努力的負起延長退休年齡至六十歲的義務；(2)利用確保高齡者僱用補助費等，所實施的延長僱用對策；(3)利用銀髮人才中心與促進屆齡退休者僱用補助費，所實施的高齡者再就業對策。

4.住宅對策

實施公營老人住宅的建設，居室整建的資金借貸等對策。

5.社會參與對策

一般稱為充實感對策。由厚生省、文部省等許多相關部會各自加以實施。當中諸如成立老人俱樂部、設立高齡者教室、開闢充實感農園事業

等，多元地進展。

三 老人保健制度
****

老病經常是相連而生，健康的照顧對於老人來說，也就成爲不可或缺的重要措施。

(一)日本老人保健制度

此制度於一九八三年二月一日開始施行，所期待達成的目標爲，提供從壯年期的疾病預防、治療、功能訓練以至綜合性保健醫療服務，使老人醫療費用能由國民公平的負擔。其內容與對象：

1. 醫療方面

以七十歲以上者及六十五歲以上未滿七十歲的臥病老人爲對象。

2. 醫療等以外的保健事業（健康事業）

其內容爲：健康手冊的發給、健康教育、健康諮詢、功能訓練、訪問指導，由市町村爲實施的主體，以四十歲以上者爲對象。

(二)醫療所滇的費用

除老人部分負擔外，另由都道府縣市町村之公費與醫療保險各制度保險者所繳納的費用共同負擔。

(三)老人保健機構

對於病情達穩定狀態，雖不必入院治療，但仍需復健、看護介護等以醫療照護爲中心之臥病老人等，一併提供必要的醫療照顧與日常生活服務，以支援其達成身心的自立，以使其回歸家庭生活爲目標的機構。

(四)老人訪問看護制度

對於經濟需要看醫生的臥病老人，經由醫師的指示，由老人訪視看護站之護士到家庭訪視，以介護爲重點，提供看護服務（厚生省，1994）。

四　高齡者福利服務的體系

日本老人福利服務體系性的建立，係經由一連串擴充的過程。立法當時僅提供家庭服務員與老人之家的服務。到一九七〇年代，依社會福利機構緊急改善計畫，擴充老人之家的家數，也增派家庭服務員服務臥病老人。隨後，受到全國性老人免費醫療運動的影響，各地方政府也獨自的提供住宅福利服務，一九七八年將短期保護事業，一九七九年將日間照顧加以制度化，逐漸形成今日的老人福利服務體系。

老人福利服務以提供需要援護的老人服務為主旨，其主要項目為在宅服務與機構服務兩種。短期保護事業性質上雖屬在宅服務，但實質上附屬於老人之家營運，日間服務中心則大多附設於老人之家，在老人之家設備開放時，以機構為據點，提供各種服務，供在宅老人利用。此種服務傾向，也反應出老人福利服務逐漸趨向於整合的方向。老人福利服務的責任，則由中央逐漸下放到地方（小笠原，1990）。

五　老人在宅福利服務

人到老仍能在自己熟悉的家園，接受照顧生活，當然是夢寐以求之理想，因此在福利措施上，也力求此目標的實現。

㈠在宅福利服務的意義

在宅福利服務的想法，已成為現在日本福利服務的基本方向。因為此種方式：

1.較習慣

可以使高齡者在自己熟悉的家庭中繼續生活。

2.不孤立

維持本身生活的自立，使既存的社會關係、社會行動、社會性容易保持。

3.有隱私

經由對居住於老人之家等的機構老人，由於過團體生活，使得個人的隱私權容易受到侵害之反省，因而以在自家能獲取服務較佳。

4.省經費

較之機構援助節省經費。

(二)特澂與內容

在宅福利服務爲在原本自己的住家提供各種服務，以保障其原有生活方式的方法。具有以下特徵：

1.綜合提供

個人的生活複雜多樣，生活上的需求大異其趣，因此，在宅服務需要多樣的綜合性提供。

2.適時因應

老人之所以處於需要援護的狀態，大都導因於老化與疾病。隨時均有不可預期的需要，不僅日常生活上的需求，有時有些問題尚須立即加以處理、因應。

3.個案需求

需求種類相當的個別性，故服務需個別化，即須要依個案性質單獨的提供。

4.關係取向

在宅服務在自宅中進行，採一對一進入受服務者的家庭中進行，因此成效如何，端賴和案主之間良好人際關係之建立，所導致的信賴關係。

由於具有這些特徵，因此服務的提供方法也出現多樣的型態，藉此以滿足家事、介護、醫療、看護、社會關係、情緒安定、安全、緊急狀況、資訊、移送、住宅、經濟、自我實現等需求（小笠原祐次，1990）。

（六）　銀髮服務
＊＊＊＊＊＊＊＊＊

爲使老人獲得高品質的服務與心理的滿足，採取各項措施：

（一）設立服務網絡

以高齡者爲對象，民間業者基於市場原理供給財源與服務，設立許多銀髮服務網絡。此範疇的幅度很廣，有住宅關聯服務、介護關聯服務、福利器材關聯服務等。

（二）銀髮服務品質的提高

爲輔助銀髮服務品質的全面性提高，兼顧民間業者的創造性與高效率，同時提供高品質的服務，透過中央與地方，提供適切的行政指導，使得服務供應者的民間事業，也能提高品質，自主性的擬訂因應對策。

（三）銀髮服務振興會

一九八七年三月設立「社團法人銀髮服務振興會」，要求銀髮服務振興會的會員，在積極的推展服務銀髮族時，必須遵守的基本理念、貼切的表達、遵守法令、困境的適切處理、禁止事項等，自主性的訂定倫理綱領。再者，對於提供高品質服務之事業主，也實施授與標誌制度。

（四）充實感的孕育

一九八九年創設「高齡者充實感與增進健康推展事業」、「長壽社會開發中心」，以及「溫馨長壽社會推展機構」，爲使高齡者積極的參與社會活動，推展廣告宣傳、體育活動、增進健康活動以及推展區域活動等組織的創立，這些組織除從事培訓活動指導者之外，並在市町村實施推展高齡者充實感與增進健康的成功案例介紹（厚生白書，1994）。

㈦ 老人之家
****

依日本老人福利法之規定，除收費之老人之家外，均爲公設的老人福利機構，其種類性質，頗爲多樣。

㈠養護老人之家

收容身體或精神上或環境上的理由，以及經濟的理由，在自家安養有困難的六十五歲以上老人，替代家庭加以養護。盲養護老人之家，以不能在一般老人之家與一般老人過共同生活的盲老人爲收容對象。

㈡特別養護老人之家

在身體或精神上有重大缺陷，須一直有人照顧，但在自家無法獲得妥善的照顧之六十五歲以上之老人，加以收容養護。

㈢廉價的老人之家（甲型、乙型）

甲型爲免費或低額費用收容老人，提供餐飲及其他日常生活上的方便。乙型爲備有自炊設備，利用者以具有能夠自炊程度的健康狀態爲條件。

㈣老人福利中心

免費或低額費用，提供各種諮詢的同時，並綜合性的提供增進健康，提高教養，以及休閒的便利（田端光美，1989）。

◦◦◦◦ 第八節　殘障者福利 ◦◦◦◦

一　殘障者福利的開展

二次戰後，殘障福利基於憲法二十五條所規定的生存權與生活權，積極的推展殘障者福利的工作。而有關日本殘障者福利，對於十八歲以上成人最主要的法律，爲一九四九年所制定的「身體殘障者福利法」。接著爲因應智障者的需求，於一九六○年制定「智障者福利法」，一九七○年制定「身心殘障者對策基本法」，一九八七通過「精神保健法」，以積極的推展殘障福利（手塚植樹，1990）。

身心殘障者對策基本法第一條，說明了此項法律的立法要旨。此項法律規定，實施身心殘障者對策爲國家、地方公共團體的職責，對於預防身心殘障發生的有關措施以及醫療、訓練、保護、教育、就業的促進、年金的支給等，有關身心殘障者福利的事項，必須加以訂定，進而綜合的推展身心殘障者對策。

此法律在立法上的最大特徵，在於明定中央與地方政府，須負全盤責任，綜合性地推展各種殘障福利措施。

二　殘障者福利體系

日本殘障者福利服務的內容，極其多歧。由於殘障的種類與程度頗爲複雜，所需要的服務需求也呈現多元性。例如，殘障者的種類，基本上可分爲，身體殘障者、智障者、精神病患者。就以身體殘障者來說，又可再細分爲肢體殘障者、視覺障礙者、聽覺障礙者、內部障礙者，而相對的其福利需求也呈現各異。因此，日本的殘障者福利在對應這些情況，所提供的福利服務種類也就呈現多樣性（庄司洋子，1993）。以下以身體殘障者福利服務爲例加以介紹。

㈠家政服務

具體施策方面：⑴以介護與家事援助爲主的肢體殘障者在宅介護等事業；⑵全身性殘障者介護人員派遣事業，領重症身心殘障者津貼的狹義介護服務；⑶肢體殘障者短期入所事業，在宅殘障者日間服務的通所介護服務；⑷肢體殘障者療護機構、智障者援護機構、身心殘障兒、身心殘障者機構的收容型居住服務，以及團體之家等所提供的區域居住服務；⑸重度殘障者入浴服務部分照顧之集中服務；⑹爲減輕介護負擔，包含對於肢體殘障者、視覺、聽覺障礙者，所提供各種日常生活用具之給付、借貸服務等。

㈡社會參與服務

促進殘障者參與社會活動，以增進人際關係的機會，此爲殘障者福利領域當中，最受重視的部分，而其種類亦有許多種。殘障者由於受限於身體、精神方面的功能，導致和他人的人際溝通也受到限制，要參與一般的社會活動，往往力有未逮，因此提供各種福利服務有其必要。此種服務內涵，可歸爲以下五點。

1.協助溝通

爲擴大溝通的服務，其具體內容，諸如點字、點譯、朗讀、手語服務員的培訓、派遣事業以及提供視聽覺障礙者資訊設施之類。

2.無障礙空間

對於容易受到生活行動限制的殘障者，提供擴大生活圈活動能力的措施。因此，首先講求移動介護服務的充實。其次，爲使殘障者能獨立而且安全的移動，對於可能使用的生活環境設備，創造無障礙空間的環境。對於生活環境改善未完成之前，先提供特別交通服務加以彌補。

3.謀生技能訓練

生活訓練服務的供給。爲期殘障者經由自己本身的努力，以促進日常生活圈的擴大與社會參與，提供日常生活獨立行動與經濟的自立爲首的生

活訓練服務。其服務包含展開盲婦家庭生活訓練事業，後天失明者緊急生活訓練事業，聲啞者星期日教室，肢體殘障者生活行動訓練事業等措施。

4.達成自立

以「自立更生」為目標的福利服務。為促使後天性殘障者回歸社會與生活的自立，對於肢體殘障者實施整體生活所必要的知識學習與技能訓練，盲人、聲啞者、內部殘障者的更生機構服務，重度肢體殘障者更生援護機構服務等，為典型的代表。

5.生活情趣

謀求促進文化、娛樂、運動的服務。此對於殘障者來說，這些活動的機會容易受限，故為殘障者福利服務的重要措施之一。

(三)社會工作的服務

為使殘障者有效的、圓融的利用殘障者的服務資源，社會工作服務極為重要。此種服務活動有福祉事務所、復健中心、肢體殘障者更生諮詢所、智障者更生諮詢所等，各種諮詢、安養、資訊提供、社會關係調整以及送達服務與民間各種諮詢員的諮詢服務，殘障者當事者自我服務團體的組成，以及實現無障礙福祉街道運動的援助等。

(四)替代性的服務

由於福利服務基本設施的不足，而出現一些替代措施。如肢體殘障者福祉工場等，替代就業保護的就職保障功能；療護機構與更生援護機構的一部分、福祉之家等，也扮演著替代所得保障不完備與介護保障功能的不足；交通特別服務等，也替代生活環境設施的不完善。

③ 機構福利對策
＊＊＊＊＊＊＊＊＊＊＊

為使殘障者獲得良好的復健與治療，必須依殘障的性質，由專門機構提供各種服務，因此，設有各類更生機構，以服務殘障人士之所需。

(一)更生機構

1.肢體殘障者更生機構

無論殘障程度如何,主要以具有相當程度恢復作業能力者為對象,收容肢體殘障者或到機構通勤,提供更生所必要的治療以及訓練,入機構期間為二~五年。

2.視覺殘障者更生機構

收容盲胞或到機構通勤,提供按摩、針灸等更生所必要的知識、技能或從事訓練。

3.聾啞者更生機構

收容聾啞者或到機構通勤,提供更生所必要的治療以及訓練。

4.內部殘障者更生機構

收容患有心臟、腎臟或呼吸器官功能有障礙者或到機構通勤,以醫學的管理為基礎,提供更生所必要的指導以及訓練。

5.重度肢體殘障者更生援護機構

收容須要長時介護的肢體殘障者,提供治療以及養護。

(二)生活機構

殘障者如因生理功能的障礙,無法在一般生活環境中生活時,就必須提供殘障者生活的處所。

1.肢體殘障者療護機構

收容肢體嚴重障礙者,需要隨時介護,而無法在家庭中進行,使其住進機構在醫學的管理下,提供必要保護的機構。

2.肢體殘障者福利機構

由於肢體的障礙,日常無法在家庭中過正常生活者,使其自立生活的機構。

㈢作業機構

在就業機會的提供方面，原則上使殘障者能就任和常人一樣的工作，但依據殘障程度的不同，無法在一般就業市場上展開競爭時，就必須另外開闢就業的機會，這些措施有：

1.肢體殘障者授產機構

收容無法接受雇用或生活困窮的肢體殘障者，或到機構通勤，提供必要的訓練以及給予職業，使其能夠自立生活的機構。

2.重度肢體殘障者授產機構

對於因肢體的重度障礙，雖具有某種程度的作業能力，但如無設置特別的設備與職員，就無法將就業者加以收容，在機構內使其能獨自生活為目的的機構。

3.肢體殘障者通勤授產機構

收容就業有困難的肢體殘障者，經由通勤，提供必要的訓練以及給予職業，使其能夠自立生活。

4.肢體殘障者福利工場

雖有作業能力，但由於職場設備、結構、通勤時的交通因素，使得一般企業無法僱用重度肢體殘障者。為此，另行提供重度肢體殘障之福利工場，從事生活指導與健康管理，使其能過健全的社會生活。

㈣區域機構

1.肢體殘障者福利中心（甲型）

提供因應肢體殘障者各種諮詢，以及健康的增進，教養的提高，運動、休閒等保健、休養的機構。

2.肢體殘障者福利中心（乙型）

對於無外出與就業機會的在宅重度殘障者，使其到機構通勤，以提供創作活動、簡易作業、日常生活訓練等的機構。

3.在宅殘障者日間服務機構

對於肢體殘障者辦理創作活動為重點的日間服務機構。

4.殘障者更生中心

提供殘障者、家族、志願工作者方便住宿、休養的機構。

5.點字圖書館

以免費或低額的費用，提供盲人點字刊物的閱覽。

6.點字出版機構

出版點字刊物的機構。

7.聽覺障礙者資訊提供機構

對於聽覺障礙者辦理字幕（手語）錄影帶製作與租借的機構。

8.輔助器材製作機構

以免費或低額的費用，從事輔助器材的製作與修理。

9.盲人之家

為促使從事按摩、針灸等盲人方便就業，使其利用機構，提供寄宿指導的機構（田端光美，1989；厚生省，1994）。

◆◆◆◆ 第九節　生活福利與民間福利 ◆◆◆◆

○ 生活維護社會福利
＊＊＊＊＊＊＊＊＊＊＊＊＊

1.災害救助法

災害救助法為對於發生一定規模以上的災害時，為保護受害者與社會秩序的維護為目的，中央機關在地方公共團體、日本紅十字會、其他團體及國民的協力下，所實施的緊急救助措施。

2.婦人保護事業

依據賣春防止法之規定，對於需要保護的女性（參照性行為或環境，有賣春行為之疑慮者）有關保護更生的業務，以婦人諮詢所、婦人諮詢員及婦人保護機構等為中心加以實施。

3.消費生活協同組合

消費生活協同組合，為在一定的地域或職域，為謀求提高會員生活文化內涵及經濟效益為目的，為非營利性自發性相互扶助的組織。

4.生活福利資金借貸制度

對於低所得的家庭，為促使其經濟的自立與提高生命的活力使其能營為安定的生活，所實施的資金借貸與民生委員所提供的援助指導制度（厚生省，1994）。

（二） 地方民間福利活動
****

1.民生委員、兒童委員

民生委員、兒童委員接受厚生部長的委託，為提高地方居民的福利，把握地方民眾的生活狀態，除提供需要保護者的諮詢以及建言、指導之外，並對福利事務所的行政機關提供協助，擔任區域兒童健全養育等的任務。

2.社會福利協議會

社會福利協議會由區域居民以及公私的社會福利事業關係者所構成，對於居民參與福利活動提供援助，並從事社會福利事業的聯絡調整、企劃的推展，以增進區域社會福利為目的的民間團體。

3.志願活動的振興

志願工作活動者的人數，近年穩定持續成長，再者，最近會員制、有酬性等，深具特色的居民參加型在宅福利服務團體活動，出現快速的成長。為促使這一類志願活動的振興，在志願服務據點的志願服務中心，推展宣傳、啟發、登錄、斡旋、資訊提供等，並在都道府縣、市町村的各層級，對社會福利協議會加以整備。

4.聯合勸募

國民本身為確保民間社會福利事業財源，民間為提高社會福利的連帶意識，所展開的全體國民運動，在都道府縣各區域，組織共同勸募會，聽取社會福利協議會之意見，分配給區域內從事經營社會福利為目的的事業

者（厚生省，1994）。

◆◆◆◆ 第十節　社會福利目標 ◆◆◆◆

　　整體而言，日本社會福利的種種措施，它的總體努力目標，在於生活
素質的全面提高。生活內涵的充實，如以下所示，其目的為多元化、安
全、健康、舒適性、文化、人際的接觸，使能在質方面滿足國民的需要，
同時，為達成這些項目的滿足，創造有利的條件，為日本社會重要的目標
（丸尾直美，1989）。這些目標，可歸納為以下三大類：

⊖　安全的維護
****

其內容可分為三個項目：

　1.健康的維持、增進

⑴運動、保健活動的促進；⑵醫療機構的增建。

　2.免於危害的安全措施

⑴免於公害侵犯的健康維護；⑵免於受犯罪侵害的安全；⑶免於災害
侵犯安全；⑷免受交通災害的人為災害，免受勞動災害的安全，免受自然
災害的安全。

　3.生存保障

⑴就業、社會保障；⑵家庭、鄰居等的相互扶助；⑶經濟的富裕。

⊜　舒適的居家環境
****

1.具文化內涵、藝術氣息。

2.歷史古蹟、環境的魅力。

3.滿足多樣化、個性化需求，重視隱私。

4.空間的美化：⑴美觀、景觀；⑵安靜（免於噪音的自由）；⑶清新
　（免於惡臭的自由）；⑷飲食生活的豐富。

5.環境保護與自然的親近。

6.衛生與清潔。

7.方便性。

（三）　溫馨的社區
＊＊＊＊＊＊＊＊＊＊

1.能體現自我實現、充實感。

2.人際的關懷：家庭、鄰居、工作場所等人際關係的感情交流。

■ 關鍵詞彙 ■

乳兒院	老人保健制度	盲兒機構
生活保護	老人在宅福利服務	虛弱兒機構
福利事務所	養護老人之家	保育對策
教護院	兒童諮詢所	社會保險
生活保護	生活指導	教育輔助
家庭津貼	生活輔助	生育輔助
兒童津貼	母子福利	婦人保護事業
母子保健對策	生業輔助	母子修養之家
所得保障	兒童福利	
兒童委員	公共救濟	

■ 自我評量題目 ■

一、日本社會福利面臨那些新的課題？

二、日本憲法對社會福利做何規定？其目標為何？

三、日本中央政府層級擔負那些社會福利職責？

四、日本都道府縣在社會福利擔負何種職責？

五、日本社會福利有那些供給機構參與其事？

六、日本生活保護實施的主體、機關與手續為何？

七、日本有那些兒童福利機構？

八、日本採取那些保育對策？

九、日本採取那些培育健全兒童對策？

十、日本母子家庭的福利對策內容為何？

十一、日本老人福利制度的現狀若何？

十二、日本採取那些老人保健制度措施？

十三、日本提供那些身體殘障者福利服務？

十四、日本社會福利目標為何？

■ 參考文獻 ■

古川孝順（1993）社會福祉の供給體制(2)——機關、施設、措置、負擔，見古川
　　孝順、庄司洋子、定藤丈弘著，社會福祉論，日本：有斐閣，267~282 頁。

平田富太郎（1988）社會保障、社會福祉の的展開と課題，見日本社會事業大學
　　編，社會福祉の現代的展開——高度成長期から低成長へ——，第二刷，日
　　本：勁草書房，4 頁。

田端光美（1989）社會福祉の施設サービス，見一番ケ瀬康子、宮田和明等著，
　　社會福祉入門，日本：有斐閣新書。

鈴木正夫（1990）兒童福祉 I，見一番ケ瀬康子編著，新・社會福祉とは何か，
　　日本：ミネルヴア書房，85~86 頁。

一番ケ瀬康子（1990）社會福祉とは何か，見一番ケ瀬康子編著，新・社會福祉
　　とは何か，日本：ミネルヴア書房，12 頁。

副田義也、一番ケ瀬康子（1990）貧困問題と生活保護，見一番ケ瀬康子編著，
　　新・社會福祉とは何か，日本：ミネルヴア書房，52 頁。

庄司洋子（1993）社會福祉の分野(2)——機關、施設、措置、負擔，第 9 章 1，
　　2，見古川孝順、庄司洋子、定藤丈弘著，社會福祉論，日本：有斐閣，372
　　頁。

副田義也（1990）現代家庭の福祉需要，見一番ケ瀬康子編著，新・社會福祉と
　　は何か，日本：ミネルヴア書房，66~71 頁。

村山祐一、一番ケ瀬康子（1990）兒童福祉 II，見一番ケ瀬康子編著，新・社會
　　福祉とは何か，日本：ミネルヴア書房，105~107 頁。

小笠原祐次（1990）老人福祉 I，見一番ケ瀬康子編著，新・社會福祉とは何
　　か，日本：ミネルヴア書房，135~137 頁。

西尾達雄（1988）高齡化社會と余暇問題，見日本社會事業大學編，社會福祉の
　　現代的展開——高度成長期から低成長期へ——，第二刷，日本：勁草書

房，181~182 頁。

定藤丈弘（1993）社會福祉の分野⑵──機關、施設、措置、負擔，第 9 章 3，
　　4，見古川孝順、庄子洋子、定藤丈弘著，社會福祉論，日本：有斐閣，
　　400~401 頁。

手塚植樹（1990）殘障者福祉 I，見一番ケ瀬康子編著，新・社會福祉とは何
　　か，日本：ミネルヴア書房，133 頁。

厚生省編（1994）厚生白書（平成 6 年 4 月），日本：財團法人厚生問題研究
　　會。

三浦文夫（1991）高齡化社會ときみたち，六刷，日本：岩波ジユ二ア新書。
　　（財）厚生問題研究會（1988）厚生省五十年史（記述篇），日本：厚生省
　　五十年史編集委員會。

丸尾直美（1989）日本型福祉社會，日本 NHKブツクス。第七刷，平成元年
　　10 月，209 頁。

白鳥令、R. ローズ編著，木島賢、川口洋子譯（1992），日本における混合福
　　祉の發展，世界の福祉國家，初版第三刷，日本：新評論，86 頁。

心得筆記

心得筆記

心得筆記

心得筆記

心得筆記

國家圖書館出版品預行編目資料

社會福利與行政／江亮演等編著.
--初版.--臺北市：五南, 2000〔民89〕
面；　公分.
ISBN 978-957-11-2102-4（平裝）
1.社會福利　　　2.社會行政
547.1　　　　　　　　　89007472

1J71
社會福利與行政

作　　者－江亮演　洪德旋　林顯宗　孫碧霞
發 行 人－楊榮川
總 編 輯－王翠華
主　　編－陳姿穎
責任編輯－劉靜瑜
出 版 者－五南圖書出版股份有限公司
地　　址：106台北市大安區和平東路二段339號4樓
電　　話：(02)2705-5066　傳　　真：(02)2706-6100
網　　址：http://www.wunan.com.tw
電子郵件：wunan@wunan.com.tw
劃撥帳號：01068953
戶　　名：五南圖書出版股份有限公司
法律顧問　林勝安律師事務所　林勝安律師
出版日期　2000年7月初版一刷
　　　　　2016年4月初版十八刷
定　　價　新臺幣600元